万国通史

THE HISTORY OF WORLD

THE HISTORY OF IRAN

伊朗通史

哈全安／著

上海社会科学院出版社
SHANGHAI ACADEMY OF SOCIAL SCIENCES PRESS

目录

前言 / 1
    一、自然环境 / 1
    二、族群与宗教 / 4
    三、历史长河 / 8

第一章　源远流长的古代文明 / 1

第一节　史前文化与早期文明 / 1
    一、史前文化 / 1
    二、埃兰文明 / 1
    三、库提人和加喜特人 / 5
    四、雅利安人的到来 / 6
    五、米底王国 / 7

第二节　阿黑门尼德王朝 / 8
    一、阿黑门尼德王朝的起源 / 8
    二、领土扩张 / 10
    三、帝国与行省 / 16
    四、宽容与多元 / 21
    五、琐罗亚斯德教 / 23
    六、波斯与希腊的战争 / 26

第三节　亚历山大东征与塞琉古王朝统治下的伊朗 / 30
    一、亚历山大东征 / 30
    二、塞琉古王国统治下的伊朗 / 32

第四节　阿尔萨息王朝 / 35
    一、阿尔萨息王朝的兴起 / 35
    二、阿尔萨息王朝与罗马人的战争 / 36
    三、阿尔萨息王朝的历史地位 / 38

第五节　萨珊王朝 / 41
    一、王位传承 / 41
    二、王权与国家 / 46
    三、宗教生活 / 49
    四、萨珊王朝与罗马-拜占庭帝国之间的战争 / 51

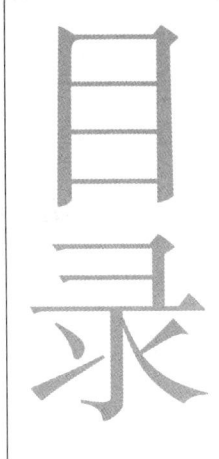

第二章　异彩纷呈的中世纪 / 55

第一节　从麦地那哈里发时代阿拉伯人的征服到倭马亚王朝的统治 / 55
一、麦地那哈里发时代阿拉伯人的征服 / 55
二、倭马亚王朝统治下的东方 / 59

第二节　从阿拔斯派运动到呼罗珊起义 / 64
一、阿拔斯派的兴起 / 64
二、倭马亚时代的呼罗珊 / 67
三、阿布·穆斯林与呼罗珊起义 / 69

第三节　阿拔斯王朝前期政治重心的东移与政治舞台的波斯元素 / 70
一、阿拔斯王朝前期政治重心的东移 / 70
二、阿拔斯王朝前期政治舞台的波斯元素 / 73
三、艾敏与马蒙的内战 / 78

第四节　阿拔斯哈里发治下的伊朗土著王朝 / 79
一、塔希尔王朝 / 79
二、萨法尔王朝 / 81
三、萨曼王朝 / 83
四、加兹尼王朝 / 84
五、白益王朝 / 86

第五节　来自东方的主宰者——塞尔柱苏丹国 / 88
一、塞尔柱人的崛起 / 88
二、从阿勒卜·阿尔斯兰到马立克沙 / 89
三、塞尔柱苏丹国的解体 / 92

第六节　蒙古西征后的伊朗 / 93
一、伊尔汗国 / 93
二、帖木儿帝国 / 97
三、土库曼人王朝 / 99

第七节　中世纪的波斯文化 / 101
一、阿拉伯伊斯兰文化中的波斯学者 / 101
二、波斯语的复兴与波斯文学的巅峰 / 105

第三章　从萨法维王朝到恺伽王朝 / 110
第一节　萨法维王朝的兴衰 / 110

一、萨法维王朝的起源 / 110
　　二、王位传承与疆域变动 / 112
　　三、君主政治与部族传统 / 118
　　四、宗教政治与教俗关系 / 120
　　五、社会结构与经济生活 / 123
　第二节　恺伽王朝的变迁 / 129
　　一、18世纪的动荡期 / 129
　　二、恺伽王朝时期的国家与社会 / 131
　　三、什叶派伊斯兰教的发展 / 134
　第三节　传统文明的暮色与现代文明的曙光 / 137
　　一、西方的冲击 / 137
　　二、伊朗传统经济社会秩序的衰落 / 140
　　三、19世纪的新政举措 / 147
　　四、宪政思想的萌生 / 148
　　五、社会矛盾与反对出让烟草专卖权的民众运动 / 150
　　六、1905—1911年宪政运动 / 151

第四章　巴列维王朝的现代化之路 / 161
　第一节　巴列维王朝的建立与礼萨汗时代的世俗化威权统治 / 161
　　一、巴列维王朝的建立 / 161
　　二、礼萨汗时代的威权政治与经济社会层面的改革举措 / 164
　　三、工业化进程的启动与经济社会的发展 / 170
　　四、礼萨汗在伊朗现代化进程中的历史地位 / 173
　第二节　1941—1953年议会政治的短暂复兴 / 174
　　一、礼萨汗退位后的议会与政党 / 174
　　二、摩萨台与1953年民主化运动 / 176
　第三节　巴列维国王的白色革命 / 179
　　一、白色革命前的农业与乡村 / 179
　　二、白色革命期间的土地改革 / 180
　　三、白色革命与农业生产 / 183
　　四、工业化的长足发展 / 186
　　五、城市化进程 / 189

六、人口结构与社会福利 / 190
　第四节　"发展的独裁模式" / 192
　　一、威权政治的强化 / 192
　　二、世俗政党与君主独裁 / 195
　第五节　世俗君主制的终结与"头巾取代王冠的革命" / 197
　　一、宪政与独裁的消长 / 197
　　二、世俗政治反对派 / 198
　　三、教俗关系的嬗变 / 199
　　四、现代伊斯兰主义思想的社会基础 / 202
　　五、什叶派现代伊斯兰主义的先驱 / 204
　　六、阿里·沙里亚蒂的宗教政治理念 / 206
　　七、霍梅尼主义的宗教政治内涵 / 208
　　八、巴列维王朝覆灭的社会根源 / 210
　　九、山雨欲来风满楼 / 214
　　十、从民众运动到政治革命 / 215
　　十一、从白色革命到伊斯兰革命：现代化的逆流抑或历史的
　　　　进步？ / 222

第五章　伊斯兰共和国——伊朗历史的新篇章 / 226
　第一节　法基赫制的建立与教法学家的统治 / 226
　　一、伊斯兰共和国宪法 / 226
　　二、霍梅尼时期的伊斯兰化 / 235
　　三、教法学家的统治 / 240
　第二节　后霍梅尼时代的政治理念 / 245
　　一、政治体制的悖论与政治理念的分歧 / 245
　　二、官方宗教学者之政治理念的代表人物——阿亚图拉叶兹迪 / 248
　　三、阿亚图拉蒙塔泽里与宗教学者中的持不同政见者 / 249
　　四、哈塔米的政治理念与"宗教民主制"思想 / 255
　　五、世俗知识分子的政治理念与索鲁什的"宗教民主制"思想 / 257
　第三节　后霍梅尼时代的政治派系 / 262
　　一、政治派系的消长与转换 / 262
　　二、政党政治与政治倾向 / 269

三、"阿克巴尔沙"与拉夫桑贾尼政府的新经济政策 / 276

　　四、"阿亚图拉戈尔巴乔夫"与哈塔米政府的改革举措 / 280

　　五、政治改革的阻力 / 284

　　六、新左派的崛起与政坛黑马艾哈迈迪内贾德 / 288

第四节　后霍梅尼时代的选举政治与民众参与 / 292

　　一、常态化的选举政治 / 292

　　二、选举政治框架下的派系竞争与民众参与 / 296

　　三、选举政治的世俗性 / 317

　　四、选举政治的局限性 / 320

第五节　经济社会的长足进步 / 325

　　一、伊斯兰共和国经济的发展 / 325

　　二、城市化进程的延续与城乡差距的缩小 / 328

　　三、教育的进步 / 333

　　四、妇女地位的提高 / 335

参考书目 / 339

前言

一、自然环境

　　地理学意义上的伊朗高原,位于亚美尼亚高原与帕米尔高原之间,扎格罗斯山、厄尔布尔士山、兴都库什山以及苏莱曼山环绕四周,山间盆地散落其中,呈相对封闭的地貌形态。地缘政治意义上的"伊朗"一词源于古波斯语,始见于琐罗亚斯德教经典《阿维斯塔》以及阿黑门尼德王朝时期的楔形文字碑铭,本意为"雅利安人的土地",泛指西起底格里斯河、东至阿姆河的广大区域,区别于称作突厥斯坦的中亚腹地。雅利安人的一支曾经生活在伊朗高原西南部,该地相当于现在伊朗的法尔斯省。"波斯"一词在古波斯语中称作帕尔萨斯,在现代波斯语中读作法尔斯。古典时代的希腊人将生活在帕尔萨斯的雅利安人称作波斯人,将波斯人生活的帕尔萨斯称作波斯,"波斯"一词由此得名。帕尔萨斯是阿黑门尼德王朝和萨珊王朝的发源地,而阿黑门尼德王朝和萨珊王朝统治的帝国史称波斯帝国。在历史的长河中,"伊朗"一词作为国家称谓鲜见于典籍的记载,世人通常只知波斯而不知伊朗。萨法维王朝的官方文书,曾经将其统治的疆域称作伊朗。然而,周边国家和西方世界依旧将萨法维王朝和恺伽王朝统治的国家称作波斯。1935年,礼萨汗将巴列维王朝统治的国家正式更名为伊朗,此后波斯一词成为特定的族群称谓和语言称谓,不再具有地缘政治的内涵。

　　伊朗地处伊朗高原的西部,北邻里海,南濒波斯湾和阿曼湾,国土面积约为164.8万平方公里,居亚洲第六位,相当于英国国土面积的6倍或者法国国土面积的3倍。伊朗拥有漫长的陆上边界线,西部毗邻伊拉克和土耳其,北部与亚美尼亚、阿塞拜疆和土库曼斯坦接壤,东部连接阿富汗和巴基斯坦。由于与周边邻国之间的陆上边境缺乏明显的自然界限,包括阿扎里人(即阿塞拜疆人)、库尔德人、阿拉伯人和俾路支人在内的诸多族群跨境分布,是伊朗人口构成的显著特征。

伊朗国土的绝大部分系群山环绕的高原地带，高原与山脉逶迤纵横，平均海拔高度约为1 000米。扎格罗斯山位于伊朗高原与美索不达米亚平原之间，自亚美尼亚高原向霍尔木兹海峡延伸，呈西北—东南走向，长约2 000公里。扎格罗斯山是波斯人的家园与阿拉伯世界之间的天然分界线，山脉两侧的文化氛围风格各异。扎格罗斯山区的峡谷盆地星罗棋布，土质肥沃，植被茂盛。扎格罗斯山的余脉，沿阿曼湾北岸，向东延伸到伊朗东南边陲的俾路支斯坦。厄尔布尔士山位于伊朗高原北侧与里海南岸平原之间，呈东西走向，长约900公里。厄尔布尔士山主峰达马万德山，位于伊朗首都德黑兰以北，海拔5 670米，是中东地区的最高峰。

伊朗年均降雨量约为300毫米，然而降雨区域分布不均。厄尔布尔士山与里海之间的狭长平原，地

扎格罗斯山景色

里海南岸马赞德兰的伊玛目扎迪·哈希姆清真寺

势平坦，年均降雨量达到1 280毫米，气候温暖湿润，植被稠密且种类繁多，是伊朗北部最富庶的农业区域。胡齐斯坦平原古称苏斯亚纳，系美索不达米亚平原的自然延伸，得益于卡伦河和卡尔黑河的充沛水源，构成伊朗西南部最重要的农业区域。法尔斯位于扎格罗斯山西南部，地处波斯湾与内陆高原之间，年均降雨量350毫米，高山融雪提供了较为充沛的水源，较为适合农业生产和定居生活。西北部的阿塞拜疆地区河谷众多，东北部的呼罗珊地区绿洲密布，亦是伊朗重要的农业区域。扎格罗斯山和厄尔布尔士山环抱之下的广袤内陆，约占伊朗国土面积的二分之一，属高原盆地的地貌形态，年均降雨量不足120毫米，地表干枯，植被稀少，不毛之地一望无际；其中，卡维尔沙漠盐泽广布，绿洲犹如散落的晨星点缀其中，卢特沙漠位于卡维尔沙漠以南，火山熔岩覆盖于地表之上，气候酷热，植被稀缺，人迹罕至。

伊朗境内河流较少，且流量有限。卡伦河长约850公里，是伊朗境内唯一的可通航河流，自扎格罗斯山穿越胡齐斯坦平原，流经胡齐斯坦省城阿瓦士，在霍拉姆沙赫尔附近与阿拉伯河汇合，流入波斯湾。此外，迪亚拉河（在伊朗境内称锡尔万河）和扎卜河自扎格罗斯山发源，向西汇入底格里斯河，古尔甘河和阿特拉克河自厄尔布尔士山发源，向北汇入里海。伊朗内陆腹地皆为内流河，水量呈现明显的季节性变化，雨季河水暴涨，雨季过后河床干涸。

伊朗尽管地处古代东西方之间的交通要道，然而其内部不同地区相互之间却存在着巨大的交往障碍，呈外向型的地貌形态。环绕于伊朗高原西部的扎格罗斯山和北部的厄尔布尔士山缺乏适于通行的山口，内陆沙漠亦难以逾越，形成自外部世界深入伊朗内陆腹地的天然屏障。西北部的阿塞拜疆和东北部的呼罗珊（古称帕提亚）以及西南部的法尔斯和胡齐斯坦，作为伊朗通往外部世界的主要通道，是伊朗历史上举足轻重的地缘政治区域。阿塞拜疆作为伊朗的西北门户，地处伊朗高原、美索不达米亚平原、高加索山区、亚美尼亚高原和安纳托利亚高原的接合部，乌尔米耶湖将阿塞拜疆分割为东西两部。阿塞拜疆历经米底王国、波斯帝国和塞琉古王国的统治，伊斯兰教诞生后被纳入阿拉伯帝国的版图，直至成为11世纪突厥人西迁和13世纪蒙古人西征的重要通道。14—15世纪的伊尔汗国以及其后的黑羊王朝，先后建都于大不里士。16世纪初，萨法维王朝崛起于阿塞拜疆，亦定都大不里士。呼罗珊地处伊朗东北部通往中亚腹地的交通要冲，也是波斯世界与突厥斯坦之间相互交往的前沿地带。呼罗珊是伊朗古代安息帝国的发祥之地，7世纪中叶阿拔斯人推翻倭马亚王朝统治的武装起义亦曾率先在呼罗珊揭竿而起。

西南部的法尔斯曾经是波斯人的传统家园,亦是波斯帝国阿黑门尼德王朝和萨珊王朝诞生的摇篮之所在,胡齐斯坦则是伊朗高原与美索不达米亚平原之间的自然通道和伊朗境内阿拉伯人的最大集聚地。自古以来,伊朗境内的贸易通道,或者自阿塞拜疆的大不里士出发,沿着厄尔布尔士山南麓,进入呼罗珊的马什哈德,或者沿着扎格罗斯山两侧自北向南,经法尔斯和胡齐斯坦,抵达波斯湾沿岸。相比之下,内陆沙漠荒原自然环境恶劣,交通闭塞,长期处于与世隔绝的状态。

伊朗境内只有10%的地区具备农业生产的降雨条件,依靠自然灌溉的农田仅占全部农作区域的二分之一,人工灌溉在农业生产中占据重要的地位。称作卡纳特的暗渠,起源于波斯帝国早期。在降雨匮乏的内陆腹地,季节性的内流河或注入内陆湖泊之中,或渗入河床之下,形成较为丰富的地下水源,而地下水的汲取成为主要的淡水来源。将地下水通过暗渠引入地面,汲取地下水灌溉农田,成为伊朗农业自古以来得以延续的重要方式。暗渠系统四通八达,俨然是伊朗内陆地区灌溉农业的标志性符号。卡纳特的挖掘和维护需要高昂的成本,卡纳特流经的水源分配系统亦十分复杂。在依靠卡纳特灌溉的农业区域,拥有水源与占有耕地具有同等的重要性,水源和耕地同为确定农民缴纳地租数额的首要元素。直到20世纪末,卡纳特依然被广泛应用于农业生产,伊朗境内的暗渠数量达到数万条之多,总长度达到数十万公里,堪称世界奇迹。

里海位于伊朗高原的北侧,水域面积约38万平方公里,是世界上最大的咸水湖。里海水域蕴藏丰富的石油和天然气资源。直到20世纪中叶在波斯湾发现石油之前,里海水域都是世界上最重要的石油产地。镶嵌于伊朗高原与阿拉伯半岛之间的狭长水域,古称法尔斯海。20世纪初,西方人开始称该水域为波斯湾。波斯湾是目前世界上最重要的石油产地,丰富的石油资源使得波斯湾成为国际社会瞩目的焦点,亦成为地缘政治危机暗流涌动的根源所在。

二、 族群与宗教

伊朗与埃及、土耳其同为中东地区的人口大国。据2010年官方统计,伊朗总人口为7 446万。然而,相比于埃及和土耳其而言,伊朗地貌复杂多样,辽阔的疆域分布着诸多相对独立的地理单元,加之在漫长的历史进程中阿拉伯人扩张、突厥人迁徙和蒙古西征的深刻印记,人口构成呈现明显的差异性,所操语言分别属于印欧语系、阿尔泰语系和闪米特语系的不同分支,肤色各异,族群甚多。

波斯人系欧罗巴人种地中海类型,是伊朗最大的人口族群,约占伊朗总人口的60%,主要分布于伊朗的中部和南部地区。波斯人所操语言称为波斯语,属于印欧语系伊朗语族的分支。古波斯语在阿黑门尼德王朝时期采用楔形字体,萨珊王朝时期采用阿拉马字母的书写形式,亦称帕拉维语,均已失传。新波斯语作为伊朗现代官方语言和民间通用语言,形成于巴格达哈里发统治下的阿拔斯时代,借用阿拉伯字母的书写形式,仅在28个阿拉伯字母之外增加4个波斯语字母,字体貌似阿拉伯语,亦融入阿拉伯语和突厥语的部分词汇,自11世纪起广泛使用,著名诗人菲尔多西的长诗《列王纪》可谓新波斯语的奠基之作。

库尔德人是中东最大的跨境民族,分布于伊朗、土耳其、伊拉克及叙利亚诸国。库尔德语与伊朗官方语言波斯语同属印欧语系伊朗语族的分支,伊朗境内使用的库尔德语亦采用阿拉伯字母的书写形式。在伊朗境内,库尔德人是仅次于波斯人和阿扎里人的第三大族群,约占伊朗总人口的10%,主要分布在毗邻土耳其和伊拉克的扎格罗斯山区北部,所占人口比重依次为西阿塞拜疆省、克尔曼沙赫省、库尔德斯坦省、伊拉姆省和洛雷斯坦省,在法尔斯省、克尔曼省、锡斯坦—俾路支斯坦省和呼罗珊省也有少量库尔德人移民。

伊朗境内操印欧语系伊朗语族分支的族群,还包括吉兰人、马赞德兰人、巴赫蒂亚尔人、卢尔人和俾路支人,目前人数皆超过百万。吉兰人和马赞德兰人主要分布在里海南岸,多以务农为生,处于定居状态。巴赫蒂亚尔人和卢尔人主要分布在扎格罗斯山中南部,自称伊朗古代先民埃兰人的后裔,是伊朗境内的传统游牧族群,巴列维时代逐渐转入定居状态。如同库尔德人一样,俾路支人亦是中东地区人数众多的跨境民族,伊朗、巴基斯坦与阿富汗的接合部即所谓的俾路支斯坦是俾路支人的传统家园。伊朗境内的俾路支人主要分布在伊朗东南部的麦克兰高地即锡斯坦-俾路支斯坦省,多以游牧为生,是伊朗最贫困的少数族群。

亚美尼亚人属于印欧语系亚美尼亚语族,伊朗境内人数有数十万,大都处于城居状态,从事商业和手工业,约二分之一生活在德黑兰,也有相当数量的亚美尼亚人生活在伊斯法罕、设拉子、大不里士和哈马丹。

伊朗境内亦有诸多族群,所操语言属于阿尔泰语系突厥语族,约占伊朗人口总数的四分之一。阿扎里人占伊朗境内突厥语族人口的85%,与库尔德人以及俾路支人同为跨境族群,是伊朗境内仅次于波斯人的第二大族群,人数超过千万,主要分布在伊朗西北部里海与乌尔米耶湖之间的东阿塞拜疆和西阿塞拜疆两省,也有相当数量的阿扎里人生活在法尔斯省、吉兰省、哈马丹省、呼罗珊省、马赞德兰省和德黑兰。超过三分之一的阿扎里人生活在城市,大不里士、乌尔米耶、埃尔达比勒、赞赞、霍伊和马拉吉是最重要的阿扎里人城市,阿扎里人在德黑兰约占城市人口的三分之一,在哈马丹、卡拉季、加兹温亦占城市人口的相当比例。伊朗境内的突厥语族群,还包括土库曼人、阿夫沙尔人、沙赫塞文人、卡什卡伊人、卡札尔人(亦称恺伽人),人口为数十万至百万不等,分布范围甚广,散落于北部、东部和西南部的诸多地区,或定居务农,或以游牧为生。

阿拉伯语不同于上述印欧语系和阿尔泰语系的语言,属于闪含语系闪米特语族。阿拉伯人是中东地区最大的民族,分布范围遍及西亚北非的诸多国家。伊朗境内的阿拉伯人约占伊朗总人口的3%,主要分布在西南部的胡齐斯坦省和波斯湾沿岸,阿巴丹、阿瓦士和霍拉姆沙赫尔是伊朗境内最重要的阿拉伯人城市。胡齐斯坦是伊朗古代文明的摇篮和埃兰文明的发源地,由于阿拉伯人占人口多数,亦称阿拉伯斯坦。

不同于千姿百态的族群构成,伊朗的宗教信仰呈现明显的一元化倾向。伊朗约99%的人口信奉伊斯兰教,尤其盛行什叶派伊斯兰教。通常认为,伊朗是伊斯兰教什叶派的发源地,实际情况并非如此。伊朗地区尽管自早期伊斯兰时代已有什叶派的存在,10—11世纪曾经处于什叶派政权白益王朝的

马什哈德的伊玛目里萨陵墓清真寺1

统治之下，然而直至1501年萨法维王朝建立之前，伊朗属于逊尼派穆斯林的家园。萨法维王朝建立后，尊奉什叶派伊斯兰教作为官方信仰，极力传播什叶派宗教理念，什叶派由此取代逊尼派而成为伊朗穆斯林的主流派别。伊玛目里萨陵墓所在的马什哈德以及其胞妹法蒂玛陵墓所在的库姆，被什叶派穆斯林视作伊朗境内最重要的宗教圣城。

马什哈德的伊玛目里萨陵墓清真寺2

目前伊朗穆斯林中约89%属于什叶派主流派别十二伊马目派的信徒，尊奉欧苏里教法学派和阿赫巴尔教法学派。伊朗的什叶派穆斯林，主要来自波斯人和阿扎里人。伊朗境内的库尔德人中，约五分之二信奉什叶派伊斯兰教，生活在克尔曼、哈马丹和呼罗珊诸地。胡齐斯坦的阿拉伯人，以及巴赫蒂亚里人、卢尔人、阿夫沙尔人、卡什卡伊人、沙赫塞文人和卡札尔人，亦属于什叶派穆斯林。就伊朗人口构成的特定环境而言，什叶派伊斯兰教的共同信仰，提供了不同族群的向心基础，在不同的族群之间形成了深厚的宗教认同，进而沉淀为超越族群界限的政治认同和国家认同。

逊尼派穆斯林约占伊朗总人口的10%，主要来自库尔德人、阿拉伯人、俾路支人和土库曼人，尊奉沙菲仪教法学派和哈奈菲教法学派。伊朗境内的库尔德人，约五分之三信奉逊尼派伊斯兰教，主要分布在西阿塞拜疆和库尔德斯坦。散居于波斯湾沿岸布什尔到阿巴斯港之间的阿拉伯人，以及几乎所有的俾路支人和土库曼人，亦属于逊尼派穆斯林。

非穆斯林约占伊朗人口的1%，包括巴哈伊教徒、基督徒和犹太人以及琐罗亚斯德教徒，大都以波斯语作为母语。伊朗境内最大的非穆斯林族群是巴哈伊教徒，有数十万，处于城居状态，多数生活在德黑兰，在法尔斯和马赞德兰偶尔可见巴哈伊教徒村庄。巴哈伊教徒大都来自波斯人，极少量来自阿扎里人和库尔德人。伊朗境内的基督徒亦有数十万,分别属于亚美尼亚派和亚述派。伊朗境内最重要的亚美尼亚基督徒教区位于伊斯法罕,亚述人是古代迦勒底人和基督教分支聂斯托里派的后裔,主要分布在乌尔米耶湖周围,亦有极少数库尔德人信奉基督教。伊朗境内的犹太人有数万人,绝大多数的犹太人生活在德黑兰,少量的犹太人生活在设拉子、伊斯法罕、哈马丹和卡尚。琐罗亚斯德教徒有数万人,操波斯语,生活在德黑兰、克尔曼和雅兹德省。

三、历史长河

伊朗具有极其深厚的历史底蕴,文明传统源远流长,诸多统治民族交替出现,政治舞台犹如异彩纷呈的斑斓画卷,政治疆域亦在文明的长河中经历沧海桑田的变化。

伊朗古代文明的源头,可以追溯到公元前27世纪崛起于西南部门户胡齐斯坦平原的埃兰文明和公元前8世纪在扎格罗斯山区北部崭露头角的米底王国。公元前6世纪,称雄中东的闪米特—含米特语系诸多分支日渐衰微,印欧语系的重要分支波斯人异军突起,成为主宰中东命运的统治民族。

波斯帝国的创立者是居鲁士二世(约前558—前529年在位),后人称之为"波斯之父"。居鲁士二世属于波斯人的阿黑门尼德氏族,居鲁士二世创立的政权史称阿黑门尼德王朝。居鲁士二世当政期间,波斯人灭扎格罗斯山区北部的米底王国、小亚细亚半岛的吕底亚王国和美索不达米亚的新巴比伦王国,征服小亚细亚西部沿海的希腊人城邦,占领中亚的巴克特里亚(中国史书称之为大夏和吐火罗),兵抵锡尔河流域。居鲁士二世自称"巴比伦王、苏美尔和阿卡德王、四方之王",古希腊作家色诺芬仰慕居鲁士二世的雄才伟略和文治武功,将居鲁士二世传作为其所著《名人传》的首篇。居鲁士二世之子冈比西斯二世(约前529—前522年在位)曾经远征尼罗河流域,建立埃及历史上的第27王朝。大流士一世(约前522—前486年在位)当政期间,波斯人越过中亚,占领印度河流域,巴尔干半岛南部的色雷斯亦被纳入阿黑门尼德王朝的版图。在阿黑门尼德王朝的鼎盛阶段,波斯帝国统治着西起尼罗河、东至印度河的辽阔疆域,古代文明的摇篮两河流域、尼罗河流域以及印度河流域尽属其地,古代世界的政治格局由此发生重大变化。波斯文化与希腊文化交相辉映,曾经是古代世界的靓丽风景。阿黑门尼德王朝的都城波斯波利斯,位于伊朗西南部法尔斯省的设拉子附近,始建于大流士一世当政期间,兼有波斯、美索不达米亚、埃及和希腊的建筑风格,堪称古代波斯帝国的象征;波斯波利斯的宫廷殿堂号称"百柱之殿",柱高7米,柱头饰以动物和人面形状,其精湛建筑艺术与宏大气势于断壁残垣之间依稀可见。阿黑门尼德王朝兴建的皇室大道,长约2 500公里,连接中亚、伊朗高原和地中海东岸,先于西方世界闻名遐迩的罗马大道数百年,堪称古代交通史的开山之作,亦为其后贯通东西的丝绸之路奠定了坚实的基础。大流士一世之子薛西斯一世(约前486—前465年在位)当政期间,波斯帝国与希腊人之间爆发战争。波希战争历时近半个世纪之久,曾经被近代学者视作东西方之间所谓文明冲突的序幕。此后,波斯人退出爱琴海水域,波斯帝国逐渐衰落。

公元前3世纪,与波斯人同属印欧语系伊朗语族的帕奈人建立阿尔萨息王朝,中国史书称之为安息王朝。阿尔萨息王朝兴起于伊朗东北部门户帕提亚,最初都于尼萨(位于土库曼斯坦首都阿什哈巴德附近),继而迁都埃克巴坦那(位于伊朗西北部城市哈马丹附近),直至定都泰西封(位于伊拉克首都巴格达附近)。阿尔萨息王朝都城泰西封与希腊化时代的著名城市塞琉西亚在底格里斯河两岸遥相呼应,合称麦达因,阿拉伯语中意为"两座城市"。阿尔萨息王朝鼎盛时期,领有伊朗高原和美索不达米亚诸地,进而在中东地区形成与地中海世界的霸主罗马人分庭抗礼的政治格局。曾经因平息斯巴达克斯起义而名噪一时的罗马将领克拉苏,公元前53年毙命于征讨阿尔萨息王朝的战场。此外,阿尔萨息王朝正值中国的两汉时期,丝绸之路成为东西方之间最重要的贸易通道。阿尔萨息王朝扼守古代丝绸之路的必经之地,曾经与中国的西汉王朝互通使节。

公元3世纪,萨珊王朝兴起于阿黑门尼德王朝的发祥地法尔斯。萨珊王朝的创立者阿尔达希尔(公元224—241年在位)于224年灭亡阿尔萨息王朝,226年在泰西封自称"众王之王"。萨珊王朝尊奉琐罗亚斯德教为国教,领有伊朗高原和美索不达米亚的广大地区。此后四百余年间,波斯帝国重振雄风。萨珊王朝与罗马帝国及拜占庭帝国交战频繁,中东地区形成东西对峙的地缘政治版图。260年,萨珊王朝军队在地中海东岸的埃德萨俘获罗马皇帝瓦列里安;萨珊国王沙普尔一世曾经将瓦列里安俯首称臣的画面刻于山岩之上,用以炫耀波斯的强盛。公元363年,萨珊国王沙普尔一世再度重创罗马军队,罗马皇帝朱利安在远征波斯帝国途中命丧黄泉。相传,在萨珊王朝都城泰西封的宫殿中,摆放四个御座,萨珊国王的御座位于宫殿的中央,而罗马皇帝、突厥王和中国皇帝的御座则摆放在萨珊国王御座的周围,以示萨珊国王君临天下之势。7世纪初,波斯帝国与拜占庭帝国之间战事再起。萨珊王朝军队一度占领叙利亚和小亚细亚大部,直至攻入尼罗河流域。622—628年,拜占庭军队发动反攻,收复叙利亚、小亚细亚和尼罗河流域,兵抵底格里斯河流域。

波斯人原本信奉多神教,阿黑门尼德王朝建立后,琐罗亚斯德教逐渐取代多神信仰。琐罗亚斯德教相传系公元前6世纪的波斯人查拉图士特拉(希腊人称其为琐罗亚斯德)创立,亦称拜火教,中国史书称之为祆教,是波斯帝国的主要宗教。萨珊王朝建立后,琐罗亚斯德教俨然成为波斯传统文化的标志和象征。琐罗亚斯德教之关于阿胡拉·马兹达创造世界、琐罗亚斯德作为救世主在世界末日到来之际重返人间以及灵魂复活、末日审判、永恒天国的神学思想,在中东诸地影响甚广。

公元7世纪初伊斯兰教兴起后,阿拉伯人长驱东进,萨珊王朝土崩瓦解,延续千年的波斯帝国寿终正寝,伊朗高原被纳入哈里发国家的版图,外族统治的历史大幕由此徐徐拉开。阿拉伯人征服的最初百余年间,扎格罗斯山以东地区曾被都于麦地那和大马士革的哈里发视作鞭长难及的边陲之地。阿拔斯王朝建立后,迁都巴格达,哈里发国家的政治重心渐趋东移,伊朗高原在哈里发国家的地位随之明显上升。在哈里发国家的统治下,伊斯兰教逐渐植根于伊朗高原的沃土,波斯人成为穆斯林大家庭的重要成员,琐罗亚斯德教作为波斯帝国的传统信仰随之淡出历史舞台。阿拔斯时代,底蕴深厚的波斯文化融入璀璨的阿拉伯伊斯兰文化之中,成就斐然。伊朗东北部的呼罗珊成为此间波斯文化复兴的摇篮,中亚城市布哈拉、撒马尔罕和花剌子模可谓此间波斯文化的三大中心。

哈里发帝国解体后数百年间,伊朗历经突厥人迁徙浪潮的冲击和蒙古铁骑的践踏。在塞尔柱突厥帝国、伊尔汗国和帖木儿帝国时代,游牧势力膨胀,部落政治泛滥,经济凋敝,社会动荡。16世纪初,萨法维王朝兴起于伊朗西北部门户阿塞拜疆,定都大不里士,继而迁都伊斯法罕。萨法维王朝尊奉什叶派伊斯兰教为官方信仰,旨在与尊奉逊尼派伊斯兰教的奥斯曼帝国分庭抗礼,伊朗由此进入什叶派伊斯兰教盛行的时代。萨法维王朝的建立,标志着伊朗继历时千年的古代波斯帝国后再度走上复兴之路。伊朗境内的历史古都,包括西南部城市设拉子附近的波斯波利斯、西北部城市哈马丹附近的埃克巴坦那,以及西北部阿塞拜疆的大不里士,大都具有外向性的地缘政治特

征。相比之下,伊斯法罕位于扎格罗斯山中段东侧与内陆腹地之间,具有鲜明的内向地缘色彩。伊斯法罕作为萨法维王朝的都城,市区规模扩大,人口剧增,商贾云集,巴扎店铺鳞次栉比。伊斯法罕大清真寺最初由塞尔柱苏丹国的名相尼查姆·穆勒克主持兴建,萨法维王朝时期经历大规模的扩建,圆柱、拱门、尖塔和瓷砖镶嵌具有浓厚的波斯传统风格,可谓伊朗伊斯兰建筑艺术的杰作。

伊斯法罕大清真寺一角

1794年恺伽王朝建立后,德黑兰取代伊斯法罕成为新王朝的都城所在。德黑兰位于厄尔布尔士山南麓与内陆腹地之间,毗邻古代丝绸之路重镇莱伊,西至扎格罗斯山北段和阿塞拜疆,南达扎格罗斯山南段的胡齐斯坦和法尔斯,向东穿越厄尔布尔士南麓与卡维尔沙漠的北部边缘,沿古代丝绸之路,经塞姆南和内沙普尔,通往呼罗珊重镇马什哈德。宗教圣城库姆位于德黑兰以南百余公里处,地处卡维尔沙漠的西部边缘,宗教学校鳞次栉比,宗教学者云集,俨然是什叶派穆斯林的精神家园。

进入19世纪,西方的冲击瓦解着伊朗传统社会的基础,伊朗的现代化进程随之开始启动,传统文明已然暮色朦胧,传统秩序的冰山出现融化的迹象,现代文明的曙光依稀可见,现代国家初具雏形,政治疆域亦逐渐划定。20世纪初的宪政革命,将议会和宪法首次引入伊朗政治舞台,强调自由和平等的政治原则,赋予民众以选举的权利,强调捍卫民族尊严和国家主权,限制君主权力和扩大民众的政治参与,首开亚洲现代政治革命的先河。

巴列维王朝建立后,礼萨汗和巴列维两代国王奉行"发展的独裁模式",以牺牲政治层面的自由和民主作为代价推动伊朗的现代化进程。西方现代文明的诸多元素,在东方专制主义的阴影之下注入伊朗的传统社会。白色革命可谓巴列维王朝现代化进程的神来之笔,然而白色革命期间伊朗经济社会秩序的剧烈变动与政治体制的严重滞后形成尖锐的矛盾对立,导致所谓"发展的独裁模式"深陷困境。新旧社会势力的此消彼长和民众的觉醒,孕育和催生着自下而上的民主化政治运动,直至敲响巴列维王朝覆灭的丧钟。白色革命与伊斯兰革命之间无疑具有内在的逻辑联系,"头巾取代王冠"构成伊朗现代化进程的重要历史坐标。伊斯兰革命的胜利宣告了伊朗传统政治模式的寿终正寝,伊斯兰共和国的诞生标志着伊朗现代化进程的崭新起点。

伊斯兰共和国初期,伊朗经历革命与战争的双重洗礼,内忧外患错综交织,尤其是两伊战争长达8年之久,战争创伤触目惊心。伊朗原本是美国在中东地区的重要盟友,伊斯兰革命后,美伊关系急转直下,伊朗因此遭受西方世界的长期制裁。两伊战争结束后,百废待兴,战后重建的进程步履维艰。进入21世纪,中东地区的地缘政治形势风云突变。伊朗作为美国主导之阿富汗战争和伊拉克战争的最大赢家,不费一兵一卒而得以消除来自东西两面的安全隐患。阿拉伯世界的政治乱象,为伊朗进一步扩大和强化其在中东的影响力提供了绝佳的机会。

第一章
源远流长的古代文明

第一节 史前文化与早期文明

一、史前文化

自从遥远的旧石器时代开始,伊朗已经出现人类活动的痕迹。考古学家在伊朗西北部的库尔德斯坦发现了旧石器时代早期的文化遗存,而旧石器时代中晚期的文化遗址则遍布于乌尔米耶湖沿岸、扎格罗斯山、呼罗珊、里海南岸、胡齐斯坦和法尔斯的广大地区,考古学家在多处洞穴中发现了早期人类留下的遗迹。

大约在公元前7000—前5000年的新石器时代,伊朗迎来了原始社会末期之所谓"农业革命"的时代,原始的农业和畜牧业开始出现于扎格罗斯山区。考古学家在乌尔米耶湖沿岸、克尔曼沙赫、洛雷斯坦、胡齐斯坦和法尔斯发掘出大量的石制农具残片和家畜骨骼化石,表明此间采集和狩猎的经济活动逐渐让位于农作物的种植和牲畜的驯养,靠近水源的村落成为人类栖息的家园,定居的生活方式随之浮出历史长河的水面。

公元前5000—前3500年,伊朗经历了史前时代的铜石并用阶段。大约从公元前3500年开始,伊朗各地相继进入青铜时代,定居点明显增多,加之与周边的美索不达米亚以及中亚地区交往频繁,冶金术和制陶术日臻成熟,象形文字的书写符号亦渐露端倪。

二、埃兰文明

如同美索不达米亚最初不曾是闪米特语系诸分支的家园、尼罗河流域最初不曾是阿拉伯人的家园而安纳托利亚最初不曾是突厥人的家园,伊朗最初亦不曾是波斯人的家园。伊朗古代文明的曙光升起于胡齐斯坦。胡齐斯坦地处伊朗西南部,古称埃兰,亦称苏西亚那。首开伊朗古代文明先河的族群,并非自中亚移入的波斯人,而是生活在伊朗西南部胡齐斯坦的原住民埃兰人。

埃兰人的语言,不同于其后移入伊朗的雅利安人分支米底人和波斯人所操之印欧语系的分支,也不同于流行于美索不达米亚的闪米特语系诸分支,却与美索不达米亚古代文明的先驱者苏美尔人以及印度河流域古代文明的始作俑者达罗毗荼人所操语言有颇多相似之处,而埃兰语所属何种语系至今无从得知。有学者推测,埃兰语似乎与尚存于伊朗东南部的俾路支语、阿富汗南部的布拉灰语以及印度南部的泰米尔语、泰卢古语、埃纳德语和斯里兰卡的达罗毗荼语之间具有某种历史渊源(Daryaee, 2012, p.37)。埃兰语的早期书写形式采用象形字体,至今尚未成功释读。大约自公元前3000年代末期开始,埃兰语的书写形式演化为线形字体,继而演化为楔形字体,现代学者已经成功释读。

埃兰人大约自公元前27世纪的青铜时代登上伊朗古代文明的舞台,直至公元前7世纪让位于雅利安人的分支米底人和波斯人,进而融入波斯帝国的波涛洪流,延续长达两千余年。此间,埃兰人在伊朗西南部的胡齐斯坦以及法尔斯西部和洛雷斯坦南部创造的文明,与苏美尔人、阿卡德人、阿摩利人、亚述人、迦勒底人在美索不达米亚创造的文明交相辉映。然而,埃兰人命运多舛,在历史长河中几度浮沉,文献记载亦时断时续,诸多史实已经无从可考。

考古学家在胡齐斯坦的苏撒发掘的文化遗迹,占地面积达到数十公顷,涵盖从公元前50世纪中叶到前30世纪初期的不同时期,相当于美索不达米亚南部的苏美尔·阿卡德时代,处于原始社会末期至文明时代早期的历史阶段。从苏撒遗址可见,此间生活在苏撒的埃兰人种植谷物,饲养家畜,具有明显的农耕性质和浓厚的城居色彩,出土文物包括石器、陶器和青铜器制品,工艺精湛,造型雅致。埃兰文化的另一重要遗址是安善,位于法尔斯西部,占地面积超过100公顷,出土文物亦种类繁多。

关于埃兰文明的文字记载,主要来自阿卡德语和亚述语的泥板文书,亦有少量记载来自埃兰语的泥板文书。"埃兰"一词最早出现于美索不达米亚的早期铭文《苏美尔王表》,其中部分内容曾经提及公元前2700年至公元前2550年间苏美尔人城邦基什和拉格什与埃兰人之间的战争。阿卡德王国

(约前 2371—前 2230 年)统一美索不达米亚南部以后,多次征服埃兰城邦苏撒和阿万。阿卡德国王纳拉姆辛曾经与苏撒城邦缔结盟约,盟约用阿卡德语和埃兰语楔形字体刻写于泥板文书之上,刻写盟约的泥板文书残片出土于苏撒遗址。

大约在公元前 2230 年,来自扎格罗斯山西北部的库提人灭亡阿卡德王国,埃兰人亦摆脱来自美索不达米亚的威胁。乌尔第三王朝(前 2112—前 2004 年始末)鼎盛时期,埃兰依附于乌尔第三王朝的统治者。乌尔第三王朝的创立者乌尔纳姆曾经将普祖尔·舒辛称作埃兰王,是为出土于苏撒的泥板文书铭文中首次提及埃兰人的名字。公元前 2004 年,埃兰人攻入美索不达米亚南部,灭亡乌尔第三王朝。然而,如同库提人灭亡阿卡德王国后并未久居美索不达米亚而返回扎格罗斯山区一样,埃兰人并未长期驻足美索不达米亚,而是再度退居胡齐斯坦。公元前 1764 年,古巴比伦王国(前 1894—前 1595 年)国王汉谟拉比远征埃兰。此后关于埃兰的记载消失于美索不达米亚的铭文之中,埃兰历史进入长达数百年的黑暗时代。

公元前 1300—前 1100 年,埃兰人再度兴起,曾经与美索不达米亚南部的统治者加喜特人结盟。公元前 1158 年,埃兰人攻入美索不达米亚南部,击败加喜特人,洗劫巴比伦;马都克神像、汉谟拉比法典石刻和玛尼什吐苏方尖碑皆曾成为远征美索不达米亚南部的战利品,被埃兰人掠至苏撒。公元前 8 世纪末,埃兰一度依附于亚述帝国(前 935—前 612 年),后来转而与迦勒底人结盟。此间,亚述帝国多次入侵埃兰,劫掠苏撒。公元前 596 年,新巴比伦王国(前 626—前 539 年)国王尼布甲尼撒二世远征埃兰,攻陷苏撒。居鲁士二世创建波斯帝国后,埃兰被纳入波斯帝国版图,成为波斯帝国的行省。

纵观世界历史,在人类文明的早期阶段,国家普遍表现为小国寡民的城邦形式。如同美索不达米亚古代文明的曙光

汉谟拉比法典石刻

徐徐升起于苏美尔人和阿卡德人建立的城邦,埃兰人作为伊朗古代文明的开先河者,亦曾建立诸多城邦。泥板文书的铭文中提到的阿万、西马什、瓦拉赫什、扎哈拉、希亚尔克、安善和苏撒诸地,皆为埃兰人的城邦。然而,除苏撒和安善外,多数城邦的具体位置尚无法确定。所谓的阿万王朝、西马什王朝、安善王朝、苏撒王朝的更替,似乎反映出埃兰人诸城邦的兴衰和权力中心在埃兰诸城邦之间的转移。

尽管埃兰文明业已进入父权制的历史时代,然而早期埃兰诸城邦的政治生活一定程度上却表现出母权制的色彩,王位继承通常依据母系血统的原则,传甥而不传子。至公元前20世纪后期,母权制的王位传承逐渐淡出埃兰的历史舞台。另一方面,埃兰人崇拜苏撒主神舒希纳克神以及包括沙马什神、伊什梅卡拉布神、沙齐神在内的其他诸神,阿卡德语、亚述语和埃兰语的泥板文书中多次提及苏撒和安善的神庙,考古学家亦在埃兰发掘出多处神庙遗址,表明宗教在埃兰诸城邦的重要地位和君权神授的政治痕迹。

阿卡德语、亚述语和埃兰语的泥板文书中包含了相当数量的财产分割合同和遗产继承文书以及地产租佃契约和土地交易凭据,表明埃兰社会已经出现私有制的财产关系,而私有制财产关系与社会成员之间的贫富分化直至阶级对立具有内在的逻辑联系,是为埃兰文明的历史基础。泥板文书中关于埃兰人的城市民居、自然灌溉的农田以及农作物的种植和储存的记载,则反映出埃兰人的农业生活和定居状态。泥板文书中提及埃兰人的银币明那和西克勒,表明贵金属开始成为交换媒介,进而折射出该地区商业贸易的发展水平。此外,从泥板文书的相关记载中依稀可见,妇女具有一定的社会地位,享有继承遗产和支配财产的权利。

胡齐斯坦作为埃兰人的家园,在地理上构成美索不达米亚平原的延伸,俨然是连接美索不达米亚平原与伊朗高原的纽带。埃兰文明作为伊朗古代文明的源头,在历史上与美索不达米亚文明之间联系密切,交往频繁,除埃兰人的语言与美索不达米亚之闪米特语诸分支存在较大的差异之外,诸多方面颇具相似之处,某种意义上可谓美索不达米亚文明圈的重要元素,亦可视作美索不达米亚文明的东向延伸。埃兰文明深受美索不达米亚文明的影响,埃兰人与苏美尔城邦、阿卡德王国、乌尔第三王朝、古巴比伦王国、亚述帝国直至新巴比伦王国之间的长期战争,提供了埃兰文明与美索不达米亚文明相互交往的主要路径。美索不达米亚文明对于埃兰文明的影响,在文字的书写形式方面尤为明显：苏撒出土文物中发现大量苏美尔语、阿卡德语和亚述语的泥板文书，而后期埃兰文字的书写形式采用楔形字体，与苏美尔语、阿卡德语和亚述语的楔形字体如出一辙。美索不达米亚的诸神崇拜，亦在苏撒留下明显的痕迹。

埃兰文明与其后登上历史舞台的阿黑门尼德王朝之间似乎具有某种程度的历史渊源和文化传承。阿黑门尼德王朝的创立者，希腊人称之为居鲁士二世，美索不达米亚铭文中则称居鲁士二世为库拉什，研究者认为库拉什即是居鲁士二世的埃兰语名字。另据美索不达米亚铭文记载，居鲁士二世的数代先祖曾经自称安善王。有学者据此推测，阿黑门尼德王朝的最初疆域位于埃兰境内，其最初的都城即是埃兰城邦安善（Daryaee, 2012, p.47）。贝希斯敦石刻的铭文，采用古波斯语、阿卡德语和埃兰语三种文字，亦可佐证埃兰文化在阿黑门尼德王朝时期的历史遗存。在阿黑门尼德王朝和安息王朝时期，埃兰人依然是伊朗西南部的重要族群，而埃兰语在胡齐斯坦直至中世纪逐渐让位于波斯语。

三、库提人和加喜特人

雅利安人移入伊朗之前，除埃兰人创造的文明之外，来自扎格罗斯山区中部的库提人和加喜特人亦曾在美索不达米亚平原相继亮相，进而掀起历史长河的异彩浪花。

库提人和加喜特人均系游牧族群，生活在埃兰以北的扎格罗斯山区，所操语言属于何种语系至今不详，历史记载亦混乱不清。有学者推测，库提人与其后出现的库尔德人之间似乎具有某种程度的传承关系（Frye, 1983, p.50）。

库提人最早出现于公元前23世纪阿卡德语泥板文书的铭文中，《苏美尔王表》亦曾提及库提人的国王。库提人曾经多次入侵两河流域南部，灭亡阿卡德王国，直至乌尔第三王朝建立后退居故地。

公元前16世纪初，加喜特人入侵美索不达米亚南部，占领巴比伦城，建立加喜特王国，成为巴比伦尼亚的统治者，是继阿摩利人建立的巴比伦第一王朝和赫梯人建立的巴比伦第二王朝之后的巴比伦第三王朝。公元前14世纪中叶至公元前13世纪中叶，加喜特王国处于鼎盛时期，在西亚地区与赫梯帝国、亚述帝国形成三足鼎立之势。公元前12世纪中叶，埃兰人入侵美索不达米亚南部，加喜特王国灭亡。公元前4世纪亚历山大东征时期的希腊文献，曾经提及残存于扎格罗斯山的加喜特人。

四、雅利安人的到来

"雅利安人"一词,在广义上泛指印欧语系各语族分支的诸多族群,在狭义上特指印欧语系中分布于亚洲诸地之印度-伊朗语族的若干分支族群。古波斯语与梵语皆属于印欧语系中的印度-伊朗语族,两种语言在诸多方面存在相通之处,相近词汇甚多。"雅利安"一词在古波斯语中意为"信仰",在梵语中意为"高尚",两者之间似乎具有同源性。

印欧语系的发源地迄今不详,学术界众说纷纭。多数学者认为,印欧语系的发源地位于伏尔加河下游的南俄草原。亦有学者推测,印欧语系的发源地位于黑海、里海与高加索山之间(Frye, 1983, p.45)。以上两种观点,均将印欧语系的发源地指向亚欧大陆的接合部。

在公元前2000年左右,印欧语系的不同族群出现迁徙的浪潮,或迁入欧洲南部的地中海沿岸,或迁入亚洲腹地的中亚草原。迁入中亚草原的印欧族群此后逐渐分为伊朗语族和梵语语族抑或印度语族两支,而中亚草原成为分布于亚洲诸地雅利安人的故乡。

公元前2000年代末期,印欧语系中的伊朗语族大部从中亚草原向西迁徙,经呼罗珊和里海南岸,进入伊朗西部的扎格罗斯山区,其中生活在扎格罗斯山区中北部克尔曼沙赫和哈马丹一带直至乌尔米耶湖南岸的族群称为米底人,而生活在扎格罗斯山区南部帕尔萨一带的族群称为波斯人。如同游牧于沙漠瀚海之中的阿拉伯人以骆驼作为不可或缺的生活伴侣一般,雅利安人可谓最早驯服马匹的游牧族群,中亚草原则是马背文化的重要发祥地。伴随着雅利安人自中亚西迁至扎格罗斯山区,马匹和马拉战车传入美索不达米亚和小亚细亚。

关于伊朗雅利安人的早期历史记载,主要来自琐罗亚斯德教经典《阿维斯塔》的解读。如同后人依据婆罗门教的经典《吠陀》研究雅利安人移入印度河流域直至逐渐形成国家的历史,因而将此间印度雅利安人所处的时代称为吠陀时代,伊朗雅利安人的早期历史所处的时代被称为阿维斯塔时代。伊朗古代历史上所谓的阿维斯塔时代,相当于印度古代历史上的吠陀时代,研究者主要借助于解读宗教经典而试图还原历史真相。

阿维斯塔时代的伊朗雅利安人,处于青铜时代转换为铁器时代的过渡期,从事游牧和农耕的经济活动,氏族部落内部出现分化的萌芽,社会分工的扩大导致社会成员之间出现职业的划分,祭司和武士作为新兴的社会阶层初露端倪,部落之间的联盟业已成为常态性的组织形式,军事民主制逐渐浮出水面,军事首领往往不再是通过选举产生而是实行世袭的原则,进而孕育出超越血缘界限的地域关系和强制性的公共权力,原始社会濒临解体的边缘。

五、米底王国

埃兰人国势衰落之际,米底人登上伊朗的历史舞台,进而掀开伊朗雅利安人文明的序幕。相比于埃兰人与美索不达米亚之间的频繁交往,米底人的历史鲜见于同时期的亚述铭文。古典时代的希腊人对于米底人的历史知之甚少,考古发掘的米底文化遗址亦极其有限。公元前836年的亚述铭文中首次提及米底人,将米底人生活的地区称为帕苏亚。至公元前8世纪末,"帕苏亚"一词在亚述铭文中消失。除亚述铭文外,公元前5世纪的希罗多德在其所著《历史》中亦多次提及米底人。然而,希罗多德的记载大都没有得到其他史料的佐证,似乎不足凭信。希罗多德甚至提及米底人曾经使用的文字,但考古发掘迄今亦未见米底文字的遗存。

根据亚述铭文和古典时代希腊人的零散记载,米底人移入伊朗西北部之后,分为六个部落,以部落联盟的形式依附于亚述帝国。米底人所处的伊朗西北部地区,曾经是美索不达米亚北部的

米底王国泥板印章,现存于阿塞拜疆国家历史博物馆

亚述帝国与安纳托利亚东部的乌拉尔图王国之间争锋的战场。米底王国(约前678—前549年)脱胎于米底人部落联盟,始建于公元前7世纪初,都城位于埃克巴坦那(今伊朗西北部城市哈马丹附近)。希罗多德在《历史》中曾经提及米底王国自建国后历经四代国王。米底人推举产生的第一位国王是戴奥凯斯(约前678—前675年在位)。戴奥凯斯之子普拉欧尔铁斯(前675—前653年在位)当政期间,向南征服波斯人,继而向西扩张疆域,屡屡与亚述帝国争锋,直至兵败身亡。弗拉欧尔铁斯之子库阿克萨列斯(前625—585年在位)当政期间,米底人与迦勒底人结盟,于公元前612年灭亡亚述帝国,攻占亚述帝国都城尼尼微。此后,米底王国与乌拉尔图王国之间战事频发,互有胜负。米底王国鼎盛期间,一度控制安纳托利亚东部、伊朗东北部的呼罗

珊与伊朗西南部波斯湾沿岸的广大区域,而波斯人甚至亦曾是米底王国的附庸。米底王国的末代国王阿司杜阿盖斯(前585—前550年在位)曾经与波斯人联姻,将其女嫁与波斯人阿黑门尼德族首领冈比西斯,所生之子名为居鲁士,是居鲁士一世。公元前559年,居鲁士一世之子居鲁士二世举兵反抗米底人的统治,攻占埃克巴坦那,灭亡米底王国,俘获米底国王阿司杜阿盖斯,建立阿黑门尼德王朝,伊朗历史由此进入波斯帝国的时代。波斯帝国建立后,米底人逐渐被同属伊朗雅利安人的波斯人同化。

第二节 阿黑门尼德王朝

一、阿黑门尼德王朝的起源

记载阿黑门尼德王朝的史料,大体上分为两个方面,即来自波斯人的史料与来自异族的史料。来自波斯人的史料,主要是考古发掘的遗址和实物以及古波斯语的石刻铭文和泥板文书。阿黑门尼德王朝遗存的石刻铭文多为官方铭文和王室碑文,泥板文书则多来自民间,相当数量的古波斯语石刻铭文和泥板文书保存至今。然而,波斯人少有成文的历史著作,诸多史实多为口传心记,石刻铭文和泥板文书缺乏关于历史的完整记载,内容支离破碎。就历史描述之完整性而言,贝希斯敦铭文可谓仅存的特例。相比之下,来自异族的史料,内容之丰富程度远非波斯自身史料可比。希腊人与波斯帝国交往密切,其中小亚细亚半岛的希腊人分支爱奥尼亚人城邦曾经臣属于波斯帝国,亦有大量希腊人在波斯帝国境内从事各种职业,波斯帝国内不乏来自希腊本土的商人、官吏、医生、工匠、雇佣兵和旅行家,关于波斯帝国的历史记载多数来自希

希罗多德所著《历史》

腊人的笔下。希腊著名历史家希罗多德的《历史》具有通史的开阔视野,无疑被视作研究阿黑门尼德王朝时期波斯帝国最重要的文献资料,希腊人克特西乌斯曾经担任薛西斯二世的宫廷御医,著有《波斯史》,希腊作家和政治家色诺芬曾经亲历阿黑门尼德王朝晚期内讧,所著《长征记》记载希腊雇佣军参与阿黑门尼德王朝内讧失败后的逃亡之路,皆具有较高的史料价值。除希腊人的记载之外,埃兰语铭文、阿卡德语铭文和阿拉马语铭文亦提供了探讨阿黑门尼德王朝时期波斯帝国的重要史料,而《圣经·旧约》中的《以赛亚书》《以斯拉记》《以斯帖记》《但以理书》《哈该书》《以西结书》则多次提及阿黑门尼德王朝国王居鲁士二世和大流士一世。不同史料的相互印证,提供了阿黑门尼德王朝时代波斯帝国的历史轮廓和史实细节。

关于波斯人和阿黑门尼德王朝的早期历史,缺乏准确的记载,语焉不详,众说不一。公元前9世纪的亚述铭文曾经首次提及伊朗雅利安人的分支米底人和波斯人,而米底人生活的家园后来被称为米底亚,波斯人生活的家园后来被称为法尔斯。亚述帝国时期,米底人的势力明显强于波斯人,米底人的分布范围亦远远大于波斯人。波斯人似乎是迫于米底人的压力和威胁,沿扎格罗斯山自北向南迁徙,直至选择法尔斯作为其在伊朗的家园。

根据色诺芬在《长征记》中的记载,波斯人分为12个部落。根据希罗多德的《历史》记载,波斯人分为许多的部落,并且提到其中10个部落的名称,其中从事农业的部落包括帕萨尔加迪部落、马拉普伊欧伊部落、玛斯毕欧伊部落、潘提亚来欧伊部落、戴鲁西埃欧伊部落、盖尔马尼欧伊部落,游牧为生的部落包括达欧伊部落、马尔多伊部落、多罗比克伊部落、萨加尔提欧伊部落,阿黑门尼德王朝氏族属于其中的帕萨尔加迪部落。帕萨尔加迪部落生活在后来成为波斯帝国都城的波斯波利斯周围,据学者推测,波斯波利斯一词似乎源于帕萨尔加迪部落的称谓(Frye,1983,p.89)。马拉普伊欧伊部落亦是波斯人的重要部落,希罗多德在《历史》一书中提到该部落许多成员的名字,反映出其在波斯人中的重要地位。玛斯毕欧伊部落的分布范围介于胡齐斯坦与法尔斯之间;据学者推测,玛斯毕欧伊部落似乎是伊朗现代少数族群卢尔人的祖先(Frye,1983,p.89)。

根据现有资料初步判断,波斯人包括操波斯语的诸多部落,在伊朗西南部的法尔斯一带与原住民逐渐融合,进而形成地域关系。换言之,生活在伊朗西南部法尔斯一带的波斯人并非真正意义上的血缘族群,而是在迁徙和融合的过程中逐渐形成地域关系的特定族群。随着血缘关系向地域关系的转变，波斯人的身份认同亦从血缘族群的认同演变为地域族群的认同，成为波斯人建立国家和阿黑门尼德王朝之崛起于法尔斯的社会基础。

目前已知的最早浮出历史长河水面的波斯人，是帕萨尔加迪部落阿黑门尼德氏族首领阿黑门尼斯，所处时代约为公元前 700 年。此时的波斯人臣属于埃兰的安善王。公元前 7 世纪中叶，阿黑门尼斯之子铁伊斯佩斯成为波斯人的首领，依附于米底王国。公元前 670 年，波斯人与米底人结盟，反叛亚述帝国国王辛纳克里布。米底人败于西徐亚人后，波斯人占领埃兰旧都安善，铁伊斯佩斯自称安善王，领有埃兰属地。阿里亚拉姆涅斯金板铭文，是迄今所发现的最早的古波斯语楔形字体铭文。据该铭文记载，阿里亚拉姆涅斯是安善王铁伊斯佩斯之子，铁伊斯佩斯死后，波斯人划分为两部，铁伊斯佩斯的长子居鲁士一世占据安善，承袭安善王名号，铁伊斯佩斯的次子阿里亚拉姆涅斯占据法尔斯，称波斯王。阿里亚拉姆涅斯死后，其子阿尔沙米斯继任波斯王，臣属于安善王居鲁士二世，直至居鲁士二世建立阿黑门尼德王朝，阿尔沙米斯王位被废。亦有学者推测，波斯人并未划分为安善和法尔斯两部，实为一体（李铁匠，1992 年，第 26 页）。

据亚述铭文记载，安善王居鲁士一世曾经将其长子阿鲁库送往亚述帝国都城尼尼微作为人质。居鲁士一世死后，其子冈比西斯一世与亚述帝国交恶，转而臣服于米底王国。据希罗多德记载，冈比西斯一世与米底王国联姻，娶米底国王阿司杜阿盖斯之女芒达妮为妻，所生之子即为居鲁士二世。

二、领土扩张

公元前 559 年冈比西斯一世死后，居鲁士二世（前 559—前 530 年在位）成为安善王。居鲁士二世首先聚合分布在法尔斯的波斯人诸部落，在安善城西北 75 公里的帕萨尔加迪建立国家，为阿黑门尼德王朝（前 550—前 330 年始末）。公元前 555 年，居鲁士二世与新巴比伦王国结盟，举兵反叛米底人，于公元前 550 年攻陷米底王国都城埃克巴坦那，俘获米底王国的末代国王阿司杜阿盖斯，米底人遂成为阿黑门尼德王朝的臣民。居鲁士二世征服米底王国后，延续米底王国旧制，给予米底贵族特权地位，给予米底人自治地位，米底王国都城埃克巴坦那成为阿黑门尼德王朝的夏都。

居鲁士二世 1　　　　　　　　　　　　　　　　居鲁士二世 2

公元前 549 年,居鲁士二世征服埃兰,埃兰旧都苏撒成为波斯人新的都城。前 549—前 548 年,居鲁士二世兼并原属米底王国版图的亚述、叙利亚和亚美尼亚,威胁小亚细亚。面对居鲁士二世大军压境,盘踞小亚细亚的吕底亚王国联合希腊移民爱奥尼亚人,建立抗衡阿黑门尼德王朝的军事联盟。公元前 547 年,居鲁士二世在底格里斯河上游击败吕底亚王国军队,初战告捷,继而在小亚细亚长驱直入,于公元前 546 年攻占吕底亚王国都城萨尔迪斯,俘获吕底亚国王克罗伊斯。被俘的克罗伊斯受到居鲁士二世的礼遇,萨尔迪斯成为阿黑门尼德王朝在小亚细亚的陪都。吕底亚王国灭亡后,小亚细亚沿海的诸多爱奥尼亚人城邦相继臣服于阿黑门尼德王朝。

居鲁士二世征战图

征服吕底亚王国后,居鲁士二世于公元前545年挥师东征,攻入伊朗东北部的帕提亚,继而占领中亚的巴克特里亚和粟特诸地,兵抵印度河流域的犍陀罗。公元前540年,居鲁士二世麾下的波斯大军将攻击的矛头指向新巴比伦王国。

迦勒底人建立的新巴比伦王国,曾经是继亚述帝国之后美索不达米亚最强大的国家,鼎盛时期领有巴比伦尼亚以及叙利亚和地中海东岸诸地。然而,新巴比伦王国自从国王尼布甲尼撒二世死后,国势衰落,至第六代国王那波尼德在位期间,已是危机四伏。据巴比伦铭文记载,那波尼德具有阿拉马人的血统,青睐哈兰的阿拉马人主神辛,而忽视崇拜巴比伦城的主神马都克,引发马都克神庙祭司的不满。据居鲁士二世石刻铭文记载,新巴比伦王国臣民期盼着新的拯救者出现,巴比伦城的主神马都克四处寻找新的公正的国王,呼唤安善王居鲁士二世的名字,宣布居鲁士二世作为巴比伦尼亚的主人。《圣经·旧约》亦曾提及居鲁士二世,将居鲁士二世视作拯救生灵的弥赛亚。

公元前539年,居鲁士二世的大军在底格里斯河畔的欧皮斯击败新巴比伦王国的军队,巴比伦城似乎并未抵抗,不战而降。居鲁士二世兵不血刃而占领新巴比伦王国都城,擒获新巴比伦王国末代国王那波尼德。巴比伦城内的原有神庙受到居鲁士二世的保护,并无劫掠神庙财物、杀戮祭司和焚毁神庙建筑的现象。那波尼德被俘后受到居鲁士二世的礼遇,居鲁士二世将法尔斯东部的卡曼尼亚赐封那波尼德作为领地。居鲁士二世征服巴比伦城后,不再自称安善王,改称安善王冈比西斯之子,安善王居鲁士之孙,安善王铁伊斯佩斯之玄孙,同时自称巴比伦王和苏美尔阿卡德王,世界的王,众王之王,以马都克神的名义统治巴比伦尼亚。与此同时,居鲁士二世自居为新巴比伦王国国王尼布甲尼撒二世的继承者,大赦天下,延续巴比伦尼亚的旧制和原有宗教,重建战火焚毁的神庙。居鲁士二世下令,将那波尼德从其他地区劫至巴比伦城的诸多神像送还原地。居鲁士二世授权其子冈比西斯二世作为巴比伦尼亚的统治者,此间冈比西斯二世曾经在巴比伦城朝拜马都克神庙并向马都克神像供奉祭品。著名的居鲁士二世圆柱印章铭文,系巴比伦城马都克神庙祭司于公元前539年居鲁士二世征服巴比伦尼亚后所写,谴责那波尼德的暴政,美化居鲁士二世广施仁政,可谓巴比伦城祭司支持居鲁士二世的佐证。

马萨革泰人生活在里海东岸,是古代世界著名的游牧族群,与波斯人同属伊朗雅利安人的分支,一度臣服阿黑门尼德王朝,继而反叛。公元前530年,居鲁士二世东征反叛的马萨革泰人殒命于战场。居鲁士二世死后,葬于

画家笔下的居鲁士二世陵墓

修缮中的居鲁士二世陵墓

阿黑门尼德王朝位于法尔斯的都城帕萨尔加迪，其陵墓保存至今。

居鲁士二世不仅是阿黑门尼德王朝的建立者，而且是世界历史上屈指可数的伟大征服者，短短20余年中驰骋疆场，所向披靡。阿黑门尼德王朝的版图，最初仅仅局限于伊朗西南部法尔斯的弹丸之地。至居鲁士二世在位末期，阿黑门尼德王朝的国王统治着西至爱琴海东岸的爱奥尼亚人城邦、东至印度河谷的辽阔疆域，波斯帝国堪称当时世界上版图最大的帝国。

居鲁士二世死后，其子冈比西斯二世（前530—前522年在位）继承王位。冈比西斯二世即位后，波斯帝国依然延续居鲁士二世生前的扩张态势。此时，波斯帝国的东方疆域已然达到极限，而在遥远的西方，富庶的尼罗河流域成为冈比西斯二世觊觎的猎物。居鲁士二世时代美索不达米亚和地中海东岸的降服，为冈比西斯二世大举西征和波斯大军踏上埃及的土地铺平了道路。公元前525年，冈比西斯二世亲率波斯大军远征埃及，直至攻入埃及以西的利比亚和尼罗河上游的努比亚，埃及第26王朝末代法老萨姆提克兵败被俘，遭到处决。冈比西斯二世征服埃及后，效法其父居鲁士二世之征服巴比伦尼亚，自称埃及王，延续埃及旧制，是为埃及历史上的第27王朝（前525—前450年）。如果说居鲁士二世以巴比伦尼亚的征服者著称于世，那么冈比西斯二世由于征服埃及而名垂波斯帝国的史册。古代文明的三大摇篮即两河流域、印度河流域和尼罗河流域，尽皆被纳入阿黑门尼德王朝的版图。

冈比西斯二世

冈比西斯二世征服埃及后，并未立即返回波斯帝国都城，而是留居埃及都城孟菲斯，沉迷于法老时代的奢华生活。据希罗多德记载，冈比西斯二世曾经派遣5万人的波斯大军深入埃及的希瓦绿洲，途中遭遇沙尘暴，从此消失，成为千古之谜。冈比西斯二世在埃及的统治，似乎不同于居鲁士二世在巴比伦尼亚的统治。根据铭文记载，冈比西斯在埃及横征暴敛，劫掠神庙财产。此间，遥远的东方涌动着反叛的暗流，而波斯帝国的核心区域法尔斯和米底成为暗流涌动的源头。

居鲁士二世曾经娶米底王国公主芒达妮为妻，生有两子，长子名为冈比西斯即冈比西斯二世，次子名为巴尔迪亚。冈比西斯二世即位后，在筹划远征埃及之时，谋杀巴尔迪亚，指定米底贵族奥洛帕斯特斯（希罗多德称之为帕提泽西斯）留守都城帕萨尔加迪。公元前522年，高默达趁冈比西斯二世远在埃及之机,以居鲁士二世次子巴尔迪亚的名义,在米底举兵,宣布免征三年赋税,煽动诸地臣民反叛。关于高默达叛乱的史料,主要来自大流士时代刻写的贝希斯敦铭文,希罗多德在《历史》一书中曾经记载了高默达叛乱的详情,希腊剧作家埃斯库罗斯的《波斯人》亦曾取材于高默达叛乱。然而,关于高默达的真实身份,诸多记载语焉不详,或称其为米底贵族,或称其为琐罗亚斯德教祭司,或称其为巴尔迪亚本人,说法不一,真相不得而知。

高默达反叛后,冈比西斯二世离开埃及,在返回途中遭遇反叛者,死于埃克巴坦那。冈比西斯二世死后,包括大流士在内的波斯贵族7人在埃克巴坦那杀死高默达,平息反叛,大流士被拥立为第三代波斯国王,是为大流士一世(前522—前486年在位)。冈比西斯二世死后无子嗣,而大流士一世无疑出身波斯贵族,却并非居鲁士二世和冈比西斯二世的直系后裔,甚至并无阿黑门尼德王室血统,有篡位之嫌。大流士一世自称阿黑门尼德族先祖阿契美尼斯的后裔,自居为阿黑门尼德王朝的合法继承人。此后阿黑门尼德王朝的历代国王,皆为大流士一世的直系后裔。

贝希斯敦系伊朗西部城市克尔曼沙赫附近的山丘,地处埃克巴坦那与巴比伦城之间的交通要道,素有"神山"之称。贝希斯敦铭文刻写于高出地面约百米的山岩之上,碑铭长22米,高近8米,包括浮雕和铭文两个部分,浮雕刻有阿胡拉·马兹达神像以及大流士和多名反叛后被俘者的雕像,铭文包括埃兰语、古波斯语和阿卡德语的楔形文字。1935年,英国人罗林森发现贝希斯敦铭文,历经10年之久,成功释读,从此广为人知,亚述学亦随之成为古代史研究的

大流士一世雕像

贝希斯敦石刻

新兴分支学科。贝希斯敦铭文尽管系大流士一世授意刻写,旨在宣扬其文治武功,不乏偏颇之处,亦有伪造史实之嫌,但依然被视作研究波斯帝国的重要史料依据。

根据贝希斯敦铭文,大流士一世自称波斯王和众王之王,其身世上溯为叙斯塔斯佩斯—阿尔沙米斯—阿里亚拉姆涅斯—铁伊斯佩斯—阿黑门尼斯。贝希斯敦铭文中75次提及琐罗亚斯德教之神阿胡拉·马兹达,强调大流士一世的王权来自阿胡拉·马兹达的赐予。据贝希斯敦铭文记载,大流士一世即位后,波斯帝国境内局势动荡,在包括法尔斯、埃兰、米底、巴比伦尼亚、亚美尼亚、帕提亚在内的诸多地区,反叛此起彼伏,大流士一世倚重波斯人和米底人组成的军队,于公元前522—前521年间历经19次征战,擒获反叛首领9人,直至平息反叛,恢复阿黑门尼德王朝的统治秩序。此间,波斯贵族瓦西亚兹达塔以为巴尔迪亚复仇的名义,在都城帕萨尔加迪举兵反叛,自称波斯王,大流士一世亲率大军,经过多次激战,最终平息反叛。大流士一世随后将阿黑门尼德王朝的都城从帕萨尔加迪迁至波斯波利斯,或许与此次反叛有关。

公元前519年,大流士一世击败西徐亚人,深入中亚腹地。大流士一世于公元前518年重新入主埃及,继而挥师东征,于公元前517年攻入印度河流域的旁遮普至木尔坦一带。公元前513年,大流士一世率领波斯大军自小亚细亚经由赫勒斯滂海峡(今达达尼尔海峡)北上征讨西徐亚人,数百艘战船链接一处,作为跨越赫勒斯滂海峡的行军通道。波斯人首次踏上欧洲的土地,征服隔海相望的马其顿和色雷斯,深入南欧的多瑙河下游出海口。波斯帝国至此成为中东历史上首个地跨亚非欧三洲的庞大帝国,其后崛起于亚非欧大陆中央地带的阿拉伯帝国和奥斯曼帝国则可谓波斯帝国的历史传人。

小亚细亚沿海的爱奥尼亚人原本依附于吕底亚王国,吕底亚王国灭亡后臣服于阿黑门尼德王朝。公元前499—前493年,爱奥尼亚人诸城邦反叛,大流士一世再次北上小亚细亚,平息反叛的爱奥尼亚人诸城邦,兵锋已然接近希腊本土的边缘。

三、帝国与行省

居鲁士二世作为阿黑门尼德王朝的首位国王,无疑是开疆拓土的伟大征服者。相比之下,大流士一世可谓阿黑门尼德王朝统治制度的奠基者。阿黑门尼德王朝时期国家体制的显著特征在于行政集权化、军队常备化、军政分权化和地方自治化。从贝希斯敦铭文可见,大流士一世强调其统治权力合法性的双重来源，一是阿黑门尼德家族的血统，二是琐罗亚斯德教之神阿胡拉·马兹达的恩赐。国王凌驾于臣民之上，具有至高无上的统治权力。铭文提到帝国都城的多种官职，反映出当时存在庞大的官僚机构。王室总管名为哈扎赫拉帕提，掌管帝国中央政府，监督行省事务，位居群臣之上。庞大的官僚机构无疑构成国王实现其统治权力的工具，然而地方机构的官职设置尚缺乏明确的铭文记载。

阿黑门尼德王朝最初的都城是帕萨尔加迪。帕萨尔加迪遗址出土于20世纪60年代，2004年被联合国列入世界文化遗产。位于帕萨尔加迪遗址的居鲁士二世陵墓，至今犹存。大流士一世即位后，迁都波斯波利斯。波斯波利斯位于帕萨尔加迪西南40公里，距今伊朗法尔斯省城设拉子约50公里，1979年被联合国列入世界文化遗产。波斯波利斯作为阿黑门尼德王朝的都城，始建于公元前520年，整个工程历经大流士一世、薛西斯一世和阿尔塔薛西斯一世三代国王在位期间，延续长达60余年。波斯波利斯的建设，耗费巨大的财力和人力，工匠和建材来自帝国境内的诸多地区，建筑风格融汇了巴比伦尼亚、小亚细亚、埃及和叙利亚的诸多元素，可谓继埃及法老时代之后最宏大的工程，堪称阿黑门尼德王朝的强盛标志。然而，波斯波利斯并非阿黑门尼德王朝的唯一都城，苏撒、巴比伦

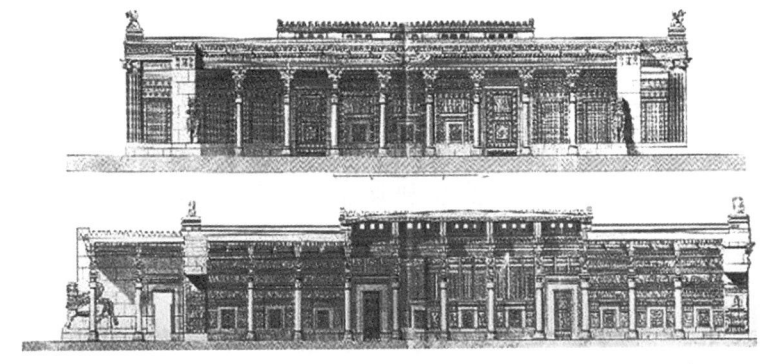

波斯波利斯"百柱之殿"复原图1

波斯波利斯"百柱之殿"复原图2

波斯波利斯"百柱之殿"遗址

和埃克巴坦那亦是阿黑门尼德王朝的都城所在。其中,波斯波利斯是阿黑门尼德王朝举行重大庆典之地,苏撒则是阿黑门尼德王朝的行政中心,埃克巴坦那和巴比伦城分别作为阿黑门尼德王朝的夏都和冬都。

阿黑门尼德王朝相当于中国历史上的春秋战国时代。阿黑门尼德王朝统治下的波斯帝国,囊括古代世界三大文明发源地,疆域辽阔,历史悠久,族群众多,宗教文化各异。据希罗多德的记载,大流士一世在位期间,波斯帝国达到鼎盛阶段,总人口约为5 000万,包括约70个族群。大流士的铭文中曾经提及臣属于阿黑门尼德王朝的30个民族,都城波斯波利斯的30根石柱代表捍卫波斯帝国的30个民族。

相比于西亚北非此前建立的诸多帝国,阿黑门尼德王朝统治下的波斯帝国,疆域版图之大达到前所未有的程度,行省制度则是阿黑门尼德王朝统治辽阔疆域和众多族群的首创之举。庞大的波斯帝国划分为若干行省,不同族群的自然分布和政治疆域的历史传统则是划分行省的基础。居鲁士二世在其征服的诸多地区设置行省,委派波斯贵族将领出任行省总督。巴比伦尼亚被征服后,也成为波斯帝国的行省。公元前538年,居鲁士二世任命其子冈比西斯二世出任巴比伦尼亚行省总督,亦称巴比伦王。公元前535年,居鲁士二世将巴比伦尼亚、叙利亚、腓尼基和巴勒斯坦合并为一个行省,名为巴比伦尼亚与河西行省。大流士一世时代,行省制度逐渐完善,行省数量明显增多。希罗多德在《历史》一书中列举了大流士一世时代的波斯行省以及另外的20个行省。根据贝希斯敦铭文的记载,波斯帝国的疆域包括22个行省,即法尔斯、米底、埃兰、巴比伦尼亚、亚述、阿拉比亚、埃及、地中海东岸诸地、萨尔迪斯、爱奥尼亚、亚美尼亚、卡帕多西亚、帕提亚、德兰吉安那(锡斯坦)、花剌子模、巴克特里亚、粟特、犍陀罗、塞卡、萨塔巨提亚、阿拉霍西亚、马卡(麦克兰)。

波斯帝国的诸多行省，是阿黑门尼德王朝征纳贡税的基本单元。扎格罗斯山可谓波斯帝国的地缘政治分水岭，扎格罗斯山以东的诸多族群与波斯人具有不同程度的历史渊源。法尔斯行省是波斯帝国的核心区域，享有免纳贡税的特权，阿黑门尼德王朝的兵源和官员主要来自法尔斯行省。米底行省尽管并不享有免纳贡税的特权，却因米底人与波斯人之间长期形成的盟友关系而在波斯帝国占据特殊的地位。埃兰行省位于法尔斯行省的西侧，亦是波斯帝国的重要行省，延续埃兰王国时代的原有边界。米底以东是帕提亚行省，包括赫卡尼亚(相当于里海南岸的吉兰、马赞德兰和古列斯坦)和呼罗珊，薛西斯一世(公元前486—前465年在位)在位期间，赫卡尼亚成为单独的行省，至波斯帝国末期再度与呼罗珊合并。阿黑门尼德王朝在中亚的属地，以撒马尔罕作为核心，划分为花剌子模行省、巴克特里亚行省和粟特行省。阿拉霍西亚行省位于阿富汗，犍陀罗行省大体相当于印度河上游的旁遮普一带。相比之下，波斯帝国的西部疆域大都具有悠久的文明传统，巴比伦尼亚、亚述和埃及是波斯帝国西部疆域最重要的行省，萨尔迪斯则是波斯帝国在小亚细亚的统治中心。

阿黑门尼德王朝初期，土著贵族和部落首领权势颇大。大流士一世即位后，行省总督主要来自波斯贵族，阿黑门尼德王室成员出任行省总督者甚多，边远地区亦有土著贵族出任总督。行省总督任期似乎并无明确的时限，亦有终身任职者和世代相袭者，可谓地方之王，而大流士一世则是众王之王。行省总督的首要职责是征纳赋税，赋税包括征纳实物和征纳货币，土地税则是首要的赋税来源。居鲁士二世和冈比西斯二世在位期间，总督作为封疆大吏，不仅掌管行政税收，而且有权统领军队。大流士一世即位后，强调军政分权的原则，行省总督之外另设官员掌管军事和财政，使其相互制约，旨在避免地方层面的权力集中和离心倾向，进而强化中央集权。

阿黑门尼德王朝统治下的波斯帝国幅员辽阔，遥远的距离和复杂的地貌限制着国王对于诸多行省的有效控制，驿道的开通和驿政体系的完善则是克服自然障碍和沟通各个地区的重要方式。波斯帝国的驿道四通八达，最著名的驿道自小亚细亚沿海城市以弗所至都城苏撒，全长2 400公里，另一条重要的驿道自巴比伦城经苏撒和帕萨尔加迪至波斯波利斯，此外还有自巴比伦城经埃克巴坦那、帕提亚、巴克特里亚通向东方的驿道，驿道沿途设有驿站，派驻驿使。四通八达的驿道连接帝国的各个中心城市,具有广泛的用途,既可用于官方文书的传递和军队的调遣,亦为商队旅行提供便利的条件,可谓波斯人的另一创举。公元前518年,大流士下令在埃及东部今扎加齐克至苏伊士之间开凿连接红海与尼罗河的人工运河,旨在贯通红海和印度洋水域,实现埃及与波斯本土之间的航运。据希罗多德记载,该运河最初开凿于公元前7世纪后期的埃及法老时代,运河长度约为4天航程。

阿黑门尼德王朝初期尚无职业化的常备军,而是寓军于民,兵源来自波斯民军。波斯人全民服役,服役期为20—30岁。相传,波斯人在20岁之前必须学习的三件事是:骑马、射箭、讲真话。大流士一世即位后,将全国划分为5个军区(薛西斯一世时代增至7个军区,阿塔尔薛西斯二世时代减少为4个军区),建立职业化的常备军。除波斯人外,伊朗雅利安人的其他分支米底人、巴克特里亚人和西徐亚人亦是阿黑门尼德王朝的重要兵源。波斯帝国的军队由步兵和骑兵组成,其中步兵主要来自波斯农民,骑兵来自波斯贵族以及米底人、巴克特里亚人和西徐亚人。波斯帝国军队划分为万人、千人、百人、十人和五人的作战单位,其核心是一万名波斯步兵组成的不死军,亦称常胜军。波希战争期间,波斯帝国组建海军,兵源征募于地中海沿岸诸地的腓尼基人、埃及人和小亚细亚人。大流士一世时期,职业军人从国家接受封邑作为军饷。阿黑门尼德王朝后期,封邑制逐渐淡去,异族血统的雇佣兵数量呈大幅上升的趋势。

阿黑门尼德王朝初期,波斯帝国境内的贸易交流主要是实物交易,小亚细亚的流通货币是吕底亚和爱奥尼亚人金币。公元前517年,大流士一世实行货币改革,在帝国范围内推行新的币制,规定国王有权发行金币,行省总督有权发行银币;国王发行的金币名为大流克,每枚重8.4克,行省总督发行的银币名为谢克尔,每枚重5.6克,金币与银币的兑换率为1∶20。金币主要用于国王的赏赐,银币则是流通领域的主要货币媒介,亦用于征募军队和支付军饷。金币和银币之上均铸有波斯帝国国王的头像,可谓波斯帝国的历史创举。发行金币系国王特有的权力,行省总督发行金币则被视作反叛国王的标志。

公元前420年发行的金币大流克

波斯帝国征纳的贡税种类繁多,包括土地税以及市场交易税和道路通行税等。居鲁士二世和冈比西斯二世在位期间,各地缴纳的贡税尚无固定和划一的标准,因地而异,差异甚大。公元前518年,大流士一世下令实施赋税改革,废除各地旧制,重新丈量全部耕地,根据农作物种类和耕作条件确定贡税数额,贡税标准趋于常态化。由于波斯人承担帝国兵役,波斯行省免纳贡税,其余行省皆需缴纳固定数额的赋税,不同行省的缴纳数额从数百塔兰特白银到一千塔兰特白银不等,共计14 560塔兰特白银,约合400余吨。此外,各地亦需缴纳形式各异的实物税,包括谷物和牲畜等,然而文献资料关于实物税的详情缺乏明确的记载。

波斯帝国的土地,包括王室地产、军政贵族和神庙拥有的地产、自耕农地产和军事封邑。国王支配征服地区的土地,作为世袭地产赐封贵族,亦有土地赐封将领作为世袭封邑。巴比伦尼亚和埃及等地的诸多神庙原本拥有大量地产,享有免纳贡税的特权。据相关资料记载,在巴比伦尼亚,神庙地产约占全部地产的十分之一。波斯帝国征服后,向神庙征纳贡税,神庙丧失原有的特权地位,地产数量亦呈下降的趋势,神庙经济随之日渐萎缩。阿黑门尼德王朝的财政岁入主要来自土地税。大流士一世鼓励垦荒,规定开垦荒地的农民,五代免纳赋税。此外,波斯帝国存在奴隶制,实行奴隶的强制劳役。奴隶的来源包括债务奴隶和战俘奴隶。在巴比伦尼亚和埃及,奴隶劳动广泛使用于生产领域。

四、宽容与多元

阿黑门尼德王朝建立的波斯帝国,在诸多方面颇有创新之处,其显著特征在于长期奉行宽容和多元的统治政策,进而成为中东古代文明的继承者和集大成者,甚至被誉为历史上第一个真正意义上的世界帝国。

在阿黑门尼德王朝建立之前,相继登上中东历史舞台诸多帝国的统治者,通常在铭文中记载战争杀戮和强制高压,将被征服者迁离故土而使之流落他乡,则是阿黑门尼德王朝建立之前诸多帝国长期沿用的治国举措。相比之下,居鲁士二世作为阿黑门尼德王朝的开创者,一改传统的征服者实行的高压政策,宽容对待被征服者,波斯人称之为"父亲",希腊人称之为"诸神赐福者",犹太人称之为"耶和华的弥赛亚",巴比伦人称之为"马都克神的钦选"。居鲁士二世开创的波斯帝国奉行中央集权与地方自治并重的原则,在强调王权至上的同时,给予被征服的族群以相对自治的地位,被征服的族群只要顺从阿黑门尼德王朝和缴纳贡赋,便可享有自治的权利,延续各自的文化传统和宗教信仰,甚至允许土著王朝世袭继承,而阿黑门尼德王朝国王则自居为众王之王,其统治政策具有明显的多元色彩和宽容倾向,有别于此前中东诸帝国的传统,继而对其后登上历史舞台的安息王朝和萨珊王朝直至阿拉伯帝国和奥斯曼帝国产生深远的影响。

阿黑门尼德王朝统治下的波斯帝国,疆域辽阔,族群众多。其中,伊朗雅利安人诸族群减免赋税而承担兵役,其他诸族群免除兵役而承担较高的赋税。另一方面,波斯帝国分别以波斯波利斯、苏撒、埃克巴坦那和巴比伦城作为都城,似乎反映出其与埃兰人、米底人、巴比伦人之间的历史传承。阿黑门尼德王朝的国王自居为埃兰王国、米底王国、新巴比伦王国的继承者,而不是自居为征服者和毁灭者。居鲁士二世在位期间强调波斯人与米底人的盟友关系以及伊朗雅利安人的共同血统,米底人在波斯帝国诸多族群中享有较高的地位。相比之下,大流士一世即位后,强调波斯人与埃兰人之间的历史传承,贝希斯敦铭文中的三种文字之一即为埃兰文,可为佐证。

阿黑门尼德王朝奉行宽容的宗教政策,尽管历代国王皆信奉琐罗亚斯德教,视阿胡拉·马兹达为最高的神祇,然而帝国承认并保护诸多地区不同族群的原有宗教,宽容异教信仰,保护异教祭司和神庙的财产,无意强制被征服者改奉琐罗亚斯德教,诸多宗教长期并存而相安无事。出土于巴比伦城的居鲁士二世石柱,所刻铭文赋予被征服者以信仰其原有宗教的权利,曾经被后人夸张地称为古代世界的人权宪章。在铭文中,居鲁士自称世界的王、巴比伦王、苏美尔和阿卡德王、安善王冈比西斯之子、安善王居鲁士之孙、阿黑门尼德之子安善王泰斯帕斯的后裔……在巴比伦城向马都克神表示敬意,禁止在苏美尔和阿卡德的任何一处随意杀戮……修缮和重建毁于战火的神庙,使臣民在各自故土安居乐业。居鲁士二世延续巴比伦城和迦勒底人的宗教传统,强调其征服行为来自马都克的神意,是马都克神选择了安善王居鲁士二世作为巴比伦城的统治者,给予居鲁士二世在巴比伦城的所有权力。居鲁士二世将以往遭到劫掠而流失各地的神像送回原来受到供奉之处,允准以往被征服后流落他乡的民众包括犹太人、腓尼基人和埃兰人返回原籍故里。据《旧约·以斯拉经》以及古波斯语和阿拉马语铭文的记载,新巴比伦王国国王尼布甲尼撒二世曾经两次攻陷耶路撒冷,焚毁犹太教圣殿,强制迁移犹太人数万人到巴比伦尼亚,史称巴比伦之囚。居鲁士二世灭亡新巴比伦王国后,允准犹太人返回故里,出资重建圣殿,犹太人因此在《圣经·旧约》中对居鲁士二世多有溢美之词。薛西斯一世以及其子阿尔塔薛西斯一世（前464—前424年在位）在位期间，巴比伦尼亚的犹太人在犹太教祭司埃兹拉和尼西米的带领下重返巴勒斯坦。埃兹拉和尼西米曾经任职于苏撒的波斯帝国宫廷，重建耶路撒冷圣殿后返回苏撒。埃兹拉和尼西米的著作是记载波斯帝国的重要史料，字里行间多有褒奖溢美之意，迥异于希腊人的记载。在埃及，传统信仰并未由于波斯帝国的征服和统治而淡出历史舞台，阿蒙神依然被视作尼罗河流域最重要的神祇。在小亚细亚，爱奥尼亚人诸城邦崇拜希腊诸神，希腊神庙处于阿黑门尼德王朝的保护之下，波斯帝国给予神庙地产并结以免征赋税和劳役的特权。

居鲁士二世释放巴比伦之囚

阿黑门尼德王朝时期，波斯帝国在文字方面表现为明显的多样性，波斯语并非唯一的官方语言，埃兰语、阿卡德语、阿拉马语、科普特语和希腊语均为波斯帝国的官方文书所使用的语言。包括贝希斯敦铭文在内的诸多王室铭文，皆同时刻有古波斯语、埃兰语和阿卡德语三种楔形字体。公元前521年，大流士一世下令引入楔形文字作为波斯语的书写形式，是为古波斯语。然而，阿黑门尼德王朝的官方文书极少使用古波斯语，古波斯语主要用于波斯波利斯和苏撒的碑铭以及贝希斯敦铭文之中。亚历山大东征和阿黑门尼德王朝灭亡之后，古波斯语逐渐淡出历史舞台，直至19世纪中叶英国学者罗林森成功释读贝希斯敦铭文，销声匿迹长达两千余年的古波斯语得以重见天日。相比之下，阿拉马语作为广泛使用的商人语言，使用范围西起小亚细亚的爱奥尼亚城邦，东至印度河流域，俨然是波斯帝国境内不同地区最重要的通用语言，直至公元7世纪阿拉伯帝国建立后逐渐被阿拉伯语所取代。

五、琐罗亚斯德教

古代世界的诸多族群皆有特定的宗教信仰，崇拜各自的神祇。阿黑门尼德王朝时期，波斯人信奉的宗教，因为其创始人名为查拉图士特拉，希腊人称之为琐罗亚斯德,故称琐罗亚斯德教,又因琐罗亚斯德教所崇拜的神祇名为阿胡拉·马兹达,亦称马兹达教。琐罗亚斯德教因其经典名为《阿维斯塔》,后人亦称之为阿维斯塔教。琐罗亚斯德教素有崇拜圣火的传统,故而常被称作拜火教,中国古代典籍中则称之为祆教。

就中东历史上的诸多宗教而言,相比于犹太教的先知摩西和基督教的先知耶稣,琐罗亚斯德的生平记载更为模糊不清。许多研究者认为,琐罗亚斯德并非宗教传说中虚构的神话形象,而是在历史上确有其人。然而,关于琐罗亚斯德的生卒时间,众说不一。多数研究者推测,琐罗亚斯德的生卒时代是公元前1200—前1000年雅利安人移入伊朗高原的初期,主要依据是琐罗亚斯德教经典《阿维斯塔》的早期内容在语言上不同于公元前600年左右使用的波斯语,而《阿维斯塔》所反映的社会生活尚且处于游牧状态而未曾提及定居城市,缺乏关于米底人和波斯人以及国家和王权的记载。另有研究者推测,琐罗亚斯德的生卒时间相当于居鲁士二世的时代。根据琐罗亚斯德教的自身说法,琐罗亚斯德的出生时间早于亚历山大东征258年,即公元前592年。此外,关于琐罗亚斯德的出生地,同样存在不同的说法。有研究者推测,琐罗亚斯德出生于中亚的巴克特里亚。亦有研究者推测,琐罗亚斯德来自伊朗西北部阿塞拜疆的阿拉斯河流域。琐罗亚斯德教经典《阿维斯塔》中关于琐罗亚斯德本人的内容,缺乏相关文献资料的印证,尚且不足凭信。

琐罗亚斯德画像

多数研究者认为,《阿维斯塔》作为琐罗亚斯德教的经典,其经文内容大体上形成于公元前9—前6世纪即阿黑门尼德王朝建立之前的3个世纪,最初曾经采取口口相传的方式。《阿维斯塔》于公元前4世纪即阿黑门尼德王朝末期首次编订成书,共计21卷,采用古波斯文的书写形式,亚历山大东征期间遭到焚毁,一度失传。萨珊王朝建立后,重新搜集编撰琐罗亚斯德教的经文,《阿维斯塔》再度形成完整的成文版本,流传至今。

"查拉图士特拉"一词在古波斯语中意为"骆驼的主人",有研究者据此推测,琐罗亚斯德具有游牧部族的身世背景。相传,琐罗亚斯德20岁时弃家隐居,大约 30 岁时开始通过天使接受阿胡拉·马兹达的启示,继而传播一神崇拜的宗教理念,42 岁劝服王室皈依,77 岁死于宗教冲突。

伊朗雅利安人原本信奉多神,其所崇拜的神祇与吠陀时代印度雅利安人信奉的婆罗门教有颇多相似之处,而阿胡拉·马兹达最初只是伊朗雅利安人所崇拜的众神之一,包括战神密特拉和生殖神阿纳希塔在内的诸多神祇亦在早期伊朗雅利安人中广受崇拜,甚至金木水火土和日月星辰皆被视作具有某种神性。相比之下,琐罗亚斯德教摒弃多神崇拜的宗教传统,首开雅利安人之一神信仰的先河。《阿维斯塔》中最古老的经文《加泰》声称,阿胡拉·马兹达并非众神之一,而是唯一的神;阿胡拉·马兹达作为唯一的神,是世界的创造者,是造物主,经过 7 个阶段分别创造出天空、水、大地、植物、动物、人类、火;阿胡拉·马兹达是光明和生命的源泉,是智慧和善良的象征。琐罗亚斯德教的诞生,标志着伊朗雅利安人与印度雅利安人之宗教理念逐渐分道扬镳,进而形成独具特色的信仰体系。

琐罗亚斯德教墓葬浮雕

琐罗亚斯德教具有二元论的浓厚色彩,其核心理念是阿胡拉·马兹达与安格拉·纽曼(希腊人称之为阿里曼)之间的博弈,是为琐罗亚斯德教区别于世界历史上其他诸多宗教的显著特征。在琐罗亚斯德教中,阿胡拉·马兹达作为真理和光明的化身,代表秩序、道德和正义的原则,安格拉·纽曼作为黑暗和邪恶的化身,是万恶之源,代表无序和混沌以及疾病和灾荒。另一方面,琐罗亚斯德教具有一神教的特征,除阿胡拉·马兹达外,其余所谓诸神皆非崇拜对象,亦非具有神灵的内涵,而阿胡拉·马兹达所创造的六大天使各司其职,分别代表动物、植物、金属、土、火、水。信奉世界末日、灵魂复活和天堂地狱,信奉火代表光明并且作为阿胡拉·马兹达的化身,亦是琐罗亚斯德教的主要元素。

琐罗亚斯德作为琐罗亚斯德教的先知,似乎并非创立全新的宗教,而是改造早期伊朗雅利安人崇奉的传统宗教,简化宗教仪式,赋予其新的神学理念,强调人有选择善恶的自由意志,同时必须对自己所做的选择承担后果。甚至有研究者认为,犹太教和基督教中关于弥赛亚即救世主的宗教理念,起源于琐罗亚斯德教。所谓弥赛亚在琐罗亚斯德教中名为索西安特,系琐罗亚斯德与处女所生之子。琐罗亚斯德教崇尚智慧,阿胡拉·马兹达本意即为智慧之神,而琐罗亚斯德教的祭司则被称作麻葛,意为智者。另据希罗多德的记载,信奉琐罗亚斯德教的波斯人不似希腊人,没有崇拜神灵偶像的习俗,亦无供奉神灵的神庙和祭祀神灵的祭坛。即便在都城波斯波利斯,亦未见供奉神灵的神庙和祭祀神灵的祭坛遗迹。

阿黑门尼德王朝的历代国王皆对琐罗亚斯德教推崇备至。据阿里亚拉姆涅斯金板铭文记载,安善王铁伊斯佩斯之子阿里亚拉姆涅斯,以及其子阿尔沙米斯,作为最初的两任波斯王,曾经以阿胡拉·马兹达的名义统治臣民,祈求阿胡拉·马兹达的佑护。贝希斯敦碑铭浮雕,除刻有大流士一世以及其他多人雕像外,亦刻有阿胡拉·马兹达的神像,而贝希斯敦铭文中 75 次提及阿胡拉·马兹达,表明大流士一世信奉琐罗亚斯德教,大流士一世的王权来自阿胡拉·马兹达的赐予,代表正义和真理。大流士一世迁都波斯波利斯后,刻有如下字样的铭文:愿阿胡拉·马兹达保佑这片土地免遭战火和灾难。位于波斯波利斯的大流士一世墓碑铭文,亦再次提及其统治权力来自阿胡拉·马兹达的赐予,尊奉阿胡拉·马兹达的旨意,受到阿胡拉·马兹达的佑护。

六、波斯与希腊的战争

阿黑门尼德王朝的历史,可谓贯穿着战争的进程。居鲁士二世时代的领土扩张,拉开了阿黑门尼德王朝战争进程的序幕。美索不达米亚的占领铺平了波斯人征服埃及的道路,小亚细亚的吞并则开辟了波斯人踏足欧洲的坦途,进而预示着波斯人与希腊人之间的战争。大流士一世灭亡吕底亚王国后,征服希腊移民爱奥尼亚人诸城邦,占领马其顿和色雷斯,势力范围延伸到希腊人的传统世界爱琴海以及黑海水域,波斯人与希腊人之间的冲突已不可避免。

希腊人素有航海和经商的历史传统,以发达的海上贸易在古代世界闻名遐迩。希腊半岛无疑是希腊人的家园所在,希腊半岛以东的爱琴海以及黑海和地中海沿岸则分布着诸多的希腊人移民城邦。与阿黑门尼德王朝统治下的波斯帝国相比,无论是生活在希腊半岛本土还是生活在海外新家园,希腊人皆分别隶属于不同的城邦,所以希腊世界并未形成统一的帝国。另一方面,波斯帝国是拥有辽阔疆域的陆上帝国,而希腊世界具有鲜明的海洋色彩。

希腊人将希腊世界之外包括波斯人在内的所有非希腊人视作愚昧和落后的野蛮人。然而,阿黑门尼德王朝建立之初,有相当数量的希腊人在波斯帝国充当水手、工匠、书吏和雇佣兵。在小亚细亚的沿海地带,希腊移民城邦爱奥尼亚人建立的诸多城邦介于希腊半岛本土与波斯帝国之间,内部积怨颇深,分为亲波斯派和反波斯派。

公元前500年,爱琴海水域纳克索斯岛的爱奥尼亚人发生内讧,小亚细亚沿海的希腊移民城邦米利都卷入爱奥尼亚人的内讧,继而求助于波斯帝国吕底亚行省总督阿塔弗列涅斯。公元前499年,大流士一世派遣美加巴铁斯率军进入小亚细亚沿海,引发小亚细亚沿海的爱奥尼亚人诸城邦反叛波斯帝国。小亚细亚沿海的爱奥尼亚人诸城邦求助于雅典,继而与雅典军队合兵一处,攻陷并焚毁吕底亚都城萨尔迪斯,是为波希战争的直接起因。

公元前494年,波斯大军攻陷米利都。公元前493年,小亚细亚的爱奥尼亚人诸城邦反叛者悉数遭到波斯军队的镇压。公元前492年,大流士一世派遣玛尔多纽斯率军越过赫勒斯滂海峡,进入色雷斯和马其顿,不久兵败,退回小亚细亚。公元前490年,大流士一世派遣阿塔弗列涅斯和米底贵族达提斯率军进入爱琴海水域,首先攻占纳克索斯岛,继而占领优卑亚岛的爱列特里亚城邦。随后,波斯军队进入阿提卡半岛,在马拉松平原败于雅典的重装步兵,攻势受挫,遂退出阿提卡半岛。

公元前486年,大流士一世死于波斯波利斯,大流士一世与居鲁士二世之女阿塔萨所生之子薛西斯一世即位。薛西斯一世在位期间是阿黑门尼德王朝的鼎盛时代,也是波希战争白热化的时代。薛西斯一世即位后的最初两年,平息了埃及和巴比伦尼亚的反叛,此后3年筹划西征希腊,筹集兵员和船只,在靠近爱琴海的赫勒斯滂海峡建造浮桥。据研究者估计,薛西斯一世用于西征希腊的军队大约8万人和600艘船只,而希腊方面大约有4万名重装步兵和6.5万人的海军。公元前481年,波斯大军自萨尔迪斯出发,长途奔袭,第三次远征希腊本土。公元前480年,薛西斯一世亲率波斯大军,越过赫勒斯滂海峡,自北向南攻入希腊半岛北部,所向披靡,直到在温泉关击败斯巴达守军,继而进入雅典,焚毁雅典卫城。同年,波斯海军与希腊海军交战于萨拉米斯海域,波斯海军败北。公元前479年,波斯军队再度攻占雅典。其后,波斯军队与雅典-斯巴达联军在普拉提亚交战,波斯军队战败,主将玛尔多纽斯阵亡。同年,小亚细亚的爱奥尼亚人诸城邦相继反叛波斯帝国,波斯军队败于麦卡勒战役,爱琴海再度被纳入希腊世界的版图。波希战争至此告一段落。

薛西斯一世

薛西斯一世的战士

薛西斯一世是最后一位御驾亲征的波斯帝国国王。公元前465年,薛西斯一世在波斯波利斯死于宫廷内讧,其子阿塔尔薛西斯一世即位。公元前460年,埃及发生反叛,反叛者得到雅典人的帮助。波斯帝国的埃及总督击败增援反叛者的雅典舰队,于公元前454年重新控制埃及。公元前449年,雅典海军在塞浦路斯附近的萨拉米斯海战中再败波斯海军,是波希战争的最后一战。萨拉米斯海战之后,波斯与雅典签署《卡里阿斯合约》,波希战争至此落下帷幕。

长达近40年的波希战争,交战双方可谓两败俱伤。波希战争期间,交战双方在希腊本土的阿提卡半岛激烈厮杀,雅典两度被波斯军队攻陷,波斯帝国亦因穷兵黩武而元气大伤。波希战争后,希腊世界陷入内战,古典时代的繁华随之淡去,波斯帝国则由此逐渐走向衰落,进而埋下了百年之后马其顿人国王菲力二世南下和亚历山大东征的伏笔。

公元前424年,阿塔尔薛西斯一世死去,长子薛西斯二世即位不足两月便死于宫廷内讧,次子塞基狄亚努斯(前424—前423年在位)即位半年后亦被波斯贵族所杀,第三子大流士被波斯贵族拥立为新的国王,是为大流士二世(前423—前404年在位)。大流士二世在位期间,波斯帝国开始出现解体的征兆,而希腊世界亦经历伯罗奔尼撒战争的浩劫。

公元前404年,大流士二世死于巴比伦城,其子阿塔尔薛西斯即位,称为阿塔尔薛西斯二世(前404—前358年在位)。同年,斯巴达击败雅典,成为希腊世界的霸主,伯罗奔尼撒战争尘埃落定。伯罗奔尼撒战争期间,波斯帝国屡屡插手希腊世界事务,或支持雅典对抗斯巴达,或支持斯巴达进攻雅典,从中渔利。伯罗奔尼撒战争结束后,斯巴达作为希腊世界的霸主,转而插手波斯帝国事务,支持大流士二世之子小居鲁士在小亚细亚举兵反叛,觊觎波斯帝国王位。公元前401年,小居鲁士自萨尔迪斯亲率希腊雇佣军万人之众攻入巴比伦尼亚,与阿塔尔薛西斯二世率领的波斯大军在巴比伦城附近的库拉克斯交战,小居鲁士死于战场,阿塔尔薛西斯二世取胜。随小居鲁士参战的希腊雇佣军亦损失惨重,残部侥幸逃回故乡。希腊作家色诺芬曾经作为希腊雇佣军残部将领,历经逃亡返乡的艰辛之路,据此写有《长征记》。

公元前396年,斯巴达遣希腊雇佣军攻入小亚细亚,一年后被波斯军队逐出。公元前386年,斯巴达作为希腊盟主与波斯帝国签署《安塔尔希德合约》,规定位于亚洲的所有城邦皆属波斯帝国,其他城邦属于希腊世界。

公元前353年,阿塔尔薛西斯二世死于谋杀,其子即位,称为阿塔尔薛西斯三世(前353—前338年在位)。阿塔尔薛西斯三世是阿黑门尼德王朝最后一位强有力的统治者,致力于平息小亚细亚贵族的反叛,继而于公元前343年重新征服脱离波斯帝国统治长达数十年之久的埃及。

公元前338年,阿塔尔薛西斯三世死于宫廷谋杀,其子阿尔塞斯即位(前338—前336年在位)。公元前336年,阿尔塞斯亦死于宫廷谋杀,大流士三世即位(前336—前330年在位),是阿黑门尼德王朝的末代国王。

第三节 亚历山大东征与塞琉古王朝统治下的伊朗

一、亚历山大东征

公元前338年,马其顿国王菲力二世在喀罗尼亚战役中击败希腊城邦联军,成为希腊世界的最高统治者。翌年,希腊诸城邦在科林斯建立希腊人同盟,推举菲力二世作为希腊人同盟的盟主,宣布远征波斯帝国。公元前336年春,菲力二世出兵攻入小亚细亚半岛西北部,由此拉开东征波斯帝国的序幕。同年,菲力二世在马其顿遇刺身亡,其子亚历山大继承王位,时年20岁。

公元前334年,马其顿国王亚历山大率希腊联军越过赫勒斯滂海峡,攻入小亚细亚。亚历山大统率的希腊联军,包括约3万人的步兵和5 000人的骑兵,其中三分之一来自马其顿地区,三分之二来自希腊半岛中南部的诸城邦。希腊联军首先在格拉尼库河谷击败由2万名骑兵和2万名步兵组成的波斯守军,初战告捷,继而东进小亚细亚腹地的卡帕多细亚,南下西里西亚。公元前333年,亚历山大率希腊联军越过陶鲁斯山,在黑海沿岸今土叙边境城市伊斯肯德伦附近的伊苏斯战役击败大流士三世统率的波斯军队,取得决定性的胜利。大流士三世及波斯军队残部逃走,约8 000名希腊雇佣兵逃离大流士三世的营地,大流士三世的母亲和妻子以及其他多名王室成员则落入希腊人手中而身陷囹圄。伊苏斯战役之后,大流士三世遣使求和,遭到拒绝。亚历山大率希腊联军在叙利亚长驱直入,势如破竹。地中海东岸的诸多城市相继归顺亚历山大,只有提尔拒绝降服,抵抗希腊联军。亚历山大在长达7个月之久的围攻后攻陷提尔,全城居民悉数被卖为奴隶。随后,亚历山大率领的希腊联军攻陷加沙,继而横扫尼罗河流域,几乎兵不血刃,占领埃及。亚历山大自称阿蒙神之子和埃及的解放者,在尼罗河三角洲出海口处建立新的城市,取名亚历山大里亚。

亚历山大雕像

公元前331年，亚历山大率希腊联军自埃及出发向东攻击，进入美索不达米亚，在底格里斯河东岸今伊拉克城市埃尔比勒附近的高加米拉击败波斯军队，大流士三世逃往伊朗高原东部，被巴克特里亚总督白苏斯所杀。居鲁士二世创立的阿黑门尼德王朝，历经228年的沧桑，至此寿终正寝。

高加米拉战役之后，亚历山大自称亚细亚王，率希腊联军乘胜南下，轻取巴比伦城，占领波斯帝国都城苏撒和波斯波利斯。公元前330年春，亚历山大挥师北进，占领埃克巴坦那，伊朗高原西北部门户顿开。随后，亚历山大率希腊联军沿里海南岸长驱东进，征服伊朗高原东北部的呼罗珊，深入中亚腹地，南至锡斯坦，兵抵兴都库什山和喀布尔河。亚历山大在中亚腹地建立一系列军事据点，作为希腊联军的驻屯处。公元前327年，亚历山大率希腊联军兵抵印度河流域的旁遮普。亚历山大于公元前325年率希腊联军撤出印度河流域，翌年返回波斯旧都苏撒。在撤军途中，希腊联军6万人中约4万人死于伊朗高原东南部干旱酷热的麦克兰沙漠。公元前323年，亚历山大死于巴比伦城。亚历山大死因不详，成为千古之谜。

亚历山大曾经焚毁阿黑门尼德王朝都城波斯波利斯：相传，亚历山大焚毁波斯波利斯的原因，是报复薛西斯一世在波希战争期间焚毁雅典卫城。然而，自从高加米拉战役后，在更多的情况下，亚历山大并非扮演希腊复仇者的角色，而是自居为波斯帝国阿黑门尼德王朝的继承者。亚历山大鼓励希腊士兵与波斯土著妇女通婚，建立众多希腊式的城市供其居住。公元前325年自印度河流域返回苏撒后，亚历山大为80名马其顿和希腊贵族举行婚

大流士三世

亚历山大东征的战场

礼,迎娶波斯贵族女子,并且宣布1万名马其顿战士娶波斯女子为妻。亚历山大本人对波斯礼仪和波斯习俗情有独钟,延续波斯帝国的原有行政体制,起用波斯旧吏,任命波斯贵族执掌地方权力,招募波斯骑兵,直至引发马其顿战士的不满和哗变。亚历山大曾娶多名波斯帝国公主,包括大流士三世的女儿斯塔提拉以及巴克特里亚贵族奥克斯雅儿特斯的女儿罗克珊娜。亚历山大的财政

亚历山大发行的金币大流克

举措亦体现出阿黑门尼德王朝传统的延续。亚历山大曾经在整个帝国的范围内发行金币,以希腊金币阿提克作为标准,同时允许波斯帝国原有货币继续流通。亚历山大还曾发行新的金币,名为大流克,铸币地点是巴比伦尼亚和苏撒。亚历山大的诸多举措,客观上密切了希腊文化与波斯文化之间的交往,进而开辟了兼有东西方元素的所谓希腊化时代之先河。

亚历山大东征期间,曾经在东方诸地建立多处城市,大都命名为亚历山大里亚。据普鲁塔克记载,亚历山大东征期间曾经新建城市70座,作为军事要塞和希腊殖民地。然而,希腊式城市是否缘起于亚历山大东征,尚且存在不同看法,名为亚历山大里亚的诸多城市系时人所称还是后人所称亦不得而知。据普鲁塔克的记载,至少有5座名为亚历山大里亚的城市,在亚历山大东征之时尚不存在。另据阿庇安记载,塞琉古曾经以亚历山大的名义建立两座城市。据推测,所谓的亚历山大里亚,起源各异,或为新建城市,或为原有城市被毁后重建而更名为亚历山大里亚,或为原有城市之外另建新城。希腊化时代的所谓亚历山大里亚,后来大都更名,如马尔吉安那的亚历山大里亚更名为木鹿,阿拉霍西亚的亚历山大里亚更名为坎大哈,阿里亚的亚历山大里亚更名为赫拉特。亚历山大里亚作为城市的名称,除埃及的亚历山大里亚之外,亦逐渐消失在历史的长河之中。

二、塞琉古王国统治下的伊朗

亚历山大死后,其部将塞琉古领有亚历山大帝国的东部疆域,成为继亚历山大之后东方世界的统治者。公元前312年,塞琉古自立为王(前312—

前281年在位），建立塞琉古王国（前312—前64年），伊朗历史由此进入塞琉古王国统治的时代。

塞琉古王国时期，统治者融合希腊与伊朗的双重元素，倚重伊朗土著贵族，鼓励希腊人与土著妇女通婚。塞琉古本人亦曾效法亚历山大，娶巴克特里亚的波斯贵族斯比塔美尼斯之女阿帕梅为妻，所生之子即为塞琉古的继任者安条克一世（前281—前261年在位）。地方长官大都是来自马其顿的希腊人，亦有相当数量的地方长官具有波斯血统。

塞琉古王国统治下的伊朗，在诸多方面延续亚历山大时期的传统和所谓的希腊化进程。后人常将亚历山大东征开启的希腊化比作近代以来的西化，不无夸张之虞。所谓的希腊化与近代以来的西化性质迥异，不可同日而语。然而，希腊语的传播和希腊式城市的建立无疑是希腊化时代希腊元素的两大载体。

塞琉古雕像

塞琉古王国以希腊语作为官方层面的通用语言抑或帝国语言，同时沿用包括阿拉马语在内的其他多种原有土著语言。希腊语传播范围远至中亚和印度河流域，在诸多方面堪比近代以来的英语。相比之下，阿拉马语可谓民间层面的通用语言抑或国际性语言。

塞琉古王国致力于希腊人的殖民化，在其疆域内建造多处享有相对自治地位的希腊式城市。希腊化城市大都分布在商路沿途，首先作为希腊征服者的军营驻地，继而安置希腊移民，直至成为贸易和文化的辐射点。据古典作家阿庇安的记载，塞琉古王国曾经建造希腊式城市34座，移入希腊人居住，其中16座名为安条克，9座名为塞琉西亚，5座名为劳迪西亚，3座名为阿帕梅亚，1座名为斯特拉托尼西亚。希腊式城市在东方世界复制着希腊本土的模式和希腊文明的元素，希腊神庙则是希腊式城市的标志性建筑。随着希腊移民的到来，希腊诸神出现于遥远的东方世界。

塞琉古王国时期，新月地带的希腊化城市逐渐发展，吸引了更多的希腊移民，相比之下，伊朗和中亚始建于亚历山大时代的希腊化城市则逐渐衰落。另一方面，塞琉西亚的建立，导致巴比伦城失去原有的地位而逐渐衰落。公元前275年，安条克一世宣布塞琉西亚作为王城。此后，巴比伦城繁华散尽，逐渐沦落为传统宗教的祭祀中心。

塞琉古王国时期,从米底的哈马丹经厄尔布尔士山南麓的莱伊至呼罗珊的木鹿构成塞琉古王国的权力轴心。伊朗高原西北部的米底和伊朗高原东北部的呼罗珊直至中亚的巴克特里亚可谓希腊化的中心区域,分布着众多的希腊式城市。希腊式城市无疑是塞琉古王国的重心所在,塞琉古王国主要依托希腊式城市控制通往东方的商路。然而,希腊化的辐射范围局限于希腊式城市,城市之外的广袤乡村依然是土著族群的传统世界。相比于数个世纪后的阿拉伯人征服和伊斯兰教化,塞琉古王国时期的希腊化并未植根于伊朗和中亚的土地,如同泛起于历史长河中的美丽浪花,随着时光的流逝而逐渐消失于土著文化的水面。

塞琉古王国延续阿黑门尼德王朝的行政体制,不同地区差异甚大。美索不达米亚以及伊朗西部构成塞琉古王国的核心地带,包括中亚诸地直至印度河流域则是塞琉古王国的边缘区域,仅仅在名义上臣服于塞琉古国王。塞琉古王国的都城,最初位于美索不达米亚南部底格里斯河畔的塞琉西亚。公元前300年,塞琉古一世迁都地中海东岸奥伦特河畔的安条克,塞琉古王国因此亦称叙利亚王国,中国史书称之为条支。与此同时,塞琉古王国的政治重心逐渐西移。塞琉古王国致力于与希腊本土的马其顿王朝以及埃及的托勒密王朝之间的角逐,争夺地中海世界的霸权成为塞琉古王国关注的焦点。塞琉古王国无暇东顾,包括粟特和巴克特里亚在内的中亚诸地以及亚美尼亚和阿塞拜疆逐渐脱离塞琉古王国。公元前289年,安条克一世作为塞琉古王国的东部统治者,开始在巴克特里亚发行银币。公元前247年安条克二世(前261—前246年在位)死后,中亚诸地统治者发行的铸币明显增多,似乎表明塞琉古王朝在其东部疆域之统治权力的日渐式微。

公元前250年,希腊人巴克特里亚总督狄奥多塔斯和帕提亚总督安德罗格拉斯脱离塞琉古王国。公元前247年,帕提亚人灭亡安德罗格拉斯,是为帕提亚王国之始。公元前232—前205年,塞琉古国王塞琉古二世(前246—前225年在位)和安条克三世(前223—前187年在位)先后东征中亚,试图征服反叛和恢复疆域版图,无果而终,遂与巴克特里亚总督以及帕提亚王国议和。公元前2世纪末,塞琉古王国退出中亚和伊朗,疆域版图仅限于叙利亚,直至沦为罗马行省。

第四节 阿尔萨息王朝

一、阿尔萨息王朝的兴起

关于阿尔萨息王朝的史料,大都来自周边地区的异族文献记载,主要是希腊人和罗马人的文献记载,亦有少量的汉语文献记载。据《史记·大宛列传》,西汉张骞出使西域期间,曾经派遣副使前往安息,"安息在大月氏西可数千里……汉使至安息,安息王令将两万骑迎于东界",这是中国与伊朗之间历史交往的最早文字记载。《大藏经》亦曾提及安息高僧安士高远赴东汉传播佛教长达20余年。公元前1世纪到公元3世纪,罗马人与阿尔萨息王朝之间战争频繁,罗马史家关于战争进程记载尤多。然而,希腊人和罗马人将阿尔萨息王朝视作野蛮人的国家,多有偏见和敌意,记载缺乏客观公正性。阿尔萨息王朝尽管历时400余年,然而尚未发现流传至今的阿尔萨息语文献记载,后世关于阿尔萨息王朝的历史详情知之甚少。

阿尔萨息王朝(公元前247—公元224年末)起源于游牧族群西徐亚人的分支达哈耶部落联盟中的帕尔尼部落,所操语言属于印欧语系伊朗语族。公元前3世纪初,帕尔尼部落从中亚的花剌子模移入伊朗高原东北部的帕提亚,依附于塞琉古王国。目前已知的帕尔尼部落的第一个首领是阿尔萨息一世,公元前247年,阿尔萨息一世在帕提亚自立为王(公元前247—前217年在位),都于尼萨(位于今土库曼斯坦首都阿什哈巴德附近),是为阿尔萨息王朝之始。阿尔萨息王朝兴起于帕提亚,故而亦称帕提亚王国。司马迁在《史记·大宛列传》中取"阿尔萨息"一词的音译,称其为安息。公元前230年,塞琉古国王塞琉古二世自叙利亚起兵,东征帕提亚,迫使阿尔萨息一世和帕尔尼部落退回中亚。塞琉古二世返回叙利亚后,阿尔萨息一世卷土重来,再度占据帕提亚。

阿尔萨息一世

公元前217年阿尔萨息一世死后,其子阿尔萨息二世即位(前217—前191年在位)。公元前3世纪末,阿尔萨息王朝与塞琉古王国处于和平状态,相安无事。公元前223年安条克三世即位后,试图恢复塞琉古王国在帕提亚和巴克特里亚的版图,征战数年未果。此后,安条克三世深陷与罗马人之间的战事,无暇顾及东方,塞琉古王国在伊朗和中亚的影响力逐渐淡去,阿尔萨息王朝取而代之。

米特里达特斯一世(前171—前138年在位)在位期间,阿尔萨息王朝致力于武力扩张,公元前150年征服中亚的巴克特里亚,公元前148年征服伊朗西北部的米底,公元前141年征服美索不达米亚南部,占领底格里斯河畔的塞琉西亚。米特里达特斯一世在位期间是阿尔萨息王朝的重要里程碑,随着疆域的扩张,阿尔萨息王朝开始成为举足轻重的庞大帝国。公元前147年,阿尔萨息王朝迁都埃克巴坦那。公元前141年,米特里达特斯一世在塞琉古王国旧都塞琉西亚对岸兴建新城泰西封,公元前90年,阿尔萨息王朝迁都泰西封,它是阿尔萨息王朝最后的都城。

米特里达特斯二世(前122—前91年在位)即位后,致力于恢复阿黑门尼德王朝的版图,征服美索不达米亚北部和亚美尼亚,进而觊觎小亚细亚。公元前115年,米特里达特斯二世攻占伊朗东部重镇,即塞琉古时代建立的希腊式城市,名为马尔吉安那的安条克,此后该地改称木鹿。公元前109年,米特里达特斯二世沿袭阿黑门尼德王朝的传统,自称"众王之王"。与此同时,米特里达特斯二世控制中亚和伊朗东部,试图打通从中国到地中海世界之间的商路即所谓的丝绸之路,在商路沿途征纳贸易税成为阿尔萨息王朝的重要财源。

二、阿尔萨息王朝与罗马人的战争

阿尔萨息王朝相当于中国历史上的两汉时代。阿尔萨息王朝地处西方的罗马世界与东方的两汉帝国之间,在公元前后的亚欧大陆,阿尔萨息王朝与罗马世界、两汉帝国形成三足鼎立的局面。阿尔萨息王朝曾经与两汉帝国交好,却与罗马人长期处于战争状态,可谓此间重要的历史内容。

米特里达特斯一世在位期间,阿尔萨息王朝自东向西长驱直入。至米特里达特斯二世在位期间,阿尔萨息王朝达到鼎盛,版图囊括幼发拉底河与阿姆河之间的辽阔区域。公元前97年,米特里达特斯二世控制亚美尼亚,任命新的亚美尼亚王,娶其女为妻,亚美尼亚从此结束独立的地位,依附于阿尔萨息王朝。与此同时,罗马人屡败塞琉古王国,控制地中海东岸,进而与阿尔萨息王朝形成对峙的局面。

公元前96年,米特里达特斯二世遣使谒见西里西亚的罗马总督苏拉,首次提出以幼发拉底河作为罗马共和国与阿尔萨息王朝之间的边界。此后,阿尔萨息王朝屡屡介入塞琉古王国的内讧,试图扩大其在叙利亚直至地中海世界的影响力。

弗拉特斯三世(前70—前57年在位)在位期间,罗马人与阿尔萨息王朝相安无事。公元前64年,塞琉古王国寿终正寝,阿尔萨息王朝遣使与罗马总督庞培订立协议,罗马人承认以幼发拉底河作为罗马共和国与阿尔萨息王朝之间的界河,叙利亚则被纳入罗马共和国版图。

公元前57年弗拉特斯三世死后,其子奥罗德二世与米特里达特斯三世争夺王位,阿尔萨息王朝陷入内讧。公元前54年,罗马叙利亚行省总督克拉苏趁阿尔萨息王朝内讧之机,率军越过幼发拉底河,占领美索不达米亚北部。公元前53年,克拉苏率罗马军团兵抵底格里斯河畔的塞琉西亚。随后,阿尔萨息王朝的1万骑兵与克拉苏统率的以重装步兵为主的4万大军交战于卡雷(即哈兰),罗马战士阵亡2万人,被俘1万人,克拉苏以及其子小克拉苏死于战场,罗马军威遭受重创。克拉苏曾经因镇压斯巴达克斯起义而在罗马世界声名大噪,却在遥远的东方战场命丧黄泉,成为阿尔萨息王朝的刀下之鬼。相传,阿尔萨息国王奥罗德二世(前57—前37年在位)掠到克拉苏的头颅之后,因嫉恨克拉苏生前贪婪无厌,便下令在其口内填满黄金,并嘲笑说:"以遂汝欲。"

克拉苏雕像,藏于法国卢浮宫

此后,奥罗德二世利用罗马共和国末期的内战之机,试图扩大在地中海东岸的版图。公元前51年,阿尔萨息王朝军队首次攻入叙利亚,翌年撤出。公元前40年,阿尔萨息王朝军队攻入巴勒斯坦和小亚细亚大部,撼动罗马世界的东方边境。至此,阿尔萨息王朝对罗马人的战争态势达到顶点。公元前39—前38年,罗马人反攻,重新占领小亚细亚和巴勒斯坦,公元前37年征服耶路撒冷。公元前36年,安东尼率罗马军团8万人攻入美索不达米亚北部,沿途遭遇顽强抵抗,损兵折将,无果而归。至此,幼发拉底河成为阿尔萨息王朝与罗马世界之间的分界线。

罗马世界自公元前1世纪末进入帝国时期,内部矛盾得到缓解,国势强盛。相比之下,阿尔萨息王朝自阿尔塔巴努斯二世(公元11—35年在位)死后,陷于争夺王位的内讧,国势日渐式微。此间,罗马人在对峙中逐渐占据上风,而在亚美尼亚的角逐成为引发战火的直接原因。公元35年,阿尔萨息王朝与罗马帝国在亚美尼亚爆发冲突。公元37年,双方议和,阿尔萨息王朝放弃亚美尼亚,罗马帝国承认幼发拉底河作为界河。罗马皇帝尼禄即位后,交战双方烽烟再起。公元58年,罗马军队攻入亚美尼亚,阿尔萨息王朝屡屡反攻。63年,交战双方就亚美尼亚的角逐再度议和,阿尔萨息国王有权决定亚美尼亚王位继承人,罗马皇帝想行使亚美尼亚王位加冕权力。公元1世纪末,罗马帝国沿幼发拉底河西岸构筑大量军事要塞,旨在遏制阿尔萨息王朝向地中海东岸诸地的扩张态势。公元2世纪,罗马帝国与阿尔萨息王朝之间的战场自亚美尼亚延伸至美索不达米亚。罗马皇帝图拉真于115年东征美索不达米亚,沿底格里斯河乘船南下,占领塞琉西亚和泰西封,直至兵抵波斯湾。117年图拉真死后,罗马皇帝哈德良即位,放弃在美索不达米亚和亚美尼亚的战事,与阿尔萨息王朝议和,双方以幼发拉底河作为界河。瓦洛加西斯四世(147—191年在位)在位期间,于161年发动对罗马人的战争,旨在夺取亚美尼亚和叙利亚。163年,罗马军团夺回亚美尼亚。164年,罗马军团夺回叙利亚。165年,罗马军团占领塞琉西亚和泰西封,继而攻入米底。166年,罗马军团由于遭受瘟疫而被迫撤走,阿尔萨息王朝与罗马帝国的战事再度告一段落。瓦洛加西斯五世(191—208年在位)在位期间,阿尔萨息王朝与罗马帝国之间的关系再度趋紧。195年,罗马军团攻入美索不达米亚,并将叙利亚北部的奥斯洛尼并入罗马帝国版图。198年,罗马军团再次兵抵泰西封。瓦洛加西斯六世(208—221年在位)在位期间,阿尔萨息王朝与罗马帝国爆发战事。公元216年,罗马皇帝卡拉卡拉率军东征,兵抵美索不达米亚北部重镇埃尔比勒时死于暗杀。随后,阿尔萨息王朝在幼发拉底河上游的奈绥宾重创罗马军团。218年,罗马皇帝马克里努斯与阿尔萨息国王瓦洛加西斯六世议和,是为阿尔萨息王朝与罗马帝国之间迄今已知的最后一次议和。

三、阿尔萨息王朝的历史地位

后人常常认为,阿尔萨息王朝是塞琉古王国时代之希腊化遗产的毁灭者。实际情况不然,阿尔萨息王朝既非希腊化遗产的毁灭者,亦非阿黑门尼德王朝波斯传统的终结者。相反,阿尔萨息王朝主宰伊朗历史舞台数百年之久,延续宽容和多元的统治模式,兼纳希腊化遗产与波斯传统,可谓伊朗古代文明的重要传承者。

文献记载并未发现阿尔萨息王朝毁灭希腊化遗产的痕迹,星罗棋布的希腊式城市在阿尔萨息王朝时代得以延续,成为希腊化元素得以延续的空间载体。此间,希腊化元素犹存,希腊语和希腊历法长期沿用,而希腊化元素与土著元素的同化和融合亦是历史趋势。阿尔萨息王朝旧都尼萨,亦称米特里达特斯堡,系米特里达特斯一世所建,尼萨宫廷遗址作为阿尔萨息王朝最重要的文化遗存,可见希腊元素和中亚元素的结合。塞琉西亚和埃克巴坦那铸造的希腊银币德拉克马,每枚重约4克,始终是阿尔萨息王朝的通用货币。直至公元1世纪中叶,阿尔萨息王朝的铭文和铸币依然刻有希腊文字。在阿尔萨息王朝发行的货币上,阿尔萨息国王自称"希腊人的朋友"。

阿尔萨息王朝壁画

在阿尔萨息王朝的社会构成中,希腊人占据特殊的地位。据推测,阿尔萨息王朝境内的希腊人有数十万,多为定居状态,主要分布在美索不达米亚以及伊朗西部的米底和苏斯亚纳。帕提亚王国境内最大的城市是希腊式城市塞琉西亚,延续塞琉古时代的自治地位,鼎盛时期人口达到60万,曾经位列古代世界第三大城市,俨然成为美索不达米亚直至整个东方之希腊化元素的象征。塞琉西亚并无反叛阿尔萨息王朝的文献记载,最终毁于罗马人的入侵。

阿尔萨息王朝时期,恰逢丝绸之路的繁荣阶段,控制丝绸之路沿线城市的东西方过境贸易是阿尔萨息王朝的重要财源。米特里达特斯二世与东方的汉武帝以及罗马统治者苏拉交好,在塞琉西亚对岸建立新的城市泰西封,作为控制美索不达米亚商路的中心据点,获益于地中海世界与东方之间的过境贸易以及从波斯湾到印度洋的海上贸易。然而,阿尔萨息王朝境内的希腊式城市多有发达的工商业,星罗棋布的希腊式城市无疑构成丝绸之路的重要节点。另一方面,希腊人的自治地位构成阿尔萨息王朝内部的离心元素,亦是贸易竞争的对手。

尽管大流士一世下令允准犹太人重返故乡巴勒斯坦,然而多数犹太人长期留居美索不达米亚,臣属于帕提亚王国。阿尔萨息王朝境内的犹太人,数量少于希腊人,却是阿尔萨息王朝赖以制衡希腊人和抵御罗马人的重要社会力量。根据犹太教的传说,阿尔萨息国王被视作犹太人的朋友。公元前63年罗马吞并叙利亚,加剧了犹太人与罗马人之间的矛盾。在地中海东岸诸地,犹太人屡屡反抗罗马统治。

另一方面,阿尔萨息王朝与阿黑门尼德王朝两者之间表现出明显的历史传承。尽管阿尔萨息王朝的发源地位于伊朗东北部的帕提亚,阿黑门尼德王朝的发源地位于伊朗西南部的法尔斯,然而阿尔萨息家族及帕尔尼部落与波斯人同属印欧语系伊朗语族的分支,所操语言具有族缘的同一性。阿尔萨息王朝强调与阿黑门尼德王朝之间的历史传承,作为其统治权力的合法性来源。根据阿尔萨息王朝虚构的谱系,阿尔萨息家族系阿黑门尼德王朝国王阿尔塔薛西斯一世的后裔,进而将阿尔萨息比作阿黑门尼德王朝创始人居鲁士,在诸多方面继承阿黑门尼德王朝的政治传统。阿尔萨息国王沿袭阿黑门尼德王朝的旧制,身着阿黑门尼德王朝的官服,自称"众王之王",致力于恢复阿黑门尼德王朝的疆域,崇奉琐罗亚斯德教作为官方信仰。

在阿黑门尼德王朝的基础上,阿尔萨息王朝继续奉行宽容的统治政策,允许被征服地区不同语言、文化和宗教的合法存在。在阿尔萨息王朝的疆域内,文化生活表现为明显的多元色彩,多种信仰兼容并蓄,塞琉古时代的希腊化元素、阿黑门尼德王朝时期的波斯元素与中亚帕尔尼部落的游牧元素异彩纷呈。

阿尔萨息王朝末期,琐罗亚斯德教的宗教组织和信仰体系逐渐形成,其在中东的影响力超过包括星辰崇拜、祖先崇拜、犹太教和基督教在内的其他诸多宗教。据中古后期波斯语文献记载,阿尔萨息国王瓦洛加西斯一世(51—78年在位)在位期间,下令整理琐罗亚斯德教经文,编撰成书,即《阿维斯塔》的原型。有研究者认为,罗马人在与阿尔萨息王朝交战的过程中,将琐罗亚斯德教中的太阳神密特拉神传入西方,成为西方世界的战神,进而对西方宗教产生深远的影响,密特拉被视作处女之子,出生于12月25日。

阿尔萨息王朝最初以位于中亚的尼萨作为都城,继而迁都位于米底的埃克巴坦那,最后定都底格里斯河畔的泰西封。都城位置的变更,反映出阿尔萨息王朝政治重心自东向西的移动趋势。自阿尔萨息一世开始,阿尔萨息王朝实行世袭君主制,王位由长子继承,其余诸子作为共治者。然而,长子继承制并未严格实行,亦有王位在兄弟之间继承或由其他王室成员继承的现象。公元前171年弗特拉斯一世(前176—前171年在位)死后,并未将王位传给其子,而是传给其弟米特里达特斯一世。

鼎盛时期的阿尔萨息王朝划分为 18 个行省,其中 11 个行省位于亚美尼亚和里海以东,7 个行省位于西部诸地,统治区域与阿黑门尼德王朝时期的疆域版图大体相当。另据罗马作家老普林尼的记载,阿尔萨息王朝包括 18 个附庸国,其中东部 11 个为高地王国,西部 7 个为低地王国。阿尔萨息王朝实行分封制,大部分疆域赐封于王室和地方贵族。阿尔萨息王朝的官僚机构,主要职责是征纳贡税和监督地方事务。地方统治者大都来自土著贵族,在承认阿尔萨息国王的最高权力和缴纳贡税的前提下,拥有广泛的权力,甚至包括发行货币的权力。锡斯坦的苏伦家族和米底的卡伦家族是阿尔萨息王朝时期最具权势的贵族,地位尤为显赫。

第五节 萨珊王朝

一、王位传承

萨珊王朝(224—651 年)崛起于伊朗西南部的法尔斯。法尔斯是阿黑门尼德王朝的发祥地,却是塞琉古王国疆域版图中的边缘地带。希腊化时代,法尔斯长期处于半独立的状态,波斯传统势力盘根错节,琐罗亚斯德教信仰根深蒂固。萨珊家族的先祖萨珊曾经是法尔斯省小城伊斯塔赫尔的琐罗亚斯德教祭司。205 年,萨珊家族首领帕佩克占据伊斯塔赫尔城,进而控制法尔斯省大部。

关于萨珊家族的早期谱系,文献记载各异。据阿拉伯史家泰伯里记载,萨珊王朝的创立者阿尔达希尔是帕佩克之子,帕佩克是萨珊之子。据中古波斯语文献记载,帕佩克娶萨珊之女为妻,所生之子名为阿尔达希尔。另据波斯诗人菲尔多西的长诗《列王纪》,萨珊娶帕佩克之女,所生之子名为阿尔达希尔。尽管帕佩克与萨珊之间的关系众说不一,然而阿尔达希尔系帕佩克之子的说法似乎并无异议。

帕佩克死后,阿尔达希尔成为萨珊家族首领。224 年,阿尔达希尔在胡齐斯坦的霍尔木兹甘击败阿尔萨息王朝军队,阿尔萨息国王阿尔塔巴努斯五世(213—224 年在位)阵亡。著名的纳克希·鲁斯塔姆浮雕位于阿黑门尼德王朝都城波斯波利斯附近的菲鲁扎巴德,刻有阿尔塔巴努斯五世与阿尔达希尔手持长矛在马上决斗以及阿尔达希尔马踏阿尔塔巴努斯五世的画面。

226 年，阿尔达希尔占领阿尔萨息王朝都城泰西封，自称"众王之王"，史称阿尔达希尔一世（224—240 年在位）。此后数年间，阿尔达希尔一世致力于疆域的扩张，进而继承了整个阿尔萨息王朝的版图。如同居鲁士二世之创立阿黑门尼德王朝和阿尔萨息一世之创立阿尔萨息王朝，阿尔达希尔一世开创萨珊家族长达四百年的基业，伊朗历史由此进入萨珊王朝时代。

阿尔达希尔一世晚年，与其子沙普尔一世共同执掌国家权力，铸币上同时出现阿尔达希尔一世与沙普尔一世父子二人的头像。204 年阿尔达希尔一世死后，沙普尔一世（240—272 年在位）即位。沙普尔一世在位期间，东征西讨，开疆拓土，凯歌高奏，萨珊王朝的疆域扩张达到顶峰。后人常将阿尔达希尔一世比作居鲁士二世，而将沙普尔一世比作大流士一世。

沙普尔一世雕像

272 年沙普尔一世死后，其子霍尔米兹德一世（272—273 年在位）和巴赫拉姆一世（273—276 年在位）相继即位。276 年巴赫拉姆一世死后，其子巴赫拉姆二世（276—293 年在位）即位。由于巴赫拉姆二世即位时尚且年幼，琐罗亚斯德教祭司克尔迪尔摄政，权势坐大。此后，纳塞赫（293—302 年在位）以及其子霍尔米兹德二世（302—309 年在位）相继即位。自巴赫拉姆二世至霍尔米兹德二世在位期间，王权式微，教俗贵族权势膨胀，左右朝政，干预王位继承。沙普尔二世（309—379 年在位）尚未出生，即被贵族确定为王位继承人。然而，正是沙普尔二世改变了国家权力的天平，王权强化，教俗贵族权势逐渐削弱。沙普尔二世还曾在幼发拉底河西侧靠近沙漠的边缘地带建造城墙，旨在防御阿拉伯人的骚扰。此间，阿拉伯人巴克尔·沃伊勒部落和罕扎拉部落被强制迁移到萨珊王朝境内的克尔曼和胡齐斯坦。沙普尔二世死后，教俗贵族再度操纵王位继承，王位更迭频繁。阿尔达希尔二世（379—383 年在位）在位 4 年后死于贵族反叛，沙普尔三世（383—388 年在位）在位 5 年后亦被谋杀，沙普尔三世之子巴赫拉姆四世（388—399 年在位）则死于兵变。

沙普尔二世头像

叶兹德吉尔德一世（399—420年在位）生前派其子沙普尔出任亚美尼亚王，另外一子巴赫拉姆则在沙漠边缘城市希拉的阿拉伯人莱赫米部落首领穆恩迪尔帐下养育。叶兹德吉尔德一世死后，沙普尔试图从亚美尼亚返回泰西封继承父位，被贵族胡斯洛暗杀，后者欲篡夺王位，巴赫拉姆在莱赫米部落和波斯贵族支持下登基，是为巴赫拉姆五世（420—438年在位）。巴赫拉姆五世是萨珊王朝的传奇国王，成长于阿拉伯人的家庭，热衷于狩猎、音乐、诗歌和美女。巴赫拉姆五世致力于捍卫萨珊王朝的东方边界，恢复对于亚美尼亚的控制，与罗马皇帝签订合约以共同实行宗教宽容。相传，巴赫拉姆五世引入印度游吟诗人供王室消遣娱乐，视为现代伊朗少数族群卢尔人的祖先。巴赫拉姆五世还曾下令编撰首部波斯语诗集。438年，巴赫拉姆五世在米底狩猎途中跌入沼泽身亡。

巴赫拉姆五世狩猎图1

巴赫拉姆五世死后，叶兹德吉尔德二世（438—457年在位）即位。叶兹德吉尔德二世青睐琐罗亚斯德教，与琐罗亚斯德教祭司关系密切，迫害基督徒和犹太人。叶兹德吉尔德二世还曾亲临亚美尼亚，颁布宗教法令，试图在亚美尼亚传播琐罗亚斯德教和确立琐罗亚斯德教在亚美尼亚的官方地位，引发亚美尼

巴赫拉姆五世狩猎图2

亚基督徒的不满和反抗。

5世纪的萨珊王朝,西方边境相对稳定,而东方边境却面临来自东北方游牧族群白匈奴人(嚈哒人)的威胁。叶兹德吉尔德二世在位期间,曾经在呼罗珊重镇木鹿建造城墙和城堡,阿富汗西部则是萨珊王朝在东方边境的主要战场。457年叶兹德吉尔德二世死后,萨珊王室内讧,其子霍尔米兹德三世(457—459年在位)与菲鲁兹一世(457—484年在位)兄弟争王,直至菲鲁兹一世在白匈奴人支持下击败霍尔米兹德三世。469年,菲鲁兹一世在东方战事中被白匈奴人俘获,萨珊王朝被迫向白匈奴人割地赔款,菲鲁兹一世方得以重登王位。484年,菲鲁兹一世征讨白匈奴人,兵败身亡。瓦拉什(484—488年在位)即位后。向白匈奴人缴纳贡赋,换取东方边境的短暂和平。

488年,教俗贵族废黜瓦拉什,拥立卡瓦德一世(488—531年在位)即位。卡瓦德一世在位期间,王权旁落,政局动荡。此间,马兹达克教应运而生,呼吁保护下层和遏制贵族的社会改革,得到卡瓦德一世的支持,琐罗亚斯德教祭司因此对卡瓦德一世心生不满。496年,教俗贵族一度废黜卡瓦德一世,拥立其弟贾马斯普(496—499年在位)登上王位长达3年之久。直至499年,在白匈奴人的支持下,卡瓦德一世得以复位。515年,白匈奴人分裂,继而衰落,萨珊王朝面临的东方威胁随之得到缓解。与此同时,萨珊王朝控制中亚,波斯商人远至印度、中国和印度尼西亚,经营香料和丝绸贸易。

531年卡瓦德一世死后,马兹达克教徒试图拥立卡瓦德一世的长子卡伍斯即位,未果。胡斯洛一世得到教俗贵族的支持,击败卡伍斯,登上王位宝座(531—579年在位)。胡斯洛一世在位期间,致力于整顿国家秩序,遏制教俗贵族势力的膨胀,强化王权,整合社会。554年,胡斯洛一世的军队在东方边境与突厥人结盟,击败白匈奴人,阿姆河成为萨珊王朝的东方界河。525年,东非埃塞俄比亚人作为拜占庭帝国的基督教盟友越过红海,攻入也门,也门希米叶尔国统治者祖奴瓦斯曾经求助于萨珊王朝。胡斯洛一世在位期间,出兵也门,击败埃塞俄比亚军队,控制自红海进入印度洋的海上通道。胡斯洛一世亦对文化情有独钟,鼓励翻译希腊、印度和叙利亚的异族古代文献,引入印度象棋,编撰波斯历史和法律,制定天文历法,吸收周边世界的思想精华,尤其青睐希腊哲学,崇尚在雅典已经被君士坦丁大帝取缔的新柏拉图主义哲学,被西方誉为哲人国王。大批受到拜占庭帝国迫害的希腊学者移居萨珊王朝境内,位于泰西封的胡斯洛一世宫廷俨然成为文化的中心。胡斯洛一世可谓萨珊文明的集大成者,其在位期间萨珊王朝的智力创造成就卓然,胡斯洛一世本人则以"阿努希尔万"(不朽的灵魂)著称于世。后人将胡斯洛一世视作与查士丁尼齐名的后古典时代之开明君主,亦有人将胡斯洛一世与罗马的恺撒以及萨法维王朝的阿拔斯大帝相提并论。胡斯洛一世亦被视作萨珊王朝最伟大的国王,波斯穆斯林常将胡斯洛一世视作公正和睿智的化身,君王和统治者的楷模,其治国格言长期流传。

579年胡斯洛一世死后,其子霍尔米兹德四世(579—590年在位)即位。霍尔米兹德四世在位期间,突厥人威胁萨珊王朝的东北部边境。阿尔萨息家族后裔的萨珊将领巴赫拉姆于589年在赫拉特击败突厥人,进而攻入阿姆河右岸。590年,霍尔米兹德四世遣巴赫拉姆率军迎战拜占庭帝国,交战失利,巴赫拉姆遭到免职。随后,巴赫拉姆起兵反叛,攻占泰西封,处死霍尔米兹德四世,拥立霍尔米兹德四世之子胡斯洛二世(590—628年在位)即位,继而自立为王,试图恢复阿尔萨息王朝。胡斯洛二世逃往拜占庭帝国避难,继而在东罗马皇帝毛里斯的支持下卷土重来,重返泰西封,夺回王位,反叛将领巴赫拉姆逃往图兰,死于突厥人的谋杀。

628年,胡斯洛二世死于宫廷叛乱。其子卡瓦德二世(628—630年在位)即位后,处死其他的所有男性王位继承人。630年,卡瓦德二世病死,其子阿尔达希尔三世(630—630年在位)即位,萨珊将领沙赫尔巴拉兹反叛,攻占泰西封,处死阿尔达希尔三世,自立为王,不久亦死于暗杀。由于此时萨珊家族已无男性王位继承人,继阿尔达希尔三世死后,胡斯洛二世之女伯兰杜赫特(630—631年在位)和阿扎米杜赫特(631—632年在位)相继即位,成为萨珊王朝末期的两位女王。阿扎米杜赫特在位期间,处死试图反叛的将领法鲁赫·霍尔木兹。法鲁赫·霍尔木兹之子鲁斯塔姆随后起兵占据泰西封,废黜并处死阿扎米杜赫特。632年,胡斯洛二世之孙叶兹德吉尔德三世(632—651年在位)在伊斯塔赫尔即位,时年8岁,他是萨珊王朝的末代国王。此间,整个帝国陷于内讧,分崩离析,常见地方贵族以各自的名义发行铸币,菲鲁兹二世、霍尔米兹德五世和胡斯洛四世各据一方。

633年,阿拉伯人攻入美索不达米亚。636年,阿拉伯人在卡迪西亚战役中击败萨珊王朝军队,攻占泰西封。642年,阿拉伯人攻占胡齐斯坦。同年,阿拉伯人在米底的尼哈温再败萨珊王朝军队,进而长驱直入伊朗高原。叶兹德吉尔德三世逃往东方,651年在木鹿被乡村磨坊主杀死,萨珊王朝寿终正寝。

叶兹德吉尔德三世长子佩鲁兹于658—663年在锡斯坦的扎兰季建立国家,674年逃往唐都长安避难。唐高宗铭文中曾经提及"波斯王佩鲁兹",萨珊家族后裔接受唐朝的封赏,在敦煌、武威、长安、洛阳等地建有琐罗亚斯德教神庙。

二、王权与国家

萨珊王朝相当于中国历史上的魏晋至唐初时代。萨珊王朝作为伊朗古代文明的集大成者,不仅继承了阿黑门尼德王朝的疆域,而且延续阿黑门尼德王朝之君权神授和王权至上的政治原则。萨珊王朝的创立者阿尔达希尔一世采用"众王之王"的称谓,自居为阿胡拉·马兹达神的后裔,崇尚琐罗亚斯德教作为萨珊王朝的官方信仰。阿尔达希尔一世屡屡告知世人,萨珊王朝的统治权力来自于光明之神阿胡拉·马兹达的赐予,萨珊王朝所取代的阿尔萨息王朝则是黑暗之神阿里曼的象征。阿尔达希尔一世发行的铸币,以中古波斯语取代希腊语,铸有琐罗亚斯德神庙图案和以下字样:"以阿胡拉·马兹达的名义,伊朗的'众王之王',神的后裔",成为其后历代萨珊国王发行的铸币样板。

阿尔达希尔一世将萨珊王朝的疆域命名为"伊朗沙赫尔",意为"伊朗人的土地","伊朗"一词由此开始用于代表萨珊王朝的版图范围。与此同时,阿尔达希尔将伊朗人的土地区分为伊朗人的世界与非伊朗人的世界,其中所谓伊朗人的世界特指信奉琐罗亚斯德教之伊朗语族各分支的家园,而所谓非伊朗人的世界特指萨珊王朝统治下之异族异教臣民的家园。3世纪的琐罗亚斯德教大祭司克尔迪尔曾经明确界定伊朗人的世界和非伊朗人的世界,前者包括法尔斯、帕提亚、巴比伦尼亚、阿塞拜疆、伊斯法罕、莱伊、克尔曼、锡斯坦和古尔甘,后者包括叙利亚、西里西亚、亚美尼亚、格鲁吉亚和高加索。

沙普尔一世在位期间,萨珊王朝的版图扩张达到顶峰。沙普尔一世曾经效法大流士一世的贝希斯敦碑铭,在阿黑门尼德王朝旧都波斯波利斯附近的纳格什·鲁斯塔姆树立碑铭,分别刻有中古波斯语、希腊语和帕提亚语三种文字,以及被俘的罗马皇帝瓦列里安跪在沙普尔一世脚下的画面。沙普尔一世在纳格什·鲁斯塔姆铭文中自称"伊朗世界与非伊朗世界的'众王之王'",

而萨珊家族系古代诸神的后裔。

阿尔达希尔一世在位期间，萨珊王朝的宫廷机构和官僚体系初具雏形。沙普尔一世即位后，中央集权的国家体制逐渐完善。沙普尔一世任命诸子作为地方长官，分别采用王的称谓，如亚美尼亚王、信德和锡斯坦王、吉兰王等，其他地方长官亦多来自萨珊王室的成员，帕提亚王室成员延续原有的特权地位。萨珊王朝的统治理念，强调王权来自神意，以捍卫公正作为首要职责。在萨珊

萨珊王朝时期开凿于山岩中的石刻

王朝的统治者看来，公正是和平的保证，和平是经济繁荣的保证，经济繁荣是国家税收的保证，国家税收是供给军队的保证，而军队则是社会稳定的保证。换言之，萨珊王朝的国家治理遵循如下的政治逻辑，即王权依靠军队，军队依靠税收，税收依靠农业，农业依靠正义。王权凌驾于社会之上，旨在维持社会等级的平衡和稳定。巴赫拉姆二世是第一位将王室家族成员头像刻在铸币上的萨珊王朝国王，钱币之上铸有国王本人以及王后和王子的头像。王冠和王权的象征物，以及负责的宫廷礼仪和宏大的宫廷建筑，体现出萨珊王朝时期王权的强大。石刻碑铭中亦曾提及许多新的官职，如称为迪比尔的书吏、称为甘兹瓦尔的财政官和称为达德瓦尔的法官。此外，称为迪赫坎的乡绅阶层开始浮出历史长河的水面，是萨珊王朝控制乡村社会和征募兵员的重要基础。

萨珊王朝时期，社会成员划分为三个阶层，第一阶层是琐罗亚斯德教祭司抑或宗教贵族，第二阶层是以武士为主的世俗贵族，第三阶层是包括农民、手工业者和商人在内的平民，不同阶层之间等级森严，职业固定，世代相袭，进而形成难以逾越的社会鸿沟，诸多方面与同为雅利安人分支的印度社会之种姓制度颇有异曲同工之处。伊朗贵族势力源远流长，自阿黑门尼德王朝开始，经过阿尔萨息王朝，至萨珊王朝，盘根错节，一脉相承，占有大量地产，出任国家要职。萨珊王朝最重要的贵族，包括锡斯坦的苏伦家族、米底的卡伦家族、莱伊的斯潘迪亚德家族、吉兰的阿斯帕赫巴德家族、库米思的

米赫兰家族、阿塞拜疆的泽克家族、法尔斯的安迪干家族和东呼罗珊的瓦尔兹家族。

阿尔达希尔一世在位期间，在都城泰西封附近以及克尔曼、法尔斯、胡齐斯坦等地兴建多个新的城市。相传，阿尔达希尔一世曾经兴建新城 8 座，亦传阿尔达希尔一世所建新城多达 38 座。阿尔达希尔一世兴建的新城，皆命名为阿尔达希尔，城市格局多为圆形。位于底格里斯河畔的巴格达圆城，始建于 8 世纪中叶，作为阿拔斯王朝的都城，即是阿尔达希尔时代之圆形城市格局的延续。沙普尔一世即位后，兴建包括军迪沙普尔、佩鲁兹沙普尔、内沙普尔在内的多处城市，作为罗马战俘的安置地。霍尔米兹德一世亦曾兴建新城，名为拉姆霍尔米兹德。巴赫拉姆四世所建新城，名为克尔曼沙赫。上述新城大都分布于丝绸之路沿途，逐渐发展为辐射周边区域的工商业重镇。

沙普尔二世死后，琐罗亚斯德教祭司的势力日渐膨胀，成为制约王权的重要因素。叶兹德吉尔德一世在位期间，逐渐削弱琐罗亚斯德教祭司的势力，实行宗教宽容政策，善待犹太人和基督徒，因此遭到琐罗亚斯德教祭司的谴责，被后者称为"罪人"。

胡斯洛一世即位后，致力于实施一系列改革举措，旨在整顿国家秩序，遏制大地产的膨胀，削弱教俗贵族的势力，淡化分权体制，

泰西封王宫遗址 1

泰西封王宫遗址 2

萨珊王朝艺术品——镀金银马头

强化中央集权。胡斯洛一世下令重新丈量全国土地,所有土地均被列入征税的范围,实行直接征税和划一的税收制度,根据农作物的种类和产量确定合理的税收标准,无论平民还是贵族皆需向国家缴纳土地税,同时征纳人丁税,人丁税的征纳采用货币形式,根据财产状况的不同分别征纳12个、8个、6个、4个银币,20岁以下和50岁以上免除人丁税,教俗贵族免纳人丁税。胡斯洛一世在位期间,地方行政事务采取行省、库拉和鲁斯塔格三级管辖。与此同时,胡斯洛一世将全国划分为四个军区,分割地方的军权和财权,同时组建新的以骑兵为主的常备军取代以往的民军。胡斯洛一世曾经在萨珊王朝的边境地带构筑界墙,分别位于东北方的古尔甘平原周边、北部的高加索山区通道、西部边境和西南部边境。其中,位于西南部边境的界墙名为"阿拉伯之墙",是萨珊王朝遏制阿拉伯人袭扰的重要屏障。胡斯洛一世极力扶植称为迪赫坎的中小地产主,作为强化萨珊王权的社会基础。此间,中小地产主作为乡绅阶层效力于国王,负责村社管理、赋税征收和兵员募集,直至成为波斯帝国文化传统的承载者。

端坐王位之上的胡斯洛一世

三、宗教生活

琐罗亚斯德教自阿黑门尼德王朝至萨珊王朝历经千年传承,可谓波斯帝国和古代波斯文明的标志。琐罗亚斯德教在教义方面表现出鲜明的二元色彩,强调千年大同的宗教思想,期待世界末日之救世主的来临。萨珊王朝时期,王权神化的色彩进一步凸显,琐罗亚斯德教作为最重要的宗教信仰而倍受官方推崇,琐罗亚斯德教祭司具有举足轻重的地位,大祭司坦萨尔和卡尔迪尔位高权重,执掌法律,甚至左右朝政。阿尔达希尔一世在位期间,命琐罗亚斯德教祭司坦萨尔搜集整理散落民间的经文,同时在各地广建琐罗亚斯德教神庙。胡斯洛一世在位期间,琐罗亚斯德教经典《阿维斯塔》正式编订成书,采用中古波斯语

胡斯洛一世御宴图

即帕拉维语的书写形式,共计21卷,流传至今。琐罗亚斯德教神庙遍布萨珊王朝境内的城市乡村,位于法尔斯的阿杜尔·法恩巴依神庙、位于阿塞拜疆的阿杜尔·古什纳斯普神庙和位于呼罗珊的阿杜尔·布尔津-米赫尔神庙是琐罗亚斯德教最重要的三大神庙,三大神庙内所燃的圣火分别代表祭司、武士和农夫。

沙普尔一世在位期间,摩尼教兴起于美索不达米亚。摩尼教的创始人摩尼216年出生于美索不达米亚,系阿尔萨息王室后裔,祖居哈马丹,其父母似乎是基督徒。大约从240年开始,摩尼声称接受神的启示,自称"耶稣基督的使者"和"封印的先知",创立摩尼教。摩尼教脱胎于琐罗亚斯德教,强调善恶二元对立的宗教思想。根据摩尼教义,光明之神主宰精神世界,邪恶之神主宰尘世。摩尼教在继承琐罗亚斯德教信仰传统的基础上,试图吸纳基督教和佛教的若干元素,尤其是深受基督教异端诺斯替派的影响,强调个人对于神灵的直接体验和出世的宗教理念,具有浓厚的神秘主义色彩。阿尔达希尔一世在位末期,摩尼首先在伊朗东部秘密传教。相传,摩尼曾经于243年会晤沙普尔一世,获准在萨珊王朝疆域内布道,摩尼甚至以沙普尔一世的名义著书立说。然而,琐罗亚斯德教祭司敌视摩尼教,视之为异端邪说。沙普尔一世死后,摩尼教在萨珊王朝境内日渐式微。277年,摩尼被萨珊王朝处死。此后,摩尼教从伊朗传入中亚、印度和欧洲,布道内容译成多种语言。伊斯兰教明确反对摩尼教,先知穆罕默德曾经表示,宗教宽容但对摩尼教除外,此是摩尼教在伊斯兰教世界淡出的重要原因。相比之下,摩尼教在欧洲基督教世界产生较大的影响,基督教的著名教父希波城的圣奥古斯丁在皈依基督教前即曾信奉摩尼教。

卡瓦德一世在位期间,琐罗亚斯德教出现分裂,马兹达克教作为琐罗亚斯德教中具有激进色彩的异端派别逐渐浮出水面,其创立者系琐罗亚斯德教祭司马兹达克。马兹达克教传播平等和公有的宗教理念,强调邪恶来自贪婪、财富,主张均贫富,反对《阿维斯塔》关于社会阶层的划分,反映下层民众的社会诉求。卡瓦德一世在位前期,支持马兹达克教,试图利用马兹达克教削弱占有大量地产的贵族和琐罗亚斯德教祭司,强化王权。496年,卡瓦德一世被贵族废黜,499年重新恢复王位后,逐渐疏远马兹达克教。529年,卡瓦德一世处死马兹达克,继而召开琐罗亚斯德教神学大会,宣布马兹达克教为邪教,没收马兹达克教的教产,焚毁马兹达克教的经典,驱离马兹达克教徒。卡瓦德一世死后,胡斯洛一世在琐罗亚斯德教祭司的支持下继承王位,对琐罗亚斯德教推崇备至,马兹达克教在萨珊王朝境内逐渐销声匿迹。

在萨珊王朝境内,除琐罗亚斯德教以及摩尼教和马兹达克教,亦存在相当数量的犹太人和基督徒。相比于摩尼教和马兹达克教的境遇,萨珊王朝对犹太人和基督徒长期实行相对宽容的宗教政策。犹太人主要分布在美索不达米亚和伊朗高原,犹太教首领即大拉比以泰西封作为驻节地,与萨珊王朝关系密切,犹太人女性与波斯贵族和王室成员甚至国王本人之间常有通婚,叶兹德吉尔德一世则被犹太人誉为新居鲁士。

萨珊王朝时期,在与罗马人之间的长期战争过程中,基督教逐渐传入其境内。萨珊王朝境内的基督徒,最初起源于被俘获的叙利亚人和罗马人,主要分布在伊拉克北部和伊朗西南部的胡齐斯坦。自5世纪起,基督教在萨珊王朝境内广泛传播,美索不达米亚俨然成为基督徒的家园,伊朗高原的基督徒人数亦明显增多,皈依基督教者中甚至不乏萨珊王室成员。410年,萨珊王朝境内的基督徒召开第一次宗教大会,基督教获准成为萨珊王朝认可的合法宗教,基督教的重要分支聂斯托利派亦由此诞生。基督徒作为宗教少数派处于萨珊王朝的保护之下,享有自治的地位,泰西封主教伊萨克成为聂斯托利派基督徒的宗教首领,而聂斯托利派的诞生标志着萨珊王朝境内基督徒与拜占庭帝国境内基督徒的分道扬镳。萨珊王朝对于犹太人和基督徒的宽容政策,在其后的历史进程中得以传承,可谓伊斯兰时代哈里发国家之迪米制和奥斯曼帝国之米勒特制的原型。

此外,萨珊王朝东部中亚一带曾经流传佛教,然而后人知之甚少。阿拔斯时代显赫一时的巴尔麦克家族,其先祖即是波斯血统的佛教高僧。

四、萨珊王朝与罗马-拜占庭帝国之间的战争

萨珊王朝四百年间,延续了帕提亚王国与罗马人之间的战争传统。美索不达米亚北部、叙利亚和亚美尼亚的诸多区域,构成萨珊王朝与罗马-拜占庭帝国之间的主要战场。

阿尔达希尔一世在位期间,夺取幼发拉底河上游重镇纳绥宾和卡雷,兵抵亚美尼亚、叙利亚和小亚细亚。沙普尔一世即位后,继续致力于西部疆域的扩张,进而拉开萨珊王朝与罗马-拜占庭帝国之间长期战争的序幕。241年,沙普尔一世西征叙利亚,兵抵塞琉古王国旧都安条克。243年,沙普尔一世再度西征,在泰西封附近的麦塞斯与罗马军团首次交锋,大获全胜;罗马皇

帝戈尔迪安三世毙命军中，罗马人被迫向萨珊王朝割地求和。258年，萨珊王朝军队在叙利亚重镇艾德萨以西击败罗马军团，俘获罗马皇帝瓦列里安。此后，萨珊王朝军队横扫卡帕多西亚和叙利亚，攻占艾德萨、凯撒利亚和科尼亚诸地。著名的纳赫什·鲁斯塔姆碑铭之上，刻有瓦列里安被俘后受尽屈辱的画面。沙普尔一世将罗马战俘迁至伊朗西南部的胡齐斯坦和法尔斯，基督教由此传入萨珊王朝境内。

沙普尔一世俘获瓦列里安

罗马皇帝瓦列里安向萨珊国王沙普尔一世臣服雕刻

地处高加索南侧的亚美尼亚，始终是萨珊王朝与罗马-拜占庭两大帝国争夺的焦点，亦是波斯世界与罗马-拜占庭世界之间的缓冲地带。阿尔萨息王朝灭亡后，阿尔萨息家族后裔占据亚美尼亚，伺机东山再起。252年，沙普尔一世率军入侵亚美尼亚，沙普尔一世之子受封为亚美尼亚王。279年，罗马人扶持阿尔萨息家族后裔成为亚美尼亚王。283年，罗马皇帝卡鲁斯东征亚美尼亚，死于行军途中；继任罗马皇帝迪奥克烈奇安无意征战，遂与萨珊国王巴赫拉姆二世议和，双方明确划分各自在亚美尼亚的势力范围。298年，萨珊国王纳塞赫与罗马议和，双方之间的分界线由此前划定的幼发拉底河向东移至底格里斯河，亚美尼亚成为罗马的势力范围。301年，亚美尼亚王宣布皈依基督教。

沙普尔二世在位期间，萨珊王朝与罗马帝国之间烽烟再起。337年君士坦丁大帝死后，沙普尔二世发动西征，重新控制亚美尼亚。359年，萨珊王朝军队攻陷小亚细亚东南部的罗马要塞阿米达（今土耳其城市迪亚巴克尔）。

363年,罗马军团东征美索不达米亚,兵败萨珊王朝都城泰西封城下,罗马皇帝朱利安伤重不治,继任罗马皇帝约维安被迫与沙普尔二世议和,向萨珊王朝归还幼发拉底河以东土地,放弃在亚美尼亚的控制权,恢复沙普尔一世时代的边界线。387年,沙普尔三世与罗马皇帝狄奥多西重新瓜分亚美尼亚,萨珊王朝控制亚美尼亚东部,罗马控制亚美尼亚西部,双方在亚美尼亚的争夺告一段落。

叶兹德吉尔德一世在位期间,萨珊王朝与拜占庭帝国交好。相传,拜占庭皇帝阿卡迪乌斯曾经请求叶兹德吉尔德一世作为其子迪奥多西二世的监护人;阿卡迪乌斯死后,叶兹德吉尔德一世曾经派阉奴安提乌斯前往拜占庭首都君士坦丁堡,辅佐初登王位的迪奥多西二世。409年,叶兹德吉尔德一世下令重建被毁的基督教堂,允许基督徒在萨珊王朝境内传教。此后数十年间,萨珊王朝面临东部边境白匈奴人的威胁,拜占庭帝国面临北部边境的蛮族入侵,萨珊王朝与拜占庭帝国之间大体维持相安无事的状态。

卡瓦德一世即位后,萨珊王朝与拜占庭帝国之间战火重燃。萨珊王朝军队于502年攻入小亚细亚,占领厄尔祖鲁姆,翌年占领阿米达。506年,双方议和,拜占庭帝国支付赔款,换取萨珊王朝撤出小亚细亚诸地。527年,贝利撒留率领的拜占庭帝国军队入侵美索不达米亚北部,一度兵抵幼发拉底河上游重镇达拉。

540年,胡斯洛一世乘拜占庭帝国远征地中海之机,入侵叙利亚,攻陷安条克,迫使拜占庭皇帝查士丁尼议和赔款。胡斯洛一世随后在泰西封附近建造新城,安置来自安条克的拜占庭帝国战俘,新城名为鲁马甘,土著者称之为"希腊人之城",阿拉伯人称之为鲁米亚。541年,萨珊王朝军队攻入小亚细亚,深入黑海沿岸。543年,胡斯洛一世出兵叙利亚,兵抵艾德萨城下,迫使城内居民缴纳贡赋。随后,胡斯洛一世再次与拜占庭帝国议和,迫使拜占庭帝国缴纳巨额金币。

602年,拜占庭皇帝毛里斯死于宫廷谋杀,福卡斯篡夺王位,引发内战。胡斯洛二世趁拜占庭帝国内讧之机,出兵西征,攻入叙利亚,占领安条克、大马士革和耶路撒冷。耶路撒冷的基督徒顽强抵抗长达三周,遭到萨珊王朝军队的屠城,6万基督徒被杀,城内的耶稣十字架残骸被劫往泰西封,而耶路撒冷城内的犹太人则扮演了波斯人帮凶的角色。此后,萨珊王朝军队横扫亚美尼亚、小亚细亚和埃及,攻城略地,直至兵抵博斯普鲁斯海峡君士坦丁堡对岸的查尔斯顿,这里是自居鲁士开始历代波斯国王从未到达的土地。610年,福卡斯被废黜,希拉克略取而代之,登上拜占庭帝国皇位。随后,希拉克略以基督教圣战的名义发动反攻,被后世的基督教史家称为最早的十字军东征。622年,希拉克略的军队通过水路黑海的东南角,攻入亚美尼亚,继而在高加索北部突厥卡扎尔人的支持下占领阿塞拜疆。萨珊大军被迫撤出小亚细亚,627年在尼尼微败于希拉克略。628年,希拉克略深入萨珊王朝腹地,兵抵泰西封东岸的达斯塔吉尔德,胡斯洛二世被废黜。其子卡瓦德二世即位后,于629年与东罗马议和,放弃此前征服的土地。

作者点评:

伊朗虽与土耳其、埃及同为具有久远历史的中东大国,历史长河的轨迹却迥然各异。广袤的高原热土孕育了璀璨夺目的古代文明,巍峨的扎格罗斯山宛若承载伊朗古代文明的脊梁。埃兰文明和米底文明仿佛潺潺溪水,静静地流淌在美索不达米亚大河文明的身旁。光阴荏苒,波斯帝国横空出世,跌宕起伏,岁月风云,历经千年传承,雄踞于中东大地。波斯波利斯的残垣断壁和泰西封的尘封遗址,诉说着远去时光的如烟往事。波斯帝国在古代世界堪称举足轻重,同属印欧语系分支的波斯人与希腊、罗马人之间战火绵延,深刻改变了古代世界的地缘政治格局。琐罗亚斯德教神庙祭坛的圣火,萦绕在古代伊朗的历史天空。

第二章

异彩纷呈的中世纪

第一节　从麦地那哈里发时代阿拉伯人的征服到倭马亚王朝的统治

一、麦地那哈里发时代阿拉伯人的征服

公元7世纪初,地处阿拉伯半岛西部荒漠的伊斯兰教圣城麦加和麦地那犹如两颗冉冉升起的新星,照耀着"两洋三洲五海"世界的古老大地。伴随着伊斯兰教的诞生,阿拉伯人悄然崛起于仿佛被喧嚣的文明社会所遗忘的角落,在圣战的旗帜下走出贫瘠的家园,以不可阻挡的迅猛势头冲击半岛周围的广大地区。具有千年文明传统的波斯帝国如同秋风下之落叶而寿终正寝,往日挣扎于贫困和饥渴的边缘而屡遭凌辱的阿拉伯人骤然间如日中天,以统治民族的姿态登上中东地区的历史舞台。

伊拉克在阿拉伯语中本意为沿海的地区。萨珊王朝时期,伊拉克分为两部,幼发拉底河以西称作阿拉伯伊拉克,幼发拉底河以东称作波斯伊拉克。伊拉克在萨珊王朝占有极其重要的战略地位。萨珊王朝

幼发拉底河风光

都于底格里斯河畔的泰西封,伊拉克可谓萨珊王朝的政治中心。伊拉克亦是萨珊王朝最重要的财源所在,萨珊王朝末期,约有五分之二的税收来自伊拉克的城市和乡村。

阿拉伯人自半岛东侧向幼发拉底河流域移动的趋向由来已久,表现出部落迁徙的浓厚色彩。早在沙普尔二世在位期间,来自海湾的阿拉伯人袭击伊拉克,一度攻占泰西封。此后,萨珊王朝扶植希拉的阿拉伯人莱赫米部落作为其西部边境的屏障,防范阿拉伯人的袭击。602年,莱赫米部落首领诺尔曼三世或许由于皈依基督教而遭到萨珊国王胡斯洛二世的废黜,阿拉伯人与波斯人随之交恶。先知穆罕默德早年,分布在半岛东部的阿拉伯人部落已经开始攻击伊拉克边境,并于610年在祖·卡尔一度击败波斯军队。

麦地那哈里发时代(632—661)阿拉伯人征服伊拉克的战争,开始于633年初。633年3月,被誉为"安拉之剑"的著名将领哈立德·瓦里德率领皈依伊斯兰教的阿拉伯战士,向幼发拉底河西岸信奉异教的阿拉伯人发动攻势,连连获胜,攻占幼发拉底河沿岸重镇希拉和安巴尔。此间,阿拉伯战士在伊拉克边境发动的攻势,并非出自麦地那哈里发的筹划。最初的攻击者,大都属于游牧族群舍伊班部落和伊吉勒部落。伊拉克的战事主要表现为来自半岛东部的穆斯林与伊拉克土著的异教阿拉伯人之间的冲突,波斯军队尚未介入双方的厮杀。哈立德·瓦里德的行军路线,只是沿阿拉伯半岛东侧至幼发拉底河之间的地带自南向北推进,并伺机退入沙漠深处,而无意攻击伊拉克腹地。所谓的征服者采取游牧部落袭击定居人口的传统方式,宿营于城市周围的耕地,在长满谷物的农田放养牲畜。他们用这样的办法迫使城市的定居人口缴纳贡赋,获得金钱、粮食、饲料和其他的生活用品。谋求生计的物质需要和寻找新家园的迫切愿望,驱使阿拉伯人离开荒凉的故乡,涌向伊拉克的战场。

634年夏,哈立德·瓦里德奉哈里发欧麦尔(634—644年在位)的将令离开伊拉克战场,率军北上,驰援叙利亚前线。与此同时,波斯将领鲁斯塔姆自伊拉克腹地调集重兵,逼近幼发拉底河。634年底,来自半岛的阿拉伯战士在希拉北侧越过幼发拉底河,与波斯军队发生激战,数千名阿拉伯战士阵亡于幼发拉底河东岸。

635年夏,哈里发欧麦尔派遣大批阿拉伯战士从半岛东部沿海和内陆腹地抵达幼发拉底河西侧的沙漠边缘,在伊拉克战场与波斯守军形成对峙状态。635年11月,阿拉伯战士发动攻势,在幼发拉底河西岸的布瓦卜击败波斯军队,斩杀波斯将领米赫兰。布瓦卜战役之后,穆斯林重新占领希拉和安巴尔等地,并且越过幼发拉底河,逼近底格里斯河,威胁波斯帝国首都泰西封。波斯帝国往日将阿拉伯人视同草芥,如今却被后者杀得人仰马翻,朝野震动。鲁斯塔姆急调重兵发动反攻,穆斯林遂再度退据幼发拉底河西岸。

636年初,被誉为"雄狮"的著名圣门弟子赛耳德·阿比·瓦嘎斯,奉哈里发欧麦尔的将令,率领4 000余名阿拉伯战士自麦地那开赴伊拉克前线。这是哈里发派往伊拉克战场的"第一支真正的征服队伍"。"欧麦尔没有留下一个重要的人,不论是部落首领、战士,还是诗人、演说家,直到拥有马匹和武器的所有人;他把他们都派到了伊拉克"。赛耳德·阿比·瓦嘎斯在经阿拉伯半岛腹地纳季德前往伊拉克时,沿途募集兵员,许多部落的战士纷纷应征。到达伊拉克时,赛耳德·阿比·瓦嘎斯麾下的队伍已达3万余众。赛耳德·阿比·瓦嘎斯将队伍集结于幼发拉底河西岸的乌宰布一带,与鲁斯塔姆率领的波斯大军隔河对峙。637年6月,叶兹德吉尔德三世下令鲁斯塔姆率领波斯大军发动进攻,双方在幼发拉底河西岸的卡迪西亚激战3日。阿拉伯战士利用沙漠风暴骤起之机发起猛烈攻击,以战死6 000人的代价,歼灭波斯大军主力,鲁斯塔姆于乱军之中命丧黄泉。波斯大军中约4 000人转向穆斯林阵营并宣布皈依伊斯兰教,其余残部逃回泰西封。

画家笔下的卡迪西亚战役

卡迪西亚战役是决定伊拉克征服进程的战略转折点。阿拉伯战士在卡迪西亚战役获胜之后稍事休整,便发动新的攻势,矛头直指波斯帝国首都泰西封。阿拉伯战士首先夺取底格里斯河西岸的塞琉西亚,继而涉水渡河,在反叛的波斯土著贵族的帮助下,兵不血刃而攻入泰西封,波斯皇帝叶兹德吉尔德三世逃往胡勒万。637年底,阿拉伯战士在信奉基督教的阿拉伯人纳米尔部落和伊吉勒部落的帮助下北上占领提克里特,继而在贾鲁拉再度击败波斯军队,叶兹德吉尔德三世闻讯后从胡勒万逃往伊斯法罕。至此,扎格罗斯山以西尽属穆斯林,萨珊王朝收复伊拉克的企图成为泡影。639—641年,阿拉伯战士自叙利亚东进,占领摩苏尔、奈绥宾、拉卡、卢哈、阿米德等地,完成对伊拉克北部即贾吉拉的征服。

波斯湾沿岸和伊朗高原西南部是穆斯林与萨珊王朝之间的另一重要战场。633年起,来自半岛东部的阿拉伯战士沿波斯湾北岸攻入伊拉克南部,636年夺取波斯湾北岸的重要港口乌布拉。638年,阿布·穆萨自巴士拉挥师东进,攻占伊朗高原西南部的阿瓦士和苏斯塔尔诸城,征服胡齐斯坦地区。随后,阿拉伯战士向西攻入法尔斯地区。法尔斯是萨珊家族的故乡,穆斯林征服的进程十分艰难,许多重要城市得而复失。650年,阿拉伯战士第二次占领法尔斯的首府伊斯塔赫尔,继而结束了这一地区的战事。

贾鲁拉战役结束后,阿拉伯战士占据伊拉克平原,萨珊王朝退守伊朗高原,双方在扎格罗斯山脉的东西两侧形成对峙状态。641年,阿拉伯战士自库法沿底格里斯河北上,占领尼尼微,建立新城摩苏尔作为军事营地,继而攻入底格里斯河上游的扎布河流域,直至兵抵阿塞拜疆西部。与此同时,波斯帝国末代皇帝叶兹德吉尔德三世集结兵力,派遣菲鲁赞率领波斯大军卷土重来。642年,双方在扎格罗斯山东侧重镇哈马丹附近的尼哈温展开激战。阿拉伯战士约有3万人,波斯大军号称15万之众。激烈的厮杀持续数日,双方都有很大的伤亡,穆斯林的统帅努尔曼·穆凯林战死。侯宰法·米赫珊继任统帅后,再度发动猛烈攻击,直至歼灭萨珊王朝反击穆斯林攻势的最后力量。尼哈温战役后,伊朗腹地门户洞开。阿拉伯战士兵分两路,沿厄尔布尔士山南麓和波斯湾北岸发起新的攻势,占领莱伊、伊斯法罕、库米斯、内沙浦尔、纳萨、突斯、赫拉特、木鹿诸城,阿姆河以西皆被纳入哈里发国家的版图。叶兹德吉尔德三世在尼哈温战役后逃往伊朗西南部法尔斯首府伊斯塔赫尔,继而一路向东,经克尔曼和锡斯坦逃往呼罗珊,经过10年漂泊流离的生活,651年死于呼罗珊东部的木鹿。叶兹德吉尔德三世之子佩鲁兹曾经于661—674年占据锡斯坦,都于扎兰季,674年逃往唐朝避难,677年客死唐都长安。

进入伊朗高原的阿拉伯战士大都集中屯驻于萨珊时代原有城市的郊外,抑或宿营于农田与荒野之间的空旷地带,向被征服者征纳贡税。在伊朗西部,阿拉伯战士主要驻守尼哈温、迪纳瓦尔、胡勒万、伊斯法罕、库姆、加兹温、莱伊和埃尔达比勒诸地,根据征服时期双方订立的条约征纳贡税,反叛后再度征服之处则增加贡税数额。麦地那哈里发曾经规定,莱伊居民缴纳贡税50万迪尔汗,埃尔达比勒居民缴纳贡税10万迪尔汗,哈马丹居民缴纳贡税10万迪尔汗,阿塞拜疆居民缴纳贡税80万迪尔汗,内沙普尔居民缴纳贡税70万迪尔汗,阿比沃德居民缴纳贡税40万迪尔汗,突斯居民缴纳贡税60万迪尔汗,巴勒黑居民缴纳贡税70万迪尔汗,木鹿-卢德居民缴纳贡税60万迪尔汗。至于上述诸地土著人口的内部事务则交由伊朗贵族管理,征服者鲜有直接干预。

哈里发欧麦尔当政期间,将波斯帝国在伊拉克的原有属地划分为巴士拉和库法两个行省,伊朗高原的胡齐斯坦、法尔斯、麦克兰、克尔曼、锡斯坦和呼罗珊诸地分别隶属于巴士拉行省和库法行省。行省总督称作艾米尔,掌管征战要务和战利品的分配,主持穆斯林内部的司法仲裁和宗教事宜。行省总督大都由征服该地的军事统帅担任,伊拉克中部的征服者赛耳德·阿比·瓦嘎斯成为首任库法总督,伊拉克南部的征服者阿布·穆萨成为首任巴士拉总督。他们作为军事统帅,在长期的征战过程中形成了广泛的社会势力和相应的政治威望,出任总督以后,往往独揽大权,各自为政。欧麦尔曾经向行省派驻称作阿米勒的财政官和称作卡迪的宗教法官,分别掌管税收和司法,以图削弱艾米尔即行省总督的离心倾向。阿拉伯战士作为征服者和统治者,依旧保留着原有的氏族部落形式,按照血缘关系划分各自的分布区域,凌驾于被征服地区的土著人口之上,构成相对封闭的社会集团。阿拉伯人的传统社会势力在行省的政治生活中发挥着不可低估的作用,制约着哈里发国家的权力,甚至总督往往亦无法驾驭。被征服地区的土著人口作为哈里发国家的臣民,在内部事务方面处于相对自治的状态,缴纳人丁税,免服兵役,依旧遵行各自原有的法律,不受伊斯兰教法的约束,享有选择信仰的权利,接受哈里发国家的保护。哈里发尽管拥有任免总督的权力,但是缺乏控制行省事务的有效手段,往往只能听任总督各行其是,集权政治微乎其微,严格意义的国家税收体系尚未形成。行省向麦地那缴纳的岁入,大都只是根据《古兰经》规定而属于哈里发的份额,即全部战利品的五分之一,其余收入皆由总督自行处置,分配给屯驻行省的阿拉伯战士。岁入的分配反映了当时特定的政权结构和政治格局。欧麦尔因此亦称:"无哈里发而唯有舒拉。"

二、倭马亚王朝统治下的东方

伊朗高原是波斯人世代生活的家园。尽管萨珊王朝的军事力量由于尼哈温战役的失败而丧失殆尽,但是伊朗高原的土著贵族尚有相当的实力。他们各自为战,顽强抵抗着穆斯林的进攻。相比于伊拉克、叙利亚和埃及的征服,哈里发国家在伊朗高原的征服经历了极其艰难而漫长的过程,许多地区由于土著势力屡屡反叛,得而复失。另一方面,伊朗高原的土著居民大都属于印欧语系的分支,具有根深蒂固的雅利安人族群认同感、波斯传统的语言认同感和琐罗亚斯德教的信仰认同感,与来自半岛的阿拉伯人之间存在着明显的族群界限,加之伊朗高原山脉纵横,地形复杂,其特有的社会环境和自然条件,削弱和限制着阿拉伯征服者的攻势,构成延续传统和抵御同化的重要因素。此外,移入伊朗的阿拉伯人远远少于移入伊拉克、叙利亚、埃及的阿拉伯人,且大都分布在东方的呼罗珊。由于上述原因,伊朗未曾经历阿拉伯化的进程,土著居民并未融入阿拉伯民族,波斯语亦未被阿拉伯语所取代,伊朗依然是波斯人的家园和波斯语的世界。

《古兰经》明确规定,基督徒和犹太人系有经典的人,应当予以保护。至于琐罗亚斯德教徒,先知时代尚无明确的规定,其宗教地位相对模糊。征服初期,琐罗亚斯德教徒屡屡遭到迫害,神庙被毁,祭司被杀,莱伊和伊斯塔赫尔作为琐罗亚斯德教圣城可谓首当其冲。随后,哈里发国家给予琐罗亚斯德教与基督教、犹太教相同的地位,琐罗亚斯德教徒被视为有经典的人而区别于偶像崇拜者,处于哈里发国家的保护之下。尽管如此,随着阿拉伯人在伊朗高原的定居和社会交往的扩大,伊朗逐渐经历了长达几个世纪的伊斯兰教化过程。哈里发国家征收非穆斯林的人丁税,成为推动被征服者皈依伊斯兰教进而加入穆斯林行列的重要杠杆。伊朗的土著居民皈依伊斯兰教后,通常从属于特定的阿拉伯人部落,处于麦瓦利的地位,接受阿拉伯人的保护,甚至采用阿拉伯人的名字。相比于萨珊王朝时期的琐罗亚斯德教所强调的社会等级制度,哈里发国家遵循伊斯兰教的启示,倡导社会地位的平等原则,更易于被下层民众所接受。

661年,穆阿威叶出任哈里发(661—680年在位),定都大马士革,建立倭马亚王朝(661—750)。与此同时,阿拉伯半岛西部的希贾兹作为伊斯兰文明的发源地和哈里发国家的摇篮,逐渐丧失原有的重要地位,而叙利亚东连伊拉克,西邻埃及,南靠阿拉伯半岛,开始成为哈里发国家的重心所在。穆阿威叶当政期间,给予行省总督以广泛的权力,并且与行省总督保持着近乎合作的关系。穆阿威叶曾经宣称:"用鞭子就可以的地方,我不用宝剑;用舌头就可以的地方,我不用鞭子。在我和同胞之间,即使只有一根头发在联系着,我也不让他断了。他们拉得紧,我就放松些;他们放松了,我就拉紧些。"

或许出于缓解行省势力与倭马亚人之间对立的考虑,穆阿威叶放弃了奥斯曼当政期间奉行的亲族政治原则。这一时期,倭马亚人大都闲居在希贾兹的两座圣城,远离哈里发国家的权力中心。库法总督穆吉拉·舒尔白、巴士拉总督齐亚德·阿比希与埃及总督阿慕尔·阿绥同为哈里发国家的股肱重臣,备受穆阿威叶的青睐,权倾一时。后人曾将穆吉拉·舒尔白、齐亚德·阿比希、阿慕尔·阿绥与穆阿威叶一同誉为当时阿拉伯穆斯林中的四位天才政治家。

穆吉拉·舒尔白出身于希贾兹城市塔伊夫的萨奇夫部落,629 年来到麦地那并皈依伊斯兰教,曾奉先知穆罕默德之命返回塔伊夫,捣毁萨奇夫部落崇拜的神像,因而名声大噪。麦地那哈里发时代,穆吉拉·舒尔白率领阿拉伯战士征讨伊拉克南部,被欧麦尔任命为巴林总督和巴士拉总督,奥斯曼即位后改任库法总督。麦地那哈里发时代末期,穆阿威叶与阿里(656—661 年在位)分庭抗礼,穆吉拉·舒尔白颇为谨慎,采取中立的态度,没有介入双方的冲突。穆阿威叶即位后,任命穆吉拉·舒尔白为库法总督,委以治理伊拉克的重任。此时伊拉克的形势极为混乱,是倭马亚王朝的心腹大患。第四任哈里发阿里的遇难以及其子哈桑的隐退,使伊拉克的阿拉伯人处于群龙无首的状态。征服时代移入伊拉克的诸多部落之间积怨甚深,阿里的残部与哈瓦立及派亦时有冲突,而倭马亚人则被伊拉克的阿拉伯人视为共同的仇敌。穆吉拉·舒尔白此时出任库法总督,可谓临危受命。面对险恶的形势,穆吉拉·舒尔白充分展示自己的卓越政治才能,利用来自塔伊夫的特殊身世,在伊拉克的阿拉伯人与倭马亚王朝对抗的过程中貌似中立,避开众矢之的位置。在此基础上,穆吉拉·舒尔白借助自己的同族萨奇夫部落的势力,唆使阿里的残部与哈瓦立及派相互攻杀,同时以扎格罗斯山区的岁入作为诱饵,扶植党羽,笼络人心,初步缓解了伊拉克的阿拉伯人与倭马亚王朝的对抗。

齐亚德·阿比希与穆吉拉·舒尔白是同乡,亦属塔伊夫的萨奇夫部落,出身卑微,其父不详,相传其母苏迈亚曾与穆阿威叶的父亲阿布·苏福彦姘居。齐亚德·阿比希参加过伊拉克南部的征服战争,麦地那时代末期追随阿里反对穆阿威叶,阿里死后拒绝承认穆阿威叶出任哈里发的合法地位。663 年,穆阿威叶授意库法总督穆吉拉·舒尔白出面调解,将齐亚德·阿比希邀至大马士革,承认齐亚德·阿比希是自己的同胞兄弟,赏赐齐亚德·阿比希 100 万第纳尔(金币名称),诱使齐亚德·阿比希归顺倭马亚王朝。664 年,穆阿威叶委派齐亚德·阿比希出任巴士拉总督。670 年穆吉拉·舒尔白死后,齐亚德·阿比希兼任库法总督,统辖伊拉克及伊朗高原,俨然掌管哈里发国家东部的半壁江山。齐亚德·阿比希不同于穆吉拉·舒尔白的风格,他奉行恐怖政策,以残暴著称。他曾经建立4 000人组成的亲兵队伍,通过高压手段迫使伊拉克的阿拉伯人屈从于倭马亚王朝的统治。他的著名政绩,是先后在阿拉伯人聚集的军事重镇巴士拉和库法打破血缘族群的界限,按照地域的原则重新划分居住单位,并且建立相应的行政体系,有效地遏制了部落势力的政治影响,进一步稳定了伊拉克的社会秩序。671年,齐亚德·阿比希将库法和巴士拉的阿拉伯战士5万余人及其眷属迁往伊朗高原东部的呼罗珊,定居于木鹿绿洲。这一举措使伊拉克的紧张形势得到暂时的缓解,却使呼罗珊从此成为威胁倭马亚王朝统治的隐患所在。

673年,穆阿维叶任命齐亚德·阿比希之子欧拜杜拉为呼罗珊总督。674年,欧拜杜拉率军2万余人越过阿姆河,攻入中亚。676年,穆阿维叶任命赛义德·奥斯曼取代欧拜杜拉为呼罗珊总督。同年,赛义德·奥斯曼再次越过阿姆河,一度攻陷中亚重镇布哈拉和撒马尔罕。681年,哈里发叶齐德(680—683年在位)任命萨勒姆·齐亚德为呼罗珊和锡斯坦总督,数千阿拉伯战士相伴同行,迁入木鹿。

680年穆阿威叶死后,哈里发国家爆发内战。马立克(685—705年在位)即位后,内战逐渐平息,哈里发国家随之开始发动新的扩张。至韦里德(705—715年在位)和苏莱曼(715—717年在位)当政期间,倭马亚王朝的军事征服达到顶峰。

倭马亚王朝在东部的征服是与哈查只·尤素夫的名字联系在一起的,伊拉克秩序的稳定为哈里发国家在东部的扩张提供了必要的政治条件。692年阿卜杜拉·祖拜尔死后,哈查只·尤素夫出任希贾兹和也门总督,着力平息希贾兹、也门和叶麻麦等地的骚乱。694年,哈查只·尤素夫离开阿拉伯半岛,出任伊拉克总督,受命恢复库法和巴士拉的秩序。此时,尽管内战已经结束,但是伊拉克仍然处于十分混乱的状态。库法的阿拉伯人长期追随阿里家族,与倭马亚王朝积怨甚深。在巴士拉,阿卜杜拉·祖拜尔的残余势力颇具规模,哈瓦立及派活动频繁。倭马亚王朝将伊拉克的阿拉伯人视作心腹大患,哈里发马立克对哈查只·尤素夫出任伊拉克总督寄予厚望。

694年的一个聚礼日,哈查只·尤素夫佯装驼夫,潜入库法,突然出现在等待聚礼的穆斯林面前。他登上讲台,揭开蒙在头上的围巾,发表了铿锵有力的演说。他首先引用古诗中的词句作为开场白:"我的祖先曾拨云雾而登高,揭开头巾你们就看清我的真实面貌。"他接着说:"我确信,我看见许多头颅已经成熟,可以收割,而我就是收割的人。我仿佛看到许多头巾与下颌之间流动着的鲜血。你们动辄暴乱……指主发誓,我要像剥树皮那样剥去你们的皮,我要像捆细枝条那样捆绑你们,我要像鞭笞脱离正道的骆驼那样抽打你们……我应许的,就一定办到。"不久,伊拉克的阿拉伯人便尝到了这位新总督的厉害。库法和巴士拉笼罩在极度的恐怖气氛之中,到处是腥风血雨。根据夸张的记载,10万生灵死于哈查只·尤素夫的屠刀之下。著名的辅士艾奈斯·马立克年高德劭,学识渊博,深受穆斯林的爱戴,却因支持阿卜杜拉·祖拜尔,被哈查只·尤素夫治罪,身陷图圄。

698年,哈查只·尤素夫委派著名将领穆哈拉布·阿比·苏弗拉率军征讨伊朗高原南部的法尔斯和克尔曼,歼灭哈瓦立及派的极端分支阿兹拉格派势力。699年,哈查只·尤素夫委派阿卜杜勒·拉赫曼·阿什阿斯率军征讨伊朗高原东南部锡斯坦的土著王公。这支队伍由库法和巴士拉的阿拉伯战士组成,装备精良,号称"孔雀军"。可是,"孔雀军"在锡斯坦攻战艰难,加之水土不服,思乡之心甚切。然而,哈查只·尤素夫严令阿卜杜勒·拉赫曼·阿什阿斯不得退兵。701年,"孔雀军"反叛,撤离锡斯坦,经法尔斯返回伊拉克,在突斯塔尔击败哈查只·尤素夫的队伍,继而夺取库法。不久,哈查只·尤素夫从巴士拉发动反攻,在达尔·贾麦金歼灭"孔雀军",收复库法。

"孔雀军"的反叛,使倭马亚王朝不再信任伊拉克的阿拉伯人。702年,哈查只·尤素夫在库法与巴士拉之间营建新城,名为瓦西兑(阿拉伯语中意为中间之地),作为自己的驻扎地,屯驻叙利亚籍的阿拉伯战士,倭马亚王朝对伊拉克的控制进一步加强。

哈查只·尤素夫的统治或许过于残酷,后来的史家因此将他比作嗜杀成性的罗马暴君尼禄。然而,哈查只·尤素夫出任伊拉克总督20年,恢复了库法和巴士拉的政治秩序,为哈里发国家在东方的扩张奠定了坚实的基础。伊拉克的阿拉伯人至少暂时中止了内部的敌对活动,他们越过伊朗高原,在遥远的东方开始投入新的圣战。

阿姆河旧称乌浒水,是伊朗高原的波斯世界与中亚的突厥世界之间的重要分界线。萨珊王朝将阿姆河右岸不讲波斯语的土著居民统称为突厥人,佛教在这一地区颇具影响。倭马亚王朝初期,阿姆河右岸分布着康、安、曹、石、米、何、火寻、戊地、史九国,中国史籍中称作昭武九姓,系唐朝藩属,由安西都护府节制。704年,哈查只·尤素夫举荐部将古太白·穆斯林(中国史籍称屈底波)出任伊朗高原东部的呼罗珊总督,驻扎木鹿。705年,古太白·穆斯林统兵5万人越过阿姆河,攻入吐火罗斯坦(亦译为巴克特里亚),占领阿姆河上游重镇巴勒黑。706—712年,古太白·穆斯林率军攻入粟特(中国史籍称河中府,因位于阿姆河与锡尔河之间而得名),占领阿姆河中游重镇布哈拉和撒马尔罕,进而征服阿姆河下游花剌子模一带。713年,古太白·穆斯林的队伍深入锡尔河(旧译药杀水)流域,攻占拔汗那(即费尔干纳,中国史籍称大宛国),而后班师返回呼罗珊。古太白·穆斯林在阿姆河右岸的许多地区焚毁佛教庙宇,建造清真寺,迁入阿拉伯人,强迫土著人口改奉伊斯兰教,初步奠定中亚伊斯兰教化的基础。数百年后,中亚明珠布哈拉和撒马尔罕成为伊斯兰世界的重要文化中心。714年,古太白·穆斯林再度出征,平定中亚的反叛势力。715年,阿拉伯战士哗变,古太白·穆斯林被杀。

在古太白·穆斯林鏖兵中亚的同时,穆罕默德·嘎希姆在哈里发国家的东方开辟了另一处战场。穆罕默德·嘎希姆是哈查只·尤素夫的女婿,印度河流域为他提供了圣战的理想场所。相传,那里的海盗曾经抢劫锡兰(今斯里兰卡)的王公送给倭马亚哈里发的8船贡品,哈查只·尤素夫于是委派穆罕默德·嘎希姆前去征讨。710年,穆罕默德·嘎希姆自巴士拉率军东进,沿波斯湾北岸攻入俾路支。穆罕默德·嘎希姆于712年占领印度河下游的信德,而后溯印度河而上挥师北进,于713年占领旁遮普的佛教圣地木尔坦。随着穆罕默德·嘎希姆的征战,伊斯兰教开始传入印度河流域,信德和旁遮普成为穆斯林在南亚次大陆的最初据点。相传,哈查只·尤素夫曾经向古太白·穆斯林和穆罕默德·嘎希姆许诺,谁先踏上中国的土地,就任命谁做那里的统治者,其贪婪和狂妄之心由此可见一斑。

第二节 从阿拔斯派运动到呼罗珊起义

一、阿拔斯派的兴起

阿拔斯派是先知穆罕默德的叔父阿拔斯·阿卜杜勒·穆塔里布的后裔在倭马亚时代建立的政治宗派。阿拔斯家族虽然属于麦加的古莱西部落,但是最初并无显赫的地位。阿拔斯·阿卜杜勒·穆塔里布尽管身为先知穆罕默德的叔父,却长期追随反对伊斯兰教的麦加保守势力,曾于624年在巴德尔战斗中与穆斯林兵戎相见,直至630年穆斯林征服麦加的前夕皈依伊斯兰教。其子阿卜杜拉·阿拔斯是先知穆罕默德的堂弟和著名的圣门弟子,在麦地那哈里发时代并没有介入穆斯林内部的权力争夺,而是致力于注释《古兰经》和传述《圣训》,被誉为"经典诠释的宗师"。欧麦尔每逢遇到疑难问题,常求教于阿卜杜拉·阿拔斯。奥斯曼(644—656年在位)和阿里当政期间,阿卜杜拉·阿拔斯依然受到哈里发的器重。倭马亚王朝建立后,阿拔斯家族与阿里家族由于同出一宗,相互交往日渐密切,是为阿拔斯人涉足穆斯林内部政治角逐的起点。

倭马亚王朝自从建立伊始,其统治权力的合法性便处于困扰之中。在伊斯兰世界,具有圣族的身世是出任哈里发的首要条件。然而,圣族的概念在当时却没有明确的规定。"圣族"一词源于先知穆罕默德传布的启示,《古兰经》中曾三次提及圣族(Ahl al-Bayt),指天房的居民和克尔白的监护者。根据倭马亚王朝的官方理论,圣族即麦加的古莱西人,凡出身古莱西部落者皆有出任哈里发的资格。什叶派则认为,所谓圣族并非泛指麦加的古莱西人,而是特指先知穆罕默德的家族,阿里及其后裔是圣族唯一的政治代表,其他人出任哈里发皆为僭夺权位的非法行为。680年穆阿威叶死后,鉴于阿里的长子哈桑已经不在人世,阿里家族的追随者极力迎请阿里的次子侯赛因前往库法出任哈里发,然而侯赛因一行却在库法附近的卡尔巴拉被倭马亚王朝军队悉数杀害。卡尔巴拉惨案的发生和侯赛因的遇难,导致阿里家族的追随者与倭马亚王朝之间矛盾激化。

穆罕默德·阿里系第四任哈里发阿里之子,因其母豪拉是哈尼法部落的贾法尔·哈奈菲叶之女,故而亦称伊本·哈奈菲叶,以示区别先知穆罕默德之女法蒂玛与阿里所生二子哈桑和侯赛因。哈桑和侯赛因死后,穆罕默德·阿里是阿里的唯一在世的嫡子,成为阿里家族的追随者所拥戴的人物。684年,所谓的"悔罪者"在库法举行暴动,首开什叶派武装起义的先河。685年,穆赫塔尔在库法发动起义,尊崇穆罕默德·阿里作为伊玛目,宣称"归权先知家族"的政治原则,作为什叶派反对倭马亚王朝的行动纲领。687年,穆赫塔尔兵败身亡,其在库法的残部继续将穆罕默德·阿里视作伊玛目。701年,穆罕默德·阿里死于塔伊夫。此后,穆赫塔尔在库法的残部尊崇其子阿布·哈希姆作为新的伊玛目,是为什叶派分支哈希姆派。阿里家族的其他成员,如哈桑之子栽德和侯赛因之子阿里,拒绝承认阿布·哈希姆作为阿里家族的首领和什叶派的伊玛目,阿里家族的追随者趋于分裂。阿布·哈希姆死于717年,因无子嗣,遂于弥留之际将阿里家族获取"信仰真谛"的凭证即所谓的"黄色手卷"以及哈希姆派成员的名单交给阿拔斯家族的穆罕默德·阿里,从而使后者继承了伊玛目的称号和哈希姆派首领的权力,尤其是继承了对于哈里发权位的要求。阿拔斯家族因此得以控制和利用哈希姆派作为自己的政治工具,沿袭"归权先知家族"的政治原则,旨在反对倭马亚王朝的阿拔斯派运动始露端倪。

717—747年三十年间,阿拔斯派运动的基本内容是达瓦。所谓达瓦,在阿拉伯语中意为布道或传布真理。阿拔斯派通过达瓦的形式,指责倭马亚王朝的哈里发抛弃先知穆罕默德的教诲和背离伊斯兰教的准则,抨击倭马亚王朝的统治是伊斯兰世界罪恶的渊薮和内战的根源。阿拔斯派声称,倭马亚王朝只是世俗统治而非神权政体,伊斯兰教已经遭到倭马亚人的歪曲,亟待恢复先知穆罕默德时代的信仰,重建伊斯兰教的神权政体,实现穆斯林人人平等的社会原则,尤其需要重新确立先知穆罕默德的家族在伊斯兰世界中的核心地位和神圣权力。倭马亚时代,先知穆罕默德的家族主要包括阿里后裔和阿拔斯后裔两支。倭马亚人虽然属于古莱西部落,却非出自先知穆罕默德所在的哈希姆氏族。因此,阿拔斯派的达瓦尽管表现为宗教范畴的神学宣传,但是无疑包含着深刻的现实内容。"归权先知家族"的原则,不仅意味着否定倭马亚人出任哈里发的合法地位,而且为阿拔斯派与什叶派联合反对倭马亚王朝提供了必要的政治基础。正是由于倡导"归权先知家族"的原则,阿拔斯派得以植根于什叶派的肥沃土壤而逐渐壮大,而阿拔斯家族首领穆罕默德·阿里作为伊玛目获得哈希姆派的有力支持。

穆罕默德·阿里时期,阿拔斯派运动带有浓厚的神秘色彩,穆罕默德·阿里作为伊玛目仅与哈希姆派的个别首领进行秘密接触,其真实身份鲜为人知。哈希姆派作为阿拔斯家族的政治工具,其成员主要分布在伊拉克的库法,大都属于阿拉伯人穆斯里亚部落和哈姆丹部落。穆罕默德·阿里曾经说:"他们是我的挚友、我的忠实仆人、我的所在和我的归宿。他们是我的亲人和朋友。我的勇士将产生于他们之中。"

库法作为阿拔斯派运动兴起之初的重心所在,在穆斯林的政治生活中占有举足轻重的地位。早在麦地那哈里发时代末期,库法的阿拉伯人便开始追随阿里,敌视倭马亚人的哈里发奥斯曼。倭马亚时代,阿里家族在库法拥有为数众多的追随者,什叶派在库法构成反对倭马亚王朝的主要政治力量,其影响充斥于库法的阿拉伯人和麦瓦利(即非阿拉伯血统的穆斯林)中间。然而,阿里家族的追随者并没有形成统一的政治组织,他们分别支持法蒂玛系的哈桑后裔、侯赛因后裔和哈奈菲叶系的阿布·哈希姆及其继承人即阿拔斯家族的穆罕默德·阿里,其中侯赛因的嫡孙穆罕默德·巴基尔和栽德·阿里的追随者尤占多数。① 相比之下,哈奈菲叶系的阿布·哈希姆虽是阿里的嫡孙,但系庶出,并非先知穆罕默德以及法蒂玛父女二人的直系后裔,其追随者在什叶派中影响甚微。至于阿拔斯家族的穆罕默德·阿里,虽然其祖辈与先知穆罕默德同出一宗,却不属于阿里的后裔,亦非阿里家族的追随者。尽管什叶派与阿拔斯派皆有"归权先知家族"的政治要求,然而穆罕默德·巴基尔和栽德·阿里的追随者极力强调唯有阿里家族中法蒂玛系的成员才是先知穆罕默德的直系后裔,具备出任哈里发的合法资格。他们不仅反对倭马亚王朝,而且排斥包括哈希姆派和阿拔斯派在内的其他政治势力之继承哈里发权位的要求,歧视非阿拉伯血统的穆斯林。穆罕默德·阿里曾经告诫哈希姆派成员:"当心库法人……不要指望他们的帮助""不要从库法人中吸收过多的支持者"。由此可见,阿拔斯人及哈希姆派与阿里派法蒂玛系的追随者之间存在着明显的政治分歧。

什叶派的分裂,尤其是阿里派法蒂玛系的追随者对于阿拔斯人及哈希姆派的排斥,使得阿拔斯派运动在库法的发展受到了极大的限制。库法的哈希姆派作为阿拔斯人的政治工具,其成员尚不足30人。阿拔斯人在库法无力左右什叶派法蒂玛系的追随者,更无法聚合反对倭马亚王朝的诸多势力,遂着眼于开辟新的活动空间,而呼罗珊为阿拔斯派运动的进一步发展提供了不可多得的适宜环境。

二、倭马亚时代的呼罗珊

呼罗珊本意为"东方的土地",指伊朗高原东部直至阿姆河左岸的广大地区。麦地那哈里发时代后期,阿拉伯人自库法和巴士拉挥师东进,征服呼罗珊。倭马亚时代,大批阿拉伯人离开伊拉克,移至呼罗珊,使呼罗珊成为继阿拉伯半岛和新月地带之后阿拉伯人的又一家园。

倭马亚时代的阿拉伯社会在一定程度上沿袭伊斯兰教诞生前蒙昧时代的血缘联系,移入呼罗珊的阿拉伯人尤其较多地保留部落族群的传统形式。作为征服者首先进入呼罗珊的阿拉伯人大都属于塔米姆部落,继塔米姆部落

---

① 穆罕默德·巴基尔后来成为什叶派的主体十二伊玛目派以及伊斯马仪派公认的第五代伊玛目,栽德·阿里的追随者逐渐演变为什叶派的重要分支栽德派。

之后,来自阿兹德部落、阿卜杜勒·凯斯部落和巴克尔部落的阿拉伯人亦不断移入呼罗珊。倭马亚时代中期,大批阿拉伯部落民再度自伊拉克移入呼罗珊。至倭马亚王朝末期,移入呼罗珊的阿拉伯部落民及其眷属的总数约为20万人。移入呼罗珊的阿拉伯部落民,并未像移入伊拉克的阿拉伯人集中于库法和巴士拉,而是分散在木鹿绿洲以及内沙浦尔、赫拉特、塔尔干、突斯、木鹿-卢泽诸多地区,或从军征战,或务农经商,其社会地位不尽相同。阿拉伯人与波斯人的杂居状态,加速了征服者与被征服者之间的同化和融合的过程。出生在呼罗珊的阿拉伯人不再使用父辈的语言,而是操接近波斯语的呼罗珊方言。他们中的许多人身着波斯的民族服饰,庆祝波斯人的传统节日纳乌鲁兹节和米赫尔干节,与土著民众狂欢作乐。征服者与被征服者之间的通婚现象亦十分普遍。久居呼罗珊的阿拉伯贝都因人后裔,在外表上与土著的波斯人已经没有明显的差异。他们都长着白皙的脸皮,留着黄色的胡须,身着费尔干纳的地方服饰。与此同时,移入呼罗珊的阿拉伯人逐渐分化为战士和定居者两大阶层。

阿拉伯人之征服呼罗珊,不同于在其他地区的征服。呼罗珊的土著贵族在阿拉伯人征服前大都各自为政,与萨珊王朝联系甚少,而波斯帝国的灭亡并没有直接导致土著贵族在呼罗珊统治权力的结束。阿拉伯征服者在呼罗珊各地往往只是与土著贵族订立条约和征收贡税,同时保留后者原有的诸多特权。阿拉伯人在放弃征战而务农经商后,竟遭到呼罗珊土著贵族的盘剥勒索,甚至沦为后者的隶属民。文献资料亦屡屡提及阿拉伯定居者由于呼罗珊总督与土著贵族联手统治而怨声载道。因此,在倭马亚时代的呼罗珊,社会对立与种族差异的界限并非相互吻合,而是错综交织:土著贵族往往支持倭马亚王朝的统治,阿拉伯定居者的社会地位则与土著平民益趋接近。696年,土著贵族萨比特·库特巴和胡勒斯·库特巴曾经随同呼罗珊总督倭马亚·阿卜杜拉攻击反叛的塔米姆部落首领布凯尔·瓦沙赫,布凯尔·瓦沙赫则以免除土地税作为条件争取土著农民的支持。712年,呼罗珊总督古太白·穆斯林招募大批土著居民围攻撒马尔罕,而当撒马尔罕王公指责古太白·穆斯林唆使土著者自相残杀时,古太白·穆斯林亦指责撒马尔罕王公煽动阿拉伯人反叛倭马亚王朝。

阿拉伯人涌向呼罗珊,可谓伊拉克地区政治对抗的直接结果。倭马亚王朝的移民举措,一定程度上稳定了伊拉克的秩序。然而,大批骚乱者的东迁,使呼罗珊成为威胁倭马亚王朝统治的隐患所在。移入呼罗珊的阿拉伯人主要来自巴士拉,自库法东移的阿拉伯人数量较少。呼罗珊的阿拉伯人无疑对倭马亚王朝的统治普遍存在着不满情绪,但是他们大都并非阿里家族的追随者,什叶派的政治影响相对有限。相传,穆罕默德·阿里曾说:"库法人是阿里及其后裔的追随者,巴士拉人怀念着死去的奥斯曼。贾吉拉是哈瓦立及派的势力范围,他们是堕落的阿拉伯人,与基督徒没有区别。叙利亚人只服从穆阿威叶和倭马亚家族,是所有穆斯林的仇敌,而麦加人和麦地那人仅仅推崇阿布·伯克尔和欧麦尔。我们要去争取呼罗珊人的支持,那里有着强悍而无偏见的战士。我的希望寄托在太阳升起的地方。""他们没有阿拉伯贵族的私欲,也没有介入宗派之间的权力角逐……他们正遭受着统治者的盘剥和欺辱,企盼着拯救者的来临。"因此,当阿拔斯人在库法举步维艰的时候,穆罕默德·阿里慧眼独识,选择呼罗珊,达瓦的重心开始移向遥远的东方。达瓦的东移,不仅意味着阿拔斯人活动空间的改变,而且体现阿拔斯派与什叶派日渐分离的发展趋向,使得植根于什叶派土壤的阿拔斯派开始自成体系而独树一帜。

三、阿布·穆斯林与呼罗珊起义

739年,阿里的曾孙栽德·阿里离开麦地那,来到库法。库法的什叶派拥戴栽德·阿里作为伊马目,追随栽德·阿里发动起义。他们的纲领是遵循先知穆罕默德和阿里的遗训,分配伊拉克的国有土地,公平处置战利品,保护弱者,停止强行迁移阿拉伯人。740年起义爆发后,库法的什叶派再次背弃自己的诺言,致使栽德·阿里遇害身亡。栽德·阿里之子叶赫亚逃往呼罗珊,743年亦被倭马亚王朝残酷处死。栽德·阿里起义的失败,尤其是叶赫亚的遇难,在呼罗珊引起强烈的反应。所有的呼罗珊人为叶赫亚的被害哀悼七日……在那一年出生的男孩大都取名为叶赫亚或者栽德。呼罗珊人身着黑色服装表示对于叶赫亚的哀悼之情。黑色遂成为呼罗珊人的标志。什叶派起义的失败,促使反对倭马亚王朝的呼罗珊人将复仇的希望寄托于阿拔斯派,加之倭马亚王朝此时已是穷途末路,日薄西山,阿拔斯派运动自神学宣传转化为政治革命的社会条件日渐成熟。栽德派起义失败和叶赫亚被害以后,阿拔斯人俨然成为先知家族的唯一代表。743年,阿拔斯家族的穆罕默德·阿里病逝,其子易卜拉欣继任伊玛目的职位,委派阿布·穆斯林前往呼罗珊策划起义。随着阿布·穆斯林在呼罗珊的出现,阿拔斯派运动开始进入武装起义的发展阶段。

阿布·穆斯林(718—755)原名阿布·伊斯哈格·易卜拉欣,其早年身世较为模糊,他本人对此亦讳莫如深。阿布·穆斯林曾经声称:"我是穆斯林中的一员,我不属于任何一个部落……我只信仰伊斯兰教,我只追随先知穆罕默德。"阿拔斯派的许多追随者将阿布·穆斯林视作阿拔斯家族的成员,南方阿拉伯人声称阿布·穆斯林来自希米叶尔部落,呼罗珊的土著居民认为阿布·穆斯林是古代波斯贵族的后裔。阿布·穆斯林死后,哈里发曼苏尔的宫廷诗人将阿布·穆斯林描述为库尔德人。现代研究者大都确认,阿布·穆斯林系波斯血统的麦瓦利,然而阿布·穆斯林祖籍何处尚无定论。

据相关资料记载,阿布·穆斯林早年服侍阿拉伯人伊吉勒部落的地产主伊萨·麦奇勒;后者曾经因为负债而被囚禁于库法,阿布·穆斯林亦随主人同住库法。在此期间,阿布·穆斯林得以接触哈希姆派首领布凯尔·麦罕,深受达瓦的影响。744年起,阿布·穆斯林成为呼罗珊的阿拔斯派首领,筹划起义。747年,阿布·穆斯林揭竿而起,在呼罗珊竖起黑色的旗帜,将"归权先知家族"和实现穆斯林的平等原则作为起义的宗旨。移居呼罗珊的阿拉伯人与皈依伊斯兰教的波斯籍土著农民并肩作战,占领木鹿,继而控制呼罗珊全境。748年秋,阿布·穆斯林自呼罗珊挥师西征,攻占厄尔布尔士山南麓重镇莱伊。749年春,呼罗珊的起义者攻占伊斯法罕和尼哈温。同年8月,来自呼罗珊的起义者进入伊拉克,占领库法。750年初,倭马亚王朝的军队在底格里斯河上游支流扎布河畔覆没,倭马亚王朝末代哈里发麦尔旺二世(744—750年在位)西逃,叙利亚各地纷纷归顺阿拔斯人。同年8月,麦尔旺二世在埃及的布希尔遭阿拔斯派追杀而死,倭马亚王朝灭亡。

第三节　阿拔斯王朝前期政治重心的东移与政治舞台的波斯元素

一、阿拔斯王朝前期政治重心的东移

倭马亚时代,哈里发国家的政治重心位于叙利亚,地处东方的伊朗被视作伊斯兰世界的边缘地带,隶属于库法总督和巴士拉总督,继而处于伊拉克总督的节制之下,伊朗土著乡绅迪赫坎只是作为巴士拉总督、库法总督和伊拉克总督的代理人和税吏。此间,随着阿拉伯人的移入,伊斯兰教在伊朗诸地得到广泛的传播,波斯人皈依伊斯兰教者亦日渐增多。

阿拔斯派运动肇始于伊斯兰世界的东部,阿拔斯家族在伊拉克拥有众多

的追随者,而呼罗珊的起义直接导致了倭马亚王朝的覆灭。因此,阿拔斯王朝(750—1258)建立以后,伊斯兰世界的政治重心逐渐东移,伊朗在哈里发国家中的地位明显提升,呼罗珊不再被视作伊斯兰世界的边陲之地,伊拉克则取代叙利亚成为哈里发国家举足轻重的核心区域。相比之下,叙利亚和埃及的政治地位明显下降。随着政治重心的东移,阿拔斯哈里发国家"从地中海的帝国转变为亚洲的帝国"。穆斯林社会与地中海世界的联系相对削弱,东方古老的传统对阿拔斯王朝的统治产生广泛的影响,"世界帝国的盛世概念被引入伊斯兰世界"。古代波斯帝国的诸多元素,特别是中央集权的官僚体制和兼容并蓄的宗教政策,融入阿拉伯人创立的哈里发国家,体现出中东历史进程和文明传统的延续性。

阿拔斯王朝前期,哈里发国家在一定程度上沿袭波斯帝国的政治传统,摒弃阿拉伯部族酋长的身份传统,淡化阿拉伯人传统的血缘政治,延续萨珊王朝的宫廷礼仪和官僚体系,哈里发凌驾于臣民之上,行使至高无上的统治权力,加之广泛采用萨珊王朝的典章礼仪,政治生活带有浓厚的波斯色彩。伊朗贵族曾经在巴格达的哈里发国家扮演极其重要的角色,赋予阿拔斯王朝以浓厚的波斯色彩。阿拔斯王朝建立后,大量来自呼罗珊和中亚的波斯贵族学者效力于哈里发的宫廷,出任各级官吏,参与国家管理,直至引发阿拉伯人的不满。舒欧比叶运动援引《古兰经》中安拉规定之不同民族必须相互尊重的启示,体现出波斯人捍卫自身文化传统和弘扬古代文明的努力。著名的穆斯林学者宰丹甚至将从阿拔斯王朝建立到穆台瓦基勒(847—861年在位)即位期间称作波斯人的时代,强调波斯传统政治制度的主导地位。然而,阿拔斯王朝绝非波斯帝国的复制,其合法性源于伊斯兰教,哈里发具有不同于萨珊君主的特定内涵,兼有教俗的最高权力,集权程度远远超过此前的波斯帝国诸王朝。

阿拔斯王朝首位哈里发阿布·阿拔斯(750—754年在位)当政期间,哈里发国家的政治格局表现为东西分治的倾向。阿布·穆斯林作为阿拔斯王朝的开国元勋,出任呼罗珊总督,驻扎木鹿,统辖扎格罗斯山以东的广大地区,位高权重,号令一方,并且染指宫廷事务,干涉朝政,甚至以自己的名义发行钱币。曼苏尔即位以前曾经在木鹿目睹阿布·穆斯林的势力,并且告诫阿布·阿拔斯:"如果你听任阿布·穆斯林为所欲为,你将失去哈里发的权位,臣民也将不再遵从你的命令。"751年,阿布·穆斯林遣部将齐亚德进兵阿姆河右岸,在怛罗斯击败唐朝安西节度使高仙芝部,俘唐军2万人。753年,阿布·穆斯林亲自护送朝觐队伍赶赴麦加,其政治势力达到顶峰。

754年6月阿布·阿拔斯死后,哈里发曼苏尔(754—775年在位)面临严峻的政治形势。阿拔斯王朝的叙利亚总督阿卜杜拉·阿里觊觎哈里发的权位,自大马士革举兵反叛。曼苏尔初任哈里发,立足未稳,尚难以抗衡阿卜杜拉·阿里,于是求助于阿布·穆斯林。754年11月,阿布·穆斯林统率的呼罗珊军队在底格里斯河上游的纳绥宾击败阿卜杜拉·阿里统率的叙利亚军队。阿卜杜拉·阿里兵败以后,曼苏尔与阿布·穆斯林的关系急剧恶化。曼苏尔试图将阿布·穆斯林调往叙利亚或埃及出任总督,以便削弱这位开国元勋的权势。阿布·穆斯林拒绝接受哈里发的委派,班师撤往呼罗珊。然而,阿布·穆斯林在行至扎格罗斯山西侧的胡勒万时,获悉木鹿的守将阿布·达乌德·哈立德倒戈投靠曼苏尔,只得应召面谒哈里发,随即被处死于泰西封。此后,哈里发一统天下,号令四方,阿拔斯王朝的基业得到巩固。

巴格达团城1

巴格达团城2

阿拔斯王朝前期政治重心东移的标志,是哈里发国家都城的东迁。阿布·阿拔斯和曼苏尔当政期间,哈里发曾经在伊拉克中部相继选择库法、哈希米叶、安巴尔和泰西封作为宫廷驻地。758—762年,曼苏尔斥资400万迪尔罕(银币名称),在巴格达营建新都。巴格达原是波斯帝国的一个古老村落,位于底格里斯河西岸,地处塞瓦德的北端,南距萨珊王朝旧都泰西封约20公里。这里扼守自伊拉克向东通往呼罗珊的道路,沿底格里斯河向南可至巴士拉和波斯湾沿岸诸地以及遥远的信德,向北可至摩苏尔和拉卡以及拜占庭边境。巴士拉一带盛产椰枣,摩苏尔周围盛产谷物,可以为巴格达提供充足的食物来源。不仅如此,伊拉克中部具有悠久的建都传统。在某种意义上讲,阿拔斯王朝继承了古代西亚的政治遗产,巴格达则是汉谟拉比和尼布甲尼撒二世时代的巴比伦以及萨珊王朝时代的泰西封在伊斯兰时代的延续。762年,新都建成。

巴格达本意为天赐。曼苏尔将巴格达称作和平城,时人则称之为曼苏尔城。新都因呈圆形,故而又称团城。巴格达分为皇城、内城、外城三层,各设城墙,构成三个同心圆。同心圆的中心是哈里发的宫殿,因宫门镀金而取名金门宫,又因其绿色圆顶高达49米而称绿圆顶宫。皇城、内城和外城各有四座城门,按其通往的方向分别称作呼罗珊门、沙姆门(叙利亚古称沙姆)、库法门和巴士拉门。四条大街从哈里发的宫殿伸向城门,形似车轮辐条。城内大街两旁曾是商贾云集的闹市区。后来,曼苏尔出于安全的考虑,将城内的市场迁至城南的卡尔赫,驻扎呼罗珊战士的哈尔比耶军营位于团城的北侧。768年,曼苏尔之子穆罕默德(即后来的哈里发马赫迪)从莱伊返回巴格达。哈里发于是在底格里斯河东岸建造鲁萨法宫,作为王储的宫殿。鲁萨法宫又称东城,与团城隔河相望,并有浮桥相连,形成互为掎角之势。773年,曼苏尔在团城附近另建永恒宫,其中的花园常被时人比作《古兰经》中所描述的天园。倭马亚时代的建筑风格,大都延续拜占庭帝国的艺术传统。相比之下,新都巴格达呈圆城格局,体现出波斯帝国的鲜明建筑风格。阿拔斯王朝定都毗邻泰西封的新城巴格达,不仅标志着伊斯兰世界政治重心的东移,亦折射出从波斯帝国到哈里发国家之间的历史传承。

二、阿拔斯王朝前期政治舞台的波斯元素

阿布·穆斯林死后,阿拔斯王朝巩固了在扎格罗斯山以东地区的统治。但是,伊朗高原的土著势力与阿拔斯王朝之间依然存在着尖锐的矛盾。阿布·穆斯林被波斯人视为英雄和反抗的化身,波斯贵族苏恩巴泽聚集阿布·穆斯林的旧部,宣称阿布·穆斯林即将作为马赫迪复临人间,在内沙浦尔发动叛乱,继而攻占莱伊和库姆,驱逐阿拉伯人,试图恢复古代波斯的传统信仰。曼苏尔派遣伊吉勒部落首领贾赫瓦尔·马拉尔率领移居伊朗西部的阿拉伯战士1万人进攻苏恩巴泽,平定反叛。与此同时,胡拉米教派兴起于呼罗珊的东部,承袭古代波斯的马兹达克教和摩尼教以及佛教的诸多思想,强调善恶并存于世界的二元倾向,反对现存的社会制度,主张消除贫富不均的现象,建立公有与平等的新秩序。胡拉米教派否认阿布·穆斯林的死亡,预言阿布·穆斯林将重返人间,铲除邪恶,伸张正义,拯救苦难的生灵。波斯人

哈希姆·哈金曾于747年追随阿布·穆斯林参加呼罗珊的起义。阿布·穆斯林死后,哈希姆·哈金被哈里发囚禁于巴格达长达15年之久。后来,哈希姆·哈金越狱逃离巴格达,来到阿姆河右岸的粟特一带,宣传胡拉米教派的思想,自称是神的化身和继穆罕默德、阿里、阿布·穆斯林之后传播启示的使者,并常用绿纱罩住面部,被时人称作穆盖奈耳,意为蒙面人。776年,哈希姆·哈金在布哈拉以南的碣石附近发动叛乱。反叛者身着白衣,举白旗为帜,以示对抗崇尚黑色的阿拔斯王朝。他们采取游击战术,屡败阿拔斯军队,先后围攻布哈拉和撒马尔罕,一度控制阿姆河右岸。778年,呼罗珊总督穆阿兹·穆斯林调集重兵,围剿哈希姆·哈金。780年,阿拔斯军队攻陷反叛者的最后据点赛纳姆堡,哈希姆·哈金自焚而死。

哈伦(786—809年在位)是阿拔斯时代最著名的统治者。哈伦当政期间,哈里发国家进入鼎盛阶段。《天方夜谭》曾经生动地渲染哈伦的文治武功和奇闻异事,使这位盛世之君闻名遐迩,蜚声伊斯兰世界。哈伦当政期间,波斯血统的巴尔麦克家族权倾一时,成为穆斯林瞩目的焦点。巴尔麦克家族的沉浮,则是此间哈里发国家政治生活的重要内容。巴尔麦克本意为佛教高僧;哈立德·巴尔麦克祖居呼罗珊,其父任职于巴勒黑城的诺巴哈尔佛寺,在呼罗珊一带颇具声望。10世纪初的阿拉伯地理学家伊本·法基赫曾经在《地志》一书中将呼罗珊的巴尔麦克人比作阿拉伯半岛的古莱西人。倭马亚时代末期,哈立德·巴尔麦克放弃佛教,改奉伊斯兰教,并参加阿拔斯派在呼罗珊发动的起义,效力于阿布·穆斯林及其部将卡赫塔巴·沙比卜的麾下。阿拔斯王朝建立后,哈立德·巴尔麦克受命掌管税收事务,并且出任泰伯里斯坦、法尔斯和贾吉拉的总督,其子叶赫亚·哈立德出任阿塞拜疆总督。自马赫迪(775—785年在位)即位开始,叶赫亚·哈立德长期出任维齐尔,其弟穆罕默德·哈立德和其子法德勒·叶赫亚、贾法尔·叶赫亚等人亦任要职。哈伦当政的前期,巴尔麦克家族的政治势力达到顶峰,位高权重,门生故吏遍布各地。许多历史学家甚至将786—803年称作巴尔麦克人的时代。他们执掌着国家权

《天方夜谭》插图

力,支配着国家的岁入,影响无处不在。哈里发国家的要员大都出自他们的家族,或者是他们的同党。几乎所有的人都向他们俯首帖耳,他们的威望甚至超过他们的主人。巴尔麦克人利用职权,聚敛财富,过着帝王般的生活。他们在巴格达东区修筑

征战中的哈伦·拉希德

的宅邸,与底格里斯河西岸的哈里发宫廷交相辉映。他们还豢养文人墨客,为自己歌功颂德。巴尔麦克人由于挥金如土,在阿拉伯语中甚至成为慷慨者的同义词。贾法尔·叶赫亚是《天方夜谭》中的著名人物,"贾法尔的慷慨"尽人皆知。巴尔麦克人执政期间,波斯贵族的政治势力急剧膨胀,阿拉伯人相形见绌。呼罗珊处于巴尔麦克人的控制之下,俨然成为伊斯兰世界的国中之国。然而,巴尔麦克人的权势和财富,引起其他政治集团的不满,哈伦对此亦萌生妒意和忌恨之心,因为哈里发国家的天空不能允许有两轮太阳。据说,哈伦不愿其妹阿巴赛嫁人离去,曾命阿巴赛与贾法尔·叶赫亚结为名义上的夫妻,两人却偷食禁果,并将所生的男孩藏匿在麦加。803年,哈伦以通奸的罪名处死贾法尔·叶赫亚,将他的尸体剖成两半,连同首级在巴格达高悬示众。哈伦还查抄巴尔麦克人的家产,并将叶赫亚·哈立德和法德勒·叶赫亚父子下狱。此后,巴尔麦克人在哈里发国家的政治舞台销声匿迹。

  阿拔斯王朝前期,呼罗珊在伊斯兰世界占据十分重要的地位。倭马亚时代,呼罗珊只是哈里发国家的一个边远省区,隶属于驻扎瓦西兑的伊拉克总督。阿拔斯王朝建立后,呼罗珊成为独立的行省,隶属于巴格达的哈里发。总督的人选大都来自波斯血统的土著贵族,构成阿拔斯王朝前期呼罗珊区别于其他行省的明显特征。然而,呼罗珊的土著贵族与阿拔斯王朝之间始终存在着尖锐的矛盾,呼罗珊岁入的流向则是矛盾的焦点。巴格达的哈里发将呼罗珊视作其重要的财源所在,极力向呼罗珊征收巨额的税收,用来维持阿拔斯王朝的庞大开支,呼罗珊的土著贵族则强调其在伊斯兰世界的特殊地位,

要求将呼罗珊的岁入用于当地的建设和在东部边境的圣战。军队的调动构成呼罗珊土著贵族与阿拔斯王朝之间矛盾的另一焦点。哈里发曼苏尔曾经命令呼罗珊总督阿卜杜勒·贾巴尔出兵参加拜占庭边境的圣战,阿卜杜勒·贾巴尔则以东部边境的战事需要为由拒绝执行曼苏尔的命令。后来,曼苏尔准备进兵东部边境平息骚乱,阿卜杜勒·贾巴尔却声称呼罗珊财力不足,无法负担哈里发的军队在东部边境征战的费用。794年,巴尔麦克人法德勒·叶赫亚出任呼罗珊总督,赋予呼罗珊土著贵族以广泛的权力,并且大幅度削减呼罗珊上缴巴格达的税额。797年,阿里·伊萨取代法德勒·叶赫亚出任呼罗珊总督,改变巴尔麦克人的政策,排斥呼罗珊土著贵族,从而加剧了呼罗珊土著贵族与阿拔斯王朝之间的矛盾。806年,原倭马亚王朝在呼罗珊的末代总督纳绥尔·赛亚尔的后裔拉菲·莱斯在撒马尔罕发动叛乱,影响甚大。哈伦委派哈尔萨玛·埃亚恩取代阿里·伊萨出任呼罗珊总督,但仍无法平息叛乱。808年底,哈伦离开伊拉克,御驾东征。次年,哈伦在进兵撒马尔罕的途中病故,葬于突斯附近的萨纳巴兹。

阿布·阿拔斯和曼苏尔当政期间,哈里发奉行家族政治的原则,许多阿拔斯人被委以重任。马赫迪即位后,家族政治渐趋废止,官僚阶层膨胀。阿拔斯王朝沿用倭马亚时代的军事部、税收部、驿政部和档案部,并且增设王室地产部、审计部、警察部和平反院等机构,进而形成规模庞大的官僚体系。官僚的主要来源是称作库塔卜的文职书吏,他们大都出身于波斯血统的乡绅阶层,通晓多种学问。至于阿拉伯人,能征善战者极多,而舞文弄墨者却凤毛麟角。维齐尔的出现,是阿拔斯王朝前期政治生活的突出内容。哈里发的集权、官僚体系的膨胀和库塔卜的兴起,构成维齐尔制度的政治基础。许多研究者认为,阿拔斯时代的维齐尔相当于总揽政务的宰相,维齐尔的设置乃是波斯政治传统的延续。这种看法不尽正确。维齐尔并非波斯语特有的词汇,阿拉伯语中亦有"维齐尔"一词,其本意是辅弼,曾经两次出现于《古兰经》关于穆萨的章节之中。相传,麦地那时代的许多阿拉伯人称阿布·伯克尔为先知穆罕默德的维齐尔,称欧麦尔为阿布·伯克尔的维齐尔,称奥斯曼和阿里为欧麦尔的维齐尔。倭马亚时代,库法的起义者穆赫塔尔自称是伊玛目伊本·哈奈菲叶的维齐尔,诗人辛德·栽德和哈里萨·巴德尔则将伊拉克总督齐亚德·阿比希誉为哈里发穆阿威叶的维齐尔,而与阿拔斯人联系甚密的哈希姆派首领阿布·萨拉玛亦称为先知家族的维齐尔。阿拔斯王朝建立后,维齐尔开始成为哈里发国家的正式官职。然而,最初任职的维齐尔并非出自波斯血统,亦不具有总揽政务的广泛权力,其地位近似于宫廷仆人哈吉卜。曼苏尔当政期间,阿布·阿尤布和拉比尔·尤努斯先后出任维齐尔,负责哈里发的宫廷内务,掌管印玺、往来文书和王室地产。马赫迪当政期间,维齐尔的权力范围逐渐扩大。维齐尔阿布·欧拜杜拉曾经建议哈里发实行分成制,开始参与税收管理。哈伦当政初期,波斯血统的巴尔麦克家族成员贾法尔·叶赫亚出任维齐尔,辅佐哈里发统辖各部,总揽政务,甚至被哈里发赐予艾米尔的头衔,行使相应的军事职权。哈伦曾经对贾法尔·叶赫亚说:"我将全体臣民托付给你,赋税的征收、案件的审理和官吏的任免皆由你定夺,你可以不受任何约束地行使自己的权力。"巴尔麦克家族失势以后,维齐尔的权力范围明显缩小,叶赫亚的继任者法德勒·拉比尔无权过问税收和驿政事务。马蒙(813—833年在位)在木鹿当政期间,法德勒·萨赫勒出任维齐尔,继巴尔麦克家族的叶赫亚之后再度统辖军政要务,被哈里发称为"拥有两种权力的人"。然而,此后的历任维齐尔大都专掌税收事务。哈里发的集权政治制约着维齐尔的权力,这是阿拔斯王朝前期维齐尔制度的显著特征。

　　阿拔斯王朝前期哈里发国家的行政区划,大体遵循着地理的自然分布和传统的政治格局。阿布·阿拔斯当政期间,哈里发国家划分为12个行省,包括埃及和马格里布、叙利亚、也门、希贾兹、巴士拉、塞瓦德、摩苏尔、贾吉拉、法尔斯、胡齐斯坦、呼罗珊、信德。后来,行政区划逐渐缩小,改分为24个行省,包括马格里布及西西里、埃及、叙利亚、希贾兹、也门、巴士拉、塞瓦德、贾吉拉、阿塞拜疆、吉巴勒、胡齐斯坦、法尔斯、克尔曼、莫克兰、锡斯坦、亚美尼亚、朱尔占、泰伯里斯坦、库米斯、库希斯坦、呼罗珊、花剌子模、粟特、费尔干纳;其中,前5个行省统称西方省区,其余行省统称东方省区。行省之下的行政单位称作库拉,库拉之下的行政单位称作塔萨希格,塔萨希格之下的行政单位称作拉萨提格,拉萨提格之下的行政单位是自然村落。倭马亚时代,哈里发国家奉行阿拉伯人统治的原则,行省总督几乎皆为阿拉伯人,而且大都出自古莱西部落。阿拔斯王朝前期,行省总督的职位不再被阿拉伯人垄断,波斯人出任行省总督者比比皆是。阿拔斯时代,伊斯兰世界的东部与西部之间依然存在一定程度的区域差异。哈里发坐镇巴格达,往往委派得力的亲信出任东方省区和西方省区的最高长官,加强对行省的控制。巴尔麦克家族的法德勒·叶赫亚曾任东方省区的最高长官,贾法尔·叶赫亚曾任西方省区的最高长官。马赫迪即位之前曾任东方省区的最高长官,哈伦即位之前曾任西方省区的最高长官。哈伦当政期间,其子马蒙任东方省区的最高长官,艾敏任西方省区的最高长官。东方省区的最高长官驻扎木鹿,以呼罗珊为统治中心,兼领伊朗西部和中亚各地。西方省区的最高长官驻扎大马士革或弗斯塔特,以叙利亚和埃及为统治中心,着力于对拜占庭的圣战和监视马格里布的柏柏尔人。

三、艾敏与马蒙的内战

792年,哈伦指定长子艾敏作为哈里发的第一继承人。艾敏因其生母祖拜德系阿拔斯家族成员,具有较为纯粹的阿拉伯血统。哈伦当政的后期,北方重镇拉卡成为哈里发的主要驻地,艾敏代理其父留守巴格达。799年,哈伦指定次子马蒙为第二继承人。马蒙因其生母马拉吉勒系呼罗珊贵族乌斯塔兹希斯之女,兼有阿拉伯血统和波斯血统。802年,哈伦在麦加明确规定了艾敏与马蒙的各自权限:艾敏作为第一王储,将首先承袭父位,出任哈里发,并且直接治理伊拉克和西部各省;马蒙作为第二王储,具有承袭兄位出任哈里发的权利,并且统辖扎格罗斯山以东地区。另外,哈伦还指定三子嘎希姆作为第三王储,可继马蒙之后承袭哈里发的权位,同时赐封叙利亚北部作为嘎希姆的领地。然而,艾敏(809—813年在位)即位以后,并没有遵循哈伦的遗训。他不能容忍马蒙和嘎希姆与自己共治天下,首先剥夺嘎希姆在叙利亚北部的领地,继而向马蒙施加压力,要求马蒙割让大呼罗珊西部领地,将扎格罗斯山以东地区的岁入上缴巴格达,接受哈里发派驻木鹿的官员。马蒙拒绝艾敏的要求,并且自称伊玛目,与艾敏分庭抗礼。

810年,艾敏在巴格达宣布其子穆萨取代马蒙作为哈里发的继承人,解除马蒙在东部省区的统治权力。811年,艾敏起用阿里·伊萨重新出任呼罗珊总督,统兵4万自伊拉克进入伊朗高原,征讨马蒙。马蒙遣部将塔希尔·侯赛因率军5 000人迎战,在莱伊城外击败艾敏的军队,斩杀阿里·伊萨。莱伊之战的胜利使马蒙声威大震,伊斯兰世界形势骤变,埃及、希贾兹和贾吉拉等地纷纷倒向木鹿,巴格达的哈里发仅仅控制伊拉克和叙利亚。塔希尔·侯赛因挥师西进,占领伊朗西部重镇哈马丹和胡勒万,逼近伊拉克。艾敏倾尽最后的力量,再次派出4万人的大军前往胡勒万迎战。但是,这支军队滞留于伊拉克东部的哈尼金,抗命不前,随即自行瓦解。812年初,呼罗珊总督哈尔萨玛·埃亚恩率军3万人自木鹿进入伊拉克助战,马蒙的军队占领瓦西兑、库法和巴士拉,兵临巴格达城下。813年9月,塔希尔·侯赛因和哈尔萨玛·埃亚恩分别攻入巴格达的西区和东区，艾敏死于乱军之中。与此同时，马蒙在呼罗珊的木鹿被拥立为哈里发。

艾敏与马蒙之间的战争严重地破坏了哈里发国家的秩序，伊斯兰世界的政治形势处于极度混乱的状态，尤其是什叶派在伊拉克屡有骚乱，威胁阿拔斯王朝。马蒙即位后，最初都于木鹿，以呼罗珊作为哈里发国家的统治中心，企图借助于波斯贵族的势力恢复秩序。马蒙采纳维齐尔法德勒·萨赫勒的建议，实行与阿里家族成员联姻的策略，于817年将自己的女儿许配给阿里之子侯赛因的后裔阿里·穆萨·卡兹姆，即后来被什叶派尊为第八位伊玛目的阿里·里达，宣布阿里·穆萨·卡兹姆作为哈里发的继承人，将后者的名字铸在钱币上，甚至将阿拔斯王朝崇尚的黑旗改为什叶派崇尚的绿旗。马蒙的上述举措，旨在安抚什叶派和平息什叶派的骚乱，进而争取什叶派的支持。但是，此举遭到逊尼派穆斯林的激烈反对。马蒙的叔父易卜拉欣在伊拉克被反对派拥立为哈里发，战火复燃。迫于形势的压力，马蒙于818年离开木鹿，启程前往伊拉克。途中，法德勒·萨赫勒和阿里·穆萨·卡兹姆相继被哈里发秘密处死于萨拉赫斯和突斯。此后，突斯改称马什哈德（阿拉伯语中意为殉教者的葬身处），成为与纳杰夫和卡尔巴拉齐名的什叶派三大宗教圣地之一。819年，马蒙击败易卜拉欣，入主巴格达，放弃什叶派的绿色标志，恢复阿拔斯王朝的国色。艾敏与马蒙之间的内战，反映出伊朗在哈里发国家之举足轻重的政治影响力。

第四节　阿拔斯哈里发治下的伊朗土著王朝

一、塔希尔王朝

阿拔斯时代，伊斯兰世界疆域辽阔，哈里发国家的政治生活受自然环境影响极大。尽管驿政体系不断完善，然而距离的遥远所造成的障碍仍难以得到有效的克服。据地理学家伊本·胡尔达兹比赫（？—912）记载，在阿拔斯时代，自巴格达向东经莱伊和内沙浦尔至呼罗珊的首府木鹿有66个驿站，驿站间隔的距离通常是4—6法尔萨赫（1法尔萨赫相当于6公里），以普通的速度行走约需1天的时间。哈里发在巴格达颁布的命令，即使驿差昼夜兼程，亦需15天后才能传送到呼罗珊总督的驻地。813年，马蒙在木鹿宣布指定阿里·里达作为哈里发的继承人，这个消息直至3个月后才传到巴格达。由于距离的遥远,巴格达的统治者对许多地区常感鞭长莫及。自然区域的明显差异,更使统一的哈里发国家难以长久地维持下去。在东方的呼罗珊,自然区域的差异及其影响极为明显;绿洲城市内沙浦尔、木鹿、赫拉特、巴勒黑是阿拔斯王朝统治呼罗珊的中心所在,起伏的群山则构成土著社会势力和传统政治生活得以延续的天然屏障。

艾敏与马蒙之间的内战结束后,巴格达宫廷乱象频生,中央集权日渐弱化,土著离心倾向随之强化,而自行征税和以自己的名义发行钱币可谓割据自立的标志。此间,塔希尔人在呼罗珊势力坐大,历经四代传承,首开哈里发国家东方之政治分裂的先河。塔希尔家族的崛起,预示着伊朗地方王朝政治的端倪。

塔希尔人具有波斯血统,相传是萨珊王朝著名将领鲁斯塔姆的后裔。阿拉伯人征服之初,塔希尔家族成为阿拉伯人锡斯坦总督的麦瓦利。倭马亚时代末期,塔希尔家族的先祖鲁扎克来到呼罗珊,定居在赫拉特附近的布尚。鲁扎克之子穆萨布曾经追随阿布·穆斯林,参加阿拔斯派在呼罗珊发动的起义,进而涉足政治舞台,阿拔斯王朝建立后出任赫拉特长官。艾敏与马蒙内战期间,塔希尔·侯赛因追随马蒙,屡立战功,深受哈里发的青睐和信任,受封为祖勒·叶米奈因(阿拉伯语中意为两手俱利者),统辖伊拉克东部。

821年,塔希尔·侯赛因(821—822年在位)被马蒙任命为呼罗珊总督,驻扎木鹿,统辖扎格罗斯山以东诸地,塔希尔王朝(821—873)由此始露端倪。在哈里发国家的时代,祝福哈里发和以哈里发的名义发行钱币,被视作效忠哈里发的标志。塔希尔·侯赛因下令在星期五聚礼的呼图白中取消祝福巴格达哈里发的内容,并在所铸的钱币中删除哈里发的尊号,无异于挑战巴格达哈里发的权威地位。自阿拉伯人征服后第一个尊奉逊尼派信仰的伊朗地方王朝,由此浮出水面。

尽管如此,塔希尔人作为阿拔斯王朝的藩属,与巴格达哈里发仍保持良好的合作关系,缴纳贡赋。塔希尔·侯赛因死于822年,死因不详。此后,其子泰勒哈·塔希尔(822—828年在位)和阿卜杜拉·塔希尔(828—844年在位)相继承袭父职,并深得马蒙的宠信。828年,泰勒哈·塔希尔在锡斯坦击败反叛阿拔斯哈里发的哈瓦利吉派。同年,泰勒哈·塔希尔死去,其胞弟阿卜杜拉·塔希尔承袭塔希尔家族在呼罗珊的权位。此前,阿卜杜拉·塔希尔曾任阿拔斯王朝的叙利亚总督。830年,阿卜杜拉·塔希尔将塔希尔王朝的驻扎地自木鹿移至内沙浦尔。844年阿卜杜拉·塔希尔死后,其子塔希尔·阿卜杜拉继续接受阿拔斯哈里发的册封,称为塔希尔二世(844—862年在位)。塔希尔二世掌管呼罗珊和锡斯坦,长达18年之久。862年塔希尔二世死后,其子穆罕默德·阿布·塔希尔(862—873年在位)承袭父职,直至873年,是塔希尔王朝的末代统治者。

阿拔斯王朝移都萨马拉期间,塔希尔人受命兼领巴格达治安长官,被哈里发视为制约外籍将领的重要势力。849年,在穆台瓦基勒的授意下,塔希尔人在巴格达处死了颇具权势的外籍将领伊塔赫。

二、萨法尔王朝

继塔希尔家族之后,萨法尔王朝于9世纪后期在伊朗高原东南部的锡斯坦异军突起,波斯人称雄一时,哈里发国家东部的政治分裂明显加剧。

锡斯坦地处伊斯兰世界的东南边陲,仅有扎兰季和布斯特两座城市(均位于今阿富汗境内),自倭马亚时代起便是反叛者避难的场所,哈瓦立及派的势力尤为强大,盗匪盛行,局势动荡,哈里发派驻的地方官员屡遭驱逐。哈里发哈伦在位期间,哈瓦利吉派首领阿米尔·哈姆扎占据锡斯坦,声望日增。

萨法尔王朝(867—900)的创立者叶尔孤卜·莱伊斯系波斯血统,出身工匠世家,曾是盗匪首领。852年,叶尔孤卜·莱伊斯携三个兄弟参与征讨哈瓦立及派,从此发迹。叶尔孤卜·莱伊斯智慧过人,意志顽强,号令严明,治军有方,在锡斯坦广受民众拥戴。861年,叶尔孤卜·莱伊斯由于在平息哈瓦立及派的战事中功勋卓著,升任布斯特驻军将领。867年,叶尔孤卜·莱伊斯占据锡斯坦全境,自立为艾米尔(867—

伊朗境内的叶尔孤卜·莱伊斯雕像1

伊朗境内的叶尔孤卜·莱伊斯雕像 2

878年在位），建立萨法尔王朝，都于扎兰季。

萨法尔家族尽管出身卑微，却自称萨珊王室后裔。萨法尔王朝建立后，开疆拓土，占领麦克兰、俾路支和信德诸地。在北方，萨法尔王朝的军队攻占赫拉特，深入粟特一带。869年，叶尔孤卜·莱伊斯率军西征，攻占克尔曼和法尔斯。870年，叶尔孤卜·莱伊斯率军攻占喀布尔，继而夺取巴勒黑。873年，叶尔孤卜·莱伊斯率军攻占内沙浦尔，俘塔希尔王朝末代艾米尔穆罕默德·阿布·塔希尔，结束塔希尔人在呼罗珊长达50余年的统治，进而兵抵里海南岸。875年，叶尔孤卜·莱伊斯再度发动西征，矛头直指阿拔斯王朝。876年，萨法尔王朝的军队经法尔斯和胡齐斯坦两省，攻入伊拉克，兵抵巴格达附近的达尔·阿古勒时受阻，随即被阿拔斯王朝的摄政者穆瓦法克击败。

879年，叶尔孤卜·莱伊斯在胡齐斯坦的军迪沙普尔病亡。相传，叶尔孤卜·莱伊斯弥留之际，阿拔斯哈里发穆尔台米德曾经遣使探望，并赠予礼品，作为示好之举。叶尔孤卜·莱伊斯则向哈里发派遣的使者表示，天下只属于勇敢者，绝不祈求他人的恩赐，誓言推翻阿拔斯王朝的统治，直至自己生命的尽头。叶尔孤卜·莱伊斯死后，其弟阿慕尔·莱伊斯（878—900年在位）承袭兄职，据有伊朗高原南部。阿慕尔·莱伊斯尊奉逊尼派伊斯兰教，向巴格达缴纳岁贡，接受阿拔斯王朝的赐封，但却在星期五聚礼的呼图白中取消祝福哈里发的内容，甚至自称"信士的长官"。900年，阿慕尔·莱伊斯在巴勒黑附近与萨曼王朝交战，兵败被俘，902年被哈里发处死于巴格达，萨法尔王朝灭亡。此后，萨法尔家族继续盘踞锡斯坦长达百年，直至1002年。萨法尔家族在锡斯坦的影响则延续到萨法维时代。

三、萨曼王朝

继萨法尔王朝之后兴起于伊斯兰世界东部的政治势力,是波斯贵族建立的萨曼王朝。与盗匪出身的萨法尔人不同,萨曼人系波斯王公的后裔。萨曼家族的先祖萨曼·胡达特原是巴勒黑的琐罗亚斯德教贵族,倭马亚王朝哈里发希沙姆当政期间改奉伊斯兰教。阿拔斯王朝初期,阿萨德·萨曼效力于巴格达哈里发。其子艾哈迈德兄弟四人曾经协助阿拔斯王朝平息拉菲·莱斯的反叛,于819年分别被马蒙赐封为撒马尔罕、费尔干纳、赫拉特和沙什的驻军将领,隶属塔希尔人节制。

塔希尔王朝灭亡后,哈里发穆尔台米德于874年将粟特一带赐予艾哈迈德之子纳绥尔(874—892年在位),以撒马尔罕作为驻扎地,是萨曼王朝(874—999)的开端。萨曼王朝历时125年,历经10代传承。

892年,纳绥尔之弟伊斯马仪(892—907年在位)僭夺兄位,自称艾米尔,都于布哈拉,继而击败萨法尔王朝,占据呼罗珊。此后,伊斯马仪致力于对中亚异教徒的圣战,多次挥师东征,屡败突厥汗国,征服费尔干纳诸地,兵锋远至怛逻斯,迫使突厥喀喇汗王朝迁都喀什噶尔。907年伊斯马仪死后,其子阿布·纳绥尔(907—913年在位)即位。纳绥尔二世(913—943年在位)当政期间,萨曼王朝的势力达到顶峰,在阿拔斯哈里发国家的东方,北起咸海、南至波斯湾、西起里海南岸、东至怛罗斯的广大地区,皆被纳入萨曼王朝的版图。萨曼王朝尊奉正统伊斯兰教,承认阿拔斯哈里发的宗主地位,向巴格达缴纳岁贡。在阿拔斯王朝各位哈里发看来,这个王朝的成员是些艾米尔,甚至是些阿米勒。但是,在他们的领地之内,他们拥有绝对的权力。萨曼王朝兼有萨珊王朝、伊斯兰教和中亚的多重元素,萨曼家族的伊斯马仪青睐波斯文学,庇护波斯诗人鲁达基,常被后人比作萨珊国王胡斯洛一世,亦有"信仰虔诚、宽仁贤明的君主"之美誉。

萨曼王朝时期值得提及的另一重要历史内容是伊斯兰教在中亚诸地的广泛传播。中亚是突厥人的家园,原本盛行佛教。自倭马亚时代起,中亚开始成为哈里发国家的属地,然而皈依伊斯兰教的突厥人寥寥无几。萨曼王朝建立后,在中亚诸地极力传播伊斯兰教,突厥人纷纷加入穆斯林的行列。北方的拜占庭边境和东方的中亚诸地,曾经均为穆斯林发动圣战的前沿。萨曼王朝时期,突厥人相继皈依伊斯兰教,使穆斯林在中亚的圣战成为非法的行为,圣战者人数锐减,萨曼王朝的东部随之丧失应有的防御,门户洞开。突厥人改奉伊斯兰教以后,逐渐形成难以遏制的西进浪潮。

四、加兹尼王朝

萨曼王朝末期,突厥将领阿勒普特金出任呼罗珊总督,后因失宠,于962年自布哈拉逃往阿富汗东部山区,占据喀布尔以南的加兹纳,自立为艾米尔(962—963年在位),建立加兹尼王朝(962—1186)。963年阿勒普特金死后,加兹尼王朝历经三代传承,国势尚弱。976年,阿勒普特金之婿苏卜克特金(976—997年在位)承袭加兹尼王朝的统治权力,拓展疆域,攻占锡斯坦,夺取喀布尔和白沙瓦。苏卜克特金是加兹尼王朝的真正奠基人,继苏卜克特金之后加兹尼王朝的历任统治者皆为其直系后裔。

苏卜克特金之子马哈茂德(997—1030年在位)当政期间,加兹尼王朝国势极盛,疆域囊括自波斯西部至中亚花剌子模进而向南延伸到印度边境的广大地区。马哈茂德曾于994年接受萨曼王朝的赐封,出任呼罗珊总督,997年承袭父位。999年,马哈茂德联合回鹘人政权喀喇汗王朝,夹击布哈拉,灭亡萨曼王朝,并以阿姆河为界与喀喇汗王朝瓜分萨曼王朝的辖地。1006年,马哈茂德在巴勒黑击败喀喇汗王朝,进而夺取花剌子模。1029年,马哈茂德攻陷莱伊、加兹温、伊斯法罕和哈马丹,占领伊朗西部诸地。马哈茂德不仅在伊斯兰世界东部横扫千军,而且以雷霆之势南下印度。1014年,马哈茂德攻占印度教圣地萨奈沙,洗劫著名的查克拉斯瓦明神庙。1019年,马哈茂德攻占恒河平原的政治中心曲女城,将这座历时400余年的古都夷为平地。1025年,马哈茂德攻占印度西海岸的卡提阿瓦半岛。位于卡提阿瓦半岛的索姆那特神庙是印度教徒朝拜的圣地,供奉印度教三主神中的湿婆神,并且藏有巨额财富。马哈茂德将索姆那特神庙洗劫一空,所藏财宝被悉数运往加兹尼。相传,马哈茂德用来运送这批财宝的骆驼多达4万余峰。在马哈茂德远征印度之前,什叶派的分支卡尔马特派穆斯林曾经在印度河流域的木尔坦一带建立两个伊斯兰教政权,然而疆域尚小,影响甚微。加兹尼王朝的征略,打开了穆斯林冲击印度的门户,尤其是奠定了印度西北部地区伊斯兰教化的基础。马哈茂德因此在伊斯兰世界声威大震,成为穆斯林仰慕的英雄,在伊斯兰史上首次获得加齐(意为圣战者)的桂冠,并被哈里发嘎迪尔赐封为雅敏·道莱的称号。

马哈茂德不仅武功盖世,其文治亦颇负盛名。马哈茂德当政期间,沿袭波斯的政治传统和萨曼王朝的统治制度,招募突厥人及波斯人、阿拉伯人组建庞大的军队,实行集权统治,积极兴修水利,垦殖荒地,发展农业,奖励工商业。马哈茂德崇尚波斯文化,大力倡导和支持文化活动,广招天下文人墨客

《列王纪》插图

于加兹尼王朝的宫廷。相传,聚集在加兹纳宫廷吟诗称颂马哈茂德的文人墨客多达四百余人,其中以费尔多西最负盛名。许多学者在马哈茂德的庇护下潜心创作,著述颇丰。突厥血统的地理学家比鲁尼多次随马哈茂德南下印度,并在那里留居数年,考察旅行,所著《印度志》一书首次将印度的文化和风土民俗展现于伊斯兰世界。波斯诗人费尔多西曾经将其史诗巨著《列王纪》题赠马哈茂德,以求博得马哈茂德的赏识。马哈茂德还在首都加兹纳城建造规模宏大的清真寺以及学校、图书馆、天文台等设施,使加兹纳城成为当时伊斯兰世界东部最重要的文化中心。

绘有比鲁尼头像的伊朗邮票

费尔多西

费尔多西向马哈茂德朗诵其史诗巨著《列王纪》

1030 年马哈茂德死后,其子麦斯欧德(1030—1040 年在位)继承父位,加兹尼王朝趋于分裂,国势急剧衰微。1037 年,突厥血统的塞尔柱人攻占木鹿和内沙浦尔。1040 年,加兹尼王朝的军队在木鹿附近的丹丹坎败于塞尔柱人,遂被逐出呼罗珊。1149 年,突厥血统的古尔人攻占加兹纳城,加兹尼王朝迁都拉合尔,辖地仅及旁遮普一带。1186 年,古尔人攻占拉合尔,加兹尼王朝末代艾米尔胡斯洛沙(1160—1186 年在位)兵败被俘,加兹尼王朝灭亡。

五、白益王朝

白益家族属于波斯血统的德拉姆部落,祖居厄尔布尔士山与里海之间,以务农为业。厄尔布尔士山耸立在伊朗高原的北侧,成为天然的屏障,阻挡外部势力对里海南岸的冲击。德拉姆人安守故土,似乎已被喧嚣的世界遗忘。786 年,阿里家族的追随者在麦地那发动起义,被阿拔斯王朝镇压,什叶派伊玛目哈桑的曾孙叶赫亚·阿卜杜拉逃离希贾兹,越过厄尔布尔士山,潜入里海南岸,进行秘密的神学宣传。此后,德拉姆人逐渐皈依伊斯兰教,加入什叶派穆斯林的行列。927 年,德拉姆人首领麦尔达维只·齐亚尔率众越过厄尔布尔士山,占领伊朗西北部。据说,麦尔达维只·齐亚尔声称:欲重建波斯人的王朝,推翻阿拉伯人的江山。此后,白益家族成为德拉姆人的核心势力。932年,白益家族首领阿里(932—949年在位)向南扩张,占领法尔斯。935年,阿里的兄弟哈桑(932—939年在位)击败麦尔达维只·齐亚尔的继承人乌什姆吉尔,成为伊朗西北部的统治者。945年,阿里的另一兄弟艾哈迈德(932—966年在位)挥师西进,入主巴格达,被哈里发穆斯台克菲(945—946年在位)赐封为总艾米尔,领有伊拉克。946年,艾哈迈德废黜穆斯台克菲,立穆帖仪为哈里发。穆帖仪(946—974年在位)即位后,赐封艾哈迈德为穆仪兹·道莱(意为"国家的保护者"),阿里为伊玛德·道莱(意为"国家的基石"),哈桑为卢克尼·道莱(意为"国家的支柱")。艾哈迈德、阿里和哈桑兄弟3人分别据有伊拉克、伊朗西南部和伊朗西北部,形成白益家族三足鼎立的政治格局。

  白益王朝(932—1055)是哈里发时代最后的波斯人政权,白益家族称雄伊斯兰世界的腹地,长达一个世纪之久。此间,巴格达的阿拔斯王朝哈里发成为白益王公任意摆布的玩偶,往日君临天下、号令四方的威风荡然无存。穆帖仪曾经表示:"我除了在聚礼日发表演说外,已经一无所有;如果你们高兴,我愿意辞去哈里发的职务。"然而,白益家族并没有建立统一的王朝,分别据有伊拉克和伊朗西部诸地的白益王公各自为政,甚至相互攻杀。阿里是白益家族政权的开创者,采用沙汗沙(意为"众王之王")的称号,其辖地法尔斯是白益家族的重心所在。阿里之子阿杜德·道莱(意为"国家的股肱")(949—983年在位)当政期间,是法尔斯历史上的黄金时代。水利设施的广泛兴建保证了农业的繁荣,商业贸易尤为发展。法尔斯的港口城市西拉夫在这个时期取代伊拉克的巴士拉,成为波斯湾地区最重要的贸易中心。阿杜德·道莱的驻扎地设拉子规模扩大,人口增加,商贾辐辏,市井繁荣,令巴格达相形见绌。978年,阿杜德·道莱击败艾哈迈德之子巴赫提亚尔,兼并伊拉克,并且一度控制伊朗西北部,白益家族的政治发展达到巅峰状态。阿杜德·道莱发行的钱币刻有"众王之王"的字样,白益家族则以萨珊王室后裔自居。983年阿杜德·道莱死后,白益王朝逐渐衰落。进入11世纪,白益王朝败于塞尔柱人,1055年退出巴格达,1062年退出设拉子。

  白益王公统治时期,伊拉克不再是伊斯兰世界的政治中心,而且社会经济严重衰退。尽管如此,巴格达作为哈里发宫廷的所在地,在穆斯林的宗教生活领域仍然占据着举足轻重的位置。伊斯兰世界尽管已经四分五裂,逊尼派穆斯林却始终将巴格达的哈里发视作无可争辩的宗教领袖。然而,白益家族自从皈依伊斯兰教以后,尊崇什叶派的宗教学说。在白益王公的保护下,什叶派伊斯兰教空前发展,众多的什叶派学者从各地汇聚于巴格达,底格里斯河西岸的卡尔赫区成为什叶派穆斯林的重要据点。波斯血统的穆罕默德·库莱尼(?—941)和阿拉伯血统的穆菲德(947—1022)相继在巴格达著书立说,系统阐述什叶派的宗教思想,奠定了什叶派的主体十二伊玛目派神学理论的基础。艾哈迈德入主巴格达以后,将谴责阿布·伯克尔和欧麦尔、哀悼侯赛因遇难的阿舒拉日、庆贺先知穆罕默德指定阿里作为继承人的所谓授职节、朝拜阿里家族成员的陵墓等诸多活动作为什叶派宗教仪式的重要内容,从而使什叶派穆斯林与正统穆斯林之间形成分明的界限。

第五节 来自东方的主宰者——塞尔柱苏丹国

一、塞尔柱人的崛起

11世纪中叶,塞尔柱人入主西亚,荡平"肥沃的新月地带"和伊朗高原的割据势力,阿拔斯王朝进入塞尔柱苏丹国统治的时期,伊朗历史随之掀开新的一页。此前出现在哈里发国家政治舞台的突厥人,包括加兹尼王朝的统治者,都源于阿拔斯王朝招募的奴隶士兵马木路克。相比之下,塞尔柱人则是以征服者的身份登上哈里发国家的历史舞台,具有浓厚的部族血缘色彩和游牧色彩。此后伊朗进入突厥人统治的时代,直至1501年萨法维王朝建立。

塞尔柱人系突厥血统乌古斯部落联盟的一支,因其首领塞尔柱·叶卡克而得名。10世纪末,塞尔柱·叶卡克率领族人离开中亚的吉尔吉斯草原,向西迁徙,进入锡尔河下游一带,生活在伊斯兰世界的东部边陲,依附于萨曼王朝。此间,塞尔柱人改奉伊斯兰教,加入逊尼派穆斯林的行列。960年,2万个突厥家庭皈依伊斯兰教。1025年,正值马哈茂德南下印度、劫掠索姆那特神庙的时候,塞尔柱人越过阿姆河,进入加兹尼王朝的辖地。1035年,塞尔柱人在木鹿附近的丹丹坎击败马哈茂德之子麦斯欧德的军队,塞尔柱人首领图格里勒和查格里两兄弟入主呼罗珊,自称伯格(意为头领)。1037年,塞尔柱人占据内沙普尔,内沙普尔成为塞尔柱苏丹国(1037—1194)最初的都城。此后,塞尔柱人分为两支,查格里伯格继续领有呼罗珊,图格里勒伯格挥师西进,击败白益王公,攻陷莱伊、哈马丹、伊斯法罕诸城,兵抵伊拉克以及阿塞拜疆和亚美尼亚。

　　白益王公称雄期间,阿拔斯哈里发不仅世俗权力丧失殆尽,其作为宗教领袖的精神威严也已荡然无存。什叶派统治者横行无忌,阿拔斯哈里发犹如白益王公的阶下囚徒,任人摆布,境况凄惨。塞尔柱人自诩为正统伊斯兰教的捍卫者,他们的出现使阿拔斯哈里发似乎看到拯救逊尼派伊斯兰教的希望。1055年,图格里勒伯格应阿拔斯哈里发嘎伊姆(1031—1075年在位)之召,兵抵巴格达。白益家族的守将白萨希里无力抵御塞尔柱人,弃城逃走。哈里发嘎伊姆将图格里勒伯格迎入巴格达,赐封他为东方和西方的苏丹(苏丹一词在阿拉伯语中本意为权柄,引申为君主),统揽阿拔斯王朝的所有世俗权力。此后,哈里发作为象征性的宗教领袖,受到塞尔柱人的礼遇。1058年,白萨希里趁图格里勒伯格出征北方之机,纠集德拉姆人残部,卷土重来,攻入巴格达,劫夺宫中珍品,包括象征哈里发权位的先知穆罕默德遗物,献与开罗的法蒂玛王朝哈里发穆斯坦绥尔,强迫巴格达的所有穆斯林以穆斯坦绥尔的名义举行星期五聚礼。不久,图格里勒伯格班师伊拉克,白萨希里兵败身亡。1059年,塞尔柱人的疆域囊括伊朗和伊拉克,延伸到叙利亚的拜占庭帝国边境,都城迁往莱伊。1060年查格里伯格死后,图格里勒伯格(1037—1063年在位)成为塞尔柱人的唯一首领,至1063年去世。

二、从阿勒卜·阿尔斯兰到马立克沙

　　1063年,图格里勒伯格死后无嗣,查格里伯格的长子阿勒卜·阿尔斯兰(1063—1072年在位)继任苏丹。阿勒卜·阿尔斯兰(突厥语中意为雄狮)尚武善骑,长于征战,即位以后,离开莱伊,迁都伊斯法罕。阿勒卜·阿尔斯兰当政期间,塞尔柱人大举进攻伊斯兰世界的宿敌拜占庭帝国,于1064年占领亚美尼亚首府阿尼。1071年,阿勒卜·阿尔斯兰在凡湖以北的曼齐喀特重创拜占庭军队,俘获拜占庭皇帝罗曼努斯,取得西部圣战的决定性胜利,占领亚美尼亚全境和小亚细亚半岛东部。长期以来,陶鲁斯山是伊斯兰世界与基督教世界的天然分界线,倭马亚王朝和阿拔斯王朝的历代哈里发虽然屡屡兵抵君士坦丁堡,却

阿勒卜·阿尔斯兰

始终未能将陶鲁斯山北侧地区据为己有。曼齐喀特战役以后,塞尔柱人自亚美尼亚长驱西进,陶鲁斯山北侧广大地区成为穆斯林新的家园。与此同时,塞尔柱人击败法蒂玛王朝,夺取叙利亚,收复希贾兹的伊斯兰教圣城麦加和麦地那。

阿勒卜·阿尔斯兰之子马立克沙(1072—1092年在位)于1072年即位后,迁都木鹿。马立克沙时代,塞尔柱人再度扩张疆域。叙利亚北部和中部纳入塞尔柱国家的版图,马立克沙的兄弟图图什受封为该地的领主。此间,塞尔柱人的势力达到顶峰,东起中亚、西至叙利亚和小亚细亚半岛、北起亚美尼亚、南至阿拉伯海的广大地区尽归其所有。在星期五聚礼的呼图白中,巴格达的穆斯林祝福阿拔斯王朝的哈里发,同时祝福塞尔柱人的苏丹。马立克沙还将女儿许配哈里发穆格台迪(1075—1094年在位),与阿拔斯家族结为姻亲。

阿勒卜·阿尔斯兰羞辱罗曼努斯的绘画

如果说图格里勒伯格是塞尔柱苏丹国的开创者,阿勒卜·阿尔斯兰则是塞尔柱苏丹国统治模式的奠基者。在传统的游牧社会,战事被视作狩猎一般,以劫掠财富为目的,只是游牧生活的一部分而已。塞尔柱人原本沿袭游牧社会和部族社会的传统,强调家族权力而排斥个人权力,强调部族首领的战时权力而排斥部族首领的非战时权力,无法适应伊朗和伊拉克之定居社会和地域社会的政治需要。阿勒卜·阿尔

马立克沙与群臣

斯兰在位期间,招募突厥奴隶即马木路克,建立约1万人的职业化常备军,旨在强化王权。与此同时,阿勒卜·阿尔斯兰依靠波斯人建立新的官僚机构,起用波斯人昆都里出任维齐尔。继昆都里之后,波斯人尼扎姆·穆勒克出任维齐尔,辅佐苏丹,政绩颇佳。尼扎姆·穆勒克学识渊博,信仰虔诚,1063—1092年担任维齐尔,整顿朝纲,推行新政,发展生产,改善交通,使饱受战乱的西亚诸地恢复往日的繁荣景象。塞尔柱人具有尚武的传统,尼扎姆·穆勒克却十分重视文化事业,招贤纳士,奖励学术。在他的庇护和赞助下,波斯学者安萨里写成哲学名著《圣学复苏》,另一波斯学者欧麦尔·赫亚姆写成文学佳作《鲁拜集》。1065—1067年,尼扎姆·穆勒克耗费巨资,在巴格达创办逊尼派伊斯兰教的最高学府,名为尼扎米耶大学,传授逊尼派伊斯兰教的神学思想和教义学说,旨在抗衡什叶派的分支伊斯马仪派政权法蒂玛王朝在开罗设立的爱兹哈尔大学。尼扎姆·穆勒克著有《治国策》一书,阐述治国之道,影响甚广,足以与西方学者马基雅维里的《君主论》相媲美。

尼扎姆·穆勒克雕像

塞尔柱人入主西亚,不同于其后的蒙古西征。塞尔柱人并非以毁灭者的形象出现于异教的世界,而是以穆斯林的身份成为伊斯兰世界的统治者。塞尔柱人的西进,即自中亚经伊朗至叙利亚直到小亚细亚的人口移动,主要表现为游牧部族的和平迁徙,并非如蒙古西征那样伴随着血与火的杀戮历程。塞尔柱苏丹国的历史遗产之一,在于突厥人自东向西的蔓延。其后活跃于伊朗直至整个西亚政治舞台的土库曼人,则是突厥人西迁与蒙古西征错综交织的历史结果。塞尔柱苏丹国境内多数地区处于塞尔柱人的间接统治之下,土著贵族延续原有的权力。其中,里海南岸最为典型,阿拉伯人生活的伊拉克亦然。在伊朗东北部的古尔甘、伊朗西北部的阿塞拜疆和伊朗西南部的胡齐斯坦,土著部族势力根深蒂固,长期处于自治的地位。

塞尔柱苏丹首先是军事统帅,攻城略地是其首要职责。苏丹也是最高法官,依据部族习惯法而不是伊斯兰教法行使司法审判权力,以捍卫公平正义作为职责。以维齐尔为首的迪万,作为辅佐苏丹的官僚机构,主要职责是掌管财政和征收赋税。官僚机构分为四个部分:一是档案部,二是会计部,三是审计部,四是军事部抑或伊克塔部。军事将领主要来自突厥人,文职官僚主要来自波斯人。伊克塔起源于早期伊斯兰时代,塞尔柱时代极度盛行,成为支付军饷和俸禄的主要方式。伊拉克既是苏丹控制地方的手段,也是受封者僭夺地方权力的途径。

三、塞尔柱苏丹国的解体

塞尔柱人的到来,一度实现了西亚伊斯兰世界的政治统一,恢复了逊尼派伊斯兰教的尊严。1092年,尼扎木·穆勒克死于阿萨辛派的暗杀,马立克沙亦死于同年。马立克沙死后,王室家族内讧,兵戎相见,历经图格里勒伯格、阿勒普·阿尔斯兰和马立克沙三代苏丹的塞尔柱苏丹国进入四分五裂的时代。苏丹桑加尔(1117—1157年在位)当政期间,正值十字军东征的高峰,叙利亚成为十字军东征的战场,呼罗珊则是塞尔柱苏丹国的政治重心。相比于西部的频繁战乱,地处东方的伊朗局势相对稳定。1153年,桑加尔被中亚的突厥人乌古斯部落俘获,身陷囹圄数年之久。1157年,获释后的桑加尔死于木鹿,位于木鹿的桑加尔陵墓至今犹存。

桑加尔死后无嗣,塞尔柱苏丹国陷入乱局,所辖领地被来自中亚的另一突厥人政权花剌子模沙王朝(1097—1231)吞并。在塞尔柱苏丹国西部,1118—1194年间,至少九位苏丹先后即位,权位更迭频繁。与此同时,巴格达的阿拔斯哈里发致力于政治复兴。1152年,哈里发穆格塔菲(1136—1160年在位)将塞尔柱官员赶出巴格达。哈里发纳绥尔(1180—1225年在位)在位期间,哈里发恢复了在伊拉克的世俗权力,阿拔斯王朝经历短暂的回光返照,直到1258年蒙古人攻陷巴格达。

1127年,突厥将领伊马德丁·赞吉建立赞吉王朝(1127—1262),领有贾吉拉和叙利亚北部。伊马德丁·赞吉之子努尔丁当政期间,赞吉王朝的军队横扫盘踞在地中海东岸的基督教势力,

13世纪塞尔柱苏丹

攻陷爱德萨、大马士革、的黎波里和安条克，努尔丁成为抗击十字军东侵的中流砥柱。努尔丁曾经遣部将希尔库和萨拉丁率军进入埃及，迎战十字军。1171年，萨拉丁推翻法蒂玛王朝，在开罗建立阿尤布王朝（1171—1250）。此后，阿尤布王朝入主叙利亚，赞吉王朝灭亡。曼齐喀特战役以后，阿勒卜·阿尔斯兰将小亚细亚东部赐封他的族弟苏莱曼·顾特米鲁什。1077年，苏莱曼·顾特米鲁什自立为苏丹，建立罗姆苏丹国（1077—1308）。罗姆苏丹国一度臣属于大塞尔柱苏丹，亦曾与拜占庭帝国缔结盟约，后来沦为蒙古人的藩国。1308年，罗姆苏丹国被蒙古人灭亡。

罗姆苏丹国发行的钱币

第六节　蒙古西征后的伊朗

一、伊尔汗国

1219年，成吉思汗携其子术赤、察哈台、窝阔台、托雷，率蒙古大军越过锡尔河上游，西征花剌子模汗国，先后攻占布哈拉、撒马尔罕、木鹿、巴勒黑、内沙普尔、赫拉特、马什哈德诸地，继而洗劫伊朗西部重镇莱伊和加兹温，1224年班师返回蒙古草原，称为首次蒙古西征。花剌子模沙在蒙古大军的追击下一路西逃，直至死于里海之上的一处小岛。蒙古大军所到之处经历了前所未有的杀戮，惨绝人寰，诸多城市毁于战火，屠城几乎成为蒙古征服的代名词。

1229年起，成吉思汗之子托雷率领蒙古大军再次西征，经伊朗北部进入高加索南部、美索不达米亚和安纳托利亚东部，1236年和1237年两次兵抵巴格达城下。

成吉思汗

蒙古西征图

御座上的旭烈兀

1252年,托雷之子旭烈兀率领蒙古大军第三次西征。1255年,蒙古大军进入中亚。1256年,蒙古大军进入伊朗北部,摧毁什叶派激进分支阿萨辛派据点阿拉木特城堡。1258年,蒙古大军攻占巴格达,历时500年之久的阿拔斯王朝灭亡。随后,蒙古大军进入叙利亚。1260年,埃及马木路克王朝出兵叙利亚,在艾因·扎鲁特击败蒙古大军,继而将蒙古大军赶出叙利亚,终止了蒙古大军的征服步伐。

蒙古西征无疑是伊朗历史上的灾难时代和黑暗时代,蒙古铁骑所到之处,人口锐减,农业遭到严重破坏,农民逃离家园者甚多,土地荒芜,农田牧场化亦十分严重,而呼罗珊首当其冲。伊朗农业缺乏河水灌溉,主要依靠地下暗渠卡纳特,而卡纳特一旦遭到破坏,极难恢复。至旭烈兀时期,屠城现象逐渐减少。

1264年,忽必烈继任蒙古大汗,册封旭烈兀(1264—1265年在位)为伊尔汗,其领地称伊尔汗国(1264—1335)。旭烈兀死于1265年,死后葬于乌尔米耶湖中的小岛。旭烈兀之子阿巴哈(1265—1282年在位)继承伊尔汗的称号,得到大汗忽必烈的认可。阿巴哈在位期间,伊尔汗国与埃及马木路克王朝争夺叙利亚,屡次激烈交锋,直至1281年兵败霍姆斯。在东方战场,伊尔汗国于1270年在赫拉特击败察合台汗国,1273年攻入河中。

相比于塞尔柱人通常选择城市作为自己的驻地,伊尔汗国的蒙古人通常选择以城外的帐篷作为驻地。阿塞拜疆尽管靠近宿敌金帐汗国,然而水草丰盛,适合伊尔汗国统治者的游牧生活,始终是伊尔汗国的定都之首选。伊尔汗国初建之时,定都阿塞拜疆城市马拉加;阿巴哈在位期间,伊尔汗国都城从马拉加迁到大不里士。

伊尔汗国前期,实行蒙古化的统治政策,遵循蒙古祖制和草原部落社会的传统。伊尔汗作为蒙古大汗的附庸和封臣,实行兄终弟继的汗位传承。另一方面,不同于成吉思汗的征服,旭烈兀之征服,除巴格达外,较少毁坏被征服地区,沿袭伊朗原有的官僚体制,起用波斯贵族征纳贡税,旨在维持财源。

1282年阿巴哈死后,蒙古贵族拥立旭烈兀之子铁古迭儿(1282—1284年在位)继承汗位。铁古迭儿即位后,宣布皈依伊斯兰教,改名艾哈迈德。铁古迭儿此间曾经派遣使臣前往开罗,试图与埃及马木路克王朝结盟,遭到拒绝。1284年,阿巴哈之子阿鲁浑反叛,处死铁古迭儿,登上汗位宝座。阿鲁浑(1284—1291年在位)即位后,摒弃伊斯兰教信仰,恢复蒙古祖制,同时倚重基督徒和犹太人。阿鲁浑死后,阿巴哈之子海合都(1291—1295年在位)即位。1295年,阿鲁浑之子合赞汗即位(1295—1304年在位)。合赞汗即位后,处死旭烈兀的子嗣,消除汗位争夺的隐患,伊尔汗国由此进入相对稳定的时代。

蒙古人原本信奉萨满教,旭烈兀则曾青睐佛教,在伊朗高原广建佛教寺庙。另一方面,伊尔汗国前期,面临马木路克王朝、金帐汗国、察合台汗国的威胁。金帐汗国皈依伊斯兰教后,与埃及伊斯兰教统治者马木路克王朝结盟,伊尔汗国则实行亲基督教政策,试图与十字军以及欧洲基督教诸国结盟。据传,罗马教皇曾经有意争取伊尔汗国皈依基督教,聂斯托利派教宗亚巴拉三世曾经为伊尔汗阿鲁浑之子完者都洗礼,为其取名尼古拉斯,伊尔汗国派到欧洲的使臣亦大都来自叙利亚的聂斯托利派基督徒。尽管如此,伊尔汗国的历代汗王均未皈依基督教。相比之下,伊斯兰教是伊尔汗国境内的固有宗教,伊斯兰教的信仰传统在土著社会根深蒂固,伊尔汗国的统治者最终选择伊斯兰教作为官方信仰,进而加入了穆斯林的行列。

1295年合赞汗即位后,实行改革。首先,合赞汗宣布皈依伊斯兰教,进而拆除境内的基督教堂以及琐罗亚斯德教和佛教寺庙,广建清真寺,规定所有佛教徒或者皈依伊斯兰教,或者离开伊尔汗国,基督徒和犹太人重新成为被保护民,缴纳人丁税。其次,实行伊斯兰教传统的国家土地所有制,恢复塞尔柱时代的伊克塔,以军事封邑供养战士,保证国家兵源,明确规定占有国家土地的权利和义务,缓解作为征服者的游牧族群与作为被征服者的定居人口之间的敌对关系。第三,推行多项举措,大力鼓励农业生产和开垦荒地,修复水利设施。第四,废除包税制,实行政府直接征税,根据地产面积和作物产量规定税收标准,农民每年纳税两次,游牧人口每年纳税一次。第五,统一货币,铸造划一的金币和银币,完善驿道,每隔3法尔萨赫(约19公里)设立驿站,驿站管理纳入政府体系。合赞汗的维齐尔拉施特作为史家记载了合赞汗的改革概况,而改革成效不得而知。另据记载,伊尔汗国的岁入,合赞汗即位之初为1700万第纳尔,合赞汗在位末期增至2100万第纳尔。

合赞汗死于1304年,时年33岁。合赞汗死后无嗣,阿鲁浑之子完者都即位(1304—1316年在位)。完者都初奉逊尼派伊斯兰教,1309年改奉什叶派伊斯兰教,在位末期重新回归逊尼派伊斯兰教。拉施特曾经在合赞汗当政期间出任维齐尔,政绩甚佳,完者都即位后得以留用。完者都在位期间,征服里海南岸的丛林地带吉兰,其所建陵墓位于苏勒塔尼耶。完者都死后,其子阿布·赛义德(1316—1335年在位)即位,年仅11岁。阿布·赛义德死后无嗣,旭烈兀谱系随之终结,伊尔汗国分裂,陷入政治真空,成吉思汗的后裔轮流登场,王室内讧持续。1353年,末代伊尔汗脱合帖木儿(1337—1353年在位)死于古尔甘,伊尔汗国寿终正寝。

伊尔汗国地处东西方之间的贸易通道,时值近代之前东西方交往的历史巅峰,马可·波罗和伊本·白图泰皆为此间著名的旅行家,见证了东西方交往的繁盛,元朝亦曾多次遣使经由陆路和海路前往伊尔汗国。

二、帖木儿帝国

14世纪中叶,中亚的察合台汗国分裂为东西两部。东察合台汗国依然是蒙古人的游牧世界,尚未皈依伊斯兰教。西察合台汗国延续伊斯兰文明的传统,统治者来自突厥-蒙古游牧族群,臣民则多为定居农民和城市工商业者,盛行伊斯兰教,中亚名城布哈拉和撒马尔罕皆位于其境内。

大约1335年,帖木儿出生于撒马尔罕南部的碣石(今乌兹别克斯坦境内的沙赫尔·萨卜兹),属于突厥化的蒙古部落巴尔拉斯部落,该部落具有蒙古血统,操突厥语,信奉伊斯兰教。相传帖木儿系成吉思汗后裔,亦传帖木儿曾经娶成吉思汗后裔女子为妻。帖木儿于1370年灭亡西察合台汗国,占据河中,自称埃米尔(1370—1405年在位),继而改称苏丹。

1371—1379年,帖木儿大军4次征讨东察合台汗国。此后,帖木儿大军攻入阿富汗和伊朗,继而征服伊拉克、叙利亚,直至3次进军金帐汗国,攻陷

巴叶济德一世被帖木儿俘虏

帖木儿在撒马尔哈举办盛宴图

金帐汗国都城萨莱。1398年,帖木儿大军攻入印度北部,攻陷德里,屠杀战俘多达数万。帖木儿大军于1399年攻入小亚细亚,1402年在安卡拉战役重创奥斯曼帝国大军,俘获苏丹巴叶济德一世。1405年,帖木儿再度自撒马尔罕起兵,欲东征明朝中国,途中染病身亡,死后下葬于撒马尔罕。

西班牙人克拉维约曾经于1403年出使帖木儿帝国,著有《克拉维约东使记》,是后人研究帖木儿帝国(1370—1507)历史的重要资料。中国明朝亦曾遣使远赴撒马尔罕,谒见帖木儿,却被其扣押数年,直至帖木儿死后方得以获释回国。

帖木儿一生征战40余载,所到之处势如破竹,未曾遭遇败绩,堪称世界历史上屈指可数的顶级征服者。帖木儿的征服以灭绝人性和手段残暴著称于世,所到之处每遇抵抗即实施屠城,直至用死者头颅堆积成山,仅在伊斯法罕城外堆积人头多达7万颗。帖木儿的征服,其残酷程度超过此前的成吉思汗,令人发指,可谓冷兵器时代的世界之最。

帖木儿无疑是一个庞大帝国的创立者。然而,如同亚历山大之于亚历山大帝国一样,帖木儿的帝国只是帖木儿的个人作品,昙花一现,帖木儿死后旋即消失在历史的长河中。

帖木儿共有儿孙两代男性后裔多达36人,然而生前屡屡变动继承人,他在其晚年指定嫡孙皮尔·穆罕默德作为继承人,却未能得到其他子嗣的承认。帖木儿死后,王位争夺引发内讧,庞大的帝国顷刻间四分五裂。首先挑战王位者是同为帖木儿嫡孙的哈利勒·苏勒坦。随后,帖木儿的四子沙哈鲁与哈利勒·苏勒坦之间爆发内战。沙哈鲁自1405年出任呼罗珊总督,数年间击败哈利勒·苏勒坦。1409年,沙哈鲁即位(1409—1447年在位),从撒马尔罕迁都赫拉特,其子兀鲁伯治理旧都撒马尔罕,中国史书称之为哈列国,统治河中以及伊朗东部和阿富汗西部。

沙哈鲁如同此前的合赞汗,被视作蒙古统治伊朗时期最杰出的君王。沙哈鲁不似其父帖木儿一般热衷于征战，而是注重恢复农业生产，以伊斯兰教法取代蒙古传统习惯法。沙哈鲁青睐文化，自居为波斯艺术的保护者，在新都赫拉特建造许多宏大建筑，马什哈德的大清真寺亦是沙哈鲁时期的杰作，美术、细密画、建筑、诗歌和史学尤为成就斐然，帖木儿人的宫廷宛若学者云集的文化殿堂，西方人甚至称之为"帖木儿人的文艺复兴"。

沙哈鲁死后，其子兀鲁伯即位（1447—1449年在位）。兀鲁伯崇尚文化，博学多识，在诸多学术领域颇有造诣，被誉为"皇位上的学者"。在兀鲁伯的精心治理下，旧都撒马尔罕文化昌盛，学者荟萃，尤其是苏非派纳格什班迪教团在撒马尔罕极具影响。兀鲁伯保护宗教研究和建筑艺术，格外青睐天文学，所建撒马尔罕观象台，系三层圆形建筑物，遗址至今犹存。撒马尔罕观象台装置巨型象限仪，测定了千余颗恒星及其方位，据此编订的兀鲁伯天文历表代表了近代以前人类在天文学领域的最高水准。

沙哈鲁和兀鲁伯在位期间，帖木儿人所面临的外部威胁，主要是中亚的乌兹别克人和伊朗西部的土库曼人。兀鲁伯死后，不撒因即位（1449—1469年在位）。1469年，不撒因在西征土库曼人白羊王朝时兵败身亡，侯赛因·白益卡拉即位（1470—1506年在位），伊尔汗国的疆域仅限于呼罗珊以及河中地区。侯赛因·白益卡拉死后，帖木儿人在伊斯兰世界东部的统治结束，伊朗进入萨法维王朝的时代。1510年，萨法维王朝国王伊斯马仪占领呼罗珊，阿姆河成为波斯人的东部界河，中亚则是乌兹别克人的属地。与此同时，帖木儿的后裔巴布尔被乌兹别克人赶出河外，被迫南下喀布尔，进而入侵印度北部，直至建立莫卧儿王朝。

三、土库曼人王朝

帖木儿创立的帝国，曾经囊括中亚、伊朗、美索不达米亚、安纳托利亚、阿富汗和印度北部。帖木儿死后百年间，帖木儿帝国分崩离析，政治重心亦渐趋东移。与此同时，地处帖木儿帝国西北部边陲的游牧族群土库曼人逐渐崛起。土库曼人系突厥化的蒙古人，兼有突厥血统和蒙古血统，所操语言属于阿尔泰语系突厥语族分支。自1405年帖木儿死后至1501年萨法维王朝建立的近百年间，伊朗西部和小亚细亚东部相继处于土库曼人黑羊王朝和白羊王朝的统治之下。

首先登上历史舞台的土库曼人政权是黑羊王朝（1375—1468）。"黑羊"系突厥语意译，音译为"卡拉—科雍鲁"，因其旗帜上绘有黑羊图案，故得名，历时92年，历经5代传承。黑羊王朝起源于黑羊部落联盟，成吉思汗和旭烈兀西征时期逐渐西迁,游牧于小亚细亚东部的凡湖周围。黑羊部落联盟最初的首领是巴依拉姆·哈瓦加(1375—1380年在位),其后是卡拉·穆罕默德(1380—1389年在位)。卡拉·穆罕默德死后,其子卡拉·尤素夫(1389—1420年在位)继任黑羊部落联盟首领,定都大不里士,尊奉什叶派伊斯兰教。卡拉·尤素夫曾经抵抗帖木儿大军的进攻,两次死里逃生,先后避难于奥斯曼帝国和马木路克王朝。1410年,卡拉·尤素夫控制小亚细亚东部、阿塞拜疆和伊拉克,黑羊王朝随之成为伊尔汗国苏丹的西部劲敌。1419年,卡拉·尤素夫入侵伊朗西部,翌年死于征战途中。

卡拉·尤素夫死后,其子阿希肯达尔(1420—1435年在位)即位。1435年,阿希肯达尔败于帖木儿帝国苏丹沙哈鲁,遂向沙哈鲁俯首称臣。卡拉·尤素夫之子贾汉沙(1435—1467年在位)可谓黑羊王朝最负盛名的统治者。贾汉沙在位期间,黑羊王朝领有小亚细亚东部、阿塞拜疆、伊拉克以及伊朗西北部,定都于大不里士。贾汉沙自居为伊尔汗国的继承者,采用苏丹的称谓。贾汉沙保护文化,尤其青睐诗歌。贾汉沙在大不里士主持建造的喀布德清真寺,采用伊朗传统的彩釉镶嵌和细密画内饰,虽然屡遭地震毁坏,断壁残垣至今犹存。

黑羊王朝尊奉什叶派伊斯兰教,而同为土库曼人政权的白羊王朝则尊奉逊尼派伊斯兰教。贾汉沙当政期间,白羊王朝势力逐渐坐大。1467年,贾汉沙出兵征讨白羊王朝,兵败身亡。

白羊王朝(1378—1514)起源于白羊部落联盟,蒙古西征时期逐渐西迁,占据亚美尼亚和迪亚巴克尔。"白羊"亦系突厥语意译,音译为"阿克-科雍鲁",因旗帜以白羊为标志,故得名。白羊王朝首领卡拉·奥斯曼(1403—1435年在位)定都迪亚巴克尔,尊奉逊尼派伊斯兰教。白羊王朝依附于帖木儿家族的汗王,对抗黑羊王朝和马木路克王朝。卡拉·奥斯曼之孙乌赞·哈桑(1452—1478年在位)即位后,击败黑羊王朝,继而迁都大不里士,自称埃米尔,白羊王朝的势力达到顶峰。1469年,白羊王朝击败帖木儿人,伊尔汗国苏丹不赛因死于战场。此后,白羊王朝占据伊拉克和伊朗西部。1473年,白羊王朝在巴什肯特败于奥斯曼帝国。1478年乌赞·哈桑死后,白羊王朝内讧,直至雅古布(1481—1490年在位)即位。雅古布死后,内战再起,直至1494年鲁斯塔姆(1494—1497年在位)即位。鲁斯塔姆死后,白羊王朝持续内战,逐渐衰落。1501年,萨法维王朝首领伊斯马仪在沙鲁尔击败白羊王朝,同年占领大不里士。1508年,萨法维王朝占领巴格达。1514年,白羊王朝末代汗王穆拉德(1501—1514年在位)死于旧都迪亚巴克尔。

第七节 中世纪的波斯文化

一、阿拉伯伊斯兰文化中的波斯学者

所谓阿拉伯伊斯兰文化，特指哈里发统治下信奉伊斯兰教的诸多民族共同创造的文化，由于此间穆斯林使用阿拉伯语作为文化创造的载体，所以常被称作阿拉伯文化。阿拉伯伊斯兰文化的演进，仿佛涓涓溪流汇成滔滔江河一般，长达数百年之久，而阿拔斯时代无疑是伊斯兰文化的鼎盛阶段。阿拉伯人的征服、哈里发国家的统治、社会结构的变化、诸多民族的融合、伊斯兰教的传播和阿拉伯语的流行，无疑构成阿拉伯伊斯兰文化演进的深层背景。阿拔斯王朝前期长达百年之久的翻译运动，则为伊斯兰世界"智力的觉醒"提供了重要的条件。

历代哈里发大都奉行兼容并蓄的宗教政策，积极倡导翻译非伊斯兰教的典籍文献。曼苏尔不仅以建造新都巴格达著称于世，而且酷爱学术，尤其对异族文化情有独钟，首开阿拔斯王朝百年翻译运动的先河。马蒙当政期间是百年翻译运动的高峰，哈里发重金聘请穆斯林学者和非穆斯林学者从事翻译和著述。广泛的翻译运动使内容丰富的异教文化逐渐植根于伊斯兰世界的沃土，亦使穆斯林学者得以博采众长，而翻译的过程本身往往包含着文化的创造。浩如烟海的波斯古籍被翻译成阿拉伯文，源远流长的波斯古代文化由此逐渐融入新兴的阿拉伯伊斯兰文化，进而成为阿拉伯伊斯兰文化得以走向繁荣的重要元素。

阿拔斯王朝初期，华丽的辞藻和优雅的风格成为伊斯兰世界的文学时尚，具有浓厚波斯色彩的艺术散文逐渐风行，伊本·穆加发（724—759）则是伊斯兰世界艺术散文的首开先河者。伊本·穆加发生于伊朗西南部的法尔斯，原系波斯血统的琐罗亚斯德教徒，后来改奉伊斯兰教，759年被曼苏尔以"伪信者"的罪名处死。伊本·穆加发自幼受到良好的教育，博览群书，著述颇丰，曾经将印度的梵语典籍《五卷书》从古波斯语译成阿拉伯语，并且按照时人的习俗和情趣，予以改编和加工，取名《卡里莱和迪木乃》。该书以狮、猴、牛、狐、鼠、鱼等数十种动物作为角色，包括60余个故事，其中半数系伊本·穆加发增添的内容，而卡里莱和迪木乃是两只狐狸的名字，分别代表善的形象与恶的形象。伊本·穆加发在该书的前言中提及作者的四个目的：第

一,用没有理智的禽兽间的对话作为题材,是为了吸引喜爱诙谐故事的少年人;第二,用各种动物的思想影射帝王的内心世界,借此规劝他们的行为;第三,用动物的形象作为体裁,投合帝王和民间的喜好,让众人口授笔录,流传后世;第四,向帝王提出忠谏,也使百姓明辨是非。该书引入动物寓言的叙事模式,以动物界比喻人类社会,阐述作者的伦理观念和处世准则以及改革社会和治理国家的政治抱负,想象丰富,寓意深刻,颇具诱人的魅力,成为阿拉伯伊斯兰文学作品的典范,脍炙人口,流传甚广,对后世的文学发展产生了深远的影响。

阿拔斯时代,伊斯兰世界的诗歌创作开始突破阿拉伯古诗风格的界限,新的诗歌形式渐趋盛行。波斯血统的阿布·努瓦斯(757—814年生卒)和阿布·阿塔希叶(748—825年生卒),皆为阿拔斯王朝前期的著名诗人。阿布·努瓦斯出生于波斯西南部的胡齐斯坦,曾在伊拉克求学,通晓经训和诗律,后来博得哈里发哈伦和艾敏的赏识,成为宫廷诗人。阿布·努瓦斯长于情诗和酒诗,格律严谨,内容诙谐生动,所作之情诗自由奔放,极富情感,酒诗色彩绚丽,构思奇特。阿布·努瓦斯在生活方面反对禁欲苦行,鼓吹尽情享乐,在艺术方面反对因循守旧,刻意追求新颖,是当时新诗创作的杰出代表。阿布·阿塔希叶出生于伊拉克,早年境况寒微,后来成为巴格达的宫廷诗人,曾经钟爱哈里发马赫迪后宫的侍女欧特白,常赋诗抒发情感,并且一度因此事而身陷囹圄。哈伦当政期间,阿布·阿塔希叶放弃哈里发赐予的高额年俸和奢侈豪华的宫廷生活,追随苏非主义,隐居苦修。阿布·阿塔希叶的前期诗作取材于巴格达的宫廷生活,多为情诗和颂诗,后期诗作取材于隐居苦修的生活经历,颇具苏非主义的神秘思想和悲观厌世的浓厚色彩。阿布·阿塔希叶曾被后人誉为"阿拉伯宗教诗之父",其诗作的生活观与阿布·努瓦斯的享乐主义形成鲜明的对比。

位居四大教法学派之首的哈奈菲学派创始人阿布·哈尼法(699—767),祖籍波斯,生于库法,早年经商,后来师从教法学家哈马德和圣训学家阿米尔以及什叶派第六代伊玛目贾法尔·萨迪克,研读经训,造诣颇深。阿布·哈尼法强调《圣训》条文的严格选用,主张缩小《圣训》作为司法依据的使用范围。在此基础之上,阿布·哈尼法重视执法者个人意见的价值和个人判决的必要性,积极倡导公道至上的法学思想,代表了伊斯兰教法学的最高成就。阿布·哈尼法精通类比并大量使用类比,加之推论的广泛运用和对词义含混的经文的明确解释,为法学权威作出法律决断提供了有力的武器,这对伊斯兰教法产生了巨大的影响。阿布·哈尼法曾在库法和巴格达广招弟子,但是生前并无著述。他的弟子阿布·尤素夫著有《赋税论》一书,较为完整地阐述了阿布·哈尼法的法学观点。

呼罗珊人安萨里(1058—1111),波斯血统,出生于马什哈德,曾经云游伊斯兰世界各地传教讲学,在大马士革的苏非派道堂隐居10年,体验精神修炼,著书立说,是哈里发时代逊尼派思想体系的集大成者。安萨里的学说,以独尊安拉为核心,以《古兰经》和《圣训》为依据,博采伊斯兰教诸学派以及希腊哲学的思想精华,丰富和完善了伊斯兰宗教哲学的理论体系。安萨里的贡献在于将信仰区分为外在的信仰和内在的信仰,强调由外在信仰到内在信仰的升华。为此,安萨里在摒弃苏非派关于泛神思想、漠视法定宗教功修和崇拜圣徒圣墓等内容的前提下,承认苏非派的强调内心直觉的信仰方式乃是实现由外在信仰到内在信仰升华的必要途径。安萨里因此被穆斯林誉为"伊斯兰教的伟大复兴者",西方学者则将安萨里称作"伊斯兰世界的奥古斯丁"。

圣训学家布哈里(810—870),波斯血统,出生于中亚名城布哈拉。布哈里毕生致力于寻访圣训世家,搜集圣训正文,甄别考证圣训传述体系,记录圣训素材累计多达60万段,精选其中近万段汇编成集,成为伊斯兰世界久负盛名的传世之作《布哈里圣训实录》,流传甚广。布哈里在伊斯兰学术领域具有极高的声誉,被誉为"圣训学的伊玛目"。

波斯血统的也门人瓦赫卜·穆奈比(?—728),原奉犹太教,后来改宗伊斯兰教,成为圣训学家,对于先知穆罕默德的生平经历颇有研究,但其著述大都未能传世。瓦赫卜·穆奈比所写《希米叶尔诸王史》一书虽然侥幸保存至今,内容却多有失实之处,不足凭信。

著名史家白拉祖里(820—892)祖籍波斯,出生于巴格达。所著《诸国征服记》一书,采用编年体的形式,记述麦地那哈里发时代和倭马亚时代阿拉伯人的征服进程,兼及征服期间哈里发国家的经济社会状况和各个省区的历史。白拉祖里是伊斯兰史学家中把征服各城市和各地方的许多故事合并成一个整体的第一人,在他之前,编写历史的人都是采取专论的形式。白拉祖里的另一著作《贵族的谱系》,采用传记体的形式,记述先知穆罕默德的生平经历和主要的阿拉伯部族的历史变迁,并且提供了有关倭马亚社会和哈瓦立及派活动的丰富史料。

泰伯里(839—923)亦为波斯血统的著名史家,出生于里海南岸的泰伯里斯坦。泰伯里长期游历伊朗、伊拉克、叙利亚、埃及和阿拉伯半岛各地,深谙东方古代的历史文化和典章制度,善于鉴别史料的真伪,长于驾驭史实的脉络。泰伯里所著《历代先知与君王史》独辟蹊径,突破以往历史著述的狭隘界限,改变史学前辈仅仅着眼于先知穆罕默德生平和圣战始末的编纂传统,将当时穆斯林所知的世界视作一个整体,可谓伊斯兰世界的首部规模宏大的通史巨著。该书卷帙浩繁,原稿长达6万余页,现存的版本分为13册,7 500余页,由上下两编组成。上编从创世开始,自阿丹和易卜拉欣等传说时代诸位先知的生平经历,至查希里叶时代的阿拉伯人以及波斯人、罗马人、犹太人诸民族的古代社会状况。下编自先知穆罕默德的生平经历开始,记述哈里发国家的演变过程,至914年结束。该书采用追溯传述线索的传统方法,详细考证各种史料,取材精审,是伊斯兰编年史的典范。泰伯里采用圣训学家的方法,在叙述一个事件时,列举多种传说,让读者自己从中选择最佳的传述。泰伯里在经注学领域亦有极深的造诣,所著《古兰经解全汇》旁征博引,海纳百川,被后人视为经注学的经典之作,泰伯里本人则被誉为"伊斯兰经注学的长老"。

法拉比(874—950)出生于中亚的法拉布附近,其父是波斯人,其母是突厥人。法拉比不仅承袭古代希腊的哲学传统和肯迪的哲学思想,而且深受苏非主义神秘思想的影响。法拉比认为,安拉是永恒不变的第一存在,宇宙现象始于安拉的"流溢",万物的形式蕴含于安拉的本体之中;"流溢"过程的起点是作为最高精神的安拉,终点是人的精神;自安拉"流溢"的外部世界包括土、水、火、空气诸种物质,运动和变化是物质的特性。法拉比认为,人具有认识外部世界的能力,感官的认识与理性的认识具有内在的联系;认识开始于感官的认识,最终上升到理性的认识,从而达到认识的目的。法拉比还认为,人的灵魂并非独立于肉体的存在,而是与肉体具有密切的联系;人死后,其灵魂回归永恒

法拉比

纸币上的法拉比头像

的宇宙灵魂。法拉比是突厥学派哲学的奠基人,其哲学体系融汇柏拉图和亚里士多德的古典世俗哲学思想与苏非主义的神秘学说。法拉比深谙亚里士多德的著作,被誉为继亚里士多德之后的"第二导师"和"伊斯兰东方最伟大的哲学权威"。

拉齐(865—925),波斯血统,出生于莱伊,曾在萨曼王朝和阿拔斯哈里发的庇护下行医,并从事著述,被后人誉为"穆斯林医学之父"。拉齐所著《曼苏尔医书》《医学集成》和《天花与麻疹》,皆被译成拉丁文,在基督教欧洲长期被视为医学领域的经典作品。《曼苏尔医书》论及解剖学、生理学、皮肤病、热病、毒物、诊断和治疗各个方面,颇有见地。《医学集成》系统阐述了希腊、波斯、印度的医学理论和伊斯兰世界的医学成就,堪称医学领域的百科全书。《天花与麻疹》是有史以来关于天花、麻疹两种疾病的第一部专门性著作,在传染病的诊断和治疗方面影响甚大。

二、波斯语的复兴与波斯文学的巅峰

伴随着阿拉伯人的征服,伊斯兰教和阿拉伯语逐渐取代了被征服者原有的宗教和语言,诸多地区普遍经历了伊斯兰教化和阿拉伯语化的历史进程。相比之下,在伊朗高原,阿拉伯人的征服尽管带来了伊斯兰教的信仰,伊斯兰教取代了琐罗亚斯德教的原有地位,然而阿拉伯语的传播却不得不止步于扎格罗斯山西侧,波斯语在阿拉伯人征服后并未退出历史舞台,而是表现出极其顽强的生命力,延续于伊朗的土地上。

萨珊王朝灭亡后的最初3个世纪中,尽管波斯语依然延续于伊朗民间,然而阿拉伯语却作为官方语言盛行于伊朗高原,波斯学者使用阿拉伯语撰写的著作汗牛充栋,波斯语作品却寥寥无几,波斯传统文化濒临绝迹的边缘。阿拔斯王朝后期,波斯文化取得璀璨的成就,波斯文化复兴的摇篮位于伊斯兰世界东部的呼罗珊和中亚,布哈拉、撒马尔罕和花剌子模可谓波斯文化的三大中心,包括萨法尔王朝和萨曼王朝在内的伊朗土著王朝则是波斯文化复兴的庇护者。

萨曼王朝时期,波斯语重新成为书面语言,新波斯语采用阿拉伯语字母作为书写形式,同时大量吸收阿拉伯语词汇。萨曼王朝在保留阿拉伯语作为官方语言的同时,规定采用阿拉伯字母作为书写形式的新波斯语亦为官方通用语言,并予以大力推广。与此同时,波斯诗人争奇斗艳,鲁达基和费尔多西成为波斯文学复兴的先驱。

萨曼王朝时期的塔吉克诗人鲁达基(859—940)出生于撒马尔罕,全名是阿卜·阿卜杜拉·贾法尔·穆罕默德·鲁达基,自幼双目失明,却极具文学天赋,使用新波斯语创作大量诗歌,体裁多样,韵律严谨,形式完美,寓意深刻。鲁达基在萨曼王朝都城布哈拉所作的诗歌,大都以赞美君王为主题,晚年诗作转向劝谏君王,进而触及朝政弊端,直至被挖掉双眼,逐出宫廷,贫困交加之中殁于故乡。鲁达基一生创作诗歌极多,相传多达百卷,累计长约百余万行,大都在战乱中失传,其中千余首两行诗至今犹存,依然脍炙人口,广为吟诵,被誉为"波斯诗歌之父"和"诗人中的亚当"。鲁达基曾经将阿拉伯伊斯兰时代的文学名著《卡里莱与迪木乃》从阿拉伯文译成新波斯文,是其在波斯文学史上的另一卓越成就。

费尔多西(935—1020)出生于呼罗珊的突斯,原名阿布·嘎希姆·曼苏尔,费尔多西是其笔名。费尔多西受益于突厥血统加兹尼王朝宫廷的庇护,熟知波斯古史,使用新波斯语,耗时30余年,创作史诗巨作《列王纪》,包括神话故事、英雄故事和历史故事,俨然是一部鲜活的伊朗民族史诗。《列王纪》采用双行诗的联句文体,洋洋万余行,收录波斯古代50余位君王的生平经历和4 000余个流传民间的故事传说,记述古代波斯王公的荣辱兴衰和沉浮沧桑,情节生动曲折,人物栩栩如生,堪称千古佳作。相传,费尔多西曾经将《列王纪》手稿献与加兹尼王朝苏丹马哈茂德,却未能受到马哈茂德的赏识,反而引起苏丹不悦,被迫出走,晚年返回故乡。费尔多西的诗歌堪称波斯文学和波斯语发展史的重要里程碑,《列王纪》则是新波斯语的奠基之作,费尔多西则被后人誉为伊朗的莎士比亚和马丁·路德。亦有学者认为,费尔多西之于新波斯语,如同莎士比亚之于近代英语。费尔多西所著长诗《列王纪》不仅着力重现伊朗古代的辉煌与荣耀,而且象征着波斯语在历经沧桑之后的华丽转身,直至今日依然在伊朗家喻户晓,脍炙人口。

欧麦尔·赫亚姆(1048—1122)出生于内沙浦尔,恰逢塞尔柱人入主西亚的时代。欧麦尔·赫亚姆不仅是杰出的数学家和天文学家,而且在诗歌创作方面也卓有成就。欧麦尔·赫亚姆创作的诗歌,大都采用四行诗的形式,诗歌蕴意颇具哲理,诗集名为《鲁拜集》。欧麦尔·赫亚姆曾经以其数学成就和天文学成就在伊斯兰世界名噪一时,而其诗作却遭到冷遇,尘封长达数百年之久,直至19世纪后期开始在西方文坛重见天日,进而备受世人推崇。

德黑兰的费尔多西雕塑

欧麦尔·赫亚姆所著《鲁拜集》英文版

蒙古铁骑于13世纪践踏伊朗高原,血雨腥风,生灵涂炭。然而,伊尔汗国和帖木儿帝国时代,征服者经历伊斯兰教化的过程,同时接受了波斯语,文学创作成为此间波斯文化的标志性象征。鲁米、萨迪、哈菲兹,作为蒙古西征后的伊朗三大杰出诗人,名噪一时,与费尔多西并称"诗坛四柱"抑或"支撑波斯文学大厦的四根柱石",所作诗歌皆为波斯文学的瑰宝,代表波斯诗歌创作的巅峰。

鲁米(1207—1273)出身于巴勒黑的宗教学者家庭,全名为莫拉维·贾拉鲁丁·鲁米,其父迫于蒙古人西征的威胁携家西迁,直至流落于小亚细亚的科尼亚。鲁米本人曾经多处求学,直至独树一帜,创立苏非派中以旋转舞著称于世的麦乌拉维教团。鲁米热衷于苏非主义的神秘思想,被誉为波斯苏非派神秘主义诗歌的集大成者,一生创作65 000行诗歌,诗集长达六卷,名为《玛斯纳维》即《训言集》。鲁米创作的诗歌,除援引经训之外,大量吸取来自民间的故事传说,以超乎常人的智慧学识阐释苏非主义

波斯的苏非派诗人鲁米

鲁米和苏非大师

的宗教哲理,被苏非派麦乌拉维教团尊奉为经典之作,甚至被视为"知识的海洋"和"波斯文的《古兰经》"。

萨迪(1213—1291)出生于设拉子,全名为谢赫·穆斯利赫丁·阿卜杜拉·萨迪,早年求学于巴格达的尼采米亚大学,后逢战乱,流落他乡30余年。相传萨迪曾经15次徒步朝觐麦加克尔白,足迹遍及西起北非、东至印度和中国喀什的广大地区,沿途聚众讲道,传授苏非主义,晚年隐居故里,潜心著述。萨迪的代表作是《果园》和《蔷薇园》,其中《果园》系具有哲理色彩的叙事长诗,《蔷薇园》则是散文体的韵文诗集,两部诗作涉及内容十分广泛,大至治国安邦和修养准则,小到待人接物和生活起居,既有发人深省的道德训谕,又有盎然的趣味和栩栩如生的流畅语言,皆为波斯文学史上的奇葩之作,萨迪本人则被誉为"波斯古典文坛最伟大的诗人"。

哈菲兹(1320—1389)亦出生于设拉子,与萨迪同乡,其生平晚于萨迪一个世纪,设拉子因此被伊朗人视作"诗人之都"。哈菲兹是其笔名,原名是舍姆斯丁·穆罕默德。哈菲兹幼年丧父,家境贫寒,然而天资聪慧,勤奋向学,熟读经训,尤其青睐苏非主义。哈菲兹擅长于创作浪漫主义的抒情诗,被誉为伊朗文学史上前无古人的"抒情诗大师",亦被誉为"隐遁者的心声"。哈菲兹创作的诗歌,经后人收录,名为《哈菲兹诗集》,长约8 000余行,极力颂扬人性与人生之美,文辞华丽,情感炽热,寓意深邃。相传征服者帖木儿进入设拉子后,一度给予哈菲兹以颇高的礼遇。哈菲兹的诗歌不仅在伊朗和阿拉伯世界久负盛名,而且蜚声海外文坛。德国大诗人歌德曾经以如下诗句盛赞哈菲兹:"你是一艘张满风帆劈波斩浪的大船,而我则不过是在海涛中上下颠簸的小舟。"黑格尔、尼采和普希金亦对哈菲兹创作的诗歌赞誉有加。

萨迪所著《蔷薇园》插图 1　　　　　　　　萨迪所著《蔷薇园》插图 2

作者点评：

　　阿拉伯人的征服,终结了伊朗古代历史的脚步。雄踞于中东大地千年之久的波斯帝国繁华落尽,炫丽缤纷的浪花消失在奔流不息的历史长河之中。哈里发帝国的统治拉开了伊朗中世纪史的帷幕,起源于阿拉伯半岛的伊斯兰教由此植入伊朗人的精神世界,伊朗传统文明的诸多元素亦逐渐融入色彩斑斓的阿拉伯伊斯兰文化之中。继阿拉伯人之后,突厥人和蒙古人的金戈铁马驰骋在扎格罗斯山与阿姆河之间的苍茫原野,域外族群粉墨登场,游牧势力泛滥,群雄逐鹿,狼烟四起,乱象丛生。斗转星移,沧海横流,伊朗民族虽命运多舛,历尽万千磨难,依然挺立于风霜雨雪之中,傲视群雄。

第三章
从萨法维王朝到恺伽王朝

第一节 萨法维王朝的兴衰

一、萨法维王朝的起源

萨法维王朝建立之前,伊朗屡遭外族入侵。阿拉伯人的扩张、突厥人的迁徙、蒙古人的西征和帖木儿帝国的统治以及黑羊王朝与白羊王朝的角逐,深刻改变了伊朗社会的人口构成,游牧部落成为支配伊朗政治生活的重要元素。萨法维王朝的兴起,标志着伊朗高原历经外族征服和统治长达850年的中世纪时代的终结,甚至被视作古代波斯帝国的重建,堪称伊朗历史的重要分水岭。相比于百年前帖木儿帝国的昙花一现,萨法维王朝在其创立者伊斯马仪死后并未解体,而是延续长达200余年,超过伊斯兰时代以往诸多伊朗土著王朝的存在时间,近代以来伊朗国家的疆域基础随之逐渐固化,伊朗历史的发展方向亦由此改变。

萨法维家族具有库尔德人血统,操阿扎里语①,自塞尔柱时代起生活在阿塞拜疆地区。萨法维家族的祖先萨菲·丁(1252—1334)长期追随里海南岸城市塔里什的逊尼派苏非长老扎希德·吉拉尼。1301年扎希德·吉拉尼死后,萨菲·丁移居里海南岸与大不里士之间的埃尔达比勒,创立苏非派萨法维教团。埃尔达比勒地处大不里士以东约250公里的里海走廊,位于埃尔达比勒的萨菲·丁陵墓系其子萨德尔·丁(1304—1392)所建,至今犹存。

相比于传统宗教学者从属于世俗统治者,俨然是官方的代言人,苏非教

---

① 阿扎里语系流行于阿塞拜疆的突厥语分支。

团则植根于民间社会,而苏非教团长老往往被视作民间诉求的代言人。如同伊斯兰世界之来自草原的其他族群一样,蒙古人对苏非派的神秘主义情有独钟。萨菲·丁作为苏非派萨法维教团的创始人和萨法维家族的祖先,曾经受到伊尔汗国多代国王的礼遇。

1334年萨菲·丁死后,萨德尔·丁成为萨法维教团的第二代长老,自称先知穆罕默德家族的后裔传人。1392年萨德尔·丁死后,其子霍瓦贾·阿里继任萨法维教团的第三代长老(1392—1427年在位)。萨法维教团的第四代长老是霍瓦贾·阿里之子易卜拉欣(1427—1447年在位)。1447年易卜拉欣死后,其子朱奈德继任萨法维教团第五代长老(1447—1460年在位),易卜拉欣的兄弟贾法尔则是萨法维教团的核心人物。1447—1459年间,贾法尔得到黑羊王朝的支持,觊觎萨法维教团长老的权位,朱奈德被迫离开埃尔达比勒,先后流亡小亚细亚东部和叙利亚,秘密招募土库曼部落的追随者,逐渐被其追随者赋予什叶派伊玛目的神圣属性。与此同时,萨法维教团逐渐由远离政治的宗教组织演化为具有浓厚军事色彩的政治组织。

修缮中的萨菲丁陵墓

大不里士的萨西姆·阿姆尔清真寺

朱奈德于1459年返回阿塞拜疆后,与白羊王朝汗王乌赞·哈桑交往甚密,娶乌赞·哈桑之妹为妻,萨法维教团与白羊王朝之间建立联姻关系,致力于黑海沿岸和高加索一带对基督徒发动圣战,进而介入政治领域的权力角逐。与此同时,萨法维家族的宗教影响逐渐扩大,军事实力亦随之增强。追

随萨法维教团的战士主要来自突厥血统的土库曼人乌斯塔吉鲁部落、卢姆鲁部落、沙姆鲁部落、祖尔加迪尔部落、塔卡鲁部落、阿夫沙尔部落和恺伽部落,以红色头巾作为标记,名为凯兹巴什。凯兹巴什系波斯语,意为戴红头巾的战士。凯兹巴什战士通常赤身上阵,以示勇猛和无惧死亡。帖木儿帝国解体以后伊朗高原的混乱状态,尤其是黑羊王朝与白羊王朝的对抗,成为萨法维家族问鼎政坛的重要条件。混乱的局势提供了苏非教团势力蔓延的沃土,伊朗西北部和小亚细亚东南部的土库曼人部落和苏非教团成为萨法维家族的重要支持者。

1460年,朱奈德死于战场,其子哈伊达尔继任萨法维教团第六代长老(1460—1488年在位)。哈伊达尔成长于乌赞·哈桑的宫廷,娶乌赞·哈桑之女为妻,进一步强化萨法维教团与白羊王朝之间的联姻关系。1488年哈伊达尔死于高加索战场,其子苏勒坦·阿里继任萨法维教团第七代长老(1488—1494年在位)。白羊王朝汗王雅古布将萨法维教团视作潜在的威胁,1489—1493年将苏勒坦·阿里囚禁于遥远的伊斯塔赫尔城。1494年,白羊王朝处死苏勒坦·阿里,其弟伊斯马仪年仅7岁便继任萨法维教团第八代长老,随后逃往里海南岸的吉兰,受到土著什叶派的庇护。

1499年,12岁的伊斯马仪离开吉兰。1501年,伊斯马仪(1501—1524年在位)率领长期追随萨法维教团的土库曼战士即凯兹巴什进军阿塞拜疆和亚美尼亚,在沙鲁尔战役中击败白羊王朝的军队,进而占领大不里士,自称伊斯马仪沙,建立萨法维王朝(1501—1722)。

二、王位传承与疆域变动

伊斯马仪沙的追随者来自土库曼部族,然而阿塞拜疆尽管地处土库曼世界的核心区域,却是伊朗世界的政治边陲。1503年,伊斯马仪沙自大不里士挥师南下,占领哈马丹和法尔斯,进而控制伊朗西部。1504年,伊斯马仪沙率军东征,占领里海南岸的马赞德兰和古尔甘。1507年,伊斯马仪沙举兵西征,占领迪亚巴克尔,控制小亚细亚东部,版图延伸到奥斯曼帝国的边界。1508年,伊斯马仪沙再度南下,占领巴格达,吞并伊拉克以及伊朗西南部的胡齐斯坦。

中亚的乌兹别克汗国(1500—1920)是萨法维王朝的东方宿敌。乌兹别克汗国最初都于撒马尔罕,后迁都布哈拉,故称布哈拉汗国,又因其首位汗王名为昔班尼,亦称昔班尼王朝。乌兹别克汗国的汗王相传是成吉思汗长子术赤的后裔,尊奉逊尼派伊斯兰教。伊斯马仪沙在位初期,与乌兹别克汗国争夺呼罗珊。1510年,伊斯马仪沙率军东征呼罗珊,在木鹿附近与乌兹别克汗国交战,大获全胜,杀乌兹别克汗王昔班尼,继而占领赫拉特。相传,伊斯马仪沙将昔班尼的头颅做成饮器赠与奥斯曼帝国苏丹。此后,伊斯马仪沙以阿姆河作为萨法维王朝与乌兹别克汗国之间的界河,呼罗珊被纳入萨法维王朝的版图。1512年,昔班尼的继承人欧拜杜拉入侵呼罗珊,萨法维王朝兵败赫拉特。1513年,伊斯马仪沙再次亲征呼罗珊,收复赫拉特,乌兹别克汗国军队撤走,阿姆河再次成为萨法维王朝与乌兹别克汗国之间的界河。

伊斯马仪沙

萨法维王朝初建之时,政治重心位于阿塞拜疆和小亚细亚东部。相比于遥远的乌兹别克汗国,奥斯曼帝国近在咫尺,是萨法维王朝面临的首要威胁。1514年,奥斯曼帝国苏丹塞里姆一世(1512—1520年在位)出兵入侵阿塞拜疆,与萨法维王朝交战于大不里士西北130公里的查尔迪兰。奥斯曼帝国军队约12万人,数量居多,包括骑兵以及装备火器的步兵和炮兵,萨法维王朝的军队约6万人,主要是装备刀箭的传统骑兵,缺乏火器。奥斯曼帝国的火器,面

伊斯马仪沙征战图

对萨法维王朝的传统冷兵器,显示出巨大的威力,决定了查尔迪兰战役的结局。奥斯曼帝国一方在查尔迪兰战役中大获全胜,萨法维军队损失惨重,伊斯马仪沙侥幸逃脱。奥斯曼帝国苏丹占领大不里士,继而班师返回小亚细亚。

查尔迪兰战役对于此后双方态势以及中东地缘政治产生深远的影响。查尔迪兰战役后,奥斯曼帝国占领白羊王朝旧都迪亚巴克尔和库尔德斯坦。小亚细亚东部是黑羊王朝和白羊王朝曾经的领地,亦曾是凯兹巴什的主要招募地,查尔迪兰战役之后被纳入奥斯曼帝国的版图。萨法维王朝退出小亚细亚东部,奥斯曼帝国的东部边界推进到幼发拉底河-底格里斯河上游,现代伊朗的西部边界线亦大体上确定下来。与此同时,萨法维王朝退出中亚,阿姆河和锡尔河流域成为乌兹别克汗国的领地,呼罗珊成为萨法维王朝的东部边界。查尔迪兰战役的失败,明显削弱了伊斯马仪沙在其狂热追随者中的影响力,尤其是在伊斯马仪沙的内心留下了深深的阴影。在此后的10年间,伊斯马仪沙声望扫地,征战生涯随之终止,直至寿终正寝。

1524年伊斯马仪沙死后,其子塔赫马斯普(1524—1576年在位)即位。塔赫马斯普在位初期,萨法维王朝面临外部威胁和外敌入侵的严峻形势,被迫在东西两面分别迎战乌兹别克汗国和奥斯曼帝国。自1524年起,乌兹别克人5次攻入萨法维王朝领地,攻占赫拉特和马什哈德,兵抵莱伊。1537年,塔赫马斯普击退乌兹别克人,夺回呼罗珊。1557年,塔赫马斯普出兵攻占阿斯塔拉巴德。1558年,塔赫马斯普出兵击败莫卧儿帝国军队,收复坎大哈。自1532年起,奥斯曼帝国进攻萨法维王朝长达二十年之久。1534年,奥斯曼帝国军队入侵阿塞拜疆和伊拉克,一度占领大不里士和巴格达,什叶派圣地纳杰夫和卡尔巴拉落入奥斯曼人手中。1555年,萨法维王朝被迫与奥斯曼帝国缔结《阿马西亚合约》,伊拉克被纳入奥斯曼帝国的版图,阿塞拜疆依然划归萨法维王朝。1555年《阿马西亚和约》签订后,萨法维王朝被迫从大不里士迁都加兹温。1557年,塔赫马斯普收留奥斯曼帝国王子巴叶济德,直至1560年将巴叶济德送回伊斯坦布尔。1567年,塔赫马斯普遣使前往伊斯坦布尔,试图向奥

塔赫马斯普

斯曼帝国示好。

塔赫马斯普在位52年,死于1576年。塔赫马斯普生前似乎并未明确指定王位继承人。1576年塔赫马斯普死后,其子哈伊达尔(1576—1576年在位)即位,得到乌斯塔吉鲁部落、塔里什部落、塔卡鲁部落以及格鲁吉亚人的支持。同年,鲁姆鲁部落、阿夫沙尔部落、恺伽部落以及塞加西亚人处死哈伊达尔,释放自1556年起被囚禁的塔赫马斯普之子伊斯马仪,拥立伊斯马仪在加兹温即位,是为伊斯马仪二世(1576—1577年在位)。伊斯马仪二世即位后,试图恢复逊尼派作为萨法维王朝的官方信仰,实行恐怖政治,杀戮王族成员,一年后神秘死去。

伊斯马仪二世死后,沙姆鲁部落、祖尔加迪尔部落、乌斯塔吉鲁部落和阿夫沙尔部落拥立塔赫马斯普的第三子胡达班达即位(1578—1587年在位)。此间,

塔赫马斯普接见外国使者

王权旁落,凯兹巴什和后宫操纵朝政。1578—1590年,奥斯曼帝国入侵,占领阿塞拜疆、格鲁吉亚、库尔德斯坦和卢里斯坦,1585年再度攻占大不里士。与此同时,乌兹别克人入侵呼罗珊,围攻赫拉特。1587年,乌斯塔吉鲁部落的凯兹巴什首领穆尔希德·库里在马什哈德拥立塔赫马斯普之孙阿拔斯·米尔扎反叛称王,进而入主加兹温,史称阿拔斯一世(1588—1629年在位)。1597年,萨法维王朝的首都从加兹温移至伊朗中部的伊斯法罕。

阿拔斯一世即位之初,萨法维王朝似乎已经名存实亡,国势岌岌可危,版图仅为塔赫马斯普时代的二分之一,另外二分之一版图处于四分五裂的状态。与此同时,乌兹别克人占领赫拉特,奥斯曼帝国占领大不里士。1590年,萨法维王朝被迫再度与西方宿敌奥斯曼帝国签约媾和,割让包括大不里士在内的西北部地区,仅仅保有萨法维教团圣地埃尔达比勒,承诺停止诅咒麦地那时代的前三任哈里发,是为《伊斯坦布尔和约》。此后,阿拔斯一世致

阿拔斯一世

胡达班达被废黜王位

力于反击东方宿敌乌兹别克人。1598—1599年,阿拔斯一世出兵夺回包括赫拉特、马什哈德、巴勒黑、木鹿和阿斯塔拉巴德在内的呼罗珊东部。至1603年,萨法维王朝东方边境逐渐稳定,阿拔斯一世开始着手在西部反击。1605—1607年,萨法维王朝的军队经过征战,收复阿塞拜疆和格鲁吉亚。1623—1624年,萨法维王朝夺取巴格达、摩苏尔以及什叶派圣城纳杰夫和卡尔巴拉。与此同时,萨法维王朝的军队夺取巴林,控制波斯湾沿岸,将葡萄牙人赶出霍尔木兹海峡。至1629年阿拔斯一世去世时,萨法维王朝的统治达到顶峰,其疆域北起里海,南至波斯湾,西部边境与奥斯曼帝国接壤,东部边境与莫卧儿帝国毗邻,大体上恢复1576年塔赫马斯普去世时的版图。

1629年,阿拔斯一世病故于马赞德兰的夏宫,死后在宗教圣城库姆下葬。阿拔斯一世在位41年,育有4子,其中长子被阿拔斯一世处死,次子先于阿拔斯一世亡故,三子和四子均被阿拔斯一世刺瞎双眼而成为盲人。阿拔斯一世临终前,鉴于没有任何子嗣或兄弟可以继承王位,指定嫡孙萨菲·米尔扎作为继承人。阿拔斯一世死后,萨菲·米尔扎在伊斯法罕的阿里·卡普宫正式加冕即位,史称萨菲一世(1629—1642年在位)。

萨菲一世即位后,萨法维王朝与奥斯曼帝国之间战事再起。奥斯曼帝国军队于1630年占领哈马丹,1635年占领大不里士,1638年占领巴格达。1639年,奥斯曼帝国与萨法维王朝签署《祖哈布和约》,伊拉克再次纳入奥斯曼帝国的版图,扎格罗斯山成为奥斯曼帝国与萨法维王朝的政治分界线。此后,萨法维王朝与奥斯曼帝国之间战事终止。与此同时,东方边境亦无大的战事。

1642 年萨菲一世死后,其子穆罕默德·米尔扎即位,史称阿拔斯二世(1642—1666 年在位)。1638 年,莫卧儿帝国占领坎大哈。1648 年,阿拔斯二世出兵东征,从莫卧儿帝国手中收复坎大哈。1666 年,阿拔斯二世死于巡游途中,其子萨菲·米尔扎(1666—1694 年在位)即位。1668 年,萨菲·米尔扎改称苏莱曼,史称萨菲二世。

阿拔斯二世接见莫卧儿帝国使者

1694 年,苏莱曼病逝。两周后,苏莱曼的遗体运往库姆下葬。萨菲一世和阿拔斯二世的遗体,同样下葬于库姆。苏莱曼共有七子,然而生前却并未明确

阿拔斯二世在伊斯法罕宴请外国使团

苏莱曼在伊斯法罕的王宫中

指定王位继承人。相传，苏莱曼临终时曾经对随行的廷臣表示：如果选择舒适的生活，应当拥立其子侯赛因；如果选择国家强盛，应当拥立其子阿拔斯。苏莱曼死后，其子侯赛因（1694—1722年在位）即位，成为萨法维王朝的末代君主。

侯赛因在位期间，萨法维王朝与奥斯曼帝国延续和平的状态，萨法维王朝与莫卧儿王朝之间亦无大的战事。在北方，彼得大帝曾经于1700年派遣俄罗斯舰队威胁巴库，然而两国之间并未发生直接的战事。1717年，萨法维王朝与俄罗斯签署和约。

侯赛因在位末期，宫廷财政拮据，王权衰微，凯慈巴什酋长势力坐大，教界上层亦常与萨法维王朝分庭抗礼，萨法维王朝逐渐衰落。1720年，逊尼派叛乱遍及萨法维王朝的边缘地带。1722年，阿富汗人马哈茂德自坎大哈起兵西进，攻陷伊斯法罕，侯赛因投降并宣布退位，王位让与马哈茂德，萨法维王朝寿终正寝。

三、君主政治与部族传统

萨法维王朝的建立起源于萨法维教团与土库曼人游牧部落的联盟，萨法维时代的政治生活表现出土库曼元素的浓厚色彩，凯慈巴什广泛的政治影响贯穿萨法维王朝的历史进程。凯慈巴什首领大都出任萨法维王朝的军政要职，尤其在伊朗西北部诸多省区颇具势力。作为省区总督的凯慈巴什大都终身任职，家族世袭和父死子继的现象十分普遍。他们除向国王提供兵员和缴纳数量有限的贡赋之外，在所辖范围内对其臣民行使广泛的统治权力，形成明显的离心倾向。

萨法维王朝致力于通过联姻的方式，与土库曼人部落结为盟友，政治婚姻可谓萨法维王朝实现政治聚合的有效手段。乌斯塔吉鲁部落、沙姆鲁部落和塔卡鲁部落的首领曾经娶伊斯马仪的妹妹为妻，伊斯马仪和塔赫马斯普先后娶乌斯塔吉鲁部落女子为妻，而塔赫马斯普、伊斯马仪二世和胡达班达的生母皆来自乌斯塔吉鲁部落。伊斯马仪死后，卢姆鲁部落、塔卡鲁部落与乌斯塔吉鲁部落三足鼎立,形成左右朝政的局面。1526—1531年,塔卡鲁部落击败乌斯塔吉鲁部落和卢姆鲁部落,独揽大权。1531年,沙姆鲁部落联合乌斯塔吉鲁部落、卢姆鲁部落、祖尔加迪尔部落、阿夫沙尔部落,在伊斯法罕发动兵变,屠杀塔卡鲁部落成员,占据萨法维王朝的军政要职。此间,凯兹巴什把持朝政,相互倾轧,至1533年权力复归塔赫马斯普。塔赫马斯普死后,哈伊达尔即位,得到乌斯塔吉鲁部落、沙姆鲁部落、塔卡鲁部落和格鲁吉亚人的支持。随后,卢姆鲁部落、阿夫沙尔部落、恺伽部落以及库尔德人废黜哈伊达尔,拥立伊斯马仪二世即位。伊斯马仪二世死后,沙姆鲁部落、祖尔加迪尔部落、乌斯塔吉鲁部落和阿夫沙尔部落拥立塔赫马斯普的长子胡达班达即位。

塔赫马斯普在位期间,屡次远征高加索,俘获大量格鲁吉亚、塞加西亚和亚美尼亚的基督徒士兵。自阿拔斯一世即位开始,萨法维王朝逐渐改变兵源结构,征募阿拉伯人和波斯人以及皈依伊斯兰教的格鲁吉亚、塞加西亚、亚美尼亚战俘,组建领取薪俸的职业化新军,旨在制衡凯慈巴什战士、克服地方离心倾向和强化中央集权。阿拔斯一世当政期间,领取薪俸的职业化新军达到3.7万人,包括御林军3 000人、骑兵1万人、使用传统兵器的步兵1.2万人和装备新式火器的步兵1.2万人,而凯慈巴什战士则由6万人削减为3万人。阿拔斯一世在位末期,约半数的省区总督由新军将领担任。至阿拔斯二世当政期间,在全国37个省区中,由新军将领出任总督的省区多达25个。

萨法维王朝实行国家土地所有制,军事封邑和王室领地构成土地占有的基本形式。军事封邑用于供养凯慈巴什战士,而王室领地则是萨法维家族的主要岁入来源。萨法维王朝初期,土库曼人势力膨胀,诸多地区成为凯慈巴什战士的军事封邑。阿拔斯一世即位以后,逐渐削减凯慈巴什的军事封邑,扩大王室领地,用于维持新军和支付军饷。凯

17世纪末萨法维王朝的皇家卫队士兵

阿拔斯一世

兹巴什采用军事封邑的传统方式，无须国家财政支出。相比之下，阿拔斯一世组建的新军由国家财政支付军饷。1588—1606年，加兹温、卡尚、克尔曼、亚兹德、库姆的军事封邑相继被国家收回，成为王室领地。1642—1666年阿拔斯二世当政期间，吉兰、马赞德兰、呼罗珊和阿塞拜疆的军事封邑亦被纳入王室领地。与此同时，萨法维王朝不断完善官僚机构，起用波斯贵族掌管税收。波斯元素由此融入萨法维王朝的政治领域，波斯贵族随之成为萨法维王朝制约土库曼人凯兹巴什的重要砝码。

萨法维王朝无疑兼有土库曼元素与波斯元素的双重属性。萨法维王朝统治的200余年间，土库曼元素与波斯元素经历了此消彼长的历史转换。萨法维王朝最初定都于阿塞拜疆的大不里士。查尔迪兰战役之后，大不里士成为毗邻奥斯曼帝国的边界城市。由于萨法维王朝与奥斯曼帝国之间战事不断，塔赫马斯普于1548年迁都厄尔布尔士山南麓的加兹温，以避奥斯曼帝国的攻势。阿拔斯一世在位期间，于1598年再次迁都位于扎格罗斯山中部的伊斯法罕。迁都的过程不仅标志着萨法维王朝重心的东移，亦是萨法维王朝之去土库曼化的重要举措，伊朗腹地成为萨法维王朝的政治重心，政治生活的波斯色彩日渐浓厚，土库曼人的政治影响随之削弱。许多学者强调和渲染萨法维王朝时期土库曼人与波斯人的冲突，认为土库曼人与波斯人如同石油与水，无法融合为一体(Morgan，1988，p.128)。实际情况并非如此。作为萨法维王朝倚重的统治精英，土库曼人战士与波斯官僚之间无疑存在差异和矛盾。然而，随着时间的流逝，萨法维王朝统治精英内部冲突的族群色彩逐渐淡化，土库曼人战士与波斯官僚之间的通婚已是常态，进而形成政治盟友。波斯官僚政治的历史传统根深蒂固，土库曼人战士与波斯官僚之间的合作屡见不鲜。

四、宗教政治与教俗关系

萨法维王朝建立之前，波斯人大都属于逊尼派穆斯林，分别尊奉沙菲仪派、哈奈菲派、马立克派和罕百里派教法，亦有少量的波斯人属于什叶派穆斯林。萨法维家族原本尊奉逊尼派伊斯兰教，萨法维教团自其创立者萨菲·丁至第四代长老易卜拉欣皆具有明显的逊尼派倾向，尚无什叶派的教派痕迹。

萨法维教团从逊尼派向什叶派的转化，开始于第五代长老朱奈德时期。此间，土库曼战士凯兹巴什追随萨法维教团长老朱奈德，随之注入军事色彩和神秘元素。凯兹巴什红色头巾上的十二布条，被视作什叶派十二伊玛目派的象征，此为萨法维教团从逊尼派转化为什叶派的起点。

萨法维王朝的创立者伊斯马仪,早年在诗歌中自比波斯先人胡斯洛和鲁斯塔姆,推崇呼罗珊起义的英雄阿布·穆斯林,自称是真理的化身和阿里家族的追随者,进而自称是什叶派第七代伊玛目穆萨·卡兹姆的后裔。

　　1501年萨法维王朝建立后,伊斯马仪沙宣布什叶派伊斯兰教为萨法维王朝的官方信仰,自居为隐遁伊玛目在尘世的代表,进而实行强制改宗的宗教政策,迫使伊朗高原的土著居民放弃逊尼派伊斯兰教的传统信仰,改奉什叶派伊斯兰教,大量逊尼派穆斯林由于拒绝改宗什叶派而遭到萨法维王朝迫害致死。与此同时,萨法维王朝将什叶派乌莱玛(乌莱玛是阿拉伯语"学者"一词的复数音译,特指宗教学者)从叙利亚和伊拉克诸地迁入伊朗,创办什叶派宗教学校,宣传什叶派伊斯兰教,进而将什叶派乌莱玛纳入萨法维王朝的官方体系。

　　塔赫马斯普早年青睐什叶派,1528—1533年征战乌兹别克人期间,多次朝拜位于马什哈德的第八代伊玛目阿里·里达的神龛。阿拔斯一世有意疏远苏非教团,淡化埃尔达比勒的宗教圣城地位,却向什叶派乌莱玛赠与大量宗教地产,提高库姆和马什哈德的宗教圣城地位。阿拔斯一世尽管迁都伊斯法罕,然而只有8次莅临新都。相比之下,阿拔斯一世曾经12次拜谒马什哈德。伊斯马仪二世(1576—1577年在位)在位期间,一度试图恢复逊尼派信仰,却已无力回天。

　　萨法维王朝的权力合法性,首先来自萨法维家族作为苏非教团首领的地位,继而来自萨法维家族与阿里家族之间的血缘传承以及什叶派伊玛目权位的传承。萨法维王朝之引入什叶派作为官方信仰,旨在强化萨法维王朝的神圣地位,强化臣民之宗教认同感和社会内聚力,进而抗衡尊奉逊尼派伊斯兰教的西方宿敌奥斯曼帝国和东方宿敌乌兹别克帝国。官方的什叶派宗教学说赋予国王以神圣的外衣,成为萨法维王朝驾驭社会和统治民众的重要工具。

　　萨法维王朝一方面强调伊斯兰教的神权原则,另一方面继承波斯帝国的政治传统,实行教俗合一的政治制度,国王兼有什叶派宗教领袖与世俗君主的双重权力,俨然成为"安拉在大地的影子"和"众王之王"。教俗合一的国家体制,成为维系伊朗诸多地区和不同社会群体的重要纽带。阿拔斯一世当政期间的欧洲旅行家查尔丁曾经写道,"世界上再没有比波斯国王更加专制的统治者"。稍晚于查尔丁的另一欧洲旅行家克鲁辛斯基亦认为,"天地间没有任何一位国王能够像阿拔斯沙和他的继承者那样主宰着臣民的命运"。

萨法维家族与什叶派乌莱玛的广泛联盟,构成萨法维王朝的政治基础。由此导致的后果是什叶派乌莱玛势力的空前膨胀,以至于此后数百年间什叶派乌莱玛特别是穆智台希德(什叶派穆斯林的精神导师)取代苏非教团而在伊朗历史进程中产生广泛的社会影响。

萨法维王朝建立后,极力排斥和迫害其他诸多苏非教团,萨法维教团几乎成为萨法维王朝境内仅存的苏非教团。相比之下,什叶派伊斯兰教作为官方信仰,提供了萨法维王朝的权力合法性的重要基石,而什叶派乌莱玛成为萨法维王朝宗教政策主要受益者。所谓的萨德尔作为国王任命的官方什叶派宗教首领,负责监督实施宗教法律沙里亚,任命宗教法官卡迪,掌管宗教地产瓦克夫。萨法维王朝亦将马什哈德和库姆的大量地产赠予教界,作为教界的主要财源,什叶派乌莱玛随之融入地产主的行列,成为萨法维王朝的重要社会基础。库姆和马什哈德堪称伊朗什叶派伊斯兰教的标志和象征,伊斯兰教历穆哈兰月期间祭奠伊玛目侯赛因的节日则是伊朗穆斯林最重要的宗教节日。

伊斯兰世界的乌莱玛不同于中世纪欧洲的教士,他们并非介于上帝与信众之间的环节,而是执行穆斯林法律,掌管教育和慈善机构者,因此具有比西方的教士更为广泛的作用。萨法维时代,什叶派乌莱玛人数众多,地位各异。乌莱玛的上层拥有萨法维王朝任命的职位,占据大量地产,掌管官方宗教机构。更多的乌莱玛并未被纳入萨法维王朝的官方宗教体系,处于相对独立的地位,与城市的巴扎和行会以及乡村大众联系密切,具有明显的民间倾向。

萨法维王朝末代君主侯赛因在位期间,什叶派宗教学者势力坐大,著名什叶派宗教学者穆罕默德·巴基尔·麦吉利西(1627—1700)更是位高权重,被时人誉为"伊斯兰教长老",俨然是什叶派穆斯林的宗教首领。此间,基督徒和犹太人甚至逊尼派穆斯林受到排挤和迫害,引发广泛的社会不满。

穆罕默德·巴基尔·麦吉利西

五、社会结构与经济生活

萨法维王朝统治下的伊朗人口在 600 万至 1 000 万之间,包括三个不同的社会群体,即游牧的部落人口、乡村的农业人口和城市的工商业人口。其中,游牧的部落人口主要来自土库曼人以及阿拉伯人和库尔德人,乡村的农业人口和城市的工商业人口基本属于波斯血统的土著群体。居无定所的游牧社会、自给自足的乡村农业社会以及与简单商品经济密切相关的城市社会三者之间的长期并存与相互依存,构成萨法维时代伊朗社会的基本模式。

游牧人口约占伊朗人口的三分之一,血缘群体构成游牧人口的基本组织形式。追逐水草的定期迁徙是游牧生活的主要特征,牧场和牲畜则是游牧人口的基本生活来源。在游牧社会,公有制与私有制长期并存,广袤的牧场通常由整个部落共同拥有,牲畜以及其他财产则处于私人支配的状态。游牧产品主要用于满足部落内部的生活需要,亦有少量游牧产品用于交换定居地区的某些产品。游牧社会的剩余劳动占有形式是征收于牲畜的贡税,税额从三分之一到七分之一不等。游牧群体表现为等级性的社会结构。军事首领位于游牧社会的顶端,是最大的畜群所有者,往往出任萨法维王朝的军政职务,具有显赫的地位和广泛的影响。居于军事首领之下的是人数众多的部落贵族,他们拥有自己的畜群,负责分配牧场和宿营地。普通部落成员构成游牧群体中的下层人口,拥有少量牲畜或为他人放牧。萨法维时代,游牧部落构成国家的主要兵源,从军作战的部落成员约为 6 万人。游牧部落的妇女如同乡村的妇女一样,不戴面纱,通常从事比男子更多的体力劳动,如纺纱、织布、烹调、耕作和放牧。

萨法维时代,伊朗乡村的定居农业人口约占全部人口的二分之一。农业社会的基本组织是传统的自然村落,其前身应是古代伊朗的农村公社。乡村的地产大致包括四种类型,即王室领地、国有土地、宗教地产和民间私人地产。王室地产称作哈萨,属于国王及王室成员,主要分布在都城伊斯法罕周围及里海沿岸的吉兰和马赞德兰。国有土地称作麦玛立克,其中国家赐封军事贵族的领地称作提尤尔,用于供养凯慈巴什战士;提尤尔的领有者不仅享有征纳租税的权利,而且行使地方秩序的管辖权,领有权世代相袭。宗教地产称作瓦克夫,不得转让和买卖,亦不承担贡税义务。相当数量的乡村土地属于民间私田,频繁的田产交易足以证明私人土地的广泛存在。

画家笔下的伊朗贵族宴会

　　萨法维王朝建立前的数百年间,军事封邑成了维系统治秩序的首要纽带。由于军事封邑通常具有非世袭性,游牧部族首领作为受封者竭泽而渔,尤其是农田牧场化十分严重,农业长期处于凋敝的状态。至15世纪末,军事封邑逐渐演变为世袭地产,农业生产随之得以恢复。萨法维时代,国王的年收入约为70万土曼,其中83%来自土地税,农业在伊朗经济生活中的主导地位由此可见。在萨法维时代的伊朗乡村,绝大部分的土地由农民租种,实物分成制构成基本的租佃形式,亦有少量土地采用固定数额的租佃形式。在不同的情况下,农民缴纳的地租数额不尽相同,耕地、种子、牲畜、水源和劳力则是决定分成制地租数额的五项要素。此外,农民尚需缴纳名目繁多的贡税,并且提供一定的劳役。与游牧的部落民相比,定居农民的生活境况更加恶劣。

　　根据17世纪欧洲旅行家的推测,当时伊朗的城市人口约占全部人口的10%—15%,即100万人左右,其中最大的城市是萨法维王朝的都城伊斯法罕。伊斯法罕位于扎格罗斯山西麓,阿拔斯一世当政期间大兴土木,市区规模膨胀,人口剧增,商贾云集,巴扎店铺鳞次栉比。伊斯法罕的中心是一处广场,用于举行教俗仪式和体育赛事。环绕广场的是国王的宫廷、清真寺和巴扎。伊斯法罕曾经是塞尔柱人的都城,伊斯法罕大清真寺最初由塞尔柱苏丹国名相尼查姆·穆勒克主持兴建,建筑风格具有塞尔柱人的浓厚色彩。萨法维王朝时期,伊斯法罕大清真寺历经扩建,圆柱、拱门、尖塔和瓷砖镶嵌融入

萨法维王朝的男性服饰

萨法维王朝的女性服饰

浓厚的波斯建筑风格,可谓伊朗伊斯兰建筑艺术的杰作。伊斯法罕不仅是萨法维王朝的政治中心和文化中心,也是重要的经济中心和贸易枢纽。据17世纪中叶的欧洲旅行家查尔丁记载,伊斯法罕有48所宗教学校、162座清真寺、1 800座商栈和庞大的巴扎,居民约60万人,城市规模远胜当时的伦敦,堪比奥斯曼帝国首都伊斯坦布尔。

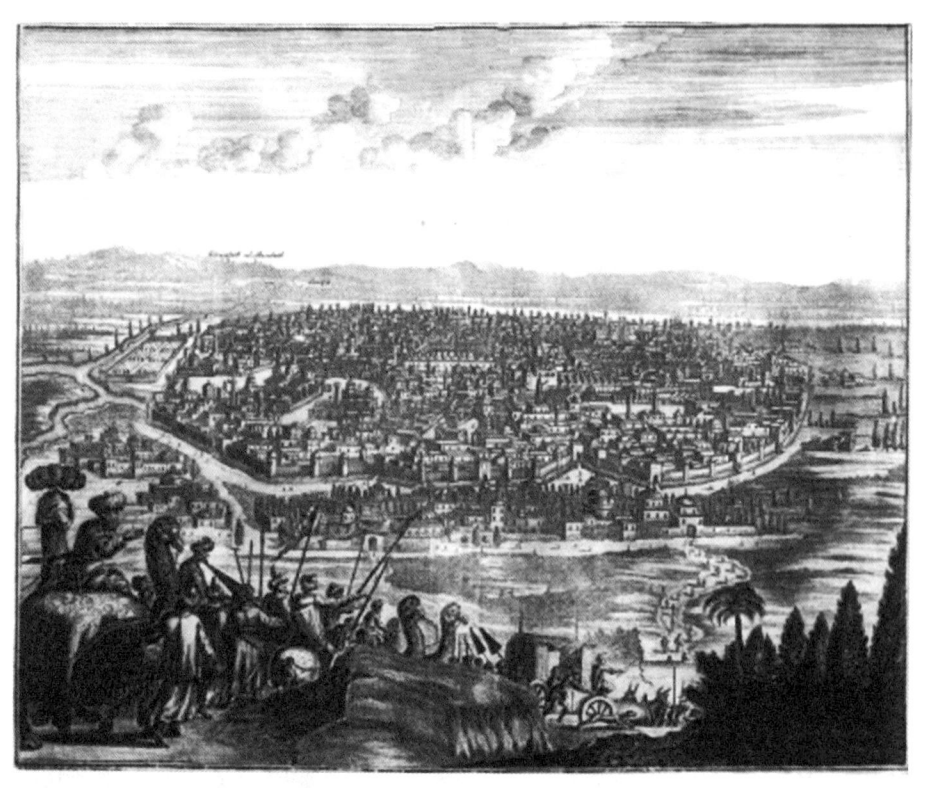

1725年的伊斯法罕

萨法维时代,行会是城市基本的经济社会组织,既受政府官吏的控制,亦有某种程度的自治权利。不同的行会,其规模和地位不尽相同。行会内部分为若干作坊,作坊由称作乌斯塔德的匠师、称作哈利法的帮工和称作沙吉尔德的学徒组成,等级森严。许多作坊具有家族经营的色彩,匠师、帮工和学徒往往出自同一家族。作坊构成相对独立的生产单位,简单的商品经济是手工业作坊的典型特征。

在萨法维时代的伊朗,最重要的手工业部门是纺织业,纺织业行会因而成为最具势力的城市行会。其他的手工业部门,包括陶瓷业、金属加工业、皮

伊斯法罕大清真寺 1

伊斯法罕大清真寺 2

革业、玻璃制造业、珠宝业、洗染业和造纸业。17世纪,伊朗的手工业产品主要满足国内需要,亦有部分手工业产品如地毯和陶瓷在国外市场闻名遐迩。与行会手工业并存的另一重要的经济部门,是王室手工业。阿拔斯一世当政期间,王室手工业包括30余个工场,拥有工匠约5 000人,年开销为10万土曼,约占王室年支出总额的七分之一。与行会作坊的工匠相比,王室工场的工匠境况较好。王室工场生产的丝绸和地毯,质地上乘,不仅用于宫廷消费,而且远销欧洲和印度。

由于自给自足的乡村农业占据主导地位,加之交通的不便和皇室经济的垄断,萨法维时代伊朗的民间商业长期处于小规模的状态。波斯商人大都从事伊朗境内的区域性货物贩运,缺乏完整的行会组织,分散经营,其在城市经济和政治生活中的作用微乎其微。至于远程的过境贸易,则主要由移居伊斯法罕的亚美尼亚商人控制。亚美尼亚人是萨法维王朝经济生活的重要元素。1604年,萨法维王朝将数千名亚美尼亚工匠和商人从小亚细亚东部的焦勒法迁至新都伊斯法罕城外的新焦勒法。亚美尼亚商人在远程过境贸易方面具有举足轻重的地位,丝绸的贩运是萨法维王朝远程过境贸易的首要商品,吉兰生产的丝绸大都通过亚美尼亚商人销往欧洲。

伊朗与西方之间的交往由来已久,可以追溯到公元前5世纪的波斯希腊战争。自13世纪开始,随着西欧城市的繁荣,伊朗与欧洲之间的贸易往来逐渐扩大,小亚细亚的布尔萨以及地中海东岸的诸多港口成为伊朗商人与意大利商人交易的枢纽,生丝是伊朗向西方出口的主要商品。16世纪,奥斯曼帝国与萨法维王朝的战争导致伊朗与欧洲之间的贸易交往一度中断。阿拔斯一世当政期间,伊朗生丝或沿穿越俄罗斯南部的水路,或出波斯湾而后经红海和地中海,运抵欧洲。荷兰人和英国人是萨法维时代伊朗主要的贸易伙伴,伊朗与俄罗斯、奥斯曼帝国、印度莫卧儿帝国之间亦有一定程度的贸易往来。1616年,英国东印度公司以驱逐霍尔木兹水域的葡萄牙舰队作为条件,与萨法维王朝签订通商条约,阿拔斯港成为伊朗与东印度公司在波斯湾地区的贸易中心。法国东印度公司于1664年进入波斯湾,1708年与萨法维王朝签订通商条约。17世纪20年代,伊朗的生丝年产量超过1 000吨,其中三分之二销往欧洲。除生丝外,丝绸、地毯、宝石、干果和烟草亦是伊朗出口欧洲及其他国家的重要商品。有的亚洲国家和大多数的欧洲国家向伊斯法罕派出自己的商人,从事大宗贩运或零售贸易,他们中包括12 000名印度人和鞑靼人、突厥人、犹太人、亚美尼亚人、格鲁吉亚人、英国人、荷兰人、法国人、意大利人和西班牙人。萨法维时代,伊朗与西方之间交往的特点在于贸易双方的平等地位,西方人只是作为商人而不是作为侵略者出现在伊朗。他们还没有成为通过经济力量剥削贫穷落后民族的外国商人,他们只是获准经商的外国人,与当地的商人共同生活在高度文明的社会中,而当地的商人与他们一样富裕和精明。由于此间伊朗与西方之间的贸易规模有限,伊朗主要出口诸如生丝、丝绸和地毯一类的奢侈品,加之西方商人往往将白银或印度的香料作为支付手段,西方工业品尚未大量涌入民间市场,伊朗亦未被纳入源于西方主导的世界经济体系。

第二节　恺伽王朝的变迁

一、18世纪的动荡期

萨法维王朝灭亡与恺伽王朝建立之间,伊朗历史曾经历短暂的混乱期。1722年,阿富汗人占领萨法维王朝都城伊斯法罕,开启了此间动荡的序幕。1722—1729年,伊朗处于阿富汗人的统治之下。此后半个世纪,土库曼人阿夫沙尔部落首领纳迪尔沙和波斯人赞德部落首领卡里姆沙相继登上伊朗历史舞台。此间,萨法维王朝的传统秩序不复存在,部落势力的泛滥和频繁的战争,加之持续的灾荒和瘟疫,导致人口锐减,经济萧条。游牧群体的扩张和定居区域的萎缩,以及部落政治的膨胀和官僚政治的衰微,构成18世纪伊朗历史的突出现象。

1709年,阿富汗人吉尔扎伊部落首领米尔·沃伊斯以恢复逊尼派的名义起兵反叛,处死萨法维王朝任命的格鲁吉亚血统的阿富汗总督,占领坎大哈。米尔·沃伊斯死于1715年,其子马哈茂德西征伊朗,于1719年占领克尔曼和亚兹德。1722年,马哈茂德在格尔纳巴德战役击败萨法维王朝守军,随后经过长达半年的围攻,占领萨法维王朝都城伊斯法罕,迫使萨法维王朝末代国王侯赛因退位,继而以侯赛因的继承人自居。此间,奥斯曼帝国出兵攻占伊朗西部重镇大不里士、克尔曼沙赫和哈马丹,沙皇彼得大帝将里海南岸纳入俄罗斯帝国的版图。1725年,马哈茂德在伊斯法罕的宫廷处死了萨法维王室的几乎所有成员,只有侯赛因得以幸免。同年,马哈茂德死于暗杀,其侄阿什拉夫即位。阿什拉夫即位后,处死萨法维王朝末代君主侯赛因,旨在根除萨法维王朝死灰复燃的隐患。不仅如此,阿什拉夫还颁布法令,将波斯人置于社会的最底层,规定波斯人的社会地位在基督徒、犹太人和琐罗亚斯德教徒之下。1729年,阿什拉夫败于阿夫沙尔部落,翌年被杀。

阿夫沙尔部落系来自中亚的土库曼人分支,亦为萨法维王朝时期凯兹巴什七部落之一。阿夫沙尔部落首领纳迪尔·库里发迹于呼罗珊,1725年占领赫拉特和马什哈德,继而拥立侯赛因之子塔赫马斯普·米尔扎(1725—1732年在位)即位,自居为"塔赫马斯普的奴仆"。纳迪尔·库里崇拜帖木儿,能征善战,1729年在呼罗珊击败阿富汗人,同年攻占萨法维王朝旧都伊斯法罕。1730年,纳迪尔·库里击退奥斯曼帝国的入侵,收复包括大不里士在内的伊朗西北部阿塞拜疆诸地。1732年,纳迪尔·库里兵临巴格达城下,迫使奥斯曼帝国同意恢复1639年划定的奥斯曼帝国与萨法维王朝之间的边界。同年,纳迪尔·库里废黜塔赫马斯普·米尔扎,拥立塔赫马斯普·米尔扎之子阿拔斯三世(1732—1736年在位)即位。在阿拔斯三世加冕的典礼上,纳迪尔·库里宣誓成为坎大哈、布哈拉、德里和伊斯坦布尔的主人。1736年,纳迪尔·库里在马什哈德登上王位的宝座,改称纳迪尔沙(1736—1747年在位),创立阿夫沙尔王朝(1736—1796)。

纳迪尔沙的追随者包括什叶派的波斯人和逊尼派的阿富汗人。纳迪尔沙即位后,奉行宗教宽容的政策,试图弥合什叶派与逊尼派之间的分歧,以什叶派第六任伊玛目贾法里命名,将什叶派改称贾法里派,作为逊尼派的第五个教法学派,摒弃什叶派中冒犯逊尼派教义的内容。然而,纳迪尔沙的做法在逊尼派世界并未得到认可。1738年,纳迪尔沙东征阿富汗,占领坎大哈、加兹纳、喀布尔和白沙瓦,继而攻入莫卧儿帝国境内的旁遮普,占领拉合尔,直至于1739年洗劫德里。1740年,纳迪尔沙击败乌兹别克人,将阿姆河划定为东部边界。1736—1744年间,纳迪尔沙还曾占领阿曼。1743年,纳迪尔沙再次攻入奥斯曼帝国统治下的伊拉克,夺取巴士拉、巴格达和基尔库克,兵抵摩苏尔城下。1747年,纳迪尔沙在马什哈德死于暗杀,其侄阿里·库里即位,自称阿迪勒沙。随后,阿迪勒沙将纳迪尔沙的子嗣悉数处死,只有纳迪尔沙的孙子沙鲁赫幸免逃脱。同年,阿迪勒沙被纳迪尔沙的部将废黜,纳迪尔沙建立的帝国陷入内讧,直至1750年沙鲁赫(1750—1796年在位)即位。此后,沙鲁赫继续领有呼罗珊和马什哈德长达近半个世纪,直至1796年被恺伽王朝创立者阿伽·穆罕默德沙处死。纳迪尔沙麾下的阿富汗人将领艾哈迈德汗·阿布达里在纳迪尔沙死后离开伊朗,返回故乡,建立杜兰尼帝国,领有坎大哈、赫拉特和喀布尔诸地,成为现代阿富汗国家的原型。

赞德部落不同于萨法维王朝时期的凯兹巴什，是伊朗西部扎格罗斯山区波斯血统的游牧部落。赞德部落首领卡里姆沙曾经追随纳迪尔沙；1751年，卡里姆沙建立赞德王朝（1751—1794），定都于设拉子，控制伊朗西南诸地。卡里姆沙并未采用国王的称号，而是以萨法维王朝后裔伊斯马仪三世作为名义上的宗主。1759年，卡里姆沙废黜伊斯马仪三世，自称瓦基勒·拉伊亚（意为民众的代理人）。卡里姆沙在位期间，重建被纳迪尔沙弱化的什叶派信仰，设拉子的12个广场分别以什叶派12位伊玛目命名。1779年卡里姆沙死后，赞德王朝陷入内讧。1789年，卡里姆沙的后裔鲁特夫·阿里沙成为赞德王朝最后的统治者。此时，鲁特夫·阿里沙的主要对手是恺伽部落首领阿伽·穆罕默德沙。1791年，鲁特夫·阿里沙征讨伊斯法罕期间，都城设拉子发生反叛，反叛者囚禁鲁特夫·阿里沙的家眷并送与阿伽·穆罕默德沙。1792年，阿伽·穆罕默德沙率军南下，攻占设拉子，鲁特夫·阿里沙逃往克尔曼。1794年，恺伽王朝攻入克尔曼，鲁特夫·阿里沙向东逃往巴姆，直至被阿伽·穆罕默德沙处死。

马背上的卡里姆沙

二、恺伽王朝时期的国家与社会

恺伽部落祖居中亚，14世纪移入伊朗高原东北部，16世纪初成为追随萨法维家族的凯兹巴什即土库曼人七部落之一。萨法维王朝统治时期，恺伽部落成员作为凯慈巴什分别驻守格鲁吉亚、呼罗珊和里海北岸的马赞德兰。1747年纳迪尔沙死后，恺伽部落首领穆罕默德·哈桑沙与赞德部落首领卡里姆沙在伊朗西部激烈角逐。1759年穆罕默德·哈桑汗死后，其子阿伽·穆罕默德沙一度成为卡里姆汗扣押的人质。1779年卡里姆沙死后，阿伽·穆罕默德汗自里海北岸的马赞德兰起兵南下，攻城略地，兼并诸多割据政权，灭亡赞德王朝。1796年，阿伽·穆罕默德沙称王建国，定都德黑兰，领有除阿富汗之外的萨法维王朝大部疆域，是为恺伽王朝（1794—1925）之始。此时的德黑兰，只是位于古代贸易重镇莱伊附近的一座小城，人口不足3万。至恺伽王朝时期末期，德黑兰作为都城急速膨胀，超越伊斯法罕而成为伊朗最大的城市。

阿伽·穆罕默德沙(1779—1797年在位)当政期间,恺伽王朝沿袭土库曼人传统的部落习俗和赞德王朝的行政体制,尚未采用萨法维王朝的繁文缛节。在首都德黑兰以及恺伽部落祖居的马赞德兰以外,国王的权力十分有限。中央和地方官员难以在部落控制的范围内行使权力,地方贵族和部落酋长在其领地内挑战着国王的权威。部落酋长经常拒绝向国王提供战士和缴纳赋税。阿伽·穆罕默德沙死于1797年,死后下葬于伊拉克南部的什叶派圣城纳杰夫。

阿伽·穆罕默德沙之侄法塔赫·阿里沙(1797—1834年在位)即位以后,恺伽王朝开始延续古代波斯

阿伽·穆罕默德沙

阿伽·穆罕默德沙与其幕僚

帝国和萨法维王朝的政治传统,招募土著的波斯贵族出任国家官职,官僚机构随之逐渐扩大。国王至少在理论上居于至高无上的地位,拥有近乎无限的统治权力,包括决定战和、缔结条约、赏赐封邑、任免官吏、征收赋税以及对于臣民行使审判直至生杀予夺的权力,国王的圣谕俨然是国家的法律。德黑兰的中央机构分为10个部门,后宫规模亦十分庞大。国王经常委派王室成员出任重要官职,诸多贵族亦纷纷效法,进而形成政治领域的家族化现象。"阿

伽·穆罕默德沙满足于'沙'（领主）的称号，新国王则自称'沙汗沙'（众王之王）"。19世纪的欧洲人因此将恺伽王朝的统治者称作"典型的东方专制君主"，英国外交家乔治·寇松则称恺伽王朝的国王是"公共生活和国家机器的中枢"。

然而，恺伽王朝始终未能建立起强有力的集权政治，诸多省区的长官和游牧部落的首领各自为政，号令一方。国王在理论上任命所有的部落酋长和地方官员，实际上却不得不选择那些在各自的族群和区域内已经受到尊重的人。

恺伽王朝的军队约6万人，主要使用弓箭和刀枪等传统兵器，后来增置少量火器。恺伽王朝的骑兵由部落成员组成，隶属于部落首领；在他们看来，部落的利益高于国王的需要。号称5000人之众的炮兵，只有4门火炮。由俄国军官负责训练的哥萨克旅是恺伽王朝唯一训练有素的新式军队，组建于1879年，直至1906年兵员不足两千人。相比之下，19世纪70年代以后英国枪支的走私，明显加强了伊朗南部诸多部落的军事实力。国王纳绥尔丁（1848—1896年在位）因此抱怨道："我既没有足够的军队，也没有装备军队的足够弹药。"

恺伽王朝时期，国家财政状况呈逐渐恶化的趋势，货币贬值，岁入减少。根据相关的研究，1807年恺伽王朝的岁入总额约为200万土曼，折合200万英镑，而1907年恺伽王朝的岁入总额约为800万土曼，仅折合150万英镑。伊朗向俄国支付的巨额战争赔款和传统经济的衰落所导致的税源枯竭，无疑是恺伽王朝时期财政状况趋于恶化的主要原因，而财政状况趋于恶化的直接后果则是国家财政的严重赤字。1890—1905年，恺伽王朝的年赤字额上升10倍。由于财政入不敷出，恺伽王朝被迫以出让国家主权和经济

阿伽·穆罕默德沙与大维齐尔

法塔赫·阿里沙

恺伽王朝时期士兵与囚徒

资源作为条件，向西方列强举债，王权随之急剧衰微。恺伽国王成为没有专制工具的专制者。"安拉在大地的影子"所能行使的权力无法超出首都的范围。"众王之王"对反叛势力束手无策。绝对的君主徒有虚名，听任各地的教俗显贵为所欲为。

1900年，在恺伽王朝统治的臣民中，超过85%属于什叶派穆斯林。逊尼派穆斯林不到恺伽王朝臣民总数的10%，大都分布在边远地区，包括东南边陲的俾路支人、西北部的库尔德人和西南部的阿拉伯人。非穆斯林约占恺伽王朝臣民总数的5%，其中巴哈教派信徒分布在亚兹德、设拉子、伊斯法罕和纳加法巴德诸地，亚述派基督徒分布在乌尔米耶一带，亚美尼亚派基督徒分布在伊斯法罕、拉什特、德黑兰和阿塞拜疆诸地，犹太人分布在亚兹德、设拉子、德黑兰、伊斯法罕和哈马丹诸地，琐罗亚斯德教徒分布在亚兹德、克尔曼、德黑兰和伊斯法罕。

三、什叶派伊斯兰教的发展

什叶派缘起于先知穆罕默德去世后温麦最高领导权之合法性的分歧和争执。在什叶派内部，主要的分歧在于宗教与政治抑或国家之间的关系。萨法维王朝时期，国王被视作圣族的后裔、隐遁伊玛目在人间的代表和什叶派穆斯林的宗教领袖，教俗权力处于浑然一体的状态，宫廷则是国家权力的核心所在，王权凌驾于教界之上，什叶派乌莱玛处于从属于王权的地位。萨法维王朝积极介入什叶派宗教事务，宗教处于国家的控制之下，成为国家的重要元素。与此同时，什叶派的传统教法学派阿赫巴尔派长期占据主导地位。阿赫巴尔派形成于白益王朝时期，强调《古兰经》和《圣训》作为穆斯林的唯一信仰来源，否认公议和类比的法律原则，否认宗教学者即乌莱玛的独立判断和理性思辨，强调伊玛目的绝对权威和宗教学者的从属地位，进而成为维护教俗合一体制下君主政治的理论工具。阿赫巴尔派认为，在伊玛目隐遁期间，伊智提哈德并不具有合法性,只能遵循经训教诲即阿赫巴尔,反对创制,强调信仰无须依靠宗教学者的引领,否认宗教学者的主观能动性,表现出明显的保守倾向。

18世纪的伊朗政治处于动荡的状态,王权衰微,教俗之间的力量对比发生明显的变化。阿富汗人马哈茂德尊奉逊尼派伊斯兰教,土库曼人建立的阿夫沙尔王朝亦曾试图淡化什叶派作为官方教派的地位。此间,许多什叶派乌莱玛移居伊拉克南部的宗教圣城纳杰夫和卡尔巴拉,什叶派乌莱玛与世俗政权的传统联系随之中断。恺伽王朝建立后,尽管尊奉什叶派伊斯兰教作为官方信仰,却无萨法维王朝所声称的圣族后裔的高贵血统,亦未自居为隐遁伊玛目在人间的代表。与此同时,什叶派逐渐脱离国家体制而形成独立的体系,进而质疑世俗王朝的合法性,教俗关系随之趋于恶化,新的教法学派欧苏里派遂应运而生。

欧苏里派倡导理性和创制的法律实践,强调伊智提哈德即教法学家的独立判断,否认世俗君主的宗教权威,进而阐述什叶派穆斯林绝对顺从教法学家取代绝对顺从世俗君主的政治原则。欧苏里派认为,直到隐遁伊玛目复临之前,宗教学者的责任在于引领信仰和实施教法即行使监护权。欧苏里派将什叶派穆斯林区分为穆智台希德与穆卡里德,穆智台希德系精神导师和信仰楷模,穆卡里德系追随穆智台希德的普通信众,穆卡里德通过穆智台希德发布的富图瓦实现与隐遁伊玛目的沟通,具有独立于世俗君主的特殊地位。欧苏里派认为:统治世界的最高权力只属于穆智台希德,一位圣洁而通晓治国之道的智者。既然穆智台希德是神圣的因而也是爱好和平的人,所以需要国王挥舞宝剑和仲裁纠纷,但是国王必须作为穆智台希德的代理人和从属者才能行使自己的权力。相比于阿赫巴尔派主张什叶派穆斯林对于隐遁伊玛目的绝对服从,欧苏里派强调什叶派穆斯林应当追随和效法同时代的穆智台希德。欧苏里派的兴起,作为萨法维王朝末期王权衰微的逻辑结果,强调伊智提哈德的合法性和所谓效法渊源即穆智台希德的必要性,倡导宗教学者特别是穆智台希德的创制实践,开辟了什叶派乌莱玛挑战王权和角逐政坛的先河,集中体现了宗教政治与世俗政治的激烈抗争。

18世纪末,著名宗教学者阿加·穆罕默德·巴基尔·贝赫贝哈尼(1706—1790)指责阿赫巴尔教法学派为"不信者",排斥阿赫巴尔教法学派的宗教学者,进而确立了欧苏里教法学派在伊朗的主流地位,穆智台希德则取代国王而被视作隐遁伊玛目在人间的代表和什叶派穆斯林的宗教领袖。所谓的穆智台希德不同于远离人间的隐遁伊玛目,他们生活在现实的世界,是什叶派穆斯林的"效法渊源"抑或信仰楷模。与萨法维王朝相比,恺伽王朝的君主逐渐丧失宗教权力,国家体制亦由教俗合一转变为教俗分离,进而形成宗教政治与世俗政治的制约和角逐。

恺伽王朝时期，首都德黑兰成为宫廷的所在和世俗政治的标志，圣城库姆则是什叶派乌莱玛的精神家园和宗教政治的象征。"18—19世纪，伊朗的乌莱玛获得了前所未有的自治地位"。萨法维王朝时期君权至上的政治体系不复存在，教权与俗权的二元并立成为恺伽王朝时期伊朗政治的突出现象，宗教、司法和教育是教界控制的主要领域，清真寺与巴扎的广泛联盟构成教权独立于俗权的社会基础。乌莱玛巩固了与民众的联盟，乌莱玛与包括商人和工匠在内的巴扎社会之间的联系进一步加强。与此同时，教俗之间的力量对比逐渐改变，什叶派乌莱玛不再是国王统治臣民的御用工具，开始成为与世俗政权分庭抗礼的重要群体，国家的政治重心随之在教俗之间摇摆不定。尽管恺伽王朝的历代国王极力笼络什叶派乌莱玛，然而许多穆智台希德却宣称，隐遁的伊玛目并未将指引民众的权力交给世俗的统治者，指引民众的责任只属于教界。只有少数乌莱玛试图认同恺伽王朝的权力和地位，大部分颇有影响的穆智台希德声称，隐遁的伊玛目将指引民众的责任

恺伽王朝时期的王公贵族和宗教学者

库姆的法蒂玛清真寺

托付给教界而不是托付给世俗的统治者。他们远离宫廷,崇尚什叶派的早期原则,否认世俗政权治理民众的合法性。恺伽王朝的国王尽管自称"安拉在大地的影子",却常被教界上层视作安拉统治尘世权力的篡夺者。

宗教圣城库姆,1723年

法塔赫·阿里沙当政期间,恺伽王朝尚与什叶派乌莱玛保持良好的合作关系,宫廷的赐封构成什叶派乌莱玛的重要财源。19世纪前期,伊斯法罕的乌莱玛穆罕默德·巴基尔·沙夫提"或许是历史上最富庶的乌莱玛之一",拥有伊斯法罕的400处客栈和2 000处店铺,并且接受法塔赫·阿里沙赐封的大量地产。法塔赫·阿里沙之子穆罕默德·米尔扎(1834—1848年在位)即位后,青睐苏非教团的宗教理念,恺伽王朝与什叶派乌莱玛的关系逐渐疏远。纳绥尔丁(1848—1896年在位)当政期间,恺伽王朝表现为浓厚的世俗色彩。纳绥尔丁推行的改革举措,导致什叶派乌莱玛的广泛不满。反对烟草专卖权的运动反映出恺伽王朝与什叶派乌莱玛之间矛盾的加剧,宪政运动的爆发则是恺伽王朝与什叶派乌莱玛矛盾加剧的逻辑结果。

第三节 传统文明的暮色与现代文明的曙光

一、西方的冲击

如果说萨法维王朝的统治标志着伊朗传统社会的顶峰,那么恺伽时代的伊朗社会无疑经历了史无前例的深刻变革。经济的进步与财富的增长固然是历史发展的深层背景,然而恺伽时代的伊朗似乎并未出现经济的长足进步和财富的明显增长,西方的冲击和传统秩序的解体构成伊朗社会深刻变革的核心内容。萨法维时代,伊朗社会的突出现象在于自主的国际地位和自给自足的封闭倾向。相比之下,恺伽王朝开始丧失自主的国际地位,逐渐卷入资本主义的世界体系,进而成为西方列强的原料供应地和工业品市场,伊朗社会随之从封闭状态走向开放。换言之,资本主义世界体系的扩张和西方的冲击导致伊朗传统秩序的解体,进而揭开了伊朗现代化进程的序幕。

西方世界对伊朗社会的冲击开始于19世纪初,俄国和英国的战争威胁构成西方冲击的最初形式。伊朗地处俄国与英属印度之间,恺伽王朝初建之时,疆域北起阿塞拜疆、亚美尼亚和格鲁吉亚,东至阿富汗西部。法塔赫·阿里沙当政期间,俄国凭借武力优势侵入南高加索地区,屡次击败恺伽王朝军队,于1813年和1828年强迫伊朗签署《古里斯坦条约》和《土库曼查伊条约》。与此同时,英国军队自阿富汗侵入伊朗南部,于1857年强迫伊朗签署《巴黎条约》。根据上述条约,俄国和英国分别将阿塞拜疆和伊朗南部归还恺伽王朝,恺伽王朝则将格鲁吉亚和亚美尼亚割让给俄国,向沙皇支付巨额赔款,放弃对于阿富汗的主权要求,允许俄国政府和英国政府在伊朗境内随意设立领事机构和商务机构,承认俄国商人和英国商人在伊朗境内享有贸易特权和司法豁免权。

19世纪的伊朗经济主要通过贸易的渠道,逐渐融入资本主义世界体系。西方资本并未直接投向诸如种植园和矿山的生产领域,而是进入流通领域和金融领域。恺伽王朝初建之时,伊朗对外贸易的主要对象是其周边的亚洲国家。1800年,在伊朗对外贸易总额中,阿富汗和中亚占34%,奥斯曼帝国占26%,印度占20%,至于俄国仅占15%,英国则仅占3%。俄英两国政府强迫恺伽王朝签署的不平等条约,敲开了西方世界以及英属印度商品涌入伊朗的大门。此后,欧洲诸国与伊朗之间的贸易交往迅速扩大,进而取代阿富汗、中亚、奥斯曼帝国和印度,成为伊朗主要的贸易对象。19世纪上半叶,伊朗的进出口贸易额增长3倍。1860—1914年,伊朗的进出口贸易额增长4倍。1830—1900年,伊朗进口的西方商品以及英属印度商品,主要是纺织品、金属制品、玻璃制品、糖、茶叶和香料,年进口额由200万英镑增加到500万英镑。同期伊朗向西方出口的商品,主要是棉花、生丝、小麦、稻米、烟草、皮革和地毯,年出口额由200万英镑增加到380万英镑。

恺伽王朝时期,英国和俄国在伊朗的对外贸易中占据举足轻重的地位。英国与伊朗的贸易总额从1875年的170万英镑增至1914年的450万英镑,东印度公司构成英国与伊朗之间的贸易桥梁。然而,由于其他西方国家特别是俄国与伊朗贸易的增长,英国在伊朗外贸总额中所占比例却由1850年的50%下降为1914年的20%。自19世纪中叶开始,俄国与伊朗的贸易交往急剧扩大,俄国商品充斥于伊朗北部的市场。1875年,俄国与伊朗的贸易总额约为100万英镑,尚且不及英国。至1914年,俄国与伊朗的贸易总额增至1 200万英镑,远远超过英国与伊朗的贸易总额。1914年,在伊朗对外贸易总额中,欧洲诸国所占比例高达94%,其中英国在伊朗进出口贸易中所占比例分别为28%和14%,而俄国在伊朗进出口贸易中所占比例则分别达到56%和72%。俄国政府于1904年明确表示:"我们在与波斯的接触过程中所追求的目标可以概括为如下的内容:保持国王领土的完整性和不可侵犯性;我们不寻求(对于伊朗的)领土占有,也不允许第三国(对于伊朗)的统治权,在不诉诸武力的情况下使伊朗成为我们的附属品。换言之,我们的任务是:在政治上使伊朗顺从于我们,并且有利于我们,进而成为我们的工具;在经济上控制伊朗的市场份额。"恺伽王朝时期伊朗的历史命运不同于同时期的埃及,而与奥斯曼帝国有颇多相似之处,国家主权不断丧失,进而沦为英国与俄国之间激烈角逐的场所。1907年,英国与俄国签署"关于波斯、阿富汗和西藏问题的条约",两国宣称致力于维护伊朗的政治独立和领土完整,同时由于地理和经济的原因而分别关注伊朗某些省份的秩序与和平的维持。根据该条约,伊朗北部若干人口稠密和物产富庶的省份以及首都德黑兰成为俄国的势力范围,伊朗南部若干省份则处于英国控制之下,而1908年发现的产油区介于俄英两国势力范围的中间地带。

随着与欧洲诸国之间贸易交往的扩大和西方工业品的倾销,伊朗逐渐由手工业制品的出口国演变为农产品的输出国。1857年,各种棉纺织品、毛纺织品和丝织品约占伊朗出口货物的27%,而水稻、各类干果和鸦片仅占伊朗出口货物的4%。到20世纪初,各种纺织品已不足伊朗出口货物的1%,棉花、羊毛和生丝的出口量约占伊朗出口货物的26%,水稻、各类干果和鸦片在伊朗出口货物中所占比例则增至32%,波斯地毯几乎是伊朗唯一大量出口的手工制品。由于手工制品输出量减少而农产品输出量上升,伊朗出口货物的市场价格急剧下跌。19世纪末,伊朗出口的农产品总量超过进口工业品总量的5倍,而进口工业品在价格方面却相当于出口农产品总量的3倍之多。1870—1900年,国际市场上农产品价格不断下跌,其中1蒲式耳(约合36升)小麦的价格由1871年的1.5美元跌至1894年的0.2美元,1磅鸦片的价格由1869年的18先令跌至1901年的8先令,1公斤生丝的价格由1864年的1英镑跌至1894年的0.3英镑。1870—1894年,伊朗小麦出口增长4倍,出口收入却无变化。对外贸易的扩大显然并没有给伊朗带来财富的增长,西方的廉价工业品和贸易特权却使伊朗遭受严重的经济损失。长期的贸易逆差导致伊朗政府的财政处于严重的赤字状态,恺伽王朝被迫向西方银行大举借贷,加之国内货币贬值,经济形势日趋恶化。

19世纪后期,国家主权的出让和西方投资的迅速扩大成为伊朗对外关系的突出现象。1872年,恺伽王朝与英国人朱利乌斯·路透签署协议,后者以4万英镑作为代价,换取为期70年的垄断经营权,经营内容包括在伊朗建造铁路和公路、铺设电话线、管理内河航运、开发矿产和国有森林以及承包关税和开办工厂。这份协议的签署,意味着伊朗政府将本国的全部资源拱手让与外国商人。由于伊朗民众的反对和俄国的干涉,该协议未能全部付诸实施。尽管如此,朱利乌斯·路透仍然获得了勘探矿产和开办银行的权利。朱利乌斯·路透于19世纪90年代在伊朗进行的矿产勘探活动首开英国资本垄断伊朗石油资源的先河,而朱利乌斯·路透开办的银行后来演变为英国所属的波斯帝国银行,是恺伽王朝最大的债权人。1890年,恺伽王朝将伊朗烟草的垄断经营权出让给一家英国公司。1901年,恺伽王朝与英国商人威廉·诺克斯·达尔西签署协议,出让伊朗的石油资源,为期60年,后者则承诺向伊朗政府支付年利润的16%。1908年,伊朗西南部发现石油,所有权属于英国的英伊石油公司。1923年,英国政府宣布已从英伊石油公司获利4 000万英镑,而伊朗政府所得的份额只有200万英镑。此外,英国的印欧电报公司穿越伊朗,英国的林奇兄弟公司在卡伦河经营航运,大英帝国银行在伊朗各地设立分支机构并在伊朗南部诸省公路征缴赋税。与此同时,俄国电报公司的经营范围自本土延伸至德黑兰和伊朗北部诸地,另一家俄国公司经营里海沿岸城市恩泽里的港口疏浚业务并铺设连接恩泽里、加兹温、德黑兰、哈马丹、大不里士诸城市的公路,里海渔业和伊朗北部诸省运输保险业亦由俄国商人垄断。据统计,19世纪下半叶,西方在伊朗的投资从几近空白增至1 200万英镑,其中英国于1860—1913年在伊朗的投资总额达1 000万英镑,伊朗成为西方资本和西方商品的重要市场。

二、伊朗传统经济社会秩序的衰落

自1722年萨法维王朝灭亡至1796年恺伽王朝建立的数十年间,诸多游牧群体相继入主伊朗高原,政权更替频繁,局势动荡,人口锐减。18世纪初,伊朗人口约为900万,至18世纪中叶,伊朗人口下降为不足600万。恺伽王朝建立后,一定程度上遏止了部落政治的泛滥,伊朗高原由此进入相对稳定的时期。根据相关资料推测,恺伽时代伊朗人口的出生率约为4.5%—5%,死亡率约为4%—4.5%,净增长率约为0.5%。相对稳定的政治环境无疑导致人口的增长趋势,灾害、瘟疫和领土的割让则是导致逆向变化的重要因素,其中,1813—1828年俄国对于外高加索地区的占领约使伊朗人口减少百万,而1869—1872年的大灾荒亦使伊朗民众丧生百万。由于上述原因,从萨法维时代到恺伽时代,伊朗人口总数的变化并不明显。然而,与萨法维时代相比,恺伽时代伊朗人口的社会构成出现明显的变化。根据相关资料的统计,1850年,伊朗总人口近1 000万;定居农业人口占总人口的55%,分布在约1万个自然村落;城市人口占总人口的20%,分布在约80个城市,其中人口超过2.5万的城市包括大不里士、德黑兰、伊斯法罕、马什哈德、亚兹德、哈马丹、克尔曼、乌尔米耶、克尔曼沙赫、设拉子和加兹温;游牧人口占总人口的25%,分别属于恺伽、巴赫提亚尔、卢尔、沙赫沙文、阿夫沙尔等16个部落联盟。此间,首都德黑兰的人口从5万增至28万,西北部重镇大不里士的人口从4万增至20万。

　　游牧群体作为伊朗传统社会的重要组成部分,大都分布在法尔斯、巴赫提亚尔、胡齐斯坦、俾路支斯坦、呼罗珊边境和阿塞拜疆山区。诸多游牧群体皆有各自的活动区域以及各具特色的语言、习俗、传统、谱系和服饰,而肉、奶、羊毛、皮革和地毯是游牧群体的主要产品。恺伽王朝时期,与欧洲诸国之间贸易交往的扩大和西方工业品的倾销,促使伊朗的诸多游牧区域逐渐卷入市场经济,传统的畜牧业产品大量进入流通领域,直至成为出口西方国家的重要商品。恺伽王朝向游牧群体征纳的贡赋,亦开始采用货币的形式。尽管实物贡赋依旧延续,货币经济的因素在游牧区域无疑呈增长趋势。另一方面,恺伽时

恺伽王朝时期的贵族

代,游牧群体构成国家的主要兵源,进而深刻影响着恺伽王朝的政治生活。然而,与萨法维王朝以及其后的阿富汗人政权相比,恺伽时代的游牧群体不再是支配国家政权的首要力量,恺伽王朝对于游牧群体的控制程度明显提高,而部落首领的地主化、商人化和官僚化构成恺伽王朝控制游牧群体的有效手段,部落利益与国家利益趋于一致。许多部落酋长从恺伽王朝获得"伊儿汗""汗""舍赫"和"阿伽"的称号,接受恺伽国王的赐封,在恺伽王朝的宫廷出任要职,进而被纳入恺伽王朝的国家体系。

恺伽王朝时期,农民依然是伊朗人口的主体部分,农业继续构成伊朗首要的经济部门。尽管如此,伊朗的农作物结构开始出现明显的变化,自然经济条件下的典型产品粮食作物的播种面积逐渐减少,与市场密切相关的经济作物播种面积迅速扩大。小麦及其他谷物自前萨法维时代起长期构成伊朗主要的农作物,至19世纪中叶仍然自给有余,并且出口国际市场。1858年,谷物的出口占伊朗出口商品总额的10%。19世纪后期,国际市场粮价下跌,对伊朗农业产生影响。至1900年,伊朗的谷物生产逐渐衰落,谷物播种面积下降,进而形成国内市场对于进口谷物的严重依赖。农作物结构的改变,不断排斥伊朗传统农业的自给性和乡村社会的封闭性,进而形成农业生产市场化和农民经营自主化的客观趋势,自然经济的基础逐渐崩坏,商品经济和货币市场随之扩大。

农作物结构的改变和农业生产市场化的进程,导致伊朗的地产形态和租佃关系发生相应的变化。恺伽王朝时期,王室领地、贵族封邑、地主田产、瓦克夫和农民自主地构成伊朗地产的基本形态,私人土地支配权的不断扩大则构成地产运动的明显趋势。恺伽王朝建立初期,沿袭萨法维时代的传统,直接支配大量土地,同时继续向贵族宠臣和军事将领赏赐封邑。19世纪中叶,王室领地和贵族封邑约占全国耕地的三分之一到二分之一。1850年以后,特别是1880年前后,王室领地和贵族封邑逐渐减少,私人支配的民间地产不断增加,进而形成区别于传统封邑领有者的新兴地主阶层,即穆勒克达尔。贵族宠臣和军事将领不断扩大封邑的支配权,封邑的领有者开始演变为地产的所有者。此外,许多商人投资乡村,购置田产,进而成为新兴地主阶层的重要来源。新兴的地主阶层不仅占据大量地产,而且在乡村拥有广泛的权力,是恺伽王朝后期伊朗社会中最具影响的政治群体。土地、水源、种子、耕牛和人力五项要素的分成制仍然是乡村基本的地租形态,地主往往获得农产品收成的三分之一到二分之一。在种植经济作物的地区,地主大都收取货币地租。固定数额的实物地租亦存在于某些地区,地主出售作为地租所收取的农产品,换回所需的货币。

关于恺伽王朝时期伊朗的乡村生活境况,研究者看法不一,或认为此间伊朗乡村的生活境况得到改善,或认为此间伊朗乡村的生活境况趋于恶化。然而,农业生产的市场化、地权形态的非国有化和租佃关系的货币化,明显助长着乡村社会的贫富分化和人口流动。至于乡村民众的生活水准,不同的地区和不同的阶层无疑存在着诸多的差异。

城市通常划分为若干相对独立的社区,称作马哈里,马哈里的首领称作卡德胡达,负责管理各自社区的内部事务,征纳赋税,仲裁纠纷。1885年,德黑兰人口约15万,除穆斯林外,还包括1 578名犹太人、1 006名基督徒和123名琐罗亚斯德教信徒,分别生活在5个社区,城内共有清真寺47座,宗教学校35所,公共浴室190处,客栈130处。伊斯法罕的居民包括波斯人、土耳其人、亚美尼亚人和巴赫提亚尔人,分别信奉什叶派伊斯兰教、基督教、犹太教和巴布教,并有苏非教团的7处

恺伽王朝末期的伊朗人

恺伽王朝时期的琐罗亚斯德教信徒家庭

恺加王朝时期的亚美尼亚妇女

道堂。

商人是恺伽王朝时期伊朗城市中最具势力的社会阶层：他们不仅经营货物贩运，而且在金融信贷领域占有举足轻重的地位，更有许多商人购置地产，投资工业。西方的冲击深刻地影响着伊朗传统社会的各个阶层，西方商品的涌入和西方列强的商业特权严重损害了伊朗商人的物质利益。少数大商人与西方资本家广泛合作，进而在流通领域独占鳌头，家财万贯。至于中小商人，他们无力与西方商人竞争，其在流通领域的地位每况愈下。19世纪30—40年代开始，欧洲工业品消费的增长导致波斯手工业品产量的急剧下降。1837年，伊朗商人抗议欧洲人在大不里士建立商站。1844年，大不里士的英国领事向伦敦报告，该地的许多商人要求禁止进口欧洲工业品，遭到官府的拒绝。时人将波斯湾的港口城市布什尔比作伊朗的孟买，然而商业的繁荣并没有给伊朗人带来富庶的生活；外国商人享有种种特权，伊朗商人却得不到必要的保护。布什尔的商人经常抱怨：西方商人只需缴纳5%的进口税，自己却要承担名目繁多的高额赋税。

西方廉价工业品的大量涌入，明显排挤了伊朗传统手工业的市场份额，进而导致伊朗传统手工业的普遍衰落。设拉子是伊朗南部重要的手工业中心，1800年时约有纺织作坊500家，1857年时只剩10家。伊朗中部的内陆城市卡尚曾经以其丝织品和棉织品的精美工艺闻名遐迩，至19世纪40年代已经萧条不堪，织机数量从原有的8 000部下降为800部。伊斯法罕的织机，19世纪30年代多达1 250部，19世纪70年代仅存12部。19世纪初，伊斯法罕依然是伊朗最大的城市，约有人口20万。1870年，伊斯法罕人口减少为7万，往日繁荣的巴扎处于衰败的状态。英国驻印度总督寇松曾于19世纪90年代称伊朗的伊斯法罕是英国工业城市曼彻斯特和格拉斯哥的纺织品

19 世纪的伊斯法罕 1

19 世纪的伊斯法罕 2

市场。19 世纪末,伊斯法罕的税吏在一份报告中写道:"以往,伊斯法罕盛产各种优质的纺织品。近年来,伊朗人却放弃了自己的肉体和灵魂,购买艳丽而低廉的欧洲产品。结果,他们遭受了意想不到的损失:本地的工匠试图模仿进口的产品,降低了纺织品的质量,俄国人于是不再购买伊朗的纺织品,许多行业因此倒闭。这座城市原来有许多织工,现在仅存不足五分之一。伊斯法罕的妇女很难再像以往那样靠纺纱织布养活自己的孩子,他们现在大都失去了生计来源。"

传统手工业衰落的直接后果,是大量手工工匠丧失独立的经济地位,沦为雇佣工人。直至19世纪中叶,伊朗的地毯编织业大都分布于乡村地区,采用家庭生产的传统形式。恺伽王朝后期,西方资本逐渐控制伊朗的地毯编织业。1900年以后,大型的手工工场成为伊朗地毯编织业的主要形式,地毯编织业的分布区域亦由乡村扩展到城市的范围。1910年,地毯编织业的手工工场雇佣工人达6.5万人,仅大不里士一家地毯编织业手工工场便使用雇佣工人1 500人。与此同时,地毯编织业的产量急剧上升,出口地毯总值由19世纪70年代初的7.5万英镑增至1914年的100万英镑。1914年,伊朗工业劳动力共计15万人,其中现代工业企业雇佣劳动力1.5万人,占全部工业劳动力的10%。英国资本控制的石油工业和俄国资本控制的里海渔业是伊朗规模最大的现代企业,前者雇佣工人约8 000人,后者雇佣工人约5 000人。5—30人的中小规模的现代工业企业雇佣劳动力1 650人,外国资本控制的企业雇佣其中三分之二的劳动力。

19世纪初的波斯地毯

自19世纪中叶开始,伊朗出现了最早的机器工业,包括官府和私人经营的造纸厂、玻璃加工厂、火药厂、制糖厂和棉纺厂,规模较小。到1900年前后,伊朗人拥有大约20家现代工厂,雇佣工人500余人。然而,伊朗的现代民族工业由于交通不便,燃料不足,市场有限,加之缺乏必要的关税保护,无力与西方廉价工业品竞争,大都经营惨淡,步履维艰。

与欧洲诸国贸易交往的扩大和农产品出口的不断增长,否定着伊朗乡村的传统经济模式,加速了伊朗农业生产的市场化进程。西方工业品的大量涌入,挑战着传统手工业在伊朗国内市场的垄断地位,推动了伊朗社会分工的历史进程。19世纪初,伊朗尚且处于闭关自守的状态。至19世纪末,伊朗已被逐渐纳入资本主义世界体系。西方的冲击打破了伊朗传统社会的封闭状态,进而瓦解着伊朗传统秩序赖以维持的物质基础。与此同时,伊朗的社会结构经历着剧烈的变革,传统社会阶层诸如地主、农民、工匠、商人、贵族依然构成伊朗人口的主体部分,新兴的社会群体亦开始登上伊朗的历史舞台。

三、19 世纪的新政举措

伊朗的现代化改革,开始于 19 世纪 20 年代,最初涉及的领域主要是军事层面,表现为自上而下的形式。国王法塔赫·阿里沙当政期间,伊朗面临俄国和英国的严重威胁。1826—1828 年,伊朗与俄国爆发战争,伊朗战败,俄国军队占领高加索山区和大不里士;1836 年,伊朗与英国爆发战争;1838 年,呼罗珊重要城市赫拉特被英国控制。俄国和英国的战争威胁无疑是促使伊朗统治者尝试推行现代化改革的重要原因,阿塞拜疆作为与俄国毗邻的战争前沿则是伊朗现代化改革的摇篮所在。

1799 年,法塔赫·阿里沙委派王储阿拔斯·米尔扎出任阿塞拜疆总督。阿拔斯·米尔扎深感伊朗的传统骑兵无力抗衡俄国军队,遂效法奥斯曼帝国苏丹塞里姆三世,组建 6 000 人的新军,配备枪械和火炮,由国家支付军饷,统一着装,屯驻于军营之中,聘请欧洲教官训练,并在大不里士建立制炮厂和枪械厂。阿拔斯·米尔扎还选派伊朗青年赴欧洲深造,学习军事、工程、医学、印刷技术和西方语言。宪政运动期间的第一份波斯语传单,即出自阿拔斯·米尔扎创办的印刷厂。此外,阿拔斯·米尔扎极力主张削减宫廷开支,增加关税,广开财源。阿拔斯·米尔扎的上述举措,得到了大不里士教界势力的认可。后者宣布,新军的组建符合伊斯兰教的原则。然而,由于宫廷内部倾轧和部落势力抵制的诸多因素,阿拔斯·米尔扎创办的新军组建不久便被解散。

1848 年纳绥尔丁即位以后,任命米尔扎·穆罕默德·塔其汗作为首相,赐予阿米尔·卡比尔(大酋长)的称号,效法奥斯曼帝国的坦泽马特运动,实行新政,内容包括恢复阿拔斯·米尔扎组建的新军、国家出资兴办新式工厂、创办官方报纸和世俗学校。与此同时,米尔扎·穆罕默德·塔其汗大幅

米尔扎·穆罕默德·塔其汗

度削减宫廷年金,提高进口关税,并向封邑领有者征收代役税,旨在增加国家岁入和平衡财政预算,进而强化恺伽王朝的统治。

如同阿拔斯·米尔扎一样,米尔扎·穆罕默德·塔其汗实行的新政遭到诸多方面保守势力的激烈反对。封邑领有者认为,代役税并非传统义务的合法替代,只是中央政府对于地方利益的无理勒索。英国和俄国的代表声称,关税的提高违背自由贸易的法则。1851年,米尔扎·穆罕默德·塔其汗被国王纳绥尔丁解除职务,不久客死他乡,其所推行的新政举措随之夭折,现代化的改革尝试再度宣告失败。

1870—1880年,纳绥尔丁起用米尔扎·侯赛因主持朝政,在司法、军事、政治、财政和文化领域继续推行新政举措。米尔扎·侯赛因引进西方现代政治理念,创立内阁和中央银行,削减政府支出,排斥教界和部族传统势力,强化国家权力和完善政府职能,崇尚重商主义的经济原则,扩大岁入来源,密切伊朗与英国以及西欧诸国之间的贸易交往,抵御俄国的领土威胁。米尔扎·侯赛因声称,改革的宗旨是捍卫恺伽王朝和国王纳绥尔丁的荣誉,使波斯成为"值得欧洲列强尊敬的国家"。

四、宪政思想的萌生

19世纪下半叶,模仿西方成为伊朗社会的时尚,器物层面、制度层面和思想层面的西化倾向则是此间伊朗现代化的重要内容。电报成为连接首都德黑兰与各地之间的崭新形式,哥萨克旅则是伊朗新军的楷模。纳绥尔丁宣布取缔奴隶贸易,承诺尊重私人财产,鼓励更新农作物内容和普及栽种马铃薯,在诸多城市设立公共监狱取代私人刑罚,组建咨政机构和

德黑兰格雷斯坦宫,建于1865年

商人公会。纳绥尔丁要求各地官吏强化对于教界的控制,将教界的活动限制在"礼拜、传道、遵循教法和沟通信仰"的范围,同时保护基督徒和犹太人的宗教信仰。此外,纳绥尔丁还在德黑兰、大不里士、乌尔米耶、伊斯法罕和哈马丹等地开办新式学校、医院和印刷厂。西方文学作品诸如笛福的《鲁滨孙漂流记》、大仲马的《三剑客》、凡尔纳的《八十天环游地球》、莫里哀的喜剧,以及拿破仑、尼古拉一世、彼得大帝、亚历山大大帝、查理大帝、弗雷德里希大帝、路易十四的传记和希腊、罗马、法国、俄国、德国的历史著作,亦在纳绥尔丁当政期间相继出版,西方相关的思想观念随之传入伊朗。

伴随着西方文化的传入和新式学校的建立,知识分子作为新兴的社会阶层在伊朗初露端倪。新兴的知识分子脱胎于伊朗的传统社会,大都出自官僚、地主、商人、工匠和教界家庭,尽管来源各异,却无疑分享着共同或相近的思想倾向。他们青睐现代西方文化,尤其崇尚法国启蒙运动的政治理念。他们认为,历史既非神意的体现,亦非周而复始的王朝更替,而是人类进步的持续过程。在他们看来,人类历史的进步存在着三大障碍:君主独裁排斥着自由、平等和博爱的原则,宗教戒律束缚着理性和科学的思想,外族奴役桎梏着经济和社会的发展,而宪政主义、世俗主义和民族主义即推翻君主独裁、清除传统教界的保守思想和摆脱西方列强的殖民统治是使伊朗走向现代社会的必由之路。

贾马伦丁·阿富汗尼(1839—1897)出身于伊朗西部城市哈马丹附近乡村的乌莱玛家庭,长期游学于伊朗、阿富汗、印度、埃及和土耳其,极力阐述民族主义思想和伊斯兰现代主义理论,屡屡抨击君主独裁和传统教界的保守倾向,强调西方殖民主义侵略是中东诸国穆斯林所面临的共同威胁,伊斯兰教是团结中东诸国穆斯林和抵抗西方殖民主义侵略的政治武器,动员民众实现广泛的政治参与则是乌莱玛的历史任务。

米尔扎·马尔库姆汗(1834—1898)具有亚美尼亚血统,出身于伊斯法罕的基督徒家庭,曾在法国留学,崇尚西方文明,返回伊朗后改奉伊斯兰教,继而于1859年涉足政坛,为国王纳绥尔丁起草《改革书》,效法奥斯曼帝国的坦泽马特运动,系统阐述宪政思想,强调公民平等的社会原则,主张立法机构与行政机构由国王任命而相互制约,修订现行法律,制定世俗法律,组建职业化的新式军队,完善税收,改革教育,发展交通,创办国家银行。米尔扎·马尔库姆汗的宪政纲领触及传统教界的既得利益,遭到乌莱玛上层的激烈反对。后者声称,马尔库姆汗的宪政思想背离伊斯兰教的信仰,具有明显的异教倾向。1861年，纳绥尔丁将米尔扎·马尔库姆汗驱逐到奥斯曼帝国。1873—1889年，经米尔扎·侯赛因举荐，米尔扎·马尔库姆汗出任伊朗政府驻开罗总领事和驻英国大使。此间，米尔扎·马尔库姆汗数次上书纳绥尔丁，倡导改革，阐述宪政思想。1889年以后，米尔扎·马尔库姆汗由温和的改革派转化为激进的革命派，由寻求国王支持反对教界转化为寻求教界支持反对国王，进而致力于实现西方政治哲学与伊斯兰教信仰的结合。米尔扎·马尔库姆汗认为，伊朗的落后并非种族和宗教的原因，而是由于政治独裁和文化保守，只有法治和自由才能使伊朗走向进步，民众与教界的广泛政治联盟则是推动伊朗民主化进程的根本出路。"直接采用欧洲的形式改造伊朗社会是行不通的。因此我准备利用能够为大众所理解和接受的宗教外衣实现物质层面的改造"，而争取什叶派教界的支持则是达到这一目的的前提条件。

五、社会矛盾与反对出让烟草专卖权的民众运动

19世纪前期，游牧群体内部的部族仇杀和游牧群体对于定居区域的劫掠以及城市民众的骚乱和农民的反抗在伊朗各地屡有发生。诸如此类的现象大都根源于传统社会内部不同阶层和不同群体之间的对抗和冲突，表现为传统模式的矛盾运动。物质财富的匮乏、食品的短缺、耕地和牧场的争夺以及统治者的暴政，构成传统社会内部不同阶层和不同群体之间对抗和冲突的直接原因。

自19世纪中叶起，伴随着西方的冲击和传统秩序的崩坏以及新旧社会势力的消长，伊朗社会的政治对抗逐渐由传统模式转变为现代模式。1890—1892年反对国王出让烟草专卖权的民众运动和1905—1911年的宪政运动，构成此间伊朗社会矛盾和政治对抗的主要内容。伊朗民族主义与西方殖民主义的博弈以及民主与专制的抗争，则是此间伊朗社会矛盾和政治对抗的突出现象。民族主义和民主主义的共同目标，促使伊朗诸多的社会群体逐渐打破传统的狭隘界限，形成广泛的政治联合，进而预示着伊朗作为现代民族国家的整合与新生，社会革命初露端倪。

1890年，纳绥尔丁将伊朗在未来50年的烟草专卖权即国内经营权和出口贸易权转让给英国商人塔尔伯特，塔尔伯特承诺向纳绥尔丁个人支付2.5万英镑的馈赠，并向伊朗政府支付1.5万英镑的年租金和25%的利润分成。根据相关资料，1890年伊朗国内消费的烟草高达400万公斤，出口烟草540

万公斤。烟草专卖权的出让意味着塔尔伯特仅需提供少量的资金便可获取丰厚的利润,而伊朗的烟农将处于塔尔伯特的控制之下,伊朗的烟草商则面临着失业的危险,甚至伊朗的烟草消费者亦将受到塔尔伯特的盘剥。1891 年 4 月,在伊朗最重要的烟草贸易中心设拉子,商人关闭巴扎,反对国王出让烟草专卖权。设拉子商人的抗议活动很快波及伊朗全国,德黑兰、大不里士、伊斯法罕、马什哈德、加兹温、亚兹德和克尔曼沙赫的商人纷纷响应。什叶派乌莱玛发布富图瓦,禁止穆斯林消费烟草。伊斯坦布尔的贾马伦丁·阿富汗尼和伦敦的米尔扎·马尔库姆汗亦发表声明,支持伊朗商人反对国王出让烟草专卖权的运动。纳绥尔丁迫于各界的压力,于 1892 年 1 月向不列颠银行借款 50 万英镑赔偿塔尔伯特,收回烟草专卖权的出让。

纳绥尔丁

1890—1892 年反对国王出让烟草专卖权的民众运动,具有明显的民族主义倾向和浓厚的伊斯兰教色彩。此次运动发生于伊朗各地的诸多城市,巴扎商人和手工工匠以及新兴知识分子的广泛介入,体现了伊朗历史上规模空前的政治联合。什叶派乌莱玛无疑是此次民众运动的领导者和中坚力量,清真寺提供了民众聚集和举行抗议活动的主要场所,宗教宣传则是鼓动民众的有力形式,而抵制异教势力的渗透和保卫穆斯林家园构成此次运动的核心内容。当然,反对国王出让烟草专卖权的民众运动作为伊朗历史上最初的现代政治运动,远未达到成熟的水平。教俗各界民众的广泛联合缺乏必要的稳定性,具有明显的脆弱倾向,直至最终分道扬镳。

六、1905—1911 年宪政运动

1896 年,纳绥尔丁在德黑兰南部的阿卜杜勒·阿兹姆清真寺遭一破产商人枪击,死于非命。穆扎法尔丁(1896—1907 年在位)即位后,提高国内商业税的征收标准,取消包税制,并且扬言增加土地税,削减宫廷年金和教界开支,同时向西方国家大举借贷。穆扎法尔丁将伊朗中部和南部诸省的石油开

穆扎法尔丁

金币上的穆扎法尔丁头像

采权出让给英国商人威廉·诺克斯·达尔西,将新建公路的征税权出让给大英帝国银行。穆扎法尔丁于1900年和1902年分别向俄国政府借贷240万英镑和100万英镑,用以偿还旧债和支付其赴伦敦旅行的费用。另外,穆扎法尔丁与一些欧洲公司合作开办诸如建材厂、纺织厂、德黑兰电话公司以及德黑兰、大不里士、拉什特、马什哈德等城市的照明系统等,并且任命比利时人蒙西艾尔·纳乌斯掌管伊朗关税。

1900年,伊斯法罕的部分商人创办伊斯兰公司,是为伊朗第一家全国性的股份公司,旨在"通过鼓励现代工业和保护传统手工业,维护国家的独立"。大不里士的知识分子发行颇具影响的波斯语期刊《知识财富》,主办者米尔扎·穆罕默德·阿里汗和赛义德·哈桑·塔齐扎迪后来成为宪政革命中的风云人物。德黑兰的知识分子创办图书馆,组建"知识协会",下设55所学校。与此同时,现代政治组织在伊朗各地逐渐萌生。在大不里士,12个激进的青年商人和知识分子组成"秘密中心",旨在宣传现代西方文化。在阿塞拜疆的巴库,始建于1904年的社会民主党积极争取结社和罢工的权利、8小时工作制、养老年金、土地改革、改善住房、免费教育、言论自由和出版自由。德黑兰的"人文协会"崇尚圣西门和孔德的政治哲学,强调自由、平等和进步的思想。德黑兰的知识分子于1904年创建的"革命委员会",是当时最激进的政治组织,倡导政治改革与社会改革,主张推翻独裁统治和实现民主,广泛宣传宪政思想。

1905年初,伊朗发生严重的灾荒和瘟疫,波及广泛。在德黑兰、大不里士、拉什特和马什哈德,糖价上涨33%,粮价上涨90%。经济形势的恶化,明显加剧了社会矛盾,民众反抗成为不可遏制的政治潮流。同年5月,大约200名德黑兰商人向政府请愿,要求罢免时任伊朗海关总监的比利时人蒙西艾尔·纳乌斯。请愿者关闭店铺,聚集在阿卜杜勒·阿兹姆清真寺。他们说:"政府必须改变现行的政策,不再帮助俄国人而牺牲伊朗人的利益。政府必须保护我们的利益,尽管我们的产品或许不及外国的产品。现行的政策如果继续下去,将给我们的整个经济带来毁灭性的后果。"穆扎法尔丁一度许诺满足请愿者的要求,却未付诸实施。

1905年12月,政府试图强行压低德黑兰市场的糖价。随后,在教界领袖穆罕默德·萨迪格·塔巴塔巴伊和阿卜杜拉·贝赫贝哈尼的呼吁下,德黑兰的数千名商人关闭巴扎,再度聚集在阿卜杜勒·阿兹姆清真寺,要求罢免德黑兰市长和海关总监,实施伊斯兰教法,建立公正会议,并且首次高呼"伊朗民族万岁"的口号。包括许多穆智台希德在内的宗教学者亦来到阿卜杜勒·阿兹姆清真寺,支持巴扎商人的政治要求。

1906年6月,德黑兰的一名宗教学者公开批评政府:"伊朗人啊！我的同胞兄弟！抬起你们的头。睁开你们的眼睛。瞧瞧你们的周围,看看世界在怎样进步。非洲的野人和桑给巴尔的黑人都在走向文明和富庶。看看你们的邻居(俄国人),200年前他们比我们落后,现在却远远超过了我们。往日我们拥有的一切,现在已经丧失殆尽。我们曾经被其他的国家看作是伟大的民族,现在却堕落到这样的程度,以至于南方和北方的邻国把我们看成是他们的财产而随意地瓜分……我们没有枪炮,没有军队,没有可靠的财政,没有合适的政府,没有商业的法律。在整个伊朗,我们没有自己的工厂,因为我们的政府只是寄生虫……所有这一切的落后,都是由于缺乏民主、正义和法律……国王剥夺着你们的财产、自由和权利……这就是你们生活悲惨而少数人奢侈无度的原因。"(Abrahamian, 1982, pp.82—83)国王的警察逮捕了这名宗教学者,从而引发德黑兰市民新的示威浪潮。同年7月,宗教学者、巴扎商人和手工工匠纷纷走上街头,抗议政府。哥萨克旅士兵开枪射击示威者,致使多人死伤。民众与国王之间的矛盾由此激化,穆扎法尔丁则被教界比作倭马亚王朝的哈里发叶齐德。此后,包括塔巴塔巴伊、贝赫贝哈尼和法兹鲁拉·努里在内的教界上层人士相继加入示威者的行列,宗教圣城库姆成为对抗首都德黑兰的政治中心。

1906年8月,穆扎法尔丁迫于压力,颁布诏书,名为"波斯大宪章",任命自由主义者穆什尔·道莱作为首相,许诺成立国家立宪会议,负责制定伊朗宪法。国家立宪会议由德黑兰的恺伽王室成员、贵族、商人和教职人员组成,负责审议和调查关系到国家和民众利益的所有重要问题。至此,伊朗各界民众反对独裁专制的政治斗争取得初步的胜利。

1906年9月,选举法由穆扎法尔丁签署后正式颁布。根据该选举法,选举人包括恺伽王室成员、宗教学者、贵族、商人、土地的所有者与耕作者、手工业者,其中土地所有者与耕作者必须拥有超过 1 000 土曼的财产,手工业者必须属于行会并且拥有独立的作坊,妇女和未满 25 岁的男子以及外国人不得享有选举权;被选举人必须具有波斯血统和通晓波斯语,必须是年满 30 岁的男子。1906 年 9 月颁布的选举法,兼有传统与现代的双重特征。女性和下层民众被排斥在选举之外,政治参与缺乏广泛的社会基础。

1906 年 10 月,伊朗召开立宪会议。立宪会议由恺伽王公、宗教学者、贵族、大商人、财产超过 1 000 土曼的地主和行会成员六大阶层组成,包括 156 个席位,其中德黑兰占 60 个席位,外省占 96 个席位。在德黑兰的 60 个席位中,恺伽王公占 4 个席位,宗教学者占 4 个,地主占 10 个席位,大商人占 10 个席位,贵族和行会成员占 32 个,至于下层民众则被排斥在立宪会议之外。立宪会议成员来源各异,具有不同的政治立场,分为保皇派、温和派与自由派。保皇派是立宪会议中的少数派,主要来自王公贵族和地主阶层。温和派系立宪会议中的多数派,大商人穆罕默德·阿里·沙尔福鲁什和爱敏·扎尔布是温和派的领袖人物,而教界上层人士塔巴塔巴伊和贝赫贝哈尼尽管并未进入立宪会议,却是温和派的有力支持者。知识界是立宪会议中的自由派,占有 21 个席位,大不里士的赛义德·哈桑·塔齐扎迪和德黑兰的叶赫亚·伊斯坎达里是自由派的领袖人物,主张在经济、政治和社会领域实行广泛的改革。

1906 年立宪会议会场

立宪会议起草的宪法规定,议会拥有广泛的政治权力,是"全体人民的代表";议会分为上下两院,下院议员为 160 人,最多不得超过 200 人,选举产生,上院议员为 60 人,其中 30 人由国王任命,另外 30 人选举产生;议员任期 2 年,可以连选连任,不得同时兼任政府公职;议员必须宣誓效忠国王;议会负责审定法律和政府财政预算以及批准外交条约,下院有权否定上院的决议。1906 年 12 月,立宪会议起草的宪法由穆扎法尔丁在弥留之际签署生效。

1907 年 10 月,议会以比利时《1831 年宪法》作为蓝本,通过宪法补充条款,旨在扩大议会的立法权限和限制恺伽王朝的君主权限,强调主权在民的原则,规定全体公民在法律面前享有平等的权利,保护公民的生命和财产权利,赋予公民言论自由和出版自由以及集会和结社的权利,实行立法权与行政权的分离,首相和内阁成员由议会任免,军费和宫廷支出由议会批准,王室成员不得出任内阁职务,内阁成员只对议会负责。宪法补充条款具有浓厚的宗教色彩,明确规定什叶派伊斯兰教为伊朗的国教,采用世俗与宗教二元并立的法律体系,议会颁布的一切法律不得违背伊斯兰教法的原则,议会设立由 5 名教界议员组成的专家委员会负责审定议会通过的相关法律。

1907 年 1 月至 1908 年 6 月,宪政运动的主要内容是国王与议会之间的权力角逐。穆扎法尔丁死后,其子穆罕默德·阿里(1907—1909 年在位)继承王位。穆罕默德·阿里即位以后,极力抵制宪政运动,罢免温和派首相穆什尔·道莱,起用保守派爱敏·苏勒坦出任首相,拒绝批准宪法补充条款,要求保留任命内阁成员和统率军队的权力,主张强化国王的地位。穆罕默德·阿里的倒行逆施,导致了德黑兰、大不里士、伊斯法罕、设拉子、马什哈德、恩泽里、克尔曼沙赫、拉什特等地各界民众的强烈不满。在大不里士,2 万民众罢工罢市,要求国王批准宪法补充条款。在德黑兰,5 万民众举行集会,另有 3 000 志愿者武装保卫议会,保守派首相爱敏·苏勒坦亦遭暗杀。迫于民众运动的强大压力,穆罕默德·阿里起用自由派政治家纳绥尔·穆勒克出任首相,于 1907 年 10 月批准宪法补充条款,并且前往议会宣誓效忠宪法,承认自由、平等、

宪政运动时期的民众武装

博爱的政治原则。随后,议会通过新的财政预算,大幅度削减宫廷开支,废除包税制。

20世纪初,伊朗五分之四的人口生活在乡村,城市人口仅占总人口的五分之一。然而,城市无疑构成影响伊朗历史进程的首要舞台,特别是人口超过10万的德黑兰、大不里士和伊斯法罕主导着伊朗的城市生活。宪政运动主要表现为城市范围的政治运动,没有波及乡村社会;乡村民众尚未介入宪政运动,处于国家政治舞台的边缘。尽管如此,宪政运动无疑是伊朗历史上规模空前的政治运动,具有广泛的社会基础。商人和工匠、宗教学者和知识分子、穆斯林和非穆斯林、波斯人和非波斯人、逊尼派和什叶派、德黑兰人和外省民众纷纷加入宪政运动的行列。巴扎商人显然是宪政运动的发起者,手工工匠和城市贫民构成宪政运动的基本力量,教界上层和新兴知识界在宪政运动中具有举足轻重的政治影响,巴扎、行会和清真寺则是宪政运动的重要据点。恺伽王朝的君主专制成为宪政运动期间伊朗诸多社会群体的众矢之的,反对恺伽王朝君主专制的共同目标则是伊朗诸多社会群体实现广泛政治联合的沃土。

然而,一旦宪政运动取得初步的胜利,反对恺伽王朝的政治势力就开始分裂。宪政运动期间,议会和立宪政府致力于财政改革、军事改革和司法改革。在议会中占主导地位的自由派议员主张实行颇具激进倾向的改革举措,包括削减宫廷支出和王室年金,取消封邑制和包税制,降低选民的财产资格限制,增加议会中外省议员的席位,允许非穆斯林参加议会。在议会之外,激进势力积极倡导世俗化改革,主张宗教学者脱离政治领域,将毛拉称作聚敛民财的人,反对由穆智台希德组成的最高委员会审查议会通过的法案,甚至认为伊朗落后的原因在于教界的愚昧和保守,宗教与世俗的分离则是伊朗走向进步的前提条件。自由派的激进倾向导致诸多政治群体的重新组合,议会与恺伽王室之间的力量对比随之改变。

宪政运动期间,教法与宪政以及公民权与宗教义务成为议会热议的话题,乌莱玛上层观点相左,立场各异。米尔扎·穆罕默德·侯赛因·纳伊尼支持和倡导立宪君主制,进而强调宪政的伊斯兰教起源,主张宗教与世俗的政治同一性以及温麦与祖国的同一性。纳伊尼认为,伊斯兰教内含宪政理念,伊斯兰教之所谓协商和公正与西方之所谓自由平等可谓异曲同工;在伊玛目隐遁期间,穆斯林面临两种政体选择:独裁政体抑或宪政国家。他认为,宪政体制之三权分立原则符合伊斯兰教传统,进而强调议会立法权与教法两者之间的兼容性。他还认为,教法原则与宪政规定之现代公民权并不存在对立性,自由平等符合教法原则,"议会立法无关哈拉勒和哈拉姆,亦无关礼拜和朝觐,宗教法律源于安拉,而议会立法只是关乎国家事务"。相比之下,法兹鲁拉·努里抨击宪政制度,进而指责宪政运动背叛伊斯兰教。法兹鲁拉·努里强调教法与宪政体制下的世俗立法具有不可调和性。努里认为,伊斯兰教本身就是穆斯林的法律,伊斯兰教不承认男女平等和穆斯林与非穆斯林的平等原则,而承认自由的原则意味着异教思想理念的合法传播直至误导穆斯林,源于西方的宪政具有异教色彩。以法兹鲁拉·努里为首的教界保守势力抵制自由派的世俗化举措,呼吁穆斯林捍卫沙里亚,指责自由派议员是宣传异教思想的雅各宾派,进而成为恺伽王室的有力支持者。

1908年6月,国王穆罕默德·阿里依靠哥萨克旅的支持发动政变,在德黑兰实行军事管制,解散议会,囚禁包括教界上层人士塔巴塔巴伊和贝赫贝哈尼在内的政治反对派。然而,在德黑兰之外的广大地区,宪政运动方兴未艾。一方面,什叶派宗教圣城卡尔巴拉和纳杰夫的穆智台希德支持宪法和宪政运动,谴责国王穆罕默德·阿里是安拉诅咒的暴君。另一方面,议会的支持者在诸多省区举

宪政运动时期的军人与民众

1909年在大不里士的波斯哥萨克旅

兵反叛恺伽王朝,大不里士、拉什特、伊斯法罕、布什尔、阿拔斯港、马什哈德成为宪政运动的重要中心。以往,首都决定地方省区的事态发展。现在,地方省区决定首都的命运。

1909年7月,议会的支持者占领德黑兰,国王穆罕默德·阿里逃入俄国使馆避难。来自各个阶层的500名代表在德黑兰召开临时议会,宣布废黜穆罕默德·阿里,拥立其子艾哈麦德(1909—1925年在位)即位。新的内阁由宪政运动的支持者组成,来自拉什特的地主穆罕默德·萨帕赫达尔出任首相。临时议会通过新的选举法,规定选民的年龄由25岁改为20岁,财产资格由1 000土曼改为250土曼,废除阶级和行业代表制,德黑兰代表在议会中的席位由60个减少为15个,外省代表的席位由96个增至101个,主要游牧部落包括巴赫提亚尔部落、盖什卡伊部落、沙赫萨文部落、哈姆萨赫部落以及基督徒、犹太人和琐罗亚斯德教徒在议会中各有自己的席位。同年8月,选举产生第二届议会,29%的议员来自地主,28%的议员来自教界,24%的议员来自官僚机构,19%来自商人、手工业者以及其他社会阶层。

1909年9月,第二届议会任命穆罕默德·萨帕赫达尔组建新内阁,要求俄国撤出伊朗内战期间进入北方诸省的军队,向大英帝国银行申请125万英镑的贷款用以重建行政机构,聘请11名瑞典人筹建宪兵,聘请16名美国人筹建税务机构。然而,第二届议会的举措只是一纸空文,整个国家处于分崩离析的状态。

1910年夏,议会分裂为敌对的两大政党,其中27名议员组成力主改革的左翼派别民主党,另外53名议员组成颇具保守倾向的右翼派别温和党,现代意义的政党政治随之开始步入伊朗政坛。民主党的领导人包括赛义德·哈桑·塔齐扎迪、穆罕默德·礼萨·摩萨瓦和苏莱曼·米尔扎,成员主要来

宪政运动时期的议员

自德黑兰和阿塞拜疆,其政治纲领声称,欧洲已经完成从封建主义向资本主义的过渡,正在威胁亚洲国家的政治独立和社会发展;20世纪的东方相当于17世纪的西方,处于从封建主义向资本主义过渡的阶段;民主党的历史使命是反对外国资本主义和本国封建主义,领导伊朗进入先进国家的行列。民主党主张,全体成年男子均应享有选举权,采取自由和直接选举,法律面前人人平等,宗教与政治分离,废除不平等条约,推动工业化的进程,10小时工作制,取缔童工,实行土地改革,保护农民利益。温和党的领导人包括穆罕默德·萨迪格·塔巴塔巴伊、阿卜杜拉·贝赫贝哈尼和穆罕默德·萨帕赫达尔,成员包括乌莱玛、地主、商人和部落酋长,代表传统社会群体的既得利益,其政治纲领主张实行立宪君主制,保护私有财产,捍卫伊斯兰教和沙里亚的神圣地位。民主党与温和党在议会内部形成尖锐的对立,世俗化改革和首相的人选是双方争执的焦点问题。

1910年底,民主党与温和党之间的对立逐渐从议会延伸到德黑兰的街头巷尾,立宪政府处于瘫痪状态。在德黑兰以外的诸多省区,地方势力各自为政,尤其是部落之间相互攻杀,生灵涂炭。

第二届议会的召开和立宪政府的建立,不仅未能改善日趋恶化的社会形势,而且导致了明显加剧的政治动荡,使伊朗民众陷于饱受战乱的境地。1911年12月,俄国军队进入德黑兰,解散第二届议会,宪政运动宣告结束。

1905—1911年的宪政运动根源于伊朗传统社会的深刻危机,强调捍卫民族尊严和国家主权,限制君主权力和扩大民众的政治参与,进而改造伊朗传统的社会秩序,表现为现代模式的政治运动。宪政运动将议会和宪法首次引入伊朗政治舞台,强调自由和平等的政治原则,赋予民众以选举的权利,开辟了伊朗现代政治革命的先河,预示了伊朗历史发展的崭新方向。传统势力的根深蒂固和新旧力量的悬殊对比,加之西方列强的干涉,从根本上决定了宪政运动的历史结局,实现民族独立和民众广泛政治参与的客观条件尚不成熟。另一方面,1905—1911年的宪政运动具有什叶派伊斯兰教的浓厚色彩,强调沙里亚的神圣地位和议会的世俗立法权,教俗精英分享议会席位,什叶派伊斯兰教作为官方信仰构成宪法的基础。议会的构成和宪法的制定包含世俗政治与宗教政治的二元倾向,体现了宪政运动的复杂社会构成和教俗势力的相互妥协倾向。1906年及其补充条款作为伊朗历史上的第一部宪法和宪政运动最重要的历史遗产,确定了教俗群体分享国家权力的政治原则,进而对其后世俗政治与宗教政治两者之间的矛盾运动产生深远的影响。

作者点评：

萨珊王朝覆灭后，伊朗高原任由外族摆布，长达八百余年。伊朗国家的复兴之路，肇始于五百年前萨法维王朝的建立。伊朗地缘政治版图渐趋固化，什叶派的皈依俨然成为凝聚伊朗民族情感和宗教政治认同的精神纽带。伊斯法罕的恢宏殿堂，见证着萨法维王朝的伟业丰功。继萨法维王朝之后浮出水面的恺伽王朝之于伊朗历史，犹如满清王朝之于中国历史，传统文明的暮色与现代文明的曙光此消彼长。西方世界的现代化大潮无情地冲击着古老的东方国度，传统秩序的冰山已然露出融化的迹象。恺伽王朝风雨飘摇之际，教俗各界发出挑战君主独裁和倡导民众参与的强烈呼声，奏响了20世纪亚洲政治革命华丽乐章的序曲。

第四章
巴列维王朝的现代化之路

第一节 巴列维王朝的建立与礼萨汗时代的世俗化威权统治

一、巴列维王朝的建立

1905—1911年宪政运动结束以后,伊朗出现政局动荡的严重局面,国内诸多政治势力激烈角逐,所谓的立宪政府处于英国和俄国的控制之下。与此同时,英国军队和俄国军队分别进入伊朗南部和北部诸多地区,俄国军队甚至威胁占领德黑兰。错综复杂的内忧外患,使伊朗陷入民族危亡的生死关头。

第一次世界大战期间,伊朗成为同盟国与协约国之间激烈角逐的猎物,伊朗西北部地区更是俄国军队与奥斯曼帝国军队厮杀的战场。1915年,英国与俄国签订秘密协议:根据该协议,英国控制原由英俄两国在伊朗划定的包括产油区在内的中立地带,俄国则在伊朗北部的原有势力范围之内行使充分的控制权并且在战后控制伊斯坦布尔和土耳其海峡。该协议的签订意味着英国与俄国对于伊朗领土的进一步瓜分。不仅如此,第一次世界大战给伊朗经济生活带来灾难性的影响,农田荒芜,水利失修,人口锐减,物资奇缺,农业生产直至1925年仍未恢复到战前的水平。

第一次世界大战爆发后,伊朗召开第三届议会。第三届议会的议员中,40%来自在外地主,31%来自乌莱玛,29%来自其他社会阶层。第三届议会拒绝批准加入协约国阵营,持亲同盟国的立场,选举民主党和温和党领导人成立民族抵抗委员会。

1917年沙皇俄国的灭亡,导致伊朗的政治形势急转直下。苏俄政府宣布废除沙皇俄国强迫伊朗签订的一系列不平等条约,英国随之成为操纵伊朗政局的主要外部势力。伊朗政坛的左翼派别民主党主张实行土地改革,捍卫伊斯兰教的尊严,废除所有不平等条约,要求英国军队撤离伊朗。1920年,民主党在阿塞拜疆和吉兰组建自治政府,成为伊朗西北部地区举足轻重的政治势力。在德黑兰,立宪政府于1919年与英国签订条约。根据该条约,英国政府向伊朗提供200万英镑的贷款,帮助伊朗建设铁路,修订关税,从战败国索取赔款,并由英国向伊朗提供军事物资,由英国人出任伊朗的行政顾问。英伊条约的签订意味着伊朗将沦为英国的保护国和殖民地,因此遭到德黑兰民众的激烈反对。苏俄政府认为,该条约将导致英国在伊朗和整个中东地区霸权的延续,亦予以谴责,并出兵里海港口城市恩泽里。

1920年6月,伊朗共产党在恩泽里成立,该党成员来自高加索、中亚、吉兰和阿塞拜疆,代表产业工人及工商业者的利益。伊朗共产党在建立伊始包含两种不同的政治倾向:一种倾向认为伊朗业已完成资产阶级革命而即将进入工农革命的阶段,主张重新分配土地,组建工会,武装推翻资产阶级及其教界代言人,反对君主专制、封建主义和英国殖民统治;另一种倾向认为伊朗所面临的是民族革命而不是社会主义革命,因为伊朗仍然处于前资本主义的发展阶段和封建主义的统治之下,伊朗共产党的任务在于领导所有的不满阶层,特别是农民、小资产阶级和游民无产者,共同反对殖民主义及其代理人。前者阐述的激进主张一度占据上风,成为伊朗共产党的政治纲领,教界、地主、商人和其他所谓的剥削者则被视作革命的对象。不久后,伊朗共产党修改政治纲领,温和倾向成为伊朗共产党政治纲领的主导内容。1920年底,伊朗共产党在里海沿岸相继成立吉兰苏维埃社会主义共和国和拉什特苏维埃社会主义共和国。伊朗共产党曾经在德黑兰、大不里士、马什哈德、伊斯法罕、恩泽里、克尔曼沙赫和南部诸多城市设立支部,组建工会。然而,伊朗共产党的支持者主要是阿塞拜疆人和亚美尼亚人,在波斯语地区影响甚微,在广大的乡村尤其缺乏广泛的社会基础。

礼萨汗1878年出生于里海南岸的马赞德兰省,少年从军,在哥萨克旅服役。1921年2月,礼萨汗率哥萨克旅3 000人发动政变,自加兹温入主德黑兰,推举赛义德·齐亚丁出任首相,自任国防大臣,控制内阁,宣布将致力于消除内战,改造社会,结束外族占领,实现伊朗民族的复兴。1905—1909年的革命以自由主义的宪法取代了恺伽王朝的专制主义,而1921年的政变则为废除议会政治和建立巴列维王朝的独裁统治开辟了道路。礼萨汗控制的内阁一方面与苏俄政府签订友好条约,要求苏俄政府取消伊朗所欠沙皇俄国的债务,归还沙皇俄国侵占的伊朗领土,另一方面废除1919年英伊条约,要求英军撤出伊朗,保留英国在伊朗原有的部分权利。

1921年是伊朗现代史的转折点,标志着伊朗开始步入主权国家的行列。此后4年间,礼萨汗致力于强化德黑兰的中央政权。他首先将宪兵从隶属内务部改为隶属国防部,起用哥萨克旅军官取代瑞典军官和英国军官统辖宪兵,进而平息大不里士和马什哈德的宪兵哗变,制服阿塞拜疆的丛林游击队,处死库切克汗。1921年,包括哥萨克旅、宪兵和南部来复枪队在内的伊朗武装力量仅有2.2万人。1922年,礼萨汗将哥萨克旅、宪兵和南部来复枪队合并,组建新军,辖5个师,兵员约4万人,分别驻扎在德黑兰、大不里士、哈马丹、伊斯法罕和马什哈德。礼萨汗依靠新军的支持,于1922年平息阿塞拜疆西部的库尔德人反叛、阿塞拜疆北部的沙赫萨文部落反叛和法尔斯的库西吉鲁耶部落反叛,1923年平息克尔曼的桑加比部落反叛,1924年平息东南边陲的俾路支人反叛和西南边陲的卢里人反叛,1925年平息马赞德兰的土库曼人反叛和呼罗珊北部的库尔德人反叛。与此同时,礼萨汗逐渐巩固其在德黑兰的地位,1923年10月出任首相,1925年初从议会获得大元帅的头衔。

政体的选择是宪政运动后伊朗国内各派势力激烈争论的焦点问题。围绕政体的选择,伊朗政坛形成改革党、复兴党、社会党、共产党以及教界保守势力之间的尖锐对立。改革党作为宪政运动期间温和党的延续,代表乌莱玛上层、大商人和土地贵族的利益,在第四届议会占据多数席位。复兴党系礼萨汗支持的政治派别,成员大都具有西方教育的背景,持改革的立场,在第五届议会占据多数席位。复兴党具有民族主义、世俗主义和威权主义的政治倾向,主张依靠政治精英即"革命的独裁者"实现政治改革和教俗分离,强化军队和完善国家机构,发展民族工业,推进游牧群体的定居化,普及现代教育,在全国范围推广波斯语。复兴党创办的报纸倡导发展世俗教育,改善妇女地位,学习西方的先进思想和科学技术,主张从教界的束缚下解放民众。"在一个99%的民众处于反动毛拉选举控制下的国家,我们希望出现墨索里尼式的人物来打破传统权威的影响,以便创造一个现代的前景、现代的民族和现代的国家。""我们的首要愿望是伊朗的国家统一。"社会党继承宪政运动期间民主党的政治立场,颇具激进倾向,强调依靠资产阶级和下层民众改造社会,崇尚自由和平等的政治原则,倡导共和制和普选制,主张强化国家机构和实行生产资料的国有化,消灭失业现象。伊朗共产党与社会党的政治立场相

似,伊朗共产党的许多成员同时亦是社会党的成员。1921年礼萨汗发动政变后,伊朗共产党在北部里海地区的势力严重削弱,其活动范围遂转向德黑兰和伊朗腹地。至1925年,伊朗共产党在德黑兰、大不里士、马什哈德、伊斯法罕、恩泽里和克尔曼沙赫等地设立诸多分支机构,发行报刊,成立工会以及妇女组织和青年组织。教界保守势力目睹凯末尔在土耳其推行的世俗化举措,极力主张实行君主制,声称共和制是背离伊斯兰教的政治制度,共和制的建立意味着伊斯兰教的终结。

伊朗议会大楼,建于20世纪20年代

1925年10月,伊朗第五届议会投票表决,废黜恺伽王朝的末代君主艾哈麦德。同年12月,议会以115票赞成、4票反对、30票弃权的表决结果,拥立礼萨汗(1925—1941年在位)即位,建立巴列维王朝(1925—1979)。特定历史条件下尖锐的民族矛盾和深刻的民族危机,制约着伊朗国内诸多社会群体和政治势力之间的冲突,民族主义成为伊朗民众的共同愿望,巴列维王朝的兴起则是伊朗国家主权的体现和民族尊严的象征。巴列维王朝的建立,标志着西方君主立宪的政治形式与伊朗专制主义的历史传统两者的结合。

二、礼萨汗时代的威权政治与经济社会层面的改革举措

礼萨汗当政期间,实行威权主义的统治政策,致力于国家机器的强化,而军事力量的扩充无疑是礼萨汗时期实行威权统治和强化国家机器的首要条件。1928—1937年,政府财政支出从4亿里亚尔增至10亿里亚尔。1926—1941年,国家岁入的三分之一用于军事开支,军费总额增长5倍,兵员总数由5个师4万人增至18个师13万人。1926年颁布的新兵役法扩大了士兵

的征募范围,城市、乡村和游牧部落为巴列维王朝提供了充足的兵源。与此同时,礼萨汗不断完善官僚机构,在德黑兰设立内务部、外交部、司法部、财政部、教育部、商务部、邮电部、农业部、交通部和工业部。礼萨汗即位之初,政府雇员仅数千人;1941年礼萨汗退位时,政府雇员增至9万人。礼萨汗还将全国划分为11个省和49个县,省县两级主要官员由中央任免,德黑兰成为国家真正的权力枢纽。自近代以来,国家权力第一次超越首都的范围,出现在外省的城市和乡村。

礼萨汗1

礼萨汗2

巴列维王朝沿袭1905—1911年宪政运动期间形成的政治模式,实行议会君主制,选举产生的议会依旧存在。礼萨汗时代,议会实行两院制,上院设60个席位,其中30席由国王任命,另外30席选举产生,而国王任命的30个席位,15席来自德黑兰,另外15席来自其他省区,下院议员的人选由国王提名后交地方选区表决。此间,国家权力的天平明显失衡,德黑兰的宫廷重新成为政治生活的核心所在,国王则是至高无上的绝对君主,议会选举的整个过程处于内务部的监督之下,议会不再具有任何实质性的作用而徒具形式,成为威权政治的点缀和国王的御用工具。当时的英国官员曾有如下的评论:"波斯的议会不能被看作是严肃的……国王需要的议案,在议会上通过。国王反对的议案,则由议会收回。至于国王犹豫不决的议案,则在议会上争执。"尽管1906年颁布的宪法明确规定内阁对议会负责,然而首相和内阁成员的人选必须首先由国王确定,然后交议会表决通过;首相和内阁成员的去留,取决于国王的态度,而不是取决于议会的是否信任。礼萨汗即位称王之时,曾经得到诸多议会政党的支持。然而,礼萨汗即位后,首先取缔改革党,解散社会党,以新伊朗党取代复兴党,继而以进步党取代新伊朗党,直至取缔进步党,镇压共产党。

游牧群体的长期存在和部落政治的广泛影响,构成挑战君主专制和中央集权的潜在隐患。礼萨汗自1921年入主德黑兰开始,致力于讨伐和平息诸多地区的部落反叛势力。巴列维王朝建立后,解除部落武装、废除部落首领的贵族头衔、征募部落青年从军入伍、没收部落领地和限制部落迁徙,成为礼萨汗政权部落政策的基本内容。1933年,礼萨汗实行强制性的定居化政策,强迫游牧部落成员入住所谓的"示范村庄",旨在摧毁部落政治的经济社会基础。与此同时,礼萨汗任命军队将领统辖部落,部落酋长成为隶属于军队将领的行政官吏。1934年颁布的选举法,废除了所有的部落选区,部落势力被进一步削弱。至于礼萨汗组建空军和购买德国制造的新式飞机,其主要目的便是用于征服和控制部落势力。礼萨汗政权之部落政策的实质在于强化国家权力对于游牧群体的控制,而上述举措既是礼萨汗威权政治的组成部分,亦体现巴列维王朝排斥部落政治和否定传统秩序的进步倾向。巴列维王朝建立初期,部落人口约占伊朗总人口的25%;至1932年,部落人口在伊朗总人口中所占的比例下降到8%。礼萨汗政权排斥部落的政策收到了明显的效果。

礼萨汗长期奉行世俗主义的政治原则,政治改革、司法改革、教育改革和社会改革构成巴列维王朝排斥教界传统势力的重要举措。恺伽王朝时期,宗教政治与世俗政治处于二元状态,教权与俗权分庭抗礼。宪政运动期间,教俗精英分享议会席位,1906年颁布的宪法及其补充条款亦明确规定教俗群体分享国家权力的政治原则。礼萨汗即位之初,议会成为什叶派乌莱玛分享国家权力和制约王权的政治舞台,而削减教界议员则是礼萨汗推行世俗化改革的重要举措。1926年,教界议员约占议员总数的40%;1936年,教界议员所剩无几;至1940年,教界议员已无一人。

恺伽王朝时期,伊朗的司法体系处于二元状态,国王控制的世俗法庭与什叶派乌莱玛操纵的宗教法庭长期并存。1906年颁布的宪法及其补充条款强调教界独立的司法地位,赋予什叶派乌莱玛在司法领域的广泛权力。礼萨汗即位后,改革伊朗传统的司法体系,设立司法部作为最高司法机构,完善包括终审法院和地方法院在内的世俗审判体系,强化国家法律的权威地位和司法审判的世俗原则。20 年代后期,礼萨汗引进法国的民法和意大利的刑法,颁布新的商业法和婚姻法,修订沙里亚中若干不合时宜的法律条文,缩小宗教法庭的审判权限,进而削弱什叶派乌莱玛在司法领域的传统影响。

学校教育长期处于什叶派乌莱玛的控制之下,教育改革则是巴列维王朝推行世俗化改革的重要内容。礼萨汗当政期间,兴办世俗学校,发展世俗教育,极力排斥什叶派乌莱玛在教育领域的垄断地位。1934 年,巴列维王朝在德黑兰设立教育部,作为掌管全国教育的最高机构。1925—1941 年,教育经费在政府财政预算中所占比例从 2% 增至 5%,年度教育经费投入增长 12 倍。1925 年,全国共有各类小学 650 所,在学儿童 5.6 万人;1941 年,各类小学增至 2 300 所,在学儿童近 30 万人。1925 年,全国共有各类中学 74 所,在校学生 1.5 万人;1941 年,各类中学增至 350 所,在校学生近 3 万人。相比之下,此间宗教学校培养的神职学员由近 6 000 人降至不足 800 人。1925 年,伊朗全国仅有世俗高等学校 6 所,即医学院、农学院、法学院、文学院、政治学院和师范教育学院,学生不足 600 人。1934 年,礼萨汗在原有世俗高等学校的基础上创办德黑兰大学;30 年代末,德黑兰大学增设牙医学院、药学院、兽医学院、美术学院和科学技术学院。到 1941 年,德黑兰大学共有注册学生 3 300 人。礼萨汗时期,伊朗政府每年资助 100 名青年留学欧洲;至 1940 年,500 人学成回国,另有 450 人亦完成学业。各类世俗学校的毕业生进入社会,成为颇具势力的新兴社会群体,其政治影响随之扩大。与此同时,什叶派乌莱玛在教育领域的垄断地位不复存在。

礼萨汗当政期间,民族主义成为伊朗官方的意识形态,其核心内容在于强调伊朗民族构成和语言文化的单一性,宣扬所谓"众王之王"即"沙汗沙"的统治曾经创造了伊朗辉煌的古代文明,伊斯兰教则是舶来的信仰。与恺伽王朝时期相比,礼萨汗时期宣扬的民族主义以强调伊朗古代的历史传统取代强调伊斯兰的宗教传统,进而以强调国王的权力和尊严取代强调安拉的权力和尊严,具有浓厚的世俗色彩,国王俨然成为伊朗民族的象征和国家的化身。礼萨汗当政期间,波斯语得到迅速的推广,非波斯语如阿扎里语、阿拉伯语、亚美尼亚语和库尔德语的使用范围明显缩小,巴哈教派被政府取缔,议会中的犹太教议员萨缪尔·哈伊姆和琐罗亚斯德教议员沙赫鲁赫·阿尔巴卜凯伊·胡斯鲁则被处死。

1925年,礼萨汗宣布恢复实行古代伊朗的传统历法,取代伊斯兰历法,作为巴列维王朝的官方历法。1928年,议会通过法案,取消传统的民族服装,规定除教界外所有成年男子必须身着西式服装和头戴"巴列维帽"。礼萨汗于1934年访问土耳其以后,效法凯末尔的世俗化改革,规定各类学校向妇女开放,妇女在电影院、咖啡馆和旅店等公共场所享受应有的保护,禁止妇女披戴面纱和身着传统长袍。与此同时,欧洲礼帽取代巴列维帽,成为伊朗人的时尚头饰。礼萨汗还效仿法西斯意大利和纳粹德国,成立"公众指导协会",利用报纸、杂志、传单、图书和广播,向伊朗民众灌输民族沙文主义思想。

礼萨汗将伊朗许多地区重新更名,例如:阿拉伯斯坦改称胡齐斯坦,恩泽里改称巴列维,卢里斯坦改称克尔曼沙赫,库尔德斯坦改称西阿塞拜疆,乌尔米耶改称雷扎耶,阿斯达拉巴德改称古尔甘,阿里阿巴德改称沙黑,苏勒塔尼耶改称阿拉克,穆哈梅拉改称霍拉姆沙赫尔。1934年,礼萨汗更将国名由波斯改为伊朗。

与此同时,礼萨汗宣布废除恺伽王朝与西方国家签订的不平等条约,成立伊朗国家银行,从大英帝国银行收回货币发行权和印钞权,接管印欧电报公司和比利时人掌管的海关,禁止外国人在伊朗开办学校、出任公职、拥有土地和未经允许在伊朗旅行,将外国资本局限于石油开采和里海渔业两个领域。1933年,礼萨汗与英伊石油公司签署协议,英伊石油公司放弃40万平方英里的土地,同时承诺培训伊朗管理人员,将伊朗政府的利润分成从16%增加到20%,伊朗政府则将英伊石油公司的开采期限延长32年,即从1961年延长至1993年。

1905—1911年宪政运动的宗旨是限制王权和振兴国家,包含民主主义和民族主义的双重倾向。相比之下,礼萨汗当政期间的统治政策,一方面极力强化君主独裁,排斥民众的政治参与和权力分享,构成宪政制度的逆向运动;另一方面致力于强化政府职能,整合社会,摆脱西方列强的控制,建立主权国家,明显区别于恺伽王朝。威权主义和民族主义无疑是礼萨汗所追求的首要目标,而礼萨汗时期威权主义和民族主义的政治模式塑造了相对平静的社会氛围。乡村民众和城市下层偶有反叛,旋即遭到镇压,稳定程度明显超过恺伽王朝时期。新军的组建和官僚化程度的提高,成为礼萨汗政权有效控制伊朗社会的重要手段。在此基础之上,礼萨汗采取一系列的改革举措,旨在从物质层面推动伊朗的现代化进程。

礼萨汗当政期间,中央政府控制地方经济命脉,不断扩大财源,国家岁入呈上升的趋势。1925—1941年,巴列维王朝从石油开采的利润分成中所得到的岁入由100万英镑增至400万英镑,从海关税收中所得到的岁入由9 100万里亚尔增至4亿里亚尔。巴列维王朝自1925年开始征收所得税,至1941年共计征收税款3亿里亚尔。巴列维王朝对于糖、茶、烟草和燃料实行专卖制,岁入超过10亿里亚尔。此外,土地税亦构成巴列维王朝的重要岁入来源。自1937年开始,政府实行赤字财政,增加货币流通量。1925年,伊朗政府的财政收支大体相抵,至1941年,政府财政赤字高达7亿里亚尔。礼萨汗的新政因此被称作"建筑在通货膨胀基础上的大厦"。

礼萨汗当政期间的工业化举措,主要是提高关税、政府垄断经营、国家投资现代工业和由国家银行向私人企业提供低息贷款。国家在工业和贸易领域的投资在财政预算中所占的比例,从1928年的1%增至1941年的24%。相比之下,军费开支尽管绝对数字增长4倍,其在政府财政预算中所占的比例却从40%下降为14%。

伊朗的铁路建设落后于奥斯曼帝国和埃及。1913年,伊朗兴建自西北部边境城市焦勒法至阿塞拜疆首府大不里士的铁路,是伊朗的第一条铁路。自1925年开始,礼萨汗着手建造穿越伊朗的铁路。1929年,自里海港口城市班达尔沙至马赞德兰中部城市萨里和自波斯湾港口城市班达尔·沙赫普尔至胡齐斯坦北部城市德兹富尔两条铁路完工。1931年,自班达尔沙经德黑兰向南至班达尔·沙赫普尔的第一列火车正式开通,成为连接里海与波斯湾的交通纽带。1941年,自德黑兰经绥姆纳至马什哈德的东线铁路和自德黑兰经赞赞至大不里士的西线铁路投入运营。1939年,伊朗铁路达到1 700公里;1948年,铁路长度增至3 180公里。1925年,伊朗全国的公路不足2 000公里,而且大都年久失修;到1941年,伊朗拥有状况良好的公路约1.4万公里。1928年,伊朗仅有汽车600辆;1942年,伊朗的汽车数量达到2.5万辆。1920—1933年,国内货运费用降低3成,货运时间缩短9成。礼萨汗改善交通的初衷,无疑是便于调动军队和强化对于地方的控制。铁路的贯通和公路里程的增长,标志着礼萨汗独裁专制的君主权力在伊朗各地的广泛延伸。尽管如此,铁路和公路的大规模建造毕竟打破了诸多地区长期形成的闭塞状态,从而为伊朗经济社会的发展特别是市场化程度的提高和工业化的进步提供了有利的条件。

三、工业化进程的启动与经济社会的发展

自19世纪起,伴随着西方的冲击,伊朗传统的经济秩序日趋衰落,地权的商品化和农业生产的市场化初露端倪。1925年巴列维王朝建立以后,现代化进程逐渐扩展到经济社会的诸多领域。在礼萨汗的独裁统治下,西方的现代化借助东方专制主义的形式被引入伊朗。

礼萨汗当政期间,伊朗的现代化主要表现为现代工业的兴起和工业化进程的启动。1925年,伊朗的现代工业企业不足20家,其中超过50人的企业只有5家,包括德黑兰的1家兵工厂和5家制糖厂、霍伊的钟表厂和大不里士的2家纺织厂。1941年,伊朗的现代工业企业达到346家,其中超过500人的企业为28家。1937年,现代工业企业在伊朗国内生产总值中所占的比例不足10%;1941年,现代工业企业在伊朗国内生产总值中所占的比例增至18%。1925—1941年,工业投资总额为2.6亿美元,其中政府投资约占三分之一,私人投资约占三分之二,投资区域主要是德黑兰、大不里士、伊斯法罕和里海沿岸地区,投资的主要领域是纺织业和农产品加工业,包括34家纺织厂、8家制糖厂、1家大型卷烟厂以及为数众多的茶厂、饮料厂、粮食加工厂和肉类加工厂。此外,政府和私人还投资兴建水泥厂、钟表厂、肥皂厂、造纸厂、玻璃厂和化学品厂,甚至计划建造钢铁厂。工业化的进步导致现代产业工人的兴起。1925年,伊朗现代产业工人不足千人;30年代末,包括石油工人、渔业工人和铁路工人在内的现代产业工人达到17万人的规模。

20—30年代,政府以实物的形式征纳土地税,而作为工业原料的经济作物则免征土地税,进口农业机械亦免征关税,经济作物的种植面积逐渐扩大,里海沿岸的变化尤为明显。此外,政府聘请外国专家主持改良农作物和牲畜品种,开办农业学校,成立农业银行,由政府提供贷款,鼓励农民改良土壤和开垦荒地。1925—1939年,伊朗的小麦产量增长67%,大麦产量增长36%,水稻产量增长44%,棉花产量增长90%,烟草产量增长114%。棉花和烟草是出口国际市场的主要农产品,至于粮食作物则大都用于满足国内需要。尽管如此,相比于迅速增长的现代工业和石油开采,农业生产的发展速度相对缓慢,其在国民经济中所占的比例逐渐下降。1900年,农业在国民经济中所占的比例超过80%,至30年代后期,农业生产在国民经济中所占比例下降为50%。

礼萨汗当政期间,伊朗经历游牧群体的定居化过程:游牧部落的酋长逐

渐加入地主的行列,普通部落民则放弃游牧而转入农耕状态。在农耕区域,国家土地所有制逐渐衰落,国有土地明显减少,私人地产呈上升趋势。根据1928年颁布的民法和1929年颁布的财产登记法,私人实际占有村社土地如果超过30年,即被视作占有者的私产。自1934年起,政府向私人出售国有土地,洛雷斯坦、克尔曼、阿塞拜疆和锡斯坦的国有土地随之流入民间。至礼萨汗在位末期,国有土地仅占伊朗全部耕地的10%。地权的非国有化运动导致土地兼并的不断加剧,乡村的贫富分化现象日趋严重。1941年,37家最大的地主拥有2 000个村庄。另据40年代的抽样统计,占农户总数5%的地主拥有全部耕地的83%,拥有土地不足1公顷的乡村家庭占农户总数的25%,无地农户占乡村农户总数的60%。

分成制作为伊朗乡村传统的租佃形式在礼萨汗当政期间依然占据主导地位,由此形成农民对于地主的依附关系。一般情况下,地主占有农产品收成的三分之一到二分之一,而交纳分成制地租的农民扣除各项费用之后则所剩无几。以礼萨汗当政期间德黑兰附近的一个村庄为例,由4个农民组成的劳动队收获100担小麦,其中47.5担作为地租交给地主,7.5—10担支付给乡村工匠和教职人员,17—18.5担支付给耕牛的提供者,最后每个农民只剩4.5担。

礼萨汗当政期间,私人大地产成为伊朗最重要的地产形式。在外地主作为礼萨汗政权的支持者,获得统治乡村和农民的广泛权力。在一定程度上,在外地主的领地俨然是国中之国。许多大地产主甚至不允许政府官吏进入自己的领地。1935年颁布的法令给予在外地主任命村社首领的权力和村社首领管理村社的权力,标志着礼萨汗政权承认在外地主统治乡村和农民的特权地位。与此同时,礼萨汗极力保护地主的利益,将土地税的缴纳人由土地的所有者改为土地的耕作者,规定村社首领即卡德胡达斯不再由村民选举而由地主任命。地主在第一届议会仅占据8%的席位,第四届议会中占据12%的席位,至礼萨汗退位前夕的第十二届议会中占据26%的席位。地主作为礼萨汗时期巴列维王朝的重要社会基础,在乡村拥有广泛的权力,支配着农民的命运。所谓的"一千个家族"体现了礼萨汗当政期间地主阶级在伊朗社会的广泛影响。1941年礼萨汗退位时,巴列维家族拥有2 670个自然村落,成为伊朗2 500年历史上最大的地主。

1900—1926年,伊朗人口的年增长率只有0.08%,人口数量处于相对停滞的状态。1926—1940年,伊朗人口的年增长率达到1.5%,人口数量呈稳定上升的趋势。1914年,伊朗人口约1 000万;1940年,伊朗人口为1 460万,增长幅度接近50%。与此同时,伊朗人口的构成亦发生变化,定居化和城市化的程度逐渐提高。1901年,城市人口约为200万,占总人口的21%,乡村农业人口约为530万,占总人口的54%,部落游牧人口约为250万,占总人口的25%。1940年,城市人口增至320万,占总人口的22%,乡村农业人口增至1 000万,占总人口的71%,而部落游牧人口下降为100万,仅占总人口的7%。农业劳动力在全部社会劳动力中所占比例,1906年为90%,1926年下降为85%,1946年更下降为75%。1935—1940年,城市人口的年增长率为2.3%,乡村人口的年增长率则仅为1.3%。

礼萨汗当政期间,伴随着官僚政治的发展和工业化进程的启动,城市规模不断扩大,城市人口明显增多。1900—1939年,德黑兰的人口从20万增至55万,伊斯法罕的人口从10万增至25万,大不里士的人口从10万增至20万。1940年,伊朗已有6个人口超过10万的城市,其中德黑兰54万人,伊斯法罕25万人,大不里士为20万—30万人,马什哈德20万人,设拉子20万人,新兴石油城市阿巴丹10万人。与此同时,城市内部的人口结构逐渐形成新旧社会阶层并存的多元状态。在外地主、手工业者、巴扎商人和宗教学者无疑是城市传统社会阶层的基本成分,资产阶级和现代产业工人则构成城市新兴的社会阶层。在外地主固然是巴列维王朝的重要社会基础,手工业者和巴扎商人的利益却由于礼萨汗推行的改革举措而受到损害,不满情绪逐渐滋生。与巴扎商人和传统手工业者联系密切的教界利益,亦因礼萨汗的世俗化改革而受到损害:教界人士被排挤出长期占据的传统阵地即司法和教育领域,进而丧失了相应的经济来源和社会影响,巴扎几乎成为教界在城市中仅存的势力范围。新兴资产阶级可谓礼萨汗当政期间现代化改革举措的受益者,与现代经济成分密切相关;地主、官僚和商人投资兴办现代企业,成为新兴资产阶级的主要来源。世俗知识界与传统教界曾在宪政运动期间结成同盟,礼萨汗当政期间逐渐分道扬镳。

现代工业的发展导致现代产业工人的迅速增长。礼萨汗在位末期,现代产业工人尽管只占劳动力总数的4%,其分布范围却相对集中:75%的大型现代企业位于德黑兰、大不里士、伊斯法罕、吉兰和马赞德兰。德黑兰的62个现代工厂有工人6.4万人,伊斯法罕的9家纺织工厂有工人1.1万人,阿巴丹的炼油厂有1.6万工人,胡齐斯坦的油田亦有4 800工人。低工资、长工时和近乎奴隶的劳动条件,导致工人不满情绪的逐渐增长。1929年,阿巴丹炼油厂的工人举行罢工,要求提高工资、实行 8 小时工作制、改善居住条件和组织工会。礼萨汗政府出兵镇压,逮捕数百名工人。1931 年,伊斯法罕的工人举行罢工,要求提高工资和实行 8 小时工作制。尽管罢工的组织者遭到逮捕,工人提出的部分要求得到满足。同年,马赞德兰的铁路工人亦举行罢工。英国驻大不里士的领事曾对此间的罢工活动有以下的评述:"我们正处于新旧更替的过渡阶段……旧的秩序业已崩溃,新的制度尚未形成。礼萨汗政府打碎了旧的结构,却未能代之以相应的体制。"

四、礼萨汗在伊朗现代化进程中的历史地位

礼萨汗推行的现代化举措,包含西化和民族化的双重内容。礼萨汗当政期间,伊朗社会的诸多方面,从民众服饰到建筑风格,从司法机构到教育体系,从民族国家的世俗意识形态到现代的工业生产和科学技术,皆表现出明显的西化倾向。民族独立和威权政治无疑是礼萨汗致力于追求的首要目标,所谓的西化抑或学习西方的诸多举措,都旨在抵御西方列强的侵略,进而服务于民族主义和威权主义的政治目的。礼萨汗极力宣扬,所谓"王中之王"的统治曾经创造了伊朗辉煌的古代文明,伊斯兰教则是舶来的信仰。与恺伽时代相比,礼萨汗当政期间的民族主义,以强调伊朗的历史传统取代强调伊斯兰的历史传统,进而以强调国王的权力和尊严取代强调安拉的权力和尊严,因此更具世俗的色彩。

礼萨汗与同时期的土耳其总统凯末尔颇具相似之处。首先,礼萨汗和凯末尔均试图将传统社会整合为现代的民族国家。其次,礼萨汗和凯末尔均采取西化的模式推动现代化的进程,力图提高政府效率,消除部落纷争,排斥教界影响。第三,礼萨汗和凯末尔均希望摆脱外族控制,建立主权国家。第四,礼萨汗和凯末尔均出身军界,依靠军队的支持,主张通过威权政治实现社会的改造。第五,礼萨汗和凯末尔推行的现代化改革主要局限于城市的范围,尚未延伸到传统势力根深蒂固的乡村社会。礼萨汗和凯末尔的不同之处在于,凯末尔借助于政党的形式不断扩大其统治国家的社会基础,礼萨汗则采取君主专制的形式排斥各界民众的政治参与,因而缺乏统治国家的广泛社会基础,具有明显的脆弱性。

综观世界历史,国家机构的完善和政府职能的强化是现代化早期阶段的普遍现象,威权政治的膨胀在诸多地区构成从传统政治模式向现代政治模式过渡的中间环节。宪政运动作为伊朗现代化进程的重要起点,包含限制君主

的绝对权力和实现经济社会发展的双重目标。相比之下,礼萨汗当政期间的伊朗历史表现为威权政治日趋膨胀和经济社会剧烈变革的双重倾向,而威权政治的膨胀与经济社会领域的变革并非孤立存在的历史现象,两者之间具有密切的内在联系。礼萨汗一方面通过世俗化的诸多举措,着力扩充国家机构和完善政府职能,进而强化君主专制,在政治层面构成宪政制度的逆向运动,另一方面借助威权政治的外在形式,致力于改造伊朗传统的经济秩序和社会结构,从而形成巴列维王朝与恺伽王朝的明显区别。礼萨汗改造伊朗传统经济秩序和社会结构的主观目的,在于强化君主独裁的政治制度。巴列维王朝君主独裁的世俗政治,无疑中断了宪政运动所开启的政治民主化进程,议会形同虚设,宪法如若一纸空文。然而,宪政运动时期所描绘的发展经济和改造社会的宏伟蓝图,正是通过礼萨汗当政期间君主独裁的政治形式得以付诸实践,礼萨汗的威权政治构成推动伊朗从传统社会向现代社会过渡的有力杠杆。

第二节　1941—1953年议会政治的短暂复兴

一、礼萨汗退位后的议会与政党

苏德战争的爆发结束了礼萨汗的统治。1941年9月,盟军占领德黑兰,礼萨汗被迫退位,其子穆罕默德·礼萨·巴列维即位,是为巴列维国王(1941—1979年在位)。1941—1953年,威权政治濒临终结,议会政治短暂复兴,社会动荡,诸多政治势力激烈较量。

1941—1946年盟军占领期间,伊朗经济处于萧条的状态,包括谷物、棉花和烟草在内的主要农作物产量急剧下降,工业生产亦呈负增长状态,财政赤字,通货膨胀严重,生活物资短缺。另一方面,盟军的占领促使礼萨汗当政期间倍受压抑的政治能量得到释放,多元政治凸显,新旧社会势力激烈角逐。部落酋长、在外地主、教界上层人士和世俗知识分子纷纷登上政治舞台,角逐国家权力,进而形成议会政治、政党政治和君主政治多元并存的复杂局面。现代化进程中社会的裂变和新旧势力的消长,构成礼萨汗退位后政治动荡的历史根源。剧烈的贫富分化和尖锐的阶级对抗,则是此间政治动荡的社会基础。

议会自1925年礼萨汗即位后形同虚设,此间再次成为诸多政党角逐权力的重要政治舞台。1941年11月至1943年11月召开的第十三届议会,经历了民族统一联盟、爱国者联盟、阿塞拜疆联盟与正义联盟之间的激烈角逐。民族统一联盟是议会中人数最多的政治派别,代表中西部地主贵族利益,支持宫廷,体现温和党传统的延续。爱国者联盟代表南部英国占领区地主和商人的利益,持亲英立场。阿塞拜疆联盟代表苏联占领区土地贵族和恺伽家族的利益,反对巴列维家族和英国,持亲苏立场。正义联盟代表新兴中产阶级和知识界的利益,反对宫廷独裁以及英国和苏联的占领,持亲美立场。

1943年底至1944年初,超过800人角逐第十四届议会的136个席位,包括同志党、伊朗党、正义党、民族统一党、祖国党以及人民党、民族意志党在内的诸多政党扮演重要的角色。同志党始建于1942年,代表知识界的激进立场,强调公民的政治平等、社会公正和主要生产资料的国有化。伊朗党具有世俗民族主义色彩,代表知识界的温和立场,主张推动宪政运动期间制定的经济社会改革进程,倡导工业化和土地改革。正义党系正义联盟的政党形式,民族统一党则是民族统一联盟的政党形式,均持反对人民党的立场。祖国党始建于1943年,代表巴扎商人、乌莱玛和部落利益,反对土地贵族、礼萨汗的军事独裁和人民党。1943年,赛义德·齐亚丁·塔巴塔巴伊在英国政府的支持下创建民族意志党,持保守的政治立场,反对礼萨汗当政期间的改革举措,倡导回归伊斯兰教传统,得到乌莱玛、商人、地主和部落贵族的广泛支持,成为伊朗政坛最重要的右翼政党。

人民党始建于1941年秋,早期领导人是苏莱曼·伊斯坎达里。巴列维时代,人民党是最具影响力的反对派政党,主要代表知识分子和产业工人的利益,强调劳动保障、土地改革和政治参与,倡导民族独立和宪政制度,颇具激进倾向。人民党在其政治纲领中明确宣布:"我们的主要目的是动员伊朗的工人、农民、进步的知识分子、商贩和手工业者。我们的社会划分为两个阶层,即占有主要生产资料的富人和缺乏财产的穷人。后者包括工人、农民、进步的知识分子、手工业者和商贩。他们辛勤劳作,却不能获得劳动的果实。他们处于贵族寡头的压迫之下,一无所有。只有彻底改造整个社会秩序,只有民众占有主要生产资料,才能使他们摆脱目前的处境。我们所反对的独裁和专制,并非特定的独裁者,而是独裁和专制制度赖以存在的社会结构。礼萨汗的退位并不意味着独裁制度的终结,产生独裁者的社会结构依然存在,继续塑造着新的礼萨汗。"人民党的成员1942年约6 000人,1944年增至2.5万人。1946年,人民党在78个城市设立分支机构,成员达到5万人,另有支持者10万人,成为伊朗最大的政党和首个名副其实的民众政治组织。40年代初,人民党获得议会的6个席位。1946年,6名人民党成员进入内阁。1946年5月,人民党在伊朗的20个城市组织声势浩大的民众运动,其中4万人参加了人民党在伊斯法罕组织的民众运动,5万人参加了人民党在德黑兰组织的民众运动,8万人参加了人民党在阿巴丹组织的民众运动。同年10月,10万人在德黑兰举行活动,庆祝人民党建立5周年。与人民党联系密切的伊朗工会联盟成立于1944年5月,设有33个分支机构,成员近30万人,约占伊朗工业劳动力总数的四分之三,包括4.5万石油工人、4.5万建筑工人、4万纺织工人、2万铁路工人、2万地毯编织工人和1.1万码头工人。然而,伊朗工会联盟主要强调改善工人的经济境况,尚无明确的政治要求。

礼萨汗当政期间,致力于强化国家权力和推行威权主义的统治政策,统治权力只属于礼萨汗一人,政治生活处于相对稳定的状态。礼萨汗退位后12年间,威权政治急剧衰落,多元政治成为伊朗社会的突出现象,宫廷、议会、内阁和民众组织展开激烈的权力角逐,英国、美国和苏联亦趁机插手,国家机器几近失控,政局动荡,首相和内阁频繁更替。礼萨汗在位16年间,共有8位首相、10届内阁和50名大臣任职。巴列维国王即位初期的12年间即1941—1953年,则有12位首相、31届内阁和148名大臣任职,首相任职时间平均8个月,每届内阁执政时间平均不足5个月。其中,1944—1946年的两年间经历9届内阁,7人出任首相,110人出任内阁大臣。首相和内阁的频繁更替并不意味着新兴社会群体的崛起和民众广泛的政治参与,民主政治的客观条件尚不成熟,传统势力依旧垄断着国家政权,新兴资产阶级、巴扎商人和工匠以及教界均被排斥于国家政权之外。此间任职的12位首相中,9人出身贵族家庭,2人来自礼萨汗时期的官僚政府,1人系礼萨汗麾下的高级将领。至于此间任职的148名大臣中,81人出身名门望族,13人曾与宫廷保持密切联系,11人系军队将领。

二、摩萨台与1953年民主化运动

石油的开采是深刻影响20世纪伊朗历史的重要因素。1900年,英国人威廉·诺克斯·德阿西以支付20万英镑的代价,从伊朗政府获得为期60年的石油开采特许权。1908年,伊朗南部的克尔曼发现石油;同年成立英伊石油公司,英国政府控制英伊石油公司51%的股权。此后数十年中,英伊石油公司控制伊朗的石油工业,英国政府从英伊石油公司征纳的税收甚至超过伊朗政府。1933—1949 年,英伊石油公司的净收入为 9 亿英镑,其中净利润为 5 亿英镑,向英国政府缴纳税收 1.8 亿英镑,非伊朗的股民分红为 1.2 亿英镑,至于伊朗方面所得的收入只有 1.1 亿英镑,约占英伊石油公司净收入的 12% 或净利润的 15%。1945 年,伊朗的石油产量超过阿拉伯国家石油产量的总和,然而伊朗的石油收入仅为每桶 18 美分,远远低于巴林的每桶 35 美分、沙特阿拉伯的每桶 56 美分和伊拉克的每桶 60 美分。

1949 年,穆罕默德·摩萨台创建"民族阵线",基本宗旨是争取国家资源的民族化、实现议会政治的民主化和推动伊朗经济社会的发展。"民族阵线"包括伊朗党、劳工党、民族党和穆斯林战士协会。伊朗党强调社会主义的意识形态,代表新兴中产阶级利益,主张强化宪政制度和限制君主权力,实现民族独立和外交中立,实现石油国有化和工业化,推行土地改革,反对土地贵族,核心人物包括卡里姆·桑贾比、艾哈迈德·齐拉克扎迪和侯赛因·法迪米。劳工党由前民主党成员穆扎法尔·巴卡伊和哈里勒·马里基创建,主张强化宪政,反对特权,实现民族独立,缓和劳资对立。民族党由达里乌什·福鲁哈尔创建,代表世俗知识界利益,倡导社会主义。穆斯林战士协会由阿亚图拉阿卜杜勒·嘎绥姆·卡萨尼创建,代表巴扎商人和教界利益。1952 年 2 月,伊朗召开第十七届议会,在全部 79 个席位中,"民族阵线"占 30 席。

摩萨台

"民族阵线"首先致力于争取石油资源的国有化,进而掀起声势浩大的民族主义运动。尽管加入"民族阵线"的政治组织具有不同的阶级属性,穆罕默德·摩萨台的民族主义倾向无疑超越了阶级的界限,得到了包括保守派地主和乌莱玛在内的伊朗社会诸多阶层的广泛支持。1951 年 1 月,穆罕默德·摩萨台领导的"民族阵线"和阿亚图拉阿卜杜勒·嘎绥姆·卡萨尼为首的教界人士聚集民众,要求将伊朗的石油资源收归国有,首开中东诸国石油国有化运动的先河。随后,阿巴丹的石油工人举行罢工,支持石油国有化。同年 4 月,穆罕默德·摩萨台出任首相,继而在议会通过石油国有化法案。5 月 1 日,《石油国有化法案》由巴列维国王签署,正式生效,伊朗国家石油公司宣告成立。

石油国有化运动具有民族主义的浓厚色彩,而其核心内容在于财富控制权的争夺。穆罕默德·摩萨台承认:"我们需要依靠石油收入平衡预算,使我们的人民摆脱贫困、疾病和落后的状态。"由于英国的抵制和封锁,穆罕默德·摩萨台政府致力于发展非石油经济,调整外贸结构,扩大国内生产,强调进口替代型的经济模式。另一方面,穆罕默德·摩萨台政府采取多项自由化的举措,呼吁改革选举制度和恢复宪政,试图扩大议会和内阁权力,削弱在外地主和传统贵族的政治影响,限制君主权力,旨在推动政治民主化的进程。进入1952年,巴列维国王与穆罕默德·摩萨台政府之间的矛盾日益加剧。1953年8月,在伊朗军队将领、什叶派保守势力和美国中央情报局的支持下,巴列维国王发动政变,穆罕默德·摩萨台遭到逮捕,石油国有化运动随之流产。

石油国有化运动与宪政运动有颇多相似之处,二者皆包含民族主义和民主主义的双重倾向,即摆脱英国的经济束缚和推动国内的政治民主化进程,皆表现为广泛的社会动员和诸多社会群体的广泛联盟,皆伴随着内部的分裂和国外势力的介入,皆以失败而告结束,其后皆出现威权政治进一步强化的趋势。另一方面,石油国有化运动与宪政运动相比,更具民族主义色彩,它强调利用一切国家资源和政治手段实现民族独立。因此,穆罕默德·摩萨台与同时期印度的甘地和尼赫鲁、埃及的纳赛尔以及印尼的苏加诺颇具共性,皆为民族解放运动的领袖人物。参与石油国有化运动的诸多势力所结成的联盟,包含着明显的非同源性和差异性,具有明显的松散倾向,导致其政治基础的脆弱性,进而决定了矛盾双方力量对比的天平向国王一方倾斜。人民党与"民族阵线"的分裂和教界与世俗反对派的分裂,削弱了穆罕默德·摩萨台的政治基础,为国王的成功政变铺平了道路。

1954年,巴列维国王以赔偿2 500万英镑作为条件,中止英伊石油公司在伊朗享有的石油垄断权。此后,伊朗政府开始与西方数家石油公司联合开发伊朗石油,其中不列颠石油公司拥有40%的股份,5家美国石油公司拥有35%的股份,荷兰壳牌石油公司拥有14%的股份,利润由伊朗政府与西方数家石油公司对半分成。1962年,伊朗政府的石油利润分成增至56%。与此同时,伊朗政府的石油收入从1955年的3 400万美元增至1963年的4.4亿美元。自60年代起,美国资本大量投向伊朗油田,进而操纵伊朗的经济命脉,伊朗与美国的关系随之进入新的阶段,美国成为巴列维王朝的主要支持者,伊朗的政策与美国的利益趋于一致。

第三节 巴列维国王的白色革命

一、白色革命前的农业与乡村

农业是伊朗传统社会的经济基础，土地构成伊朗传统社会最重要的生产资料和财富来源。白色革命前夕，乡村人口约占伊朗全国总人口的70%。封建生产关系在伊朗乡村长期占据统治地位，大地产与分成制租佃关系的结合构成乡村经济的基本模式，自耕农主要分布在伊朗人口稀少和经济相对落后的农业地区边缘。据1956年的官方统计，伊朗全部耕地的10%属于国有，4%属于王室，10%属于宗教地产，76%属于私人地产。仅占总人口1%的在外地主拥有超过55%的耕地，控制超过65%的乡村人口。

分成制地租的征纳，是地主土地所有权的主要表现方式。根据1960年的统计，交纳分成制地租的耕作者92万户，占农户总数的49%，采用分成制租佃方式的耕作面积700万公顷，占全部耕作面积的62%；相比之下，交纳固定地租的耕作者27万户，占农户总数的14%，采用固定地租的耕作面积98万公顷，占全部耕作面积的9%。分成制的租佃方式在人口稠密和经济发达的农业地区尤为盛行，其中西阿塞拜疆省91%的耕地、克尔曼省89%的耕地、库尔德斯坦省87%的耕地、东阿塞拜疆省83%的耕地、德黑兰省78%的耕地、胡齐斯坦省62%的谷地、伊斯法罕省和吉兰省59%的耕地采用分成制的租佃方式。在交纳分成制地租的条件下，耕种土地的农民包括两种类型：一种是享有长期租佃权的农民，另一种是无租佃权的农民。前者世代耕种从地主租佃的土地，采用劳动队的群体形式，每个劳动队包括数名劳动力，按照土地、水源、种子、耕牛和人力五项要素与地主分享收成，此外尚需提供劳役和实物贡赋。后者缺乏稳定的租种耕地和收入来源，被排斥于五项分成之外，通常充当临时性的日工或季节工，处于乡村社会的底层。

自然村落是伊朗乡村社会的传统组织形式，规模从百余人到数千人不等。在自然村落内部，农业生产与手工业生产密切结合，产品交换普遍采用实物的形式，表现为自给自足和相对封闭的状态。根据1956年的官方统计，伊朗共有自然村落51 300个。60年代土地改革前，王室拥有2 000个自然村落，占自然村落总数的4%；国家拥有3 000个自然村落，占自然村落总数的6%；6 000个自然村落属于瓦克夫，占自然村落总数的12%；此外的40 000

个自然村落中，19 000个属于37个最大的地产主，7 000个属于中等地产主，15 000个属于小地主和自耕农。1943—1960年，大地产主占据议会56%的席位。此间17个首相中，15人来自大地产主。

在外地主远居城市，委派管家监督农业生产。白色革命前伊朗乡村社会的显著特征是在外地主兼有土地所有权与乡村统治权。农民普遍固着于土地，处于依附状态；在外地主及其管家凌驾于耕种土地的农民之上，俨然成为国家权力的象征。巴列维国王曾经表示："这些地主因为通常不住在自己的领地上，自然就不会注意开发这些土地，也不想进行农业改革来改善他们的社会状况。""多数大地主在土地耕作和经营管理上依然使用古老的、陈旧的方法，而不愿拿出现代化农业所需要的大量资金，结果是，当发达的国家不断为开垦更多土地而努力的时代，我们的农业却几乎仍处在数千年前的状态。"

1960—1963年，伊朗由于严重的财政赤字和经济危机，被迫向国际货币基金组织和美国政府寻求紧急援助。国际货币基金组织承诺提供3 500万美元的经济援助，条件是伊朗政府调整预算，冻结工资，搁置部分经济开发项目。美国的肯尼迪政府同意提供8 500万美元的经济援助，条件是巴列维国王吸收自由派人士加入内阁和实行土地改革，以防止出现在许多国家业已发生的红色革命。巴列维国王迫于形势的压力，逐渐放弃拉拢传统势力和控制现代社会群体的二元政策，进而掀开白色革命的序幕。

二、白色革命期间的土地改革

1962年，由农业大臣阿尔桑贾尼起草的《土地改革法》获准实施。该法案规定：地主拥有土地的最高限额是一个自然村落，超过最高限额的土地必须出售给政府，但果园、花园和机耕土地不在其列；政府根据地主以往上报的土地收入和缴纳的地产税确定购买价格，分10年付清地款；政府将所购置的土地出售给享有租佃权的无地农民，购地者需要在15年内付清地款；政府在乡村组建合作社，加入合作社是无地农民从国家购置土地的先决条件。

土地改革首先在阿塞拜疆、吉兰、克尔曼、法尔斯和库尔德斯坦试行，效果颇为显著。1963年，巴列维国王正式宣布关于社会发展的六点纲领，其核心内容是土地改革，时称白色革命。在随后举行的全民公决中，99%的选民支持六点纲领和白色革命。此后，土地改革在全国范围普遍展开。

1965年，《土地改革法》附加条款获准实施，白色革命进入第二阶段。根据该附加条款，在以往实行分成制租佃方式的地区，地主拥有土地的最高限额减至 30—200 公顷,超过部分可做以下五种选择:第一,出租土地,租佃期限不得少于 30 年,承租者缴纳货币地租,租额每五年调整一次;第二,出售土地,购地者可向国家银行申请低息贷款,10 年内付清购地款;第三,与佃农按照传统的五项要素划分土地;第四,地主与佃农合资组建农业联合体;第五,拥有土地不足 30—200 公顷者,可购买佃农的租佃权,并雇用他们作为工资劳动者。该附加条款涉及约 4 万个自然村落和约 150 万农户,其中 6 万农户购置土地,15 万农户与地主分享耕地,11 万农户加入农业联合体,123 万农户与地主订立长期租约。在实施的过程中,各地的做法不尽相同。胡齐斯坦和马赞德兰大都选择出租的形式,德黑兰周围以及吉兰和阿塞拜疆普遍选择出售土地,法尔斯的许多地主选择与农民分享耕地,克尔曼和呼罗珊的地主多与农民组成联合体,锡斯坦和俾路支的农民往往向地主出售租佃权。

1967 年,《农场企业建立与管理法》获准实施,1968 年,《开发水坝下游土地公司建立与管理法》获准实施,白色革命随之进入第三阶段。根据《农场企业建立与管理法》,农场企业由政府投资,实行计划管理;自耕农可以将地产入股农场企业,按照股份获得分红,亦可为农场企业工作,按日计酬。至 1978 年,建立农场企业 94 个,包括 850 座村庄、30 余万农民和 40 余万公顷土地,主要分布于法尔斯、胡齐斯坦和阿塞拜疆。根据《开发水坝下游土地公司建立与管理法》,政府征购土地,出租私人经营,成立合资性质的农业公司,吸收国外资金和国内资金,属于资金密集型、机械化生产和雇佣制的现代农业企业,种植经济作物,至 1978 年建成 36 家公司,主要分布于胡齐斯坦、古尔干、吉兰等地。

在许多地区,政府打破自然村落的界限,组建大型农场,采用工厂化劳动方式,推广农业机械,实行单一作物的专门生产。政府亦鼓励外国资本投入伊朗农业,组建外资农业公司。1969—1974 年,5 家外资农业公司从伊朗政府

白色革命中的巴列维国王

租赁国有土地达到7万公顷。此外,《分配和出售租佃土地法》于1969年开始实施,已与农民签订30年长期租约的地主须将土地出售给农民,地价由地主与农民协商解决,地款可一次性支付,亦可在12年内分期支付,政府为地主提供担保。1971年,政府宣布土地改革结束。

巴列维国王声称,发动白色革命的根本思想是"权利应归全民,而不得为少数人所垄断",其目的是"真正限制大土地占有,以利农民;真正消灭地主和佃农制度;并真正使这些佃农享有人的尊严和有可能直接从劳动中获利"。然而,实际情况并非如此。作为白色革命的核心内容,土地改革只涉及享有租佃权的无地农民,至于没有租佃权的无地农民,约占乡村人口的三分之一,则被排斥于土地改革的范围之外。另一方面,土地改革并未导致乡村人口平等的经济地位,地产规模存在明显差异。据统计,至白色革命结束时,拥有土地不足2公顷者约100万户,拥有土地2—10公顷者约140万户;相比之下,拥有土地超过50公顷者虽然只有4.5万户,其地产总面积却占全部耕地的47%。土地改革并没有真正满足广大农民对于土地的要求,相当数量的乡村人口仍然处于贫困状态。显然,巴列维国王无意改善下层民众的生活境况,其发起白色革命的真实目的,乃是通过地权的改变,否定在外地主对于乡村的统治,密切国家与农民的联系,扩大君主政治的社会基础,巩固巴列维家族垄断权力的政治地位。伊朗的白色革命体现一种新的尝试,其目的是采用自上而下的改革,最终维护传统的权力模式。通过土地改革,国王将贵族限制在城市的范围中,切断他们与乡村的联系。

白色革命期间的突出现象,是合作社的广泛建立。享有租佃权的无地农民从国家购买土地的同时,必须加入合作社和认购合作社的股份。合作社的职能,包括农产品的生产、储存、流通,农业机械、农药、化肥的提供,以及农业贷款的发放。合作社分为初级合作社和中级合作社,构成乡村基本的行政单位,隶属政府管辖。初级合作社的范围为2—3个村社,包括数百农户。1966年,初级合作社为2 000个;1972年,初级合作社达到9 000个,包括2.3万个自然村落和150万农户。若干初级合作社组成中级合作社,构成初级合作社与政府的中间环节;1966年,中级合作社54个,1968年,中级合作社达到81个。合作社建立的实质,在于官僚政治在乡村社会的广泛延伸。合作社建立的结果,是乡村官僚化程度的明显提高。合作社的建立,标志着国王取代在外地主而成为乡村社会的真正主人,农民由长期依附于在外地主转变为直接隶属于巴列维王朝,波斯帝国的古老梦想由于白色革命而得以实现。

三、白色革命与农业生产

威权政治的强化与经济社会领域的现代化举措,是巴列维当政期间伊朗历史的核心内容。然而,威权政治的强化与经济社会领域的现代化举措两者之间并非孤立的存在,而是具有密切的内在联系。经济社会领域的现代化举措构成强化威权政治的手段,强化威权政治则是在经济社会领域推行现代化举措的目的。尽管如此,经济社会领域的现代化举措无疑是否定传统秩序的有力杠杆,客观上推动了伊朗历史的长足进步。

礼萨汗当政期间,伊朗的现代化主要表现为工业化进程的启动,局限于城市,乡村社会和农业生产依然沿袭传统的模式。不仅如此,礼萨汗通过立法的形式保护在外地主的既得利益,旨在强化巴列维王朝与在外地主的政治联盟。封建主义在乡村的统治,制约着商品货币关系的扩大和自由劳动力市场的形成,是伊朗现代化进程的最大障碍。巴列维国王当政期间,伊朗的乡村社会和农业生产经历了深刻的历史变革,白色革命则是推动乡村农业深刻变革的关键因素。

白色革命期间,伊朗乡村的地权结构与社会结构发生明显的变化。享有租佃权的无地农民中约92%,即194万农户获得数量不等的土地,原来拥有少量土地的富裕农民亦在土地改革的第二阶段购置土地,在外地主对于乡村土地的垄断性占有和超经济强制不复存在,人数众多的小所有者成为乡村重要的社会势力。地权结构与社会结构的变化导致经营方式的相应变化,实物分成的传统租佃制明显衰落,货币关系广泛流行。20世纪70年代初,约有7 000处超过100公顷的地产,大都分布于北部的里海沿岸、东北部的呼罗珊和西南部的胡齐斯坦地区,采用雇用劳动力和集约化的经营方式,主要种植经济作物。随着地权的转移和经营方式的改变,封建主义在伊朗乡村日渐崩溃。采用现代经营方式的大地产显然与市场经济密切相关,获得土地的农民由于摆脱传统的依附状态,不同程度上具有支配生产的自主权利,加之货币关系的渗透,亦逐渐卷入市场经济之中。与此同时,农业领域的资金投入呈上升趋势,农业技术不断改进。

伊朗的农业生产长期沿袭传统的耕作模式。自公元前8世纪引进称作卡纳特的暗渠以来,直至20世纪50年代末,农业技术停滞不前。伊朗的农业生产率,无论是在单位面积产量还是人均产量方面,均处于落后的状态。在过去的许多世纪,农业技术的改进微乎其微,2500多年前奴隶采用的耕作方式至今依然在乡村农业领域延续。20世纪20年代,拖拉机开始用于农业生产,农业机械化初露端倪。然而,在此后相当长的时期内,农业机械未能得到推广,仅仅局限于少数的王室地产。40年代初,在伊朗东北部里海沿岸降雨丰富的古尔甘地区,土库曼商人购置王室地产,改变经营模式,建立农场,雇用劳动力,使用农业机械,垦殖荒地。1949年,古尔甘农业公司成立。古尔甘农业公司最初主要播种传统作物小麦,50年代末开始播种高利润的经济作物棉花。进入50年代,农业机械在古尔甘逐渐推广,使用农业机械和采用现代经营方式的农场数量日渐增多。

1952年,伊朗政府成立农业机械发展署,采用分期付款的方式,鼓励农民购置农业机械,至1956年售出拖拉机300台。自1956年起,农业机械发展署向农民提供低息贷款,同时控制农业机械的售价,旨在鼓励农民购置农业机械。然而,1960年以前,只有富裕农民购置农业机械。1960年以后,不甚富裕的农民亦开始购置农业机械。1957—1962年,农业机械发展署通过贷款的形式售出拖拉机6 300台,联合收割机1 100台,其中仅占全国耕地1.5%的古尔甘地区购置拖拉机2 000台,联合收割机600台,分别占售出拖拉机和联合收割机总数的30%和50%。里海沿岸的水稻播种区吉兰和马赞德兰亦是较早推广农业机械的省份,自1958年开始引进播种机,至70年代初机播面积达到70%。

白色革命和土地改革不仅导致地权的转移,而且促进了农业机械化的推广。1926—1947年,伊朗共计进口拖拉机600台。至1950年,伊朗共有拖拉机900台,联合收割机100台。1960年,使用拖拉机耕种土地的农户仅占农户总数的4%。自白色革命开始,拖拉机和联合收割机的数量呈明显上升的趋势。1962年,伊朗全国共有拖拉机6 000台,联合收割机900台。1971年,拖拉机增至2.3万台,联合收割机增至1 800台。1977年,拖拉机达到5.3万台,联合收割机达到2 500台。德黑兰、古尔甘、吉兰、马赞德兰、阿塞拜疆和伊斯法罕是农业机械化程度最高的省份。根据1974年的统计,在马赞德兰,115公顷耕地平均1台拖拉机;在伊斯法罕,124公顷耕地平均1台拖拉机;在德黑兰,165公顷平均1台拖拉机;在阿塞拜疆,277公顷耕地平均1台拖拉机。拖拉机的进口数量,1952—1956年300台,1957年700台,1960年1 300台,1970年5 100台,1977年4 700台,1979年2 800台。拖拉机的保有量,1966年1.6万台,1977年5万台,1980年5.8万台。1974年,吉兰的耕地共计15万公顷,播种机近1万台,平均每台播种机播种15公顷;马赞德兰的耕地共计12万公顷,播种机1万台,平均每台播种机播种8公顷。吉兰和马赞德兰两省进口的播种机数量,1960年120台,1963年4 000台,1972年10 000台,1977年8 500台,1980年2 900台。

1958—1967年,政府投资兴建大型水坝12座,灌溉面积由1960年的280万公顷增至1972年的360万公顷。白色革命前,化肥在伊朗乡村的大多数地区尚鲜为人知。即使在最发达的农业地区马赞德兰和古尔干,施肥面积仅占播种面积的3.5%。自60年代开始,化肥的投入量急剧上升,1959—1977年年均增长率为21%,其中1959—1961年年均投入3.2万吨,1968—1970年年均投入21万吨,1975—1977年年均投入68万吨。1960—1975年,主要农作物小麦播种面积从401万哈增至557万哈,年产量从292万吨增至437万吨,大麦播种面积从119万哈增至144万哈,年产量从81万吨增至102万吨,水稻播种面积从33万哈增至40万哈,年产量从71万吨增至102万吨。

尽管如此,白色革命期间,伊朗农业生产的增长速度相对缓慢。1969—1973年的第四个五年计划和1974—1978年的第五个五年计划期间,农业产值的预计年均增长率分别为4.4%和7.0%,而实际年均增长率仅为3.9%和4.6%,远远落后于国内生产总值的年均增长率,其中1978年农业产值增长率为负0.8%。1960—1975年,小麦单位面积产量从每哈0.73吨增至每哈0.78吨,大麦单位面积产量从每哈0.68吨增至0.71吨,水稻单位面积产量从每哈2.12吨增至2.55吨,增长幅度有限。1959—1977年,主要农作物小麦年均增长4.3%,大麦年均增长3.0%,水稻年均增长4.9%。1956年,伊朗总人口为1 900万,其中农业劳动力为330万;1966年,伊朗总人口增至2 600万,农业劳动力下降为320万;1976年,伊朗总人口达到3 400万,而农业劳动力仅为360万。农业产值在国内生产总值中所占的比例,1963年为29%,1977年下降为10%。白色革命期间,160余万农户获得土地,拖拉机保有量增长16倍,化肥使用量增长20倍,然而农业合作社大都经营不善,农产品价格过低,农作物产量徘徊不前,农民生活水平亦无明显提高。白色革命前的50年代,伊朗的农产品不仅满足国内市场的需求,而且出口国际市场。60年代初,伊朗农业尚且自给有余。自白色革命开始,随着人口的爆炸性增长和城市化的长足进步,农产品的国内市场需求量呈明显的上升趋势。1960年,伊朗耕地面积为1 140万公顷,国内市场的粮食需求量为700万吨;1975年,伊朗耕地面积为1 570万公顷,国内市场的粮食需求量增至1 900万吨。人口的增长速度超过农业生产的增长速度,粮食进口不断增加。1963年,非农业人口的粮食需求为740亿里亚尔,其中进口粮食20亿里亚尔;1977年,非农业人口的粮食需求增至5 820亿里亚尔,其中进口粮食增至780亿里亚尔。另据统计,1973年,伊朗从国际市场进口谷物96万吨;1978年,伊朗从国际市场进口谷物增至218万吨。1973—1977年,伊朗进口谷物累计支出66亿美元。巴列维国王甚至宣称,"伊朗的小农生产水平相对落后,浪费财富,使国家无法继续负担"。然而,据此认为伊朗农业呈衰落趋势,否定白色革命对于伊朗乡村社会和农业生产的积极影响,尚有进一步商榷的余地。伊朗乡村的生产关系和社会结构无疑由于白色革命的诸多举措而发生明显的变化。封建地产、家庭经济和资本主义农场的此消彼长标志着伊朗乡村传统经济社会模式的崩坏与现代经济社会模式的长足发展,而农业生产关系的转变与农民生活水平的提高并非必然表现为同步的状态。

四、工业化的长足发展

白色革命前,伊朗的工业化处于起步阶段,规模尚小,轻工业企业居多,石油工业几乎是唯一的重工业部门。工业产值在国内生产总值中所占的比重,1947年为5%,1962年不足10%。50年代和60年代初,伊朗政府相继制订第一个七年发展计划(1949—1955年)和第二个七年发展计划(1955—1962年),旨在发展农业、改善交通、建立现代工业体系和实现进口替代的经济战略,然而由于资金投入不足,均未取得明显的效果。

伊朗是中东地区最早发现石油的国家之一。进入60年代,伊朗的石油产量急剧上升。1959年,伊朗石油产量约占世界石油总产量的4.6%。1974年,伊朗石油日产量达到600万桶,伊朗石油产量在世界石油总产量中所占的份额增至10.5%。自1963年起,伊朗政府的石油收入呈大幅增长的趋势,1964年为5.6亿美元,1969年为9.6亿美元,1971年为12亿美元,1974年为50亿美元,1976年达到200亿美元。从1964年到1974年,伊朗政府的石油收入累计130亿美元;从1974年到1977年,伊朗政府的石油收入累计380亿美元。石油经济的迅速发展和石油收入的急剧增长,导致政府投资的明显扩大。与此同时,白色革命期间,在外地主被迫出售相当数量的地产之后,其投资方向亦由乡村和农业领域转向城市和工业领域,成为推动工业化进程的积极因素。

1963年,伊朗政府制订五年发展计划(1963—1967年),预计投资19亿美元,主要投资领域是冶金工业和机械工业,国内生产的年增长率预计达到8.8%。1968年,伊朗政府制订新的五年发展计划(1968—1972),预计投资107亿美元,主要投资领域是运输业、电力工业和石油化学工业,国内生产的年增长率预计达到9%。1973年,伊朗政府制订第三个五年发展计划(1973—1977年),预计投资365亿美元,后增至700亿美元,主要投资领域是石油化学工业、冶金工业、电力工业、机械工业和运输业,国内生产的年增长率预计达到26%。1973年以前,主要工业企业大都位于德黑兰。1973—1977年,诸多新兴工业基地迅速崛起,阿塞拜疆成为机器制造业中心,伊斯法罕成为冶金工业中心,法尔斯成为化学工业中心,胡齐斯坦成为石油工业中心,吉兰成为电力工业中心,工业分布渐趋合理。巴列维国王甚至夸口,到20世纪末,伊朗将成为世界五大工业强国之一。

1963—1977年可谓伊朗历史上的工业革命时期,现代工业的生产规模明显扩大。伊朗工业的年增长率从5%升至15%,其增长速度相当于发展中国家平均增长速度的两倍。雇佣工人10—49人的小型企业数量从1 500家增至7 000家,雇佣工人50—500人的中型企业数量从300家增至830家,雇佣工人超过500人的大型企业数量从100家增至160家。此外,尚有不足10人的作坊20万家。1977年,各类作坊、工厂和其他相关行业的工人数量约为250万。与此同时,产业结构发生明显的变化,石油工业、冶金工业、化学工业、机械工业和电力工业逐渐成为颇具影响的支柱产业,制造业在国内生产总值中所占比例从11%增至17%。1965—1975年,主要工业品的产量急剧增长,其中煤炭产量从29万吨增至90万吨,钢铁产量从3万吨增至28万吨,水泥产量从140万吨增至430万吨,棉布和化纤制品从3.5亿米增至5.3亿米,电话产量从零部增至19万部,电视机产量从1.2万台增至3万台,拖拉机产量从100台增至7 700台,汽车产量从7 000辆增至11万辆。1963—1977年,政府在德兹福勒、卡拉季和曼杰勒建造大型水利枢纽,发电量从5亿千瓦时增至155亿千瓦时。政府投资改造恩泽里、沙赫普尔、布什尔和霍拉姆沙赫尔等主要港口,港口吞吐量增长4倍。政府投资铺设超过500英里的铁路和13 000英里的公路,从而完成了以德黑兰为中心连接大不里士、伊斯法罕和马什哈德以及里海沿岸和波斯湾港口的铁路干线和四通八达的交通网。

工业投资的增长无疑是工业化长足进步的重要内容,政府投资、私人投资和国外投资构成巴列维国王时期伊朗工业投资的基本形式。早在20年代巴列维王朝建立之初，君主制已经成为伊朗经济发展的渠道。然而，直到50年代，政府在经济领域的作用依然相当有限，只是私人经济的辅助和补充。国家机构的完善和政府职能的强化，并未导致国家资本主义的建立。白色革命初期，政府投资的规模尚不及私人投资。自60年代后期开始，伊朗的投资结构发生明显的变化，政府的经济干预随之扩大。进入70年代，政府投资逐渐构成伊朗工业投资的主导形式，主要投资领域包括石油工业、冶金工业、机械工业和化学工业，国有企业控制国家的经济命脉。1976年，国家拥有130家大型工业企业，另外在55家工业企业拥有股份。政府控制油田和4家大型石油化工企业以及阿巴丹、德黑兰、设拉子和克尔曼沙赫的炼油厂，同时拥有大不里士和阿拉克的机械制造厂、大不里士的拖拉机厂、伊斯法罕和阿拔斯港的炼钢厂，垄断烟草企业。如果说礼萨汗是伊朗最大的地主，那么巴列维国王则是伊朗最大的资本家。与政府投资相比，私人投资的主要领域是纺织工业、食品加工业和建筑业。白色革命前的1959年，政府投资占投资总额的34%，私人投资占投资总额的66%；巴列维王朝覆灭前的1978年，政府投资在全部投资中所占的比例上升为66%，私人投资在全部投资中所占的比例下降为34%。1968—1978年，国有企业的固定资产从740亿里亚尔增至6 630亿里亚尔，私人企业的固定资产从770亿里亚尔增至4 120亿里亚尔，国有企业固定资产的增长幅度明显超过私人企业固定资产的增长幅度。1978年，来自国有企业的政府财政收入达到11 077亿里亚尔，仅次于13 142亿里亚尔的石油收入，远远高于3 976亿里亚尔的税收。尽管如此，自白色革命开始，工业领域的私人投资无疑呈上升的趋势。私人企业主的数量，1956年不足7万人，1966年增至15万人，1976年超过20万人。1977年，伊朗共有工业企业5 000余家，其中政府投资的企业约400家，其余企业均系私人投资兴建。此外，巴列维国王时期，国外商家在伊朗境内的投资规模亦不断扩大，投资金额从1963年的1.3亿美元增至1973年的12.3亿美元。1977年，国外投资累计达到52亿美元，投资领域主要是资金密集型企业和技术密集型企业，包括5家大型石化企业中的3家、5家大型化工厂中的4家、18家制药厂中的14家、全部的汽车制造厂和42家机械制造厂中的37家。

白色革命期间工业化的长足进步，导致伊朗产业结构的相应变化。1956—1976年，农业劳动力在全部劳动力中所占比例从56%下降为34%，而工业劳动力在全部劳动力中所占比例从20%增至35%。1963—1978年，伊朗国内生产总值从104亿美元增至510亿美元，其中农业产值在国内生产总值中所占的比例由28%下降为9%,石油业产值在国内生产总值中所占的比例由19%增至32%,非石油的工业产值在国内生产总值中所占的比例由16%增至23%。

五、城市化进程

　　白色革命至伊斯兰革命之间伊朗社会的突出现象,是城市人口的膨胀和城市规模的扩大。1956年,伊朗的总人口为1 900万,其中乡村人口1 300万,占总人口的69%,城市人口600万,占总人口的31%。1966年,伊朗的总人口为2 500万,其中乡村人口1 500万,占总人口的62%,城市人口1 000万,占总人口的38%。1976年,伊朗的总人口为3 370万,其中乡村人口1 780万,占总人口的53%,城市人口1 590万,占总人口的47%。换言之,1956—1976年,城市人口约增长3倍,而乡村人口仅增长三分之一。

　　工业化的长足进步,导致伊朗人口流向明显改变。越来越多的劳动力脱离农业,从乡村涌入城市,构成城市人口膨胀的主要因素。据统计,移入城市的乡村农民,30年代平均每年3万人,1941—1956年平均每年13万人,1957—1966年平均每年25万人,1967—1976年平均每年33万人。1962—1971年,约200万人从乡村移居城市。1966—1976年,伊朗新增城市人口600万,其中自然增长的城市人口260万,占新增城市人口总数的44%,移居城市的乡村人口210万,占新增城市人口总数的35%。1978年,伊朗的城市人口为1 780万,其中半数系1963年以后来自乡村的移民及其后裔。

　　与此同时,城市规模不断扩大。人口超过10万的城市,1900年只有3个,1956年增至10个,1976年达到23个。人口超过10万的城市居民,1900年为50万人,占城市人口总数的24%,1956年增至320万人,占城市人口总数的53%,1976年达到990万人,占城市人口总数的63%。1956—1976年,德黑兰从150万人增至450万人,伊斯法罕从25万人增至67万人,马什哈德从24万人增至67万人,大不里士从29万人增至60万人,设拉子从17万人增至42万人,阿瓦士从12万人增至33万人,阿巴丹从23万人增至30万人,克尔曼沙赫从13万人增至29万人,库姆从10万人增至25万人,拉什特从11万人增至19万人。1966—1976年,人口超过5千人的城市从249个增至373个,人口超过5万人的城市从29个增至45个。1976年,伊朗最大的10个城市即德黑兰、伊斯法罕、马什哈德、大不里士、设拉子、阿瓦士、阿巴丹、克尔曼沙赫、库姆、拉什特的人口占城市人口总数的52%,其中德黑兰的人口占城市人口总数的29%。1975年,62%的城市人口生活在19个人口超过10万的大城市,20%的城市人口生活在55个2.5万—10万人的中等城市,18%的城市人口生活在225个不足2.5万人的小城市。

巴扎商人和手工工匠作为伊朗传统社会的重要组成部分,相互依存,长期处于共生的状态。现代工商业的发展排斥着巴扎商人和手工工匠的物质利益,威权政治的膨胀否定着巴扎商人和手工工匠传统的自治地位。尽管如此,现代工商业的发展并没有使传统手工业和巴扎商业退出历史舞台;相反,城市化的进程在一定程度上甚至为传统手工业和巴扎商业的扩大提供了空间。相反,城市化的进程在一定程度上为巴扎商业和传统手工业提供了扩展的空间,巴扎商人和手工业者的人数亦呈缓慢上升的趋势。1966—1976年,巴扎商人从48万增至56万,手工工匠从53万增至100万。70年代,巴扎商人依然活跃在伊朗的流通领域,控制全部批发贸易的四分之三和零售贸易的三分之二,手工作坊则提供伊朗工业产品的三分之一和非石油出口商品的四分之一。巴扎商人和手工工匠遍布城市和乡村的各个角落,与民众生活息息相关,仍不失为具有广泛影响的社会群体。尽管如此,巴扎商人和手工业者的经济活动处于相对萧条的状态,其经济实力和社会地位已非往日可比。现代化的长足进步,特别是现代工商业的发展,导致传统手工业者和巴扎商人每况愈下的经济社会地位。1972年,手工作坊使用的劳动力占全部工业劳动力的65%,手工作坊的产值仅占工业总产值的36%;1976年,手工作坊使用的劳动力在全部工业劳动力中所占的比例下降为36%,手工作坊的产值在工业总产值中所占的比例则下降为23%。两项数字表明,资金和劳动力非密集型的小生产无力与现代工业竞争,处于惨淡经营的状态。1972年,政府强行推广机制面包,面包业6 000余手工工匠因此失业。1970年,政府强行规定城市行会的首领,剥夺行会传统的自治权利。1975—1976年,政府取缔巴扎商人和手工工匠的行会组织,强化对于巴扎商人和手工工匠的控制,进而利用复兴党掀起反对奸商牟取暴利的运动,致使8 000巴扎商人身陷囹圄,约2万巴扎商人流亡他乡,20余万店铺被迫关闭。与此同时,政府建立国营贸易公司和现代商场,挑战巴扎在流通领域的主导地位。巴扎商人和手工工匠无力单独对抗巴列维王朝,被迫转向教界寻求保护。

六、人口结构与社会福利

伴随城市化的进程,作为伊朗传统社会重要组成部分的游牧人口数量呈急剧下降的趋势。1900年,伊朗有游牧人口250万,约占总人口的25%。礼萨汗在位的1932年,游牧人口100万,约占总人口的8%。白色革命初期的1966年,游牧人口下降为71万,约占总人口的3%。伊斯兰革命前夕的1976年,游牧人口仅为35万,约占总人口的1%。

现代化的历史进程不仅改变着城市与乡村的人口比例,而且塑造着新兴的社会群体,现代中产阶级的规模不断扩大。现代中产阶级起源于工业化、城市化、政府官僚化和教育世俗化,是现代化进程的产物,其主要政治倾向在于要求实现民主化和社会改革,以求分享国家权力和提高社会地位。白色革命的重要内容,是发展世俗的教育体系和司法体系,完善政府机构和官僚制度。1963—1977年,伊朗政府雇员从15万人增至56万人,包括教师、医生在内的知识界人数亦不断增多。与此同时,产业工人队伍明显扩大,进而成为举足轻重的社会群体。1966—1976年,产业工人从137万增至192万,其在全部劳动力中所占比例从19%增至22%。另据统计,1968年,产业工人约为146万,其中17%即25万分布在10人以上的大中型企业;1977年,产业工人达到250万,其中29%即72万分布在10人以上的大中型企业。产业工人作为巴列维当政期间现代化进程的受益者,最初并不热衷于政治活动,经济境况的改善是产业工人关注的首要问题。所谓的棚户民缺乏稳定的收入来源,居于城市社会的最底层,大都属于来自乡村的移民,70年代人数约为160万,占全部劳动力的18%。

自白色革命至伊斯兰革命的14年间,伊朗在社会福利方面取得长足的进步,医疗和教育领域的成就尤为明显。1966—1976年,政府投资19亿美元,用于发展卫生和教育事业,医疗机构从700家增至2 800家,医生人数从4 500人增至1.3万人,护士人数从2 000人增至4 000人,医院床位从2.4万张增至4.8万张。卫生条件的改善,明显降低了瘟疫发病率和婴儿死亡率,人口总数随之呈大幅增长的趋势。1963—1977年,小学在校人数从160万增至400万,普通中学在校人数从37万增至74万,职业学校人数从1.4万增至近23万,高等学校在校人数从2.5万增至15万。1956—1976年,人口的识字率从15%上升为47%,其中,乡村人口的识字率从6%上升为30%,城市人口的识字率从33%上升为65%。尽管如此,伊朗仍然是中东地区医疗条件最差和婴儿死亡率最高的国家,接受高等教育的人口比例亦居于中东诸国的末位。

经济的繁荣和财富的增长固然构成社会福利事业长足进步的物质基础,

特定的政治制度与社会福利的改善之间亦具有内在的逻辑联系。白色革命期间,教育和卫生领域的发展表现为明显的不平衡性。1973年,德黑兰拥有全国二分之一的医生,医生与人口的比例为1∶800;相比之下,德黑兰以外地区的医生与人口的比例为1∶5 000,在遥远的伊拉姆省则为1∶12 600。德黑兰所在的中央省拥有160所医院和2.4万张病床,平均4万人拥有1所医院;相比之下,赞赞省只有3所医院和200张病床,平均20万人拥有1所医院,而24万人的伊拉姆省和25万人的波耶尔·艾哈迈德省各有1所医院。1977年,乡村地区的婴儿死亡率高达12%。1977年,德黑兰的识字率为76%,其他地区平均为38%,伊拉姆省和库尔德斯坦仅为22%。超过60%的学龄儿童无法完成学业。1975年,68%的成年人不识字;1963—1977年,成年的文盲从1 300万人增至1 500万人。

第四节 "发展的独裁模式"

一、威权政治的强化

礼萨汗当政期间,巴列维家族财富剧增,成为伊朗的首富。1930年,礼萨汗在伊朗国家银行的存款约为100万里亚尔。礼萨汗于1941年退位时,其在伊朗国家银行的存款增至6.8亿里亚尔;相比之下,1941年伊朗政府的财政岁入不过12.5亿里亚尔。礼萨汗家族的地产主要分布在里海南岸盛产水稻的马赞德兰以及相邻的吉兰和古尔甘,约为300万英亩,包括2 000余个村庄和23.5万户家庭。此外,礼萨汗在许多企业和公司拥有股份。

自1953年开始,巴列维国王凭借礼萨汗聚敛的巨额财富,特别是凭借丰厚的石油收入和美国政府的支持,着力强化威权政治,装备精良和规模庞大的军队则是巴列维国王实行威权政治的有力工具。1953—1963年,巴列维国王从美国获得价值5亿美元的军事援助,军费开支从8 000万美元增至1.8亿美元,军队员额则从12万人增至20万人。1957年,伊朗政府依靠美国和以色列情报部门的支持,组建国家安全情报署,亦称萨瓦克,作为军事力量的重要补充。50年代,德黑兰的中央政府设12个部,雇员约15万人。巴列维国王不断强化政府职能和完善官僚政治,日趋膨胀的官僚机构成为巴列维国王控制社会的重要工具。

1953年,巴列维国王实行党禁,取缔政党,力图遏制反对派的政治活动。

议会由 136 个席位增至 200 个席位,议员任期由 2 年延长为 4 年。与此同时,巴列维国王通过萨瓦克的秘密警察控制工会组织和工人运动。1953 年,伊朗发生罢工 79 次;自 1954 年起,罢工次数明显减少,1955 年至 1957 年 3 年中只有 3 次。首相伊格巴尔于 1957 年 4 月在其就职演说中声称:"我很讨厌'罢工'这个词,它是人民党带到我们的语言中的。只要我担任首相,我不想听到任何罢工的消息。"

50 年代至 60 年代初,巴列维国王在实施高压政策的同时,极力维护在外地主、什叶派乌莱玛和巴扎商人的既得利益,进而与传统势力建立广泛的政治联盟。摩萨台政府于 1953 年提出的关于提高农民分成的议案被议会束之高阁,贵族世家如阿拉姆斯家族、阿拉斯家族、巴赫提亚尔家族等享有诸多特权。巴列维国王多次朝觐麦加,出席在什叶派宗教圣城卡尔巴拉、库姆和马什哈德举行的什叶派宗教庆典,尤其与教界上层特别是阿亚图拉布鲁杰尔迪、阿亚图拉贝赫贝哈尼等人交往甚密。1953—1963 年,巴扎在诸多方面享有自治的地位,巴列维国王亦极力避免干涉巴扎的内部事务,允许行会的自由选举。

君主制度是伊朗传统的政治制度。巴列维王朝建立以后,伊朗的君主政治日趋强化。1941 年礼萨汗被迫退位以后,君主政治一度削弱,诸多社会群体激烈角逐国家权力,进而形成多元的政治局面。自 1953 年政变开始,巴列维国王选择了亨廷顿所谓的"发展的独裁模式",极力排斥民众的政治参与。巴列维国王把持着统治国家的绝对权力,凌驾于宪法和议会之上。宪政制度徒具形式,宪法如若一纸空文,议会形同虚设。巴列维国王当政期间,议员任期由 2 年延长为 4 年,议员的人选由国王确定。1953—1977 年,8 人先后出任内阁首相,其中 6 人为巴列维国王的宠臣,首相胡韦达甚至自称是"国王的奴仆"。巴列维国王俨然是国家权力的化身;伊朗民众并无公民的权利,而被视作是君主的臣民。白色革命的发生,既是君主政治日趋强化的必然结果,亦是君主政治极度膨胀的集中体现。

巴列维国王沿袭其父礼萨汗当政时期的传统,倚重军队和官僚机构作为首要的统治工具,极力强化独裁专制的政治制度。1963—1977 年,伊朗官僚机构急剧膨胀,中央政府由 12 个部和 15 万雇员增至 19 个部和 30 万雇员。巴列维国王还重新划分全国政区,省区由 10 个增至 23 个。国家权力通过庞大的官僚机构渗透到城市和乡村的各个角落,传统地方势力作为国家与民众之间的桥梁和纽带,由于国家权力的广泛扩张而不复存在。1963—1977 年,伊朗军队人数从 20 万增至 41 万,其中陆军从 18 万人增至 20 万人,海军从 2 000 人增至 2.5 万人,空军从 7 500 人增至 10 万人,宪兵从 2.5 万人增至 6 万人,特种部队从 2 000 人增至 1.7 万人,国王卫队从 2 000 人增至 8 000 人。1963—1973 年,军费预算从不足 3 亿美元增至 18 亿美元,1977 年甚至高达 73 亿美元。1977 年时的伊朗拥有波斯湾地区最强大的海军和中东地区最先进的空军,号称世界第五军事强国。军队构成伊朗社会的特权阶层,享受优厚的物质待遇,具有广泛的政治影响。巴列维国王作为军队的最高统帅,亲自任免所有高级将领,参与军事演练,并且经常身着军装主持国务活动。始建于 1953 年的萨瓦克由 5 000 余名秘密警察组成,遍布各地和各个角落,被称作"国王的耳目和铁拳"。庞大的官僚机构和装备精良的军队以及秘密警察成为巴列维国王独裁专制的三大支柱,国王控制军队而军队通过国家机器控制社会则是巴列维国王当政期间伊朗政治生活的突出现象。

巴列维国王

巴列维国王与家人

据西方权威机构估计,巴列维家族的私产在 50 亿到 200 亿美元之间。其一是广袤的良田,主要分布在里海沿岸的马赞德兰、吉兰和古尔甘以及西南部的法尔斯和胡齐斯坦。其二是石油收入,巴列维王朝灭亡前夕,约 20 亿美元的石油收入从伊朗国内存入巴列维家族成员在国外的账户。其三是工商业利润,巴列维家族成员凭借特权从国家银行获得低息贷款,投资工商业领域，牟取暴利。其四是巴列维基金会，巴列维基金会始建于1958年，至1977年在200余家企业和金融机构拥有超过30亿美元的股份。巴列维家族的巨额私产，构成巴列维王朝独裁专制的重要物质保证。

二、世俗政党与君主独裁

巴列维国王当政期间，政党政治并非民众政治参与的外在形式，却成为君主独裁的御用工具。1958年，巴列维国王宣布实行两党制，授意首相曼努切赫尔·伊格巴尔和内务部长阿萨杜拉·阿拉姆分别创建民族党和国民党，其中民族党系议会多数党和执政党，国民党系议会少数党和反对党，两党作为国王御用的政治工具，其成员均为唯命是从的王室宠臣。1963年，民族党改称新伊朗党，首相胡韦达出任新伊朗党总书记。新伊朗党是国王推行改革举措以及控制内阁和议会的政治组织，控制所有的职业协会、工会、巴扎行会、民间服务性组织和土改合作社。

1975年，巴列维国王宣布取缔国民党，复兴党取代新伊朗党，成为唯一合法的政党。一个国家、一个国王和一个政党，成为新的政治座右铭。巴列维国王宣布，伊朗迈向"伟大的文明"需要统一的思想，复兴党的历史任务是铲除背离官方理论的思想倾向，实现伊朗人民的思想统一，实现国王领导的白色革命，推动国王的伊朗走向新的文明。复兴党声称，国王是雅利安人的灯塔，消灭了伊朗的阶级对立，解决了伊朗所有的社会冲突；国王不仅是伊朗的政治领袖，而且是伊朗的精神领袖；国王不仅为民众建造了道路、桥梁、水坝和沟渠，而且指引着民众的精神、思想和心灵。

复兴党设立50人组成的执行委员会和150人组成的中央委员会作为核心机构，在全国各地设立分支机构，据称拥有党员500万人，而拥护宪法、忠于国王和支持白色革命是加入该党的先决条件。复兴党中央委员会包括几乎所有的议员和内阁成员，首相胡韦达出任秘书长。复兴党发行《复兴报》《工人复兴报》《农民复兴报》《青年复兴报》和《复兴思想报》等多种报刊，操纵和控制诸多政府部门和舆论媒体，同时实行严格的新闻监督，查封与其思想观念不符的出版物。与此同时，复兴党极力削弱什叶派乌莱玛的政治影响和社会影响，严格禁止妇女在校园身着伊斯兰教的传统服饰，清查宗教地产的账目，派出大批人员前往乡村宣传所谓"真正的伊斯兰教"。复兴党甚至用传统的伊朗历取代伊斯兰历，进而于1976年将伊朗的纪年由伊斯兰历1355年改为伊朗历2535年，旨在美化君主制的悠久历史。1975年，复兴党操纵的国民议会无视沙里亚的相关规定,将男女青年的法定结婚年龄分别从15岁和18岁改为18岁和20岁,并且重申1967年《家庭保护法》,赋予世俗法庭审理家庭纠纷的权力,尤其对男子的婚姻行为加以限制,规定男子休妻必须提供有效的理由,男子另娶妻子必须征得现有妻子的同意,妇女享有申诉离婚的权利,妇女外出从业无须征得丈夫的允许。

复兴党的诸多举措导致教界的激烈反抗。阿亚图拉鲁哈尼宣布,复兴党的行为违背宪法,违背伊朗人民的利益,违背伊斯兰教的原则。阿亚图拉霍梅尼在伊拉克公开指责复兴党是背离宪法和伊斯兰教的政治组织,号召伊朗真正的穆斯林远离复兴党,声称复兴党不仅侵犯人权、自由和国际法,而且意在毁灭伊斯兰教和出卖国家利益。政府随后逮捕了霍梅尼在伊朗的主要支持者,包括阿亚图拉贝赫什提、阿亚图拉蒙塔泽里、阿亚图拉侯赛因·库米、阿亚图拉拉巴尼·设拉齐、阿亚图拉赞贾尼、阿亚图拉安瓦里、霍加特伊斯兰卡尼、霍加特伊斯兰哈梅内伊、霍加特伊斯兰拉呼提、霍加特伊斯兰塔赫里。

巴列维国王建立复兴党的目的,是扩大政治基础,排斥政治异己,消除潜在的政治威胁。复兴党的建立,标志着君主独裁达到顶峰。巴列维国王甚至口出狂言:"伊朗人可以选择支持或反对君主制、宪法和白色革命三位一体的基本原则。支持君主制、宪法和白色革命的人应当加入复兴党,致力于实现君主制、宪法和白色革命的目标。不支持君主制、宪法和白色革命的人可以保持冷漠和旁观的态度,然而他们将不得分享伊朗繁荣的果实。至于那些坚决反对君主制、宪法和白色革命的人,将被允许离开自己的国家。""那些反对宪法、君主制度、国王与人民的革命(即白色革命)的人,只能在监禁和流亡之中作出选择。那些不肯加入这个政治组织(即复兴党)的人只有两种可能:他们或者属于某一非法政党,例如人民党,在这种情况下,他们应当入狱;或者有幸无须提供出境签证,便可携带护照,去到他们喜欢的地方。"

巴列维当政期间,世俗政治在伊朗政治领域长期居于主导地位,世俗化构成伊朗政治演进的主流倾向。所谓世俗政治,在不同的国家和不同的历史条件下,具有不同的政治内涵。巴列维当政期间伊朗的世俗政治,包含排斥教界传统政治影响和强化君主统治地位的双重倾向。排斥教界传统政治影响和强化君主统治地位并非孤立存在的历史现象,两者之间无疑具有密切的内在联系。排斥教界传统政治影响的目的是服务于强化君主统治地位的客观需要,而政治世俗化的逻辑结果则是威权政治的日趋膨胀。换言之,所谓的世俗政治,在伊朗现代化进程的特定历史条件下,表现为打破传统社会权力分配的二元结构,削弱宗教政治,强化政府职能,进而完善巴列维王朝君主独裁的威权政治。君主政治构成世俗政治的外在形式,世俗政治、君主政治和威权政治的三位一体则是巴列维当政期间伊朗政治的基本模式。

第五节　世俗君主制的终结与"头巾取代王冠的革命"

一、宪政与独裁的消长

20世纪伊朗政治进程的突出现象,在于民主与专制的激烈抗争。经济秩序的深刻变革与新旧社会势力的此消彼长,则是民主挑战专制的物质基础。1905—1911年的宪政运动,揭开了民主与专制抗争的序幕,首开伊朗政治现代化进程的先河。然而,由于客观条件的限制,宪政运动未能从根本上触动封建主义的经济基础和传统的社会秩序,议会的召开和宪法的颁布并没有带来民主政治的崭新时代。

自1925年巴列维王朝建立开始,君主独裁的政治制度空前强化,宪政制度成为君主独裁的御用工具。礼萨汗当政期间,特定的历史条件即尖锐的民族矛盾和深刻的民族危机制约着伊朗国内诸多社会群体和政治势力之间的冲突,捍卫国家主权和民族尊严是伊朗各界民众的共同愿望,国王凌驾于社会之上,俨然成为国家主权的体现和民族尊严的象征。

1941年礼萨汗退位后,君主权力一度衰微,伊朗政坛出现群雄逐鹿的局面,议会成为角逐国家权力的主要舞台。1951—1953年,首相摩萨台及其支持者利用石油国有化运动,挑战王权,掀起新的民主化浪潮。始建于1949年的"民族阵线",作为代表资产阶级利益的世俗政治组织,构成此次民主化浪潮的中坚力量。摩萨台及其领导的"民族阵线"试图恢复1906年宪法,实行立宪制,扩大议会权力,进而达到限制王权的目的。然而,在外地主和教界传统势力支持君主政治,反对挑战王权的民主化政治倾向。1953年,巴列维国王发动政变,恢复君主独裁,民主化浪潮在昙花一现之后宣告流产。

1953年的政变落下了伊朗政治的铁幕,此前13年间,诸多政治力量的怒吼震撼着伊朗。此后的24年中,除1960—1963年外,伊朗政坛颇显平静。巴列维国王声称,政坛的平静归功于其卓越的治理。实际情况并非如此,政坛的平静只是政治风暴的前奏。巴列维国王君主独裁的铁幕只能掩盖社会矛盾和政治对抗,却不能消除社会矛盾和政治对抗。在君主独裁的铁幕掩盖下,伊朗的社会矛盾和政治对抗暗流涌动。

二、世俗政治反对派

20世纪50年代至60年代初,伊朗国内的政治反对派大都表现为世俗的形式,人民党和"民族阵线"构成世俗政治反对派的主要载体。

人民党始建于30年代,是十月革命以后马克思主义传入伊朗的产物,系伊朗左翼的激进政治派别。礼萨汗当政期间,人民党被视作非法政治组织,屡遭打击。1941年礼萨汗退位后,人民党死灰复燃,活跃于伊朗政坛,角逐议会席位,其成员甚至出任内阁部长。人民党尽管在1949年由于涉嫌暗杀国王而遭到政府的取缔,50年代初依然具有广泛的影响,一度成为摩萨台政府的重要政治盟友。1953年政变后,人民党遭受重创,仅在阿塞拜疆和库尔德人地区苟延残喘。巴列维国王称人民党是莫斯科的第五纵队和苏联的特洛伊木马,指责人民党勾结苏联、出卖国家利益、反对私有制和亵渎伊斯兰教信仰,进而取缔人民党,迫害人民党成员。1956年起,人民党与苏联支持的阿塞拜疆民主党合并,自称伊朗工人阶级的政党,坚持马克思列宁主义的意识形态和无神论信仰,反对财产私有制,支持苏联和国际共产主义运动,主张在伊朗建立民族民主共和国和实行社会主义制度。1964年,人民党出现分裂,库尔德知识分子宣布脱离人民党,组建库尔德民主党,主张通过武装斗争的方式建立联邦制的国家,实行伊朗的民主和库尔德人的自治。1965年,人民党再度分裂,其资深成员卡塞姆和弗鲁坦退出人民党,组建新的政党,名为"马克思列宁主义风暴",反对人民党的亲苏倾向,主张走中国式的革命道路。人民党及其分支派系尽管长期得到苏联政府以及境外诸多马克思主义组织的支持,然而其思想纲领与伊朗的历史传统及伊斯兰教信仰相去甚远,缺乏必要的社会号召力,难以形成广泛的政治影响。

"民族阵线"始建于1949年,50年代初支持石油国有化运动和摩萨台政府,系相对温和的世俗政治派别。50年代初,"民族阵线"无疑是动员民众政治参与和反对君主独裁的重要角色。"民族阵线"于1953年政变后遭受重创,1954年改称"民族抵抗运动"。"民族抵抗运动"缺乏具有权威性影响的领袖人物,亦无统一的政治纲领和严密的组织结构,"从未成为严格意义的政党",只是若干政治群体的松散联合。60年代初,"民族抵抗运动"内部由于政治观点的分歧,形成伊朗党、民族党、"解放运动"和社会主义协会四个派别,为"第二民族阵线"。伊朗党和民族党的政治活动主要是批评巴列维政府的具体政策,要求解除对于摩萨台的软禁和扩大新闻自由以及向私人出售国有企业,"解放运动"和社会主义协会则主张发动反对国王的思想战争。伊朗党、民族党和社会主义协会将整个教界视作反动势力,"解放运动"则强调与反对巴列维国王的教界势力建立广泛的政治联盟。伊朗党极力倡导实现"第二民族阵线"内部的高度统一,民族党、"解放运动"和社会主义协会则主张继续维持"第二民族阵线"的松散状态。1965年,"第二民族阵线"正式分裂。其中,伊朗党沿用"民族阵线"的名称,主张在伊朗建立世俗的民主共和国,民族党、"解放运动"和社会主义协会组成"第三民族阵线",认为乌莱玛是自1891年反对烟草专卖运动以来伊朗反对殖民侵略和独裁专制的斗争中举足轻重的政治力量,主张联合教界进步势力,建立反对巴列维国王的广泛政治同盟。

三、教俗关系的嬗变

世俗与宗教长期并存的二元体系以及世俗倾向与宗教倾向的此消彼长,是伊朗社会生活与政治进程的明显特征。教俗关系的核心内容是权力的角逐,而教俗双方的力量对比决定着教俗关系变化的走向和权力角逐的结局。

自1501年萨法维王朝建立开始,什叶派伊斯兰教取代逊尼派伊斯兰教,成为伊朗官方的宗教信仰,进而在伊朗诸地广泛传播。什叶派不同于逊尼派,属于穆斯林社会中的少数派,在中世纪曾经长期被排斥于哈里发国家的政治舞台之外。由于特定的历史环境,教俗并立的二元倾向和独立于世俗政治的宗教政治逐渐成为什叶派区别于逊尼派的显著特征,伊玛目学说则是广泛影响什叶派穆斯林政治生活的信仰原则。在什叶派穆斯林看来,只有乌莱玛才是沙里亚的体现者和伊斯兰教的捍卫者,至于国王的统治只能局限于世俗的范围。

萨法维时代,王权膨胀,宫廷凌驾于教界之上,什叶派乌莱玛构成从属于王权的御用工具。恺伽王朝时期,王权衰微,什叶派乌莱玛上升为伊朗政坛中举足轻重的社会势力。恺伽王朝时期伊朗政治生活的突出现象,在于世俗君主与什叶派乌莱玛的权力分享:首都德黑兰无疑是宫廷的所在和世俗权力的中心,什叶派宗教圣城库姆则是乌莱玛的据点和宗教权力的象征。然而,伊朗的什叶派教界不同于西方的天主教会,并非浑然一体,缺乏严密的组织体系,其与宫廷之间关系各异,或与宫廷保持密切来往,接受国王的赐封,充当国家与民众之间的纽带,或远离宫廷,以民众利益的代言人自居。尽管如此,恺伽王朝与什叶派乌莱玛有着共同的国内敌人即巴布教派,和共同的国外敌对势力即西方列强。巴布教派的起义和西方列强的入侵制约着恺伽王朝与什叶派乌莱玛之间的矛盾,却为两者之间结为盟友提供了必要的政治基础。宪政运动集中体现了什叶派乌莱玛在伊朗社会的广泛政治影响:1906年宪法及其补充条款的相关规定,诸如承认什叶派伊斯兰教作为伊朗官方的宗教信仰、由乌莱玛上层即穆智台希德组成的专家委员会享有监督议会和政府的绝对权力以及沙里亚具有至高无上的神圣地位,标志着伊朗传统政治模式的延续。1906年颁布的宪法及其补充条款,可谓20世纪初伊朗教俗之间力量对比的产物,亦是教俗关系的集中体现。

自1925年礼萨汗即位至60年代初白色革命前夕,什叶派传统的宗教政治与巴列维王朝的世俗政治处于共生的状态。1925年礼萨汗建立巴列维王朝和1953年巴列维国王发动政变,皆曾得到什叶派乌莱玛的有力支持。不仅如此,什叶派传统的宗教理论构成巴列维王朝的官方信仰和御用学说,什叶派传统的宗教政治则是巴列维王朝世俗政治的延伸和补充。另一方面,什叶派乌莱玛长期构成伊朗传统社会势力的重要组成部分,是伊朗传统社会秩序的既得利益者和捍卫者。采用传统经营方式的宗教地产瓦克夫是什叶派乌莱玛的主要经济来源,清真寺与巴扎的广泛联盟则是伊朗传统宗教政治的社会基础。

巴列维王朝前期,什叶派乌莱玛属于伊朗社会的保守势力,支持君主政体。什叶派乌莱玛与巴列维王朝两者之间不无矛盾,礼萨汗和巴列维国王两代君主的世俗化倾向和世俗政治的膨胀导致什叶派传统教界的政治影响日渐衰微,白色革命的相关举措导致什叶派传统教界的不满和反抗。尽管如此,什叶派传统教界毕竟是君主制度的历史参与者和传统政治模式的重要社会基础,其对巴列维王朝的不满和反抗大都局限于传统秩序的框架之内。强调

巴列维国王与什叶派乌莱玛

沙里亚的神圣地位、遵循1906年宪法关于维护教界利益的相关内容和反对白色革命期间巴列维国王推行的土地改革,是什叶派乌莱玛与巴列维王朝之间矛盾的焦点所在。什叶派乌莱玛无意倡导民主政治,承认传统政治秩序的合法性是他们所奉行的基本原则。因此,什叶派乌莱玛首先于1925年支持礼萨汗建立巴列维王朝,试图借助于君主制维护教界的既得利益,抵制共和制的世俗化倾向,继而于1953年再度与巴列维国王携手,共同反对摩萨台政府,旨在通过君主制的政治形式捍卫传统的私有制和遏制共产主义。1953—1960年,巴列维王朝与什叶派乌莱玛保持良好的合作关系,教界领袖布鲁杰尔迪以及贝赫贝哈尼和卡萨尼作为1953年政变的重要支持者,深得国王的宠幸。巴列维国王经常前往马什哈德和库姆拜谒圣地,以示虔诚。即使是阿亚图拉霍梅尼,最初亦曾承认立宪君主制的合法地位。

1959年,首相伊格巴尔在议会提出土地改革法案,阿亚图拉布鲁杰尔迪声称,土地改革法案背离伊斯兰教和沙里亚的原则,议会应当阻止土地改革法的通过。由于布鲁杰尔迪和什叶派教界人士的反对,土地改革法案被迫搁置。

60年代初,巴列维国王羽翼丰满,欲求垄断权力,遂发动白色革命。在外地主和教界传统势力的既得利益受到严重损害,其与巴列维王朝的政治联盟随之瓦解。1963年初,巴列维国王避开议会,采取全民公决的形式强行通过白色革命的六点纲领,同时宣布授予妇女在地方议会的选举权,引起教界的强烈不满。同年3月,什叶派乌莱玛在宗教圣城库姆抗议巴列维国王的土地改革政策和妇女选举权政策,示威者与警察发生冲突,20余人遇害,另有多人被捕。此间,阿亚图拉霍梅尼开始向巴列维国王发难,进而登上伊朗的政治舞台,成为宪法的捍卫者和反对巴列维

阿亚图拉布鲁杰尔迪

1963年的霍梅尼

国王的风云人物。霍梅尼指责巴列维国王为实施白色革命而举行的全民公决既违背1906年宪法的原则,亦与伊斯兰教不符,呼吁民众抵制全民公决,捍卫宪法的尊严。巴列维国王随后向教界发起攻击,官方媒体将反对白色革命和抵制全民公决的什叶派乌莱玛称作黑色反动派,指责什叶派乌莱玛企图把伊朗拉回中世纪的黑暗时代。

1963年6月3日,在德黑兰、库姆、伊斯法罕、马什哈德、设拉子和大不里士,巴扎商人和工匠、宗教学者和政府雇员、知识分子和产业工人涌上街头,举行示威,抗议巴列维国王的独裁统治。同日,霍梅尼在什叶派宗教圣城库姆发表演讲,向巴列维国王公开宣战,成为霍梅尼涉足政坛的起点。霍梅尼并未明确反对巴列维国王实行的土地改革和妇女政策,而是抨击巴列维政府独裁专制、操纵选举、侵犯宪法、禁止新闻自由、取缔反对派政党和侵犯民众权利,谴责巴列维国王投靠美国、出卖伊朗的民族利益以及支持犹太复国主义和出卖巴勒斯坦的解放事业,谴责巴列维国王如同杀害伊玛目侯赛因的倭马亚哈里发叶齐德,号召什叶派穆斯林推翻巴列维王朝。霍梅尼声称:"我们决不允许父辈用自己的鲜血换来的宪法受到侵犯。"霍梅尼甚至发出警告:"如果国王仍然任意妄为,那么当他某一天不得不离开这个国家时,人民将会感到无限的喜悦。"次日,霍梅尼遭到逮捕,监禁于德黑兰,罪名是反对土地改革和白色革命。霍梅尼于1964年获释返回库姆以后,政治威望倍增,成为深受民众拥戴的宗教领袖和民族英雄。1965年初,霍梅尼被巴列维国王驱逐至土耳其。1965年9月,霍梅尼离开土耳其,栖居伊拉克的纳杰夫,直到1978年被伊拉克政府驱逐,前往科威特,入境时遭到拒绝,遂移居法国巴黎。此间,霍梅尼致力于反对巴列维王朝的政治活动,俨然成为披着宗教外衣的民主斗士,其在伊朗民众中的政治影响逐渐扩大。1970年,霍梅尼的追随者甚至将霍梅尼称作"波斯的伊玛目",而此前尚无人获得如此的称谓。

四、现代伊斯兰主义思想的社会基础

马克思主义经典作家认为,阶级社会的诸多宗教作为阶级对抗的产物和体现,具有双重的社会功能。一方面,阶级社会的宗教是阶级统治的工具,是统治阶级维护统治秩序和压迫民众的精神枷锁,是"人民的鸦片";另一方面,在阶级社会,"宗教里的苦难既是现实的苦难的表现,又是对这种现实的苦难的抗议。宗教是被压迫生灵的叹息"。在特定的历史条件下,宗教为民

众反抗现实的苦难提供神圣的外衣,进而构成社会革命的外在形式。至于理性通过神性的扭曲形式而得以体现和发扬,在历史长河中亦非鲜见。穆罕默德时代的伊斯兰教无疑是革命的意识形态和改造阿拉伯社会的重要武器。"穆罕默德的宗教革命……是一种表面上的反动,是一种虚假的复古和返璞"。

在中世纪的漫长历史时期,伊斯兰教作为官方学说趋于保守和僵化,进而演变为维护封建秩序的思想理论。然而,伊斯兰教并非孤立存在的意识形态,什叶派乌莱玛亦非一成不变的社会群体。通常认为,伊朗的什叶派乌莱玛始终代表传统的社会秩序,构成现代化进程中的保守势力和逆向因素。亦有学者认为,什叶派教界尽管与世俗统治者不无矛盾,毕竟构成君主制和传统政治模式的参与者和重要社会基础,巴列维时代的世俗化倾向,特别是白色革命的诸多举措,极力排斥什叶派教界的政治参与和权力分享,摧毁了什叶派教界与世俗统治者之间的政治联盟,进而改变了什叶派教界的政治立场,导致什叶派教界从君主制和传统政治模式的捍卫者转向君主制和传统政治模式的对立面,成为民众利益的代言人和民主政治的倡导者(Arjomand,1998,p.80)。实际情况不尽如此。

自19世纪以来,伊斯兰世界现代化进程的长足发展导致新旧社会力量的尖锐对立,伊斯兰教作为伊斯兰世界的意识形态随之形成官方学说与民众信仰之间的明显差异。伊斯兰教的官方学说大都具有浓厚的保守色彩,而民众信仰则往往包含挑战现存秩序的革命思想。20世纪初,现代伊斯兰主义悄然兴起,集中体现了伊斯兰世界之民众信仰与官方学说的激烈抗争。60年代,现代伊斯兰主义思潮自埃及和巴基斯坦传入伊朗,哈桑·班纳、赛义德·库特布和阿布·阿拉·毛杜迪的宗教政治学说逐渐影响伊朗教俗各界,进而冲击长期占据统治地位的什叶派教界的传统理论。

巴列维王朝时期无疑是伊朗现代化进程的重要阶段,传统经济秩序的衰落与新旧社会群体的此消彼长可谓此间伊朗历史发展的基本轨迹。伴随着伊朗现代化的长足进步和新旧社会力量的尖锐对抗,伊斯兰教作为意识形态在诸多方面发生相应的变化,什叶派教界内部亦经历着裂变的过程,进而形成官方教界与民众教界之间的差异和对立。官方教界恪守传统的意识形态,极力维护传统秩序的合法地位。与此同时,民众教界倡导激进的意识形态,现代伊斯兰主义成为挑战君主政治的革命理论。作为阿亚图拉的霍梅尼,并非传统教界势力的代表,而是特定历史条件下民众教界的化身和民主政治的象征。正因为如此,霍梅尼自1963年起在民众之中久享盛誉,而在官方教界内部却曾势单力薄。

特定的政治制度决定政治运动的相应形式,巴列维国王的统治模式决定着伊朗民众的反抗模式。现代世俗政治的重要形式是政党政治。然而,巴列维王朝长期操纵议会选举,排斥世俗政党的政治参与,直至取缔政党,禁止民众的自由结社。世俗形式的政治斗争缺乏必要的存在条件和发展空间,世俗反对派政党已无立足之处,宗教几乎成为民众反抗的仅存空间,宗教反对派应运而生,政治斗争随之由世俗领域的议会政治逐渐转化为神权形式的宗教运动,宗教情感成为政治情感的扭曲反映,宗教的狂热成为民众发泄不满和寄托希望的首要形式,清真寺则取代议会而成为反抗巴列维王朝独裁专制的主要据点。

1963年教界掀起的政治风波平息以后,民众建立的宗教组织如雨后春笋,遍布伊朗各地,仅德黑兰就有民间宗教组织达12 300个之多,其中大都出现于1965年以后。新兴民间宗教组织大都具有行业背景或地域背景,在巴扎成员和来自乡村的城市贫困人口中颇具影响,成为凝聚下层民众的社会载体,而宗教书刊和音像制品的广泛发行则是民间宗教组织满足民众宗教需要的重要形式。据统计,1976年,仅德黑兰便有48家宗教书刊和音像制品出版商,其中25家系1965—1975年间开始经营。现代伊斯兰主义的宗教政治思想,正是通过这样的渠道而在伊朗社会广泛传播。

五、什叶派现代伊斯兰主义的先驱

什叶派教界的传统理论作为传统社会的客观现实在意识形态领域的体现,与传统社会群体的既得利益密切相关,是维护传统社会秩序的舆论工具。相比之下,现代伊斯兰主义强调《古兰经》和《圣训》的基本原则以及早期伊斯兰教的历史实践,崇尚穆罕默德和麦地那哈里发国家的社会秩序,其核心内容在于倡导平等和民主的政治原则。现代伊斯兰主义貌似复古,实为否定教界传统理论及其所维护的传统社会秩序,是颇具革命倾向的宗教学说和政治理论。现代伊斯兰主义在伊朗的广泛传播,根源于巴列维王朝威权政治的客观环境以及民主与专制激烈抗争的政治需要,标志着崭新的政治文化借助宗教的形式初露端倪。

自60年代开始,法赫里丁·沙德曼、贾拉勒·艾哈麦德、马赫迪·巴扎尔甘和马哈茂德·塔里甘尼等人积极倡导通过什叶派伊斯兰教的途径寻求伊朗的进步和解放,进而阐述宗教政治化的社会原则。

法赫里丁·沙德曼从民族主义的立场出发,强调伊朗的现代化并非等同于完全抛弃本国的传统和简单的西化,声称伊朗在历史上屡遭外族的侵略,而西方列强是目前伊朗面临的最危险的敌人,他们正在通过文化的形式而不是武力的手段侵略伊朗,他们试图剥夺伊朗民族的尊严和宗教,直至奴役伊朗民族。"西方文明在伊朗的胜利将是伊朗最终的失败,伊朗民族将不复存在"。在沙德曼看来,伊朗抵御西方列强的唯一途径是被西方列强征服之前首先战胜西方文明,学习西方文明的先进经验进而丰富伊朗文明则是抵御西方列强和战胜西方文明的先决条件。

贾拉勒·艾哈麦德出身于宗教学者家庭,早年就读于宗教学校,1948—1953年曾经加入人民党。艾哈麦德致力于探讨东西方之间的不平等关系,强调西方工业文明与东方农业文明之间具有可沟通性,同时反对模仿西方和全盘西化,主张通过回归什叶派伊斯兰教抵御西方思潮,将乌莱玛视作解放伊朗的潜在政治力量,进而倡导乌莱玛与世俗知识分子建立共同反对独裁专制和帝国主义的政治联盟。艾哈麦德表示,"每当乌莱玛和知识分子为了共同的事业而携手一致的时候,我们总是能够看到成功、进步和社会发展"。

马赫迪·巴扎尔甘1907年出身于德黑兰的商人家庭,早年就读于德黑兰师范学院,后留学巴黎,攻读工程技术,1936年学成回国,一度任职于政府,40年代在德黑兰大学任教。50年代初,巴扎尔甘追随首相摩萨台,掌管国家石油公司,直至出任摩萨台内阁的副首相。此后,巴扎尔甘加入"民族抵抗运动",1955年和1957年两次入狱。1961年,巴扎尔甘创建伊朗"解放运动"。巴扎尔甘倡导宪政和民主制,强调西方现代的科学、理性、自由、民主诸多概念与伊斯兰教的统一,尤其强调民主主义与伊斯兰主义的结合,反对教俗分离。巴扎尔甘认为,伊斯兰教的宗教认同性高于巴列维国王倡导的伊朗民族认同性,什叶派代表公平和正义,参与政治活动是乌莱玛和什叶派穆斯林不可推卸的宗教责任,呼吁宗教学者积极介入政治。巴扎尔甘声称:"我们是穆斯林、伊朗人、宪政主义的信徒和摩萨台的追随者。我们是穆斯林,因为我们反对信仰与政治分离;我们是伊朗人,因为我们遵循我们的民族传统;我们是宪政主义的信徒,因为我们憧憬自由;我们是摩萨台的追随者,因为我们向往国家的独立。"

相比于巴扎尔甘,马哈茂德·塔里甘尼更具激进思想,崇尚宪政革命,强调伊斯兰教框架内的自由、民主和社会公正。塔里甘尼认为,君主独裁与伊斯兰教之独尊安拉的信仰原则存在根本的对立,专制主义则是偶像崇拜的逻辑延伸。在经济方面,塔里甘尼认为,伊斯兰教并非维护地主土地所有制的意识形态,人民的需要应当得到满足,伊斯兰教倡导公正和平等的社会原则,而社会的公正与平等源于被压迫者的解放。在政治方面,塔里甘尼主张联合一切进步的教俗力量,克服摩萨台时代民主阵营的脆弱和分裂。

六、阿里·沙里亚蒂的宗教政治理念

阿里·沙里亚蒂是什叶派现代伊斯兰主义的先驱和伊朗现代宗教政治的杰出理论家,被誉为伊朗和什叶派伊斯兰教的马丁·路德。沙里亚蒂出身于呼罗珊的乡村教师家庭,早年留学法国,1965 年获得社会学博士学位,回国后曾在马什哈德大学和德黑兰侯赛因·伊尔沙德经学院任教,1977 年被伊朗政府驱逐出境,流亡英国,同年遭到暗杀。

阿里·沙里亚蒂

沙里亚蒂援引《古兰经》的相关启示,阐释人文主义的信仰理念,强调人的自由和尊严是现代文明的基础。在此基础之上,沙里亚蒂认为,人生而平等,男人与女人同样享有平等的权利,"历史前进的方向是正义的胜利、被压迫民众的解放和邪恶的最终灭亡"。

沙里亚蒂在重新解读《古兰经》的基础上,强调早期的伊斯兰教是革命的意识形态和民众利益的体现,《古兰经》则是规范穆斯林生活方式和行为准则的蓝本;自 16 世纪起,什叶派蜕变为历代王朝统治人民的官方学说和君主制度的舆论工具,是保守势力的象征和君主制度的卫士,而现存的伊斯兰教恪守传统的社会秩序,是业已僵化的神学理论;应当摒弃教界传统理论,回归经训的道路,恢复伊斯兰教的本来面目,实现安拉与人民的原则,建立平等和民主的社会秩序。沙里亚蒂主张通过革命而不是改革的方式改造伊朗的社会秩序,权力的合法性来自人民的选择,"民主制是最进步的和最符合伊斯兰教的政治制度"。

沙里亚蒂明确区分两种类型的伊斯兰教,即阿里家族的伊斯兰教与萨法维王朝以及巴列维王朝的伊斯兰教,前者作为民众的伊斯兰教,代表进步和革命的运动,后者作为统治者的伊斯兰教,背离经训的教诲。在沙里亚蒂看来,前者是红色的牺牲精神,象征反抗和革命;后者是黑色的哀悼思想,象征忍受和保守,"两者之间存在着巨大的差别:前者是被压迫民众的宗教,后者则是哈里发和宫廷的宗教……真正的伊斯兰教并不仅仅是穷人的宗教,而是追求公正、平等和根除贫困的宗教","我们需要的是自由和进步的伊斯兰教……我们需要的是战斗者的伊斯兰教……我们需要的是阿里家族的伊斯兰教,而不是萨法维王朝的伊斯兰教"。

沙里亚蒂认为,"忍受暴君和不公正的统治"是什叶派消极传统的典范,他反对宗教的沉默,致力于唤醒沉默的穆斯林,实现伊斯兰教从内心层面的信仰到指导社会行为的意识形态和革命思想的转化。沙里亚蒂极力强调,真正的伊斯兰教并非远离政治的个人信仰,而是革命的意识形态,反抗邪恶的统治既是伊玛目的事业,更是所有穆斯林的神圣职责。在沙里亚蒂看来,伊斯兰教的精髓在于生命的奉献。沙里亚蒂认为,正义与邪恶之间的对抗是人类历史的主题,革命是正义反抗邪恶的手段,而殉难者侯赛因犹如伊斯兰教的切·格瓦拉。沙里亚蒂谴责穆斯林面对邪恶时的消极和沉默,强调反抗邪恶是穆斯林的责任和义务。1968年,沙里亚蒂出版《不朽的烈士》,将侯赛因描述为致力于推翻倭马亚王朝哈里发叶齐德政权的革命者和政治反抗的象征。沙里亚蒂的名言"殉难是历史的核心"和"时时都是阿舒拉,处处皆为卡尔巴拉",在后来的伊斯兰革命期间成为广泛流传的政治口号。

然而,沙里亚蒂所倡导的是伊斯兰教的革命而不是教界的革命,他否认什叶派乌莱玛抑或教法学家具有神圣的地位和至高无上的权力。沙里亚蒂激烈抨击教界保守势力,谴责教界保守势力已经沦为统治阶级的组成部分,将什叶派伊斯兰教从反抗的意识形态转变为统治的意识形态,已经与统治者和富人沆瀣一气。沙里亚蒂认为:"在先知的时代,穆斯林具有独立的见解,相互之间商讨不同的看法。相比之下,现在的许多冒牌宗教学者极力使信众成为驯服的羊群,使信众失去抗争的意识而成为统治者的顺民。"沙里亚蒂认为,伊斯兰教中,只有宗教学者,绝无宗教的监护者,"宗教学者并非法定的权威……伊斯兰教中没有教士,教士是从基督教借用的词汇"。在沙里亚蒂看来,回归真正的伊斯兰教意味着现存秩序的否定,而回归真正的伊斯兰教不能在教界的领导下付诸实践,只有进步的知识分子才能领导民众回归真正的伊斯兰教。

七、霍梅尼主义的宗教政治内涵

20世纪40—50年代,霍梅尼持传统的宗教政治立场,倡导乌莱玛参与国家事务,却并不主张建立教界的政权。早在1942年,霍梅尼遵循1906年宪法的基本思想,撰文阐述乌莱玛的政府监督权。霍梅尼认为:"穆智台希德从来不反对国王的统治,即使国王实行的政策与伊斯兰教的原则不尽一致。""我们无意强调国家政权必须掌握在教法学家的手中,只是强调政府必须遵循安拉的法度,因为国家和人民的利益要求政府遵循安拉的法度,而宗教领袖的监督是政府遵循安拉法度的保证。这样的政治原则已经由1906年宪法批准,而且符合公共秩序和国家利益。"他认为,乌莱玛的立法监督有助于社会各阶层与政府之间保持良好的合作。

60年代初,霍梅尼致力于捍卫1906年宪法,谴责巴列维国王独裁专制和出卖伊朗的国家利益,抨击巴列维国王充当帝国主义和犹太复国主义的工具。1964年,霍梅尼在批评议会授予美国公民享有外交豁免权时明确表示:"过去,英国人奴役穆斯林国家;现在,这些(穆斯林)国家处于美国的奴役之下。""来自美国的大资产阶级拥入伊朗,以投资的名义奴役我们的人民……这种现象一方面说明西方的政治和经济剥削……另一方面说明现行的政府屈服于殖民主义……现行的政府力图毁灭伊斯兰教及其神圣的法律。只有伊斯兰教和乌莱玛能够阻止殖民主义的侵犯。"然而,直至1965年被巴列维国王驱逐出境时,霍梅尼并未提出发动革命和推翻君主制的政治主张,依然承认君主制是合法的政治制度。

自60年代后期开始,霍梅尼在反对巴列维国王独裁专制的基础之上,将攻击的矛头指向伊朗传统的君主制度,同时强调宗教应当超越信仰的范围而走进政治领域,强调顺从乌莱玛是穆斯林的宗教义务,将宗教视作反对巴列维王朝独裁专制的政治武器,主张建立教法学家统治的伊斯兰政府,进而发展了现代伊斯兰主义的宗教政治理论。霍梅尼认为,世俗统治与经训阐述的原旨教义不符,君主制度背离早期伊斯兰教的历史实践,伊斯兰世界的君主制是倭马亚人从罗马帝国和萨珊王朝继承的异教制度,伊马目侯赛因与倭马亚人抗争的实质在于反对君主制的统治。他说:"在伊斯兰教中,既没有君主制,也没有王朝的世袭。""伊斯兰教与君主制的全部观念存在根本的对立。"

另一方面,霍梅尼将社会成员划分为相互对立的两大群体,即"剥夺者"与"被剥夺者"。所谓的"剥夺者"指富人、剥削者和压迫者,所谓的"被剥夺者"指穷人、被剥削者和被压迫者。巴列维王朝的独裁政府保护"剥夺者"的利益,损坏"被剥夺者"的利益。只有推翻世俗化的君主制度,重建教俗合一的神权政治,才能摆脱独裁专制,保护"被剥夺者"的利益,实现社会秩序的平等和民主。霍梅尼声称:"我们所需要的伊斯兰政府将是宪政的而不是专制的。然而,伊斯兰政府并不是通常意义上的立宪政府即由选举产生的议会制定法律。新的国家将严格遵循《古兰经》《圣训》和沙里亚所规定的原则。""既然伊斯兰教的原则是法律的原则,那么只有教法学家而不是别人负有治理国家的使命。他们是理解先知意图的人和按照安拉的旨意管理社会的人。""教法学家有权支配国家机构、传播公正、保障安全和调整社会关系。教法学家具有确保人民的自由、独立和进步的知识。""伊斯兰政府不同于现行的其他政府形式。它不是专制的政府,那种政府的首脑支配着民众的思想,损害民众的生活和财产。先知以及信士的长官阿里和其他的伊玛目都无权毁损民众的财产或他们的生活。伊斯兰政府不是专制的,而是立宪的……伊斯兰政府是法治的政府,安拉是唯一的统治者和立法者……成千上万的人饥寒交加,得不到起码的医疗和教育,却有许多人腰缠万贯,挥金如土……我们的义务是拯救被剥夺者和被虐待者。我们有责任帮助被虐待者与压迫者斗争。"

所谓的霍梅尼主义,其核心内容在于强调共和政体与教法学家统治的合一。霍梅尼强调,宗教学者抑或教法学家不仅具有监护权,而且应当成为政治领袖,行使最高统治权;最高宗教政治权力可属于一位最杰出的教法学家,亦可属于多位教法学家组成的会议。在霍梅尼看来,"启示关于教法学家是先知代表的内容并不意味着教法学家的权力局限于解释先知的话语。相反,先知的首要目的是建立公正的社会秩序和实行法治,而这样的目的只能由执行法律的政府完成。既然先知是政府的象征,那么伊玛目和他们的继承人即教法学家也应当是政府的象征","既然伊斯兰的统治是法律的统治,那么只有教法学家而不是其他人负有管理政府的责任;只有他们能够实践先知的意愿,只有他们能够执行安拉的意志","当代的教法学家是先知权力的继承人。安拉托付先知的,就是伊玛目托付教法学家的。教法学家对于一切事务拥有权力。他们被托付的是治理国家的权力","教法学家应当在治理国家方面行使权力,应当在传播公正、提供安全和调整社会关系方面行使权力。教法家具有相应的知识,以保证人民的自由、独立和进步……我深信你们(即乌莱玛)有能力在暴虐和压迫的基础崩溃的时候治理国家。你们可以在伊斯兰教中找到所需要的一切法规,无论是关于治理国家的法规,还是关于税收、权利、惩罚或其他方面的法规"。在此基础之上,霍梅尼批评脱离政治的宗教倾向。他认为,宗教与政治之间并无界限,所谓宗教与政治的分离原则源于西方世界,"不要让西方人和他们的走狗统治你们。应当向人民宣传真正的伊斯兰教……殖民主义者传播阴险的思想,那就是宗教应当与政治分离,教界不得参与政治和社会活动。在先知的时代,宗教与国家是分离的吗?教职人员与政治家是分离的吗?"与此同时,霍梅尼批评教界中的温和反对派,强调伊斯兰教的政治革命是根除暴虐、腐败和背叛的唯一途径,进而主张司法审判的权力必须交还教界,伊斯兰国家必须由教界行使最高权力。他指出,君主制是与伊斯兰教背道而驰的政治制度,因为先知将世袭王权视作邪恶和蒙昧的现象,"宪政革命期间,英国的代理人欺骗民众,引进外国的法律,意在削弱沙里亚。当革命家坐下来起草国家的宪法时,这些英国的代理人求助于比利时大使,采用比利时宪法。这些英国的代理人复制了比利时宪法,补充了英国和法国宪法的若干内容,然后用伊斯兰教的词语加以掩饰。结果,(伊朗的)宪法成了欧洲的舶来之物,却与伊斯兰教毫无干系","我们需要的伊斯兰政府应当是宪政的,而不是专制的。但是,这个政府将不是通常意义上的立宪政府——法律将由民众选举的议会制订。这个政府之所以是立宪政府,在于国家的制度和法规将严格遵循《古兰经》《圣训》和沙里亚"。

然而,霍梅尼在公开场合往往回避关于建立教法学家统治的国家即法基赫体制的政治设想,却着力谴责巴列维国王勾结美国和以色列而背叛伊斯兰教的信仰和出卖伊朗民族的利益,抨击政府操纵选举和践踏宪法以及维护富人的利益而压迫穷人。他强调反对帝国主义和实现国家的真正独立,恢复伊斯兰教的公正秩序,捍卫劳动人民的利益,改善民众生活,建立民主和自由的伊斯兰国家。

八、巴列维王朝覆灭的社会根源

巴列维王朝与在外地主的政治联盟,是20世纪伊朗君主制度的社会基础。什叶派教界传统的宗教思想,则是维护巴列维王朝君主制度的重要舆论工具。白色革命期间伊朗历史的突出现象,是经济秩序的剧烈变动与新旧社会势力的此消彼长。"发展的独裁模式"与巴列维国王实行的诸多改革举措无疑构成推动伊朗现代化进程的有力杠杆,乡村封建土地所有制的瓦解、现代工业的发展和城市化程度的提高标志着伊朗现代化的长足进步。礼萨汗当政期间,着力改造传统工业和发展现代工业,却不肯触及乡村农业的传统秩序和触动在外地主的既得利益。相比之下,白色革命的核心内容是改变乡村地权的分布状态和否定分成制的租佃关系,在外地主由于土地改革而丧失原有的势力和影响,巴列维王朝与在外地主的政治联盟亦因白色革命而趋于崩溃。

巴列维王朝长期奉行世俗化的政策,旨在强化世俗君主对于什叶派乌莱玛的控制。礼萨汗当政期间,致力于克服宗教势力的离心倾向。巴列维国王发动的白色革命,则是礼萨汗当政期间世俗化举措的逻辑延伸。土地改革直接触及约占全国耕地面积30%的宗教地产瓦克夫,而所谓的"知识大军"和"公正之家"明显削弱了什叶派乌莱玛在教育和司法领域的传统影响。60年代初,伊朗全国共有穆智台希德约100人,乌莱玛约1万人,清真寺约2万处,宗教学校约100所,宗教学校学生约1万人。1965年至1975年,伊朗全国的清真寺由2万处减少到9 000处,教界控制的宗教学校亦数量锐减。与此同时,巴列维政府在马什哈德创建伊斯兰大学,在德黑兰大学设立经学院,强化控制宗教教育,极力使伊斯兰教成为巴列维王朝的御用工具,实现什叶派伊斯兰教的"国有化"和"巴列维化"。

1960—1963年,教界与国王之间的关系发生明显的变化。与此同时,教界内部趋于分裂,形成不同的政治倾向。布鲁杰尔迪和贝赫贝哈尼代表教界内部的保守势力,维护传统教界的既得利益,主张远离政治舞台,潜心研读安拉的启示,其与国王之间的矛盾在于极力抵制土地改革,可谓现代化进程中的逆向因素。沙里亚特玛达里和塔里甘尼代表教界内部的温和反对派,无意反对土地改革,甚至声称地主对于农民的剥削并不符合伊斯兰教的原则,其政治目标在于反对国王解散议会和独断专行,强调宪政和恢复议会的地位。霍梅尼以及蒙塔泽里、贝赫什提、穆塔赫里代表教界内部的激进反对派,谴责巴列维国王对内独裁专制以及对外勾结美国和以色列而出卖国家利益,攻击矛头指向巴列维王朝的政治制度和统治地位,俨然是披着宗教外衣的民主斗士。

1953—1958年,贝赫贝哈尼是巴列维国王的重要支持者,布鲁杰尔迪亦与巴列维国王处于合作的状态。1961年布鲁杰尔迪死后,众望所归的宗教领袖不复存在,马什哈德的米拉尼、大不里士的沙里亚特玛达里、纳杰夫的哈基姆和库姆的霍梅尼分庭抗礼,什叶派教界随之出现分裂的迹象。白色革命的相关举措和巴列维王朝世俗统治的强化,导致教界的广泛不满,进而使教界与巴列维王朝渐行渐远,直至分道扬镳。君主政治的膨胀和现代伊斯兰主义思想的传播,助长着教界内部的革命倾向,进而形成国王的伊斯兰教与民众的伊斯兰教两者之间的激烈对抗。

伊朗乡村的生产关系和社会结构无疑由于白色革命的诸多举措而经历深刻的变化,封建地产、家庭经济和资本主义农场的此消彼长标志着伊朗乡村传统经济社会模式的崩坏与现代经济社会模式的长足发展。然而,自耕农作为白色革命后伊朗乡村的主要社会阶层,却无缘分享政治权力。70年代,巴列维政府致力于工业化和城市化的发展,诸多政策损害农民的利益,进而导致乡村社会广泛的不满情绪。

传统的巴扎商人和手工工匠是现代化长足进步的牺牲品,尽管其人数呈缓慢增长的趋势,然而经济活动处于相对萧条的状态,经济实力和社会地位已非往日可比。1953年摩萨台政府垮台后,行会丧失了原有的权利和独立地位。1957年颁布的行会法规定,行会的建立必须经过政府的批准,行会联合会必须接受政府的监督。1971年,政府解散行会联合会,代之以新伊朗党控制的行会委员会,负责监督行会活动。白色革命期间,巴列维政府兴办国营贸易公司和现代商场,导致巴扎商人在流通领域的地位每况愈下。与此同时,巴列维政府通过实行各种优惠政策,积极扶植和发展现代工业,许多传统的手工业产品由于缺乏竞争力而渐遭淘汰,手工工匠深受其害。

现代化的长足进步塑造着诸多的新兴社会群体。白色革命期间,在外地主相继投资现代工业,兴办工厂,雇用劳动力,进而加入新兴资产阶级的行列。随着世俗教育的发展和现代官僚机构的膨胀,包括知识分子和政府雇员在内的所谓知识界亦开始成为举足轻重的社会群体。工业化程度的提高,导致现代产业工人的数量明显增长。城市化进程的突出现象,则是棚户区的急剧扩展。尽管如此,诸多新兴的社会群体无缘分享国家权力,长期徘徊于政治舞台的边缘地带。作为资产阶级政治组织的民族阵线和代表下层民众政治利益的人民党长期处于非法状态,左翼激进组织人民圣战者和人民敢死队屡遭镇压。工人缺乏结社和集会的合法权利,自发组织的民间工会遭到取缔。

1960—1975年，伊朗人均国内生产总值从177美元增至346美元，增长幅度接近100%。然而财富的增长本身并不能带来一个现代社会；相反，财富的增长与财富合理分配的社会愿望两者之间的矛盾日渐凸显。石油收入的增长并没有消除贫困，而只是带来了贫困的现代化。伴随着财富的急剧增长，财富的分配表现为明显的不平等倾向：富者愈富而中下层民众获益甚少，德黑兰愈富而外省获益甚少。国家的财富变成了私人汽车而不是公共巴士，变成了奢侈品而不是公共医疗，变成了军警的俸禄而不是教师的薪水。1963—1976年，约占乡村人口60%的贫困农户在乡村消费支出中所占的比例从36%下降为27%，约占乡村人口40%的富裕农户在乡村消费支出中所占的比例从64%上升为73%，其中约占乡村人口20%的富裕大户在乡村消费支出中所占的比例从42%上升为52%，所谓的基尼系数从0.34上升为0.47。进入70年代，伊朗城乡差距呈不断扩大的趋势。1971年，伊朗个人消费支出共计7 000亿里亚尔，其中城市个人消费支出4 700亿里亚尔，占个人消费支出总额的67%，乡村个人消费支出2 300亿里亚尔，占个人消费支出总额的33%；1978年，伊朗个人消费支出共计1.7万亿里亚尔，其中城市个人消费支出1.4万亿里亚尔，占个人消费支出总额的81%，乡村个人消费支出3 000亿里亚尔，占个人消费支出总额的19%。

城市化进程的加快导致棚户区的扩张。70年代中期，德黑兰约有50处棚户区，房屋拥挤，道路狭窄，居住环境恶劣。大不里士、克尔曼沙赫、哈马丹、阿拔斯港、阿瓦士、布什尔、设拉子和马什哈德亦有相当数量的棚户区，其中大不里士的棚户区人口占城市人口总数的7.6%，阿瓦士的棚户区人口占城市人口总数的4%。棚户区的扩张，标志着城市下层民众生活水准的急剧下降。1959年，占城市人口20%的富人的消费支出占城市消费总量的52%，占城市人口40%的中等阶层的消费支出占城市消费总量的28%，占城市人口40%的下层人口的消费支出占城市消费总量的20%，基尼系数为0.47；1975年，占城市人口20%的富人的消费支出上升为占城市消费总量的58%，占城市人口40%的中等阶层的消费支出占城市消费总量的28%，占城市人口40%的下层人口的消费支出下降为占城市消费总量的14%，基尼系数上升为0.54。伊斯兰革命前夕，占总人口0.005%的富人支配4%的国民收入，占总人口17%的下层贫困人口仅仅获得不足1%的国民收入；占总人口1%的富人占有52%的财富，占总人口91%的穷人仅仅占有18%的财富。另据资料统计，70年代中期，德黑兰人口不足伊朗总人口的20%，却有82%的注册公司、50%的工业产值、66%的大学生、50%的医生、42%的医院床位。在德黑兰,平均每10人拥有一辆汽车;相比之下,在其他地区,平均每90人拥有一辆汽车。石油价格的上涨为巴列维政府提供了使伊朗成为地区性经济和军事强国的绝佳时机,而巴列维政府却把这个绝佳时机引向了革命。

白色革命摧毁了旧的政治基础,却未能代之以新的政治基础,巴列维国王由此陷于空前孤立的尴尬状态。随着威权政治的膨胀,巴列维国王一方面成为国家权力的象征,另一方面则成为社会矛盾的焦点和众矢之的。传统社会势力的不满和新兴社会群体的反抗融为一体,结束独裁专制的共同目标导致伊朗民众的广泛联合,政治革命的客观形势日渐成熟。

九、山雨欲来风满楼

20世纪70年代中叶,巴列维王朝拥有装备精良的现代化军队、组织严密的官僚机器和数量可观的石油美元,表面上稳若磐石。大多数观察家认为,巴列维王朝的统治是稳定和持久的。另一些观察家尽管深知巴列维王朝的统治缺乏广泛的社会基础和伊朗日趋紧张的政治气氛,仍然断定大规模的革命运动在未来10年内不可能发生。然而,一系列事件的发生改变了巴列维王朝的命运,而经济的萧条和自由化的政治环境,构成导致革命的直接因素。

伊朗的物价在60年代尚且维持稳定的状态,进入70年代开始出现通货膨胀。1970—1974年,物价指数从100上升为126,1975年上升为160,1976年上升为190。1970—1975年,德黑兰的房租上涨300%。自1975年开始,经济形势进一步恶化。基本生活消费品价格的上涨幅度,1976年为17%,1977年增至25%。非石油产业的年增长率,1976年为14%,1977年下降为9%。由于政府大幅削减投资项目和压缩投资规模,失业率从1974年的1%急剧上升为1977年的9%。1974年,巴列维政府尚有20亿美元的财政盈余;1978年,政府财政赤字高达73亿美元。

通货膨胀自1973年逐渐加剧,到1976年夏季达到相当惊人的程度,而国王却用军人的眼光看待经济问题,向奸商宣战。1975年,巴列维国王宣布实行两项新的经济政策,即私人和公共所有权的延伸和反暴利运动,作为白色革命的增补内容。

所谓的私人和公共所有权的延伸,即规定私人企业49%的股份和国有企业99%的股份向民众出售,政府向购买者提供低息贷款。巴列维国王声称,在未来3年中,将有450万伊朗人成为国家主要产业的股份所有者。此外,政府规定最低工资标准,甚至强迫许多私人企业主满足工人提高工资的要求。此项政策被认为是政府在经济领域的不公正干预,引起私人企业主的强烈不满。

所谓的反暴利运动,其主要攻击目标是被称作商业封建主的巴扎商人。巴列维国王声称,封建领主在1963年已经被消灭,目前应当与商业封建主进行斗争,直至最后的胜利。1975年,巴列维政府强迫巴扎商人主动降低物价,进而对数百种基本生活消费品实行严格的价格控制,同时进口小麦、糖和肉用以平抑物价,成立消费者保护委员会。复兴党组织1万名学生进驻巴扎,与所谓的奸商进行斗争。萨瓦克匆忙组建的行会法庭对25万人实行罚款,将2.3万人赶出家乡,另有8 000人被投入监狱,18万人遭到指控。到1976年初,几乎所有的巴扎商人都受到反暴利运动的牵连。

反暴利运动的实施,明显加剧了巴扎商人与国王之间的矛盾。由于受到政府和复兴党的威胁,巴扎商人无力单独对抗巴列维政府,遂转向教界寻求保护。1977年初,巴列维政府削减向教界发放的年金,导致乌莱玛的不满。许多乌莱玛上层人物颁布宗教法令,指责复兴党违背宪法和伊斯兰教的原则,霍梅尼则抨击复兴党意在毁灭整个伊朗和伊斯兰教。与此同时,被捕入狱的乌莱玛人数之多亦达到前所未有的程度。

与此同时,伊朗的政治形势发生变化。1975年,国际人权组织指责伊朗是世界上人权状况最差的国家之一,要求巴列维国王改善国内的人权环境。美国总统卡特亦于1976年开始批评巴列维国王的独裁专制,要求巴列维国王改善伊朗的人权状况和恢复民主政治。巴列维国王迫于国际形势的压力,开始在国内尝试实行自由化政策,许诺在伊朗创造自由的政治气氛,同时释放357名政治犯,邀请国际红十字会参观20所监狱,允许外国律师出席军事法庭的审判,复兴党则宣布欢迎社会各界发表不同的政见。自由化的改革举措,无疑使反对派势力获得了必要的政治环境。然而,巴列维国王只是打算给反对派提供有限的喘息空间,却不打算与任何人分享权力。

十、从民众运动到政治革命

1977—1979年伊朗的伊斯兰革命,最初表现为世俗知识界发起的自由化运动，具有明显的温和倾向。早在1976年即巴列维王朝建立50周年之际，流亡政治家巴尼萨德尔在巴黎发表题为《背叛的五十年》的文章，列举巴列维王朝50年间的诸多罪状，包括1921年和1953年两次发动政变、践踏宪法、投靠西方世界、出卖国家主权、损害民族利益、镇压民众运动、杀害反对派人士、清洗爱国将领、推行一党制和个人崇拜。1977年5月，53名律师发表致巴列维国王的公开信，抗议政府侵犯司法独立和干预司法审判。同年6月，40名作家致信首相胡韦达，要求恢复1964年遭到取缔的作家协会，取消新闻审查，实行言论自由和结社自由。与此同时，前"民族阵线"领导人桑贾比、巴赫蒂亚尔和福鲁哈尔致信巴列维国王，批评君主独裁，要求尊重人权和释放政治犯，声称"恢复国家统一和民众权利的唯一方式是放弃专制、尊重宪法、遵守联合国人权宣言、废除一党制、允许言论自由、释放政治犯、建立得到公众信任和履行宪法的政府"。7月，64名律师聚集德黑兰，起草宣言，要求尊重宪法和实行司法独立，包括作家协会、律师协会、大学教师全国委员会和保卫自由与人权委员会在内的诸多民间政治组织随之在知识界相继建立，业已遭到政府取缔的世俗反对派"民族阵线"和"解放运动"亦卷土重来。1977年秋，德黑兰学生走上街头游行，要求校园的政治自由。此间，反对派势力主要来自世俗知识界，教界尚未直接介入，民众运动仅仅表现为政治宣传和组建社团。反对派并无明确的政治纲领和严密的政治组织，只是强调恢复1906年宪法和立宪君主制以及限制巴列维国王的统治权力，斗争方式亦颇具温和倾向。民众运动的范围局限于首都德黑兰，并未波及其他地区。

1978年1月7日，复兴党操纵的官方报纸发表文章，诋毁什叶派乌莱玛是"中世纪的黑色反动派"，指责教界勾结国外势力破坏白色革命，诬陷霍梅尼具有外国血统和充当外国间谍。该文章的发表引起伊朗各地的轩然大波。教界由此开始放弃旁观的立场，加入反对巴列维国王的队伍。教界的介入得到巴扎商人和手工工匠的积极响应，而反对巴列维国王的民众运动亦逐渐由德黑兰蔓延到诸多城市。该文章发表的次日，在宗教圣城库姆，数千名经学院的学生举行游行，抗议政府玷污教界，高喊口号"我们不要叶齐德的政府""我们要我们的宪法""我们要阿亚图拉霍梅尼的归来"，进而与警察发生冲突，5名学生遭到杀害。1月10日，霍梅尼发表声明，称赞库姆经学院学生的做法是英雄的举动，谴责国王勾结美国、败坏伊斯兰教、损害伊朗农业和将伊朗变成外国货的垃圾场。另一著名的教界领袖沙里亚特玛达里抱怨政府诽谤乌莱玛,声称如果政府将要求恢复宪法视作是黑色反动派的标志,那么自己宁愿成为黑色的反动派。教界势力的介入以及巴扎商人和工匠的响应,标志着反对巴列维国王的民众运动开始由世俗的形式转化为宗教的形式,遍布各地的清真寺成为反对巴列维国王的重要据点。

1978年2月18日是库姆惨案的四十天祭日,各地的巴扎和大学纷纷关闭以示哀悼死者,和平示威发生在德黑兰、库姆、伊斯法罕、马什哈德、阿瓦士、设拉子、拉什特和大不里士等12座城市。在大不里士,反对巴列维国王的和平示威演变为民众与警察之间的暴力冲突,示威的民众一度占领警察局和复兴党党部,直至2天后被政府军镇压。3月29日是大不里士惨案的四十天祭日,各地的巴扎和大学再度关闭,55座城市举行哀悼死者的活动。在德黑兰、亚兹德和伊斯法罕等地,愤怒的示威者进攻警察局和复兴党党部及其他政府机构,亚兹德的民众甚至高喊"处死国王"的口号。5月10日又是一个四十天祭日,德黑兰爆发大规模的民众抗议活动,巴列维国王被迫取消出访欧洲的计划,派出2 000名军警封锁巴扎和大学校园,使用催泪瓦斯驱散示威的民众。在前后三次的四十天祭日示威中,官方宣布死亡22人,受伤约200人,而据反对派的说法,死亡人数为250人,受伤人数超过600人。

白色革命期间,随着工业化程度的迅速提高,产业工人队伍明显扩大。1966—1976年十年间,伊朗的产业工人从137万增至192万,成为举足轻重的社会群体。与此同时,产业工人的工资收入急剧攀升。21个主要工业部门的平均工资,1974—1975年增长30%,1975—1976年增长48%。熟练工人的工资增长幅度尤为明显。制造业工人的平均日工资,1971年时为220里亚尔,1977年增至850里亚尔。由于生活境况的不断改善,产业工人最初大都安于现状,并不热衷于反对国王的政治活动。进入1978年以后,经济危机波及到工业领域,产业工人工资下降,失业率上升。1978年6月,德黑兰工人举行罢工,抗议政府取消年度分红。7月初,阿巴丹工人举行罢工,要求提供医疗保险、恢复年度分红和增加20%的工资。7月底,贝赫沙赫尔的1 750名纺织工人举行罢工,要求提高工资和实行工会的自由选举。8月,大不里士的2 000名工人举行罢工,要求恢复年度分红、提高工资和改善居住条件。8月19日,阿巴丹工人区的一处电影院发生火灾,死者超过400人,而萨瓦克被认为是纵火的元凶。此后,产业工人的反抗活动由罢工演变为示威,政治要求取代经济要求而成为工人运动的首要目标,"烧死国王"和"推翻巴列维家族"成为产业工人的政治口号。随着产业工人接连举行的罢工和示威,反对巴列维国王的伊朗民众与巴列维政府之间的力量对比出现明显的变化。"工人、巴扎商人、学生和乌莱玛建立起广泛的联盟",政治角逐的天平开始向反对派方面倾斜。

1978年8月,巴列维国王迫于民众运动的压力,解除首相阿姆泽加尔的职务,起用温和派人士艾玛米出任首相,采取安抚政策,许诺实行西方式的多党制度和民主制度,释放在押的政治犯,笼络沙里亚特玛达里、桑贾比、巴扎尔甘和福鲁哈尔等反对派领袖。然而,形势并未出现转机。1978年9月7日,德黑兰50万人举行示威,高呼激进的政治口号"处死巴列维家族成员""赶走美国人""侯赛因是我们的向导,霍梅尼是我们的领袖""独立、自由、伊斯兰""我们要伊斯兰共和国",巴列维国王则宣布在德黑兰、卡拉季、库姆、马什哈德、大不里士、伊斯法罕、设拉子、阿巴丹、阿瓦士、加兹温、朱赫拉姆和卡兹伦12座城市实行军事管制。9月8日,德黑兰民众与巴列维王朝的军警发生冲突,死伤者不计其数,时称"黑色星期五"。此后,伊朗国内的政治形势急转直下。

伊斯兰革命期间德黑兰街头的民众示威1

第四章　巴列维王朝的现代化之路　219

伊斯兰革命期间德黑兰街头的民众示威 2

伊斯兰革命期间德黑兰街头的民众示威 3

世俗的知识界无疑是挑战巴列维王朝独裁专制的重要政治力量,然而其政治纲领相对温和,代表新兴资产阶级的利益,排斥下层民众的政治参与,主张恢复宪政,进而与国王分享国家权力,却无意推翻君主制度。"解放运动"的领导人巴扎尔甘曾向美国驻伊朗大使表示:"如果国王愿意实施宪法的所有条款,那么我们便会接受君主制和参与选举。"巴扎尔甘后来说道:"我们原本企盼甘霖的降临,结果到来的却是洪水。"相比之下,霍梅尼尽管只是什叶派的多位阿亚图拉之一,在教界内部并无十分显赫的地位,却由于其长期反对巴列维王朝而毫不妥协的坚定立场和民主斗士的政治形象而在伊朗民众之中久享盛誉。霍梅尼赢得了不同的社会群体,众多的民众把他视作期待已久的拯救者。在小资产阶级看来,他不仅是独裁的凤敌,而且是私有财产、传统价值观念和身陷困境的巴扎商人的保护者。在知识界看来,他尽管具有宗教身世,却颇似富于战斗精神的民族主义者,将会完成摩萨台的未竟事业,使国家从帝国主义和专制主义的双重压迫下得到解放。在城市的工人看来,他将实现社会公正和财富的重新分配,把权力从富人手中转移到穷人手中。在乡村民众看来,他将带来土地、水源、电力、道路、学校和医疗机构,即白色革命未能带来的物质内容。对于所有的人来说,他象征着宪政革命的精神,在他身上寄托着此前的革命仅仅燃起却未能实现的希望。

随着政治形势的发展和民主与专制的激烈冲突,特别是"阿巴丹纵火案"和"黑色星期五"之后,世俗知识界恢复1906年宪法的妥协倾向逐渐失去赖以存在的土壤,推翻巴列维王朝的统治、实现共和取代回归宪政,成为民众运动的崭新政治目标。现代伊斯兰主义由于超越以往各种政治要求的狭隘界限,强调平等和民主的原则,代表诸多不同社会群体的共同利益,适应政治斗争的客观需要,提供了凝聚反对巴列维王朝的社会力量进而实现广泛政治联合的崭新理论工具。流亡巴黎的霍梅尼宣布,国王已经听到了革命者的呼声——他必须退位并接受伊斯兰的审判;民众与国王之间绝无妥协的余地,加入巴列维政府意味着背叛伊斯兰教;民众运动不会停止,直至将"卑鄙的君主制"扔进历史的垃圾堆,代之以崭新的伊斯兰共和国。这是被剥夺了权利的社会阶层渴望参与政治进程和重建崭新社会与国家的宣言,"战斗的伊斯兰"体现民众的愤怒,具有强烈的革命倾向。

1978年10月底和11月初,"解放运动"的领导人巴扎尔甘和"民族阵线"的领导人桑贾比相继从德黑兰前往巴黎,与霍梅尼会晤。随后,巴扎尔甘代表"解放运动"宣布,目前的民众运动表明人民拥护阿亚图拉霍梅尼和要求用伊斯兰政府取代君主制。桑贾比代表"民族阵线"宣布,目前的君主制是独裁和腐败的制度,不能履行法律和沙里亚,不能抵抗外国的压力,需要建立以伊斯兰、民主和国家主权作为基础的民族政府。桑贾比、巴扎尔甘和霍梅尼一致认为,现存的君主制度与伊斯兰教的原则不符,是政治独裁、社会腐败和民族屈辱的根源所在。三人共同宣布,结束伊朗的君主制度,建立伊斯兰共和国,借以保卫伊朗的独立和民主。此次会晤标志着霍梅尼成为伊朗革命运动之无可争议的政治领袖,反对巴列维王朝的各个阶层实现空前广泛的政治联合。

1978年12月,巴列维国王指定巴赫提亚尔出任首相。巴赫提亚尔宣布国王将去欧洲休假,许诺解除军事管制和实行自由选举,取消与美国签署的70亿美元的武器交易计划,停止向以色列和南非出口石油,释放政治犯,解散萨瓦克,冻结巴列维基金会资产,称赞霍梅尼是"伊朗的甘地"并欢迎霍梅尼回国。反对派领导人对巴赫提亚尔政府态度各异。沙里亚特玛达里和许多温和的教界

霍梅尼1

1979年2月霍梅尼自巴黎返回德黑兰1

1979 年 2 月霍梅尼自巴黎返回德黑兰 2

霍梅尼返回伊朗的新闻报道,1979 年 1 月

人士宣布支持新首相,以免国家陷于混乱。桑贾比和弗鲁哈尔坚持国王必须退位。霍梅尼则声称任何由国王任命的政府均属非法,顺从巴赫提亚尔便是顺从撒旦。罢工和示威并未由于巴赫提亚尔的许诺而停止,越来越多的民众要求国王退位、巴赫提亚尔辞职、霍梅尼回国和废除君主制。1979 年 1 月 16 日,巴列维国王逃往埃及。2 月 1 日,霍梅尼自巴黎返回德黑兰。

1979 年 3 月,伊朗举行全民公决:在 2 280 万选民中,2 040 万选民拥护国家采用共和制政体。同年 5 月,霍梅尼正式宣布废除君主制,实行共和制。

十一、从白色革命到伊斯兰革命:现代化的逆流抑或历史的进步?

通常认为,教俗合一是传统政治模式的典型特征,而现代化与世俗化呈同步状态。巴列维王朝的支持者认为,伊斯兰革命发生的根源在于巴列维国王推行的现代化举措超越了观念保守和思想落后的伊朗民众所能承受的范围,巴列维王朝的统治是伊朗走向现代文明的象征,而巴列维王朝的覆灭标志着伊朗现代化进程的中断,伊斯兰革命的政治实践则构成伊朗现代化进程的逆向运动。亦有学者认为,伊斯兰革命的受益者只是霍梅尼领导的伊斯兰激进组织分子势力,什叶派乌莱玛则是伊斯兰革命的唯一赢家(曲洪,2001年,第237—239页)。实际情况并非如此。

伊朗伊斯兰革命尽管具有宗教政治的浓厚色彩,却非教界传统势力与世俗政治的对抗抑或什叶派乌莱玛与巴列维国王世俗政权的较量,而是宗教形式下诸多社会群体反抗独裁专制的深刻政治革命。白色革命期间,新兴阶层与传统势力之间无疑存在着种种矛盾。然而,巴列维王朝的独裁专制与民众分享国家权力的政治倾向两者之间的尖锐冲突,作为伊斯兰革命前夕伊朗社会的主要矛盾,制约着其他层面的次要矛盾,导致反对巴列维王朝的诸多社会群体在争取民主的政治基础之上形成空前广泛的联合,巴列维国王则是社会矛盾的焦点、民众的公敌和反对派政治势力的众矢之的。经济社会的长足进步与政治体制的严重滞后两者之间的矛盾作为巴列维时代伊朗历史的突出现象,是导致伊斯兰革命的根本原因。

另一方面,现代伊斯兰主义作为1977—1979年伊斯兰革命的意识形态,并非伊朗的特有现象,而是存在于伊斯兰世界的诸多地区,埃及和南亚则是现代伊斯兰主义的主要发源地。现代伊斯兰主义自70年代在伊朗的广泛传播,并非霍梅尼个人能力所致,而是根源于伊朗社会的客观需要,标志着崭新的政治文化借助于宗教的形式初露端倪。如果说官方的什叶派伊斯兰教是巴列维王朝的统治工具和麻痹人民的精神鸦片,那么民众的什叶派伊斯兰教,特别是沙里亚蒂和霍梅尼阐述和倡导的现代伊斯兰主义,则是"被压迫生灵的叹息"和反抗巴列维王朝独裁专制的革命手段。巴列维时代伊朗教俗关系演变的实质,在于什叶派伊斯兰教从麻痹人民的精神鸦片转化为"被压迫生灵的叹息"抑或从政治宗教化转变为宗教政治化。特定的社会背景和政治环境,无疑是什叶派伊斯兰教发生转化的物质根源。巴列维时代深刻的社会矛盾和政治对抗从根本上改变了伊朗教俗关系的传统模式,什叶派伊斯兰教由官方的学说转变为民众的信仰,由麻痹人民的精神鸦片转变为民众反抗的政治武器,进而由捍卫传统社会秩序的意识形态转变为倡导现代社会秩序的意识形态。

霍梅尼的政治思想表面上包含传统主义和现代主义的双重内容,看似截然对立抑或水火不容,实则不然。霍梅尼主义借助于回归宗教的传统形式,阐述独立、自由、平等和公正的现代政治理论,强调以安拉的尊严取代国王的尊严和以伊玛目之神圣的宗教权力取代巴列维王朝的世俗权力,旨在否定传统的政治模式和君主独裁的政治制度,代表反对君主专制的诸多传统社会势力与新兴阶层共同的利益和愿望,是伊斯兰革命期间凝聚民众的主导思想和反抗巴列维王朝君主专制的革命理论。正是巴列维国王的独裁统治和高压政策,促使诸多社会群体走向霍梅尼的阵营。霍梅尼作为什叶派现代宗教政治的灵魂人物,俨然是伊斯兰革命的象征和民主的化身,成为众望所归的政治领袖。霍梅尼赢得了不同的社会群体,堪称"克里斯玛式的革命领袖"。霍梅尼的克里斯玛式的领袖地位,根源于白色革命期间伊朗深刻的社会矛盾和尖锐的政治对抗。特定的社会背景和政治环境,塑造了霍梅尼作为克里斯玛式领袖的历史形象。

什叶派现代伊斯兰主义并非"反现代化基调的和传统主义的意识形态",而是反抗巴列维王朝独裁专制和实现民众广泛政治参与的理论工具和革命手段。阿亚图拉霍梅尼与巴列维国王之间的对抗,并非宗教与世俗的冲突,而是民主与专制的对抗。民主主义与现代宗教政治模式的结合,则是伊朗伊斯兰革命的核心内容。1977—1979年的伊斯兰革命与1953年摩萨台领导的世俗民主化运动以及1963年教界掀起的政治风波尽管不乏相似之处,却有根本的差别。1953年的世俗民主化运动以及1963年政治风波期间,教俗反对派貌合神离,社会环境尚未塑造出克里斯玛式的领袖人物,普通民众的介入程度相当有限。现代化的发展水平和新旧社会力量的对比,决定着1953年摩萨台领导的世俗民主化运动以及1963年教界掀起的政治风波目标的非同一性、纲领的温和性与基础的脆弱性。1953年摩萨台领导的世俗民主化运动和1963年教界掀起的政治风波表明,相对孤立的社会阶层抑或政治群体皆不足以抗衡巴列维王朝控制的国家机器。与1953年摩萨台领导的世俗民主化运动和1963年教界掀起的政治风波相比,1977—1979年伊朗伊斯兰革命的突出特点在于教俗各阶层广泛的政治联合,是1979年伊斯兰革命区别于1963年政治风波直至取得胜利的至关重要的条件。现代化进程中社会矛盾的加剧,导致反对派政治势力的广泛联合。教俗各阶层的广泛政治联合,改变了民主与专制之间的力量对比,决定了巴列维王朝寿终正寝的历史结局。

有学者认为,霍梅尼主义的社会基础是教界下层、巴扎商人和手工工匠,其他诸多社会群体则被霍梅尼主义所吸引,伊斯兰革命的性质在于传统势力抵制巴列维王朝现代化的逆向运动(Foran,1993,p.369)。实际情况亦非如此。霍梅尼在反对巴列维国王的斗争中,与诸多政治群体建立了广泛的联盟,从而获得了从巴扎和教界到世俗知识界和城市贫民以及"解放运动"和"民族阵线"的有力支持。巴扎、行会和清真寺无疑提供了伊斯兰革命期间反对国王的重要阵地,然而正是新兴的世俗社会势力点燃了革命的火花并且给巴列维王朝的统治以致命的打击,最终敲响了巴列维王朝覆灭的丧钟。

伊斯兰革命的发生,不应简单归结为什叶派穆斯林的宗教狂热,而是根源于巴列维时代世俗领域的社会矛盾,其实质在于世俗的社会反抗与宗教的外在形式两者的结合。纵观20世纪的伊朗历史,宪政革命首开伊朗现代化进程中政治革命的先河,伊斯兰革命则是宪政革命的逻辑延伸;特定的历史环境,尤其是新兴社会力量的脆弱,决定了宪政革命的失败结果,而巴列维王朝在经济社会层面的现代化举措,为伊斯兰革命的成功创造了必要的物质条件。民主化运动与现代宗教政治模式的结合,无疑是伊朗伊斯兰革命的核心内容。巴列维王朝的覆灭标志着伊朗政治现代化的崭新起点;伊斯兰革命的胜利宣告了伊朗传统政治模式的寿终正寝,进而为现代政治模式的诞生和民众广泛的政治参与开辟了道路。霍梅尼作为克里斯玛的领袖地位和所谓阿亚图拉的统治,构成从传统政治模式向现代政治模式过渡的中间环节。

作者点评:

20世纪的中东伊斯兰世界,历经现代化的深刻变革,政治强人层出不穷。土耳其共和国的国父凯末尔可谓20世纪中东政治强人的先驱,巴列维王朝的首任国王礼萨汗堪称凯末尔之政治强人的忠实效仿者。伊朗历史上的末代君主巴列维国王步其父礼萨汗的后尘,欲以自上而下的白色革命树立现代化的丰碑,却陷于经济社会剧烈变动而政治秩序停滞不前的悖论之中不可自拔。曾经不可一世的独裁君主面临万众唾弃的窘境,皇室宫阙的根基在瑟瑟寒风中轰然坍塌,复兴波斯帝国的黄粱美梦瞬间烟消云散,巴列维王朝在民众抗议的风雨声中葬身于历史的坟墓。

第五章
伊斯兰共和国——伊朗历史的新篇章

第一节 法基赫[①]制的建立与教法学家的统治

一、伊斯兰共和国宪法

巴列维王朝的覆灭，导致伊朗整个国家机器处于瘫痪状态，政局混乱，经济濒临崩溃的边缘，诸多方面与70年前宪政运动结束初期颇具相似之处。霍梅尼于1979年2月自巴黎返回德黑兰后，指定巴扎尔甘出任总理，组建临时政府，负责恢复国家秩序，同时负责拟定新宪法草案。临时政府的成员主要来自"解放运动"和"民族阵线"两大世俗政治组织，其中"解放运动"的成员

巴扎尔甘1 　　　　　巴扎尔甘2

[①] "法基赫"一指"伊斯兰教法学家"，一指"最高宗教领袖"，本书中指"最高宗教领袖"。

占据内阁席位的 50%，"民族阵线"的成员占据内阁席位的 33%。

伊斯兰革命后的霍梅尼与巴扎尔甘 1

伊斯兰革命后的霍梅尼与巴扎尔甘 2

巴扎尔甘领导的临时政府所拟定的新宪法草案，以 1958 年法兰西共和国宪法为蓝本，同时延续 1906 年宪法的若干原则，具有世俗政治的浓厚色彩，坚持主权在民和三权分立的政治原则，强调民众选举构成国家权力的合法来源，赋予选举产生的总统以治理国家的广泛权力。根据新宪法草案，设立宪法监护委员会，包括 5 名教职人员和 7 名非教职人员，由议会选举产生，权力有限。新宪法草案既未提及实行法基赫制度，亦未赋予教法学家以直接治理国家的相应权力，在诸多方面与 1906 年宪法颇显雷同。

1979 年 6 月，当临时政府拟定的宪法草案在媒体公布后，霍梅尼邀请教俗各界人士积极参与讨论，鼓励与

伊斯兰革命后的霍梅尼与巴扎尔甘 3

伊朗伊斯兰共和国国旗

会者在媒体各抒己见。随后,在霍梅尼授意下成立新的立宪会议,重新制定伊斯兰共和国宪法。立宪会议由73人组成,其中包括宗教界的15位阿亚图拉和40位霍加特伊斯兰。阿亚图拉蒙塔泽里出任立宪会议主席,阿亚图拉贝赫什提任副主席,负责主持立宪会议的制宪工作。霍梅尼要求立宪会议不得效仿西方或东方的宪法模式,必须制定百分之百的伊斯兰共和国宪法。

伊斯兰革命无疑标志着伊朗现代政治进程的重大转折,然而伊斯兰革命的参与者并非浑然一体,而是包含教俗各界的诸多社会阶层。霍梅尼阐述的什叶派现代伊斯兰主义固然是伊斯兰革命的指导思想和理论武器,巴扎尔甘领导的"解放运动"和桑贾比领导的"民族阵线"以及阿亚图拉穆塔哈里和阿亚图拉沙里亚特玛达里代表的传统教界亦是伊斯兰革命期间举足轻重的政治力量。教俗各界的广泛联合固然是伊斯兰革命得以成功的根本条件,反对巴列维国王独裁专制的共同政治目标构成教俗各界实现广泛联合的政治基础。一旦巴列维王朝覆灭,教俗各界广泛联合的政治基础不复存在,反对巴列维王朝的诸多政治派别随之分道扬镳。与此同时,巴列维王朝覆灭后出现的权力真空直接导致诸多政治派别的激烈角逐,教俗各界围绕着制宪形成明显的意见分歧。

霍梅尼的支持者强调法基赫制与民众主权原则的一致性,认为法基赫是伊斯兰革命的捍卫者,代表民众意志,法基赫制应当成为新宪法的基础,应当赋予法基赫以解散议会、宣布战和、统率武装力量、提名总统候选人和批准当选总统的权力。在霍梅尼的支持者看来,所谓的三权分立纯属西方的政治概念,在伊斯兰的政治概念中,所有的权力具有共同的来源,法基赫理应监督伊斯兰政府的一切活动,遵循安拉的经典是法基赫的行为准则。蒙塔泽里认为,"最好的形式是法基赫兼有总统的权力,或者至少总统在法基赫的监护下行使权力……不应在意所谓国际社会的看法,伊朗应当走自己的道路,做出自己的选择,否则,巴列维国王依然在统治着我们的国家,而西方世界却尊重巴列维国王"。贝赫什提认为,所有的政治秩序抑或政治制度皆包含相应的意识形态,法基赫制的意识形态符合伊斯兰教的价值观。大阿亚图拉戈尔帕伊加尼和纳贾菲以往很少关注政治话题,此时亦宣布缺乏法基赫制的新宪法将会毫无意义。立宪会议的世俗人士加拉伦丁·法尔西否认议会立法权和民众主权的原则,声称立法权只属于安拉:"我们不承认任何机构具有立法权,议会的权力只限于解释教法,因此议会成员必须是教法学家。""民众没有权力,只有义务。"以阿亚图拉麦什基尼和萨都其为代表的少数立宪会议成员,依据什叶派关于法基赫的传统学说和教法理论,强调法基赫的统治并非来自民众的给予,而顺从法基赫只是民众的宗教责任,主张去民主化的神权政治。立宪会议期间,来自德黑兰和库姆的40位宗教学者联名致信立宪会议,呼吁以什叶派的宗教作为宪法和所有法律的源泉,强调总统必须是什叶派、男性和法基赫。

传统教界的重要代表人物阿亚图拉沙里亚特玛达里与霍梅尼意见相左,反对教法学家直接行使统治国家的政治权力,倡导主权在民的政治原则,强调法基赫的主要作用在于宣传宗教、引导信众和充当意识形态的监护者,法基赫只能在非常时期直接干预政治生活。沙里亚特玛达里认为,伊斯兰教法应当通过正确的和进步的方式付诸实践,伊斯兰革命的首要目标是结束独裁统治和实现民主政治,而伊斯兰国家"必须建立在民众意志的基础之上",乌莱玛的作用应当局限于监督国家和社会,不应假借直接的名义直接行使统治权力和凌驾于国家之上。沙里亚特玛达里声称,伊斯兰共和国宪法一方面强调民众主权的模糊概念,另一方面却赋予法基赫以至高无上的统治地位,伊斯兰共和国宪法关于民众主权的条款

阿亚图拉沙里亚特玛达里

即第6款和第56款与法基赫享有无限权力的条款即第5款和第110款相互矛盾,两者之间无疑存在着根本的对立,要求取消伊斯兰共和国宪法中关于法基赫制度的条款,"因为解散原有政府的基础在于全民公决,所以民众的意志应当构成新政府的基础"。曾经被霍梅尼誉为"伊斯兰共和国思想基石"的阿亚图拉穆塔哈里认为,什叶派学说中的法基赫制度并不意味着法基赫本人对于国家的直接治理,所谓的法基赫只是信仰的引领者而不是国家的统治者,法基赫应当充当理论家而不是统治者的角色。来自库姆的重量级宗教学者纳绥尔·马卡里姆·设拉兹尤为激烈反对将霍梅尼作为法基赫的领导权写入宪法和加以制度化。设拉兹认为:"霍梅尼的领导权只是历史的特例,而特例不能成为宪法的原则,宪法原则应当符合历史常态……法基赫制在当今时代是不现实的,也是不可取的。我们的敌人将会借此谴责我们是独裁主义。不能允许我们的敌人说,毛拉们坐在一起,制定自己统治国家的宪法……这样做的结果,既不符合伊斯兰教的利益,也不符合革命的利益。赋

予法基赫所有的权力,有悖于民众主权的原则。"立宪会议成员艾扎陶拉·萨哈比和穆卡达姆·马拉杰伊认为,新宪法第5款关于法基赫制的规定,不符合第3款关于民选政府之合法性的原则,法基赫制违背宪法的正义原则,在当今时代具有不可行性,势必导致统治者与知识分子直至整个社会之间的对立,霍梅尼之克里斯玛式的个人影响力和领导权不应通过宪法的形式得以制度化。艾扎陶拉·萨哈比在立宪会议第4次会议期间甚至警告,法基赫的统治,一方面由于赋予统治者以神圣的色彩而侵犯了宪法的民主精神,另一方面势必导致偶像崇拜的社会倾向。

世俗阵营亦发出反对法基赫制的强烈呼声。"解放运动"领导人巴扎尔甘认为,"临时政府拟定的宪法草案中关于自由、言论、公民权和多数人统治的所有原则,既非借用西方的概念,亦非迫于西方世界的压力……相反,这些原则来自伊斯兰教关于自由意志、扬善惩恶和协商的理念,以《古兰经》的相关启示作为依据,符合安拉的旨意",相比之下,伊斯兰共和国宪法侵犯了民众主权的原则,宪法关于法基赫的绝对权力将会导致权力的垄断,法基赫制度排斥宪法赋予的公民权利无异于宗教专制主义,采取法基赫制度和赋予法基赫以无限的权力势必导致独裁政治的再现。桑贾比领导的"民族阵线"认为,立宪会议由"宗教集团、独断专行者和戴头巾的人"所操纵,背叛伊斯兰革命的理想,企图创造乌莱玛统治的神权政体和法基赫的政治独裁。巴尼萨德尔亦对法基赫制持有异议,强调分权原则,强调伊斯兰共和制与神权等级制的对立,强调创制的权利属于所有穆斯林,而国家与社会的分离势必导致独裁主义。巴尼萨德尔认为,政治机构的权力功能建立在个人决定的基础上,势必导致独裁主义。巴尼萨德尔反对限制公民权利和政治自由,呼吁立宪会议成员"摆脱内心深处的古希腊人的思维方式,倾听不同的声音",呼吁组建不同意识形态倾向的政党,呼吁不同政党之间的辩论:"我们不应禁止其他人的思想……如果不接受不同思想的自由表达,将会玷污伊斯兰共和国的声誉。"左翼激进政治派别"伊朗人民敢死队"声称,法基赫制度的真实用意是用霍梅尼式的哈里发国家取代巴列维王朝的君主制国家。另一左翼激进政治派别"伊斯兰圣战者组织"则声称,既然伊斯兰教否认任何社会阶层或群体享有特权的地位,新的伊斯兰共和国宪法关于法基赫制度的条款纯属宗教异端。逊尼派穆斯林和库尔德人出于与什叶派乌莱玛的教派差异,亦反对伊斯兰共和国宪法关于法基赫制度的相关规定。

霍梅尼原本规定立宪会议在一个月内完成制宪工作,由于立宪会议内部分歧严重,制宪工作耗时超过 4 个半月。制宪期间,巴扎尔甘呼吁解散立宪会议,指责立宪会议拟定的宪法草案违背民众主权原则和缺乏民意基础,却试图将宗教学者提升为掌握国家政权的统治阶级。恰逢此时,德黑兰爆发示威民众占领美国使馆和扣押美国人质事件,形势突变,巴扎尔甘被迫辞职,政治天平随之向教界倾斜。霍梅尼则告诫民众,乌莱玛代表伊斯兰教,反对新宪法的人如同撒旦和帝国主义。1979 年 12 月,伊朗举行伊斯兰共和国宪法的全民公决,约 1 600 万人参加投票,伊斯兰共和国宪法以 1 570 万票赞同的支持率获得通过。

根据伊斯兰共和国宪法,伊朗采用共和政体,什叶派的十二伊玛目派是伊朗伊斯兰共和国的官方信仰,保留其他教法学派诸如逊尼派之哈奈菲派、沙菲仪派、马立克派、罕百里派以及什叶派之宰德派的合法地位,保护私有财产不受侵犯,公民享有宗教自由、新闻出版自由、组建和参加政党的自由、结社和集会的自由,保障妇女权利。

与巴扎尔甘领导的临时政府所拟定的宪法草案相比,伊斯兰共和国宪法具有宗教政治的浓厚色彩,强调法基赫制度的基本框架,明确规定法基赫作为隐遁伊玛目的代表行使治理国家的最高权力,具有超过 1906 年宪法赋予国王的绝对地位;法基赫作为至高无上的宗教领袖,无任期限制,统率武装力量,主持国家安全会议,有权罢免总统和解散议会,向内阁和地方政府、军方和安全机构、革命组织和基金会派出自己的代表;司法机构、宪法监护委员会、武装部队、安全机构、国营媒体隶属于法基赫,诸多基金会亦处于法基赫的控制之下。

根据伊斯兰共和国宪法,成立宪法监护委员会,由 12 人组成,其中 6 人由法基赫任命,另外 6 人由司法总监提名并经议会批准,任期 6 年,每 3 年改选一次,而司法总监由法基赫任命。宪法监护委员会仿佛是议会上院,负责监督议会立法,批准和否决议会通过的法案,确保议会通过的法案符合宪法和伊斯兰教法,议会通过的法案必须得到宪法监护委员会的批准方可生效。宪法监护委员会的权力,还包括监督选举程序、审查总统和议会候选人以及专家会议候选人的竞选资格。1999 年修改后的选举法明确规定,宪法监护委员会有权中止选举程序、否决选举结果和建议司法机构起诉参选人。

根据伊斯兰共和国宪法成立的另一重要国家权力机构是专家会议,专家会议包括 86 名成员,负责选举和罢免法基赫并有权监督法基赫的行为,专家会议总部设在库姆,每年在德黑兰和马什哈德各举行一次会议,专家会议成员由选民按照各省人口数量比例选举产生,任期 8 年,候选人均来自教界且必须通过宪法监护委员会的资格审查,后者有权剥夺专家会议候选人的竞选资格。

伊斯兰共和国议会实行一院制，设 270 个席位，议会每 4 年选举产生，实行非政党制的议会选举，议会候选人必须通过宪法监护委员会的资格审查，议会通过的法案必须交由宪法监护委员会批准方可生效。总统是名义上的国家元首，总理和内阁人选由议会确定，总理作为政府首脑对法基赫、议会和宪法监护委员会负责。伊斯兰共和国宪法规定，司法总监由法基赫任命，主持最高司法委员会；最高司法委员会由什叶派乌莱玛组成，作为国家最高司法机构，负责向议会提交法律议案、执行伊斯兰教法和任免法官。

1906 年宪政运动是伊朗历史上首次现代意义的大规模政治运动，1906 年宪法引入世俗主义和政治参与的理念，规定了包括司法独立、议会选举、内阁政府、立宪君主诸多现代政治原则。1906 年宪法规定，国王必须尊重民众的意志和遵守宪法以及在议会接受政府的就职宣誓。相比之下，1979 年颁布的伊斯兰共和国宪法规定国家权力包括宗教与世俗的二元体系。伊斯兰共和国宪法规定，什叶派乌莱玛具有特殊的政治地位，沙里亚构成一切法律的最高准则。伊斯兰共和国宪法赋予法基赫以凌驾于民众意志以及宪法和议会之上的绝对地位，而以法基赫至上的政治原则取代主权在民的政治原则集中体现了什叶派特有的非民众性的政治理念和历史传统。法基赫制度的建立标志着现代宗教政治在伊朗社会的广泛实践，霍梅尼所阐述的什叶派现代伊斯兰主义亦随之由巴列维时代的民间思想转化为伊斯兰共和国的官方理论。

伊斯兰共和国初期，教俗二元的权力天平明显向宗教阵营一方倾斜，总统只是具有名义上的行政权力，总理领导的内阁政府对议会负责，而议会处于宪法监护委员会的控制之下。1979—1981 年，伊朗国内的政治局势颇显动荡，历经 3 次总统选举，先后 5 人出任内阁总理。1981—1989 年，伊朗国内的政治局势渐趋稳定，哈梅内伊长期

两伊战争期间视察前线的哈梅内伊

出任总统,拉夫桑贾尼长期出任议会议长,穆萨维长期出任内阁总理。霍梅尼生前,巴尼萨德尔、雷扎伊和哈梅内伊三任总统均形同虚设,法基赫处于绝对的权威地位。

1989年4月,霍梅尼针对新的政治局势和社会环境,在弥留之际授意组建包括25人在内的宪法修改委员会,委托哈梅内伊主持修订1979年颁布的伊斯兰共和国宪法。1989年6月霍梅尼去世后,专家委员会以60票对14票选举哈梅内伊继任法基赫。同年7月,修订后的宪法以97%的压倒性多数通过全民公决。

两伊战争期间视察前线的拉夫桑贾尼

穆萨维与哈塔米

1989年修订的宪法,在沿袭1979年伊斯兰共和国宪法确定的基本原则即法基赫制与共和制二元体制的同时,降低出任法基赫的宗教资历限制,明确规定法基赫的权力范围,同时取消内阁总理职位,实行总统制,强化总统的行政权力和议会的独立地位,强调法基赫与总统的权力分享,进而提供了法基赫与总统之间相互制约的法理基础。

根据1989年修订的宪法,总统作为民选最高世俗行政首脑,任期4年,有权任命副总统和内阁成员,主持内阁会议、计划与预算委员会、伊斯兰文化革命最高会议,负责经济社会事务,却无权干预政治和决定外交政策。议会可以通过三分之二多数票解除总统和内阁成员职务。国家安全会议改由总统主持,成员包括国防部长、内务部长、伊斯兰革命卫队将领和其他安全机构首脑,却无权统率武装力量和安全部队。拉夫桑贾尼曾经建议授予总统以武装部队最高统帅的权力,遭到宪法修改委员会的否决。

确定国家利益委员会作为选举政治框架外的重要国家权力机构,于1988年由霍梅尼创建,旨在削弱保守派控制的宪法监护委员会之制约议会的权力。1988年2月,总统哈梅内伊、议长拉夫桑贾尼、司法总监阿尔达比里、总理穆萨维和霍梅尼之子艾哈迈德致信最高领袖霍梅尼,建议成立专门机构,负责仲裁议会与宪法监护委员会的分歧。根据1989年修订的《伊斯兰共和国宪法》,正式设立确定国家利益委员会,确定国家利益委员会由总统主持,委员会成员由法基赫任命,任期5年,负责裁决议会与宪法监护委员会的立法争执,向法基赫提出关于国家基本政策的建议。确定国家利益委员会成员人数,最初为12人,进入21世纪后增至35人。哈梅内伊时期,确定国家利益委员会的权限逐渐扩大,不仅负责仲裁议会与宪法监护委员会的分歧,而且行使立法权。例如:1991年12月颁布法律,成立法官纪律法庭;1992年11月颁布关于诉讼期间赡养费的法律;1995年4月颁布法律,允许女性出任法官;1994年7月颁布法律,成立军事法庭;1995年7月颁布惩罚走私和非法外汇交易的法律。确定国家利益委员会曾经提出关于私有化经济政策的建议,就宪法第44款做出激进的解释,将所有制划分为私人所有制、股份制和国有制三种类型,除石油和天然气工业外,政府逐渐将80%的国有制企业转化为私人所有制,2005年得到法基赫的批准,交由政府实施。相比之下,90年代议会曾经否决时任总统拉夫桑贾尼的私有化政策。1997年,哈梅内伊任命确定国家利益委员会27名成员;根据专家会议的建议,哈梅内伊改变以往由总统出任主席的惯例,任命前总统拉夫桑贾尼出任主席,旨在削弱现任总统的权力。2000年大选后,确定国家利益委员会的立法权亦面临改革派的挑战。2001年起,确定国家利益委员会开始遏制改革派主导的议会。2001年2月,宪法监护委员会否决议会通过的财政预算,得到确定国家利益委员会的支持。2002年5月,就改革派报纸刊文抨击确定国家利益委员会违宪行为,确定国家利益委员会做出回应,援引1989年宪法110款关于确定国家利益委员会的职责是解决无法通过常规渠道解决的重大问题,重申其权

二、霍梅尼时期的伊斯兰化

霍梅尼于1979年2月自巴黎返回德黑兰后,授意组建伊斯兰革命议会、伊斯兰革命法庭、伊斯兰革命卫队和"被剥夺者基金会",独立于巴扎尔甘领导的临时政府。上述机构如同影子政府,与临时政府并存。巴扎尔甘亦曾无奈地表示:理论上政权属于临时政府,实际上政权属于霍梅尼和他的影子政府;他们交给我一把刀,然而刀柄在我的手里,刀刃却在别人的手里。"1979年2月到11月,激进组织在临时政府的管辖范围之外创造了国中之国。在这个国中之国,霍梅尼成为无可争议的领袖和精神的源泉,伊斯兰共和党成为议会和智囊,考米泰成为地方警察,帕斯达兰成为武装力量,革命法庭成为审判机构,被剥夺者基金会成为财源。"伊斯兰革命议会的成员包括世俗政治家巴尼萨德尔、巴扎尔甘、叶兹迪、库特卜扎迪以及教界人士贝赫什提、穆塔哈里、拉夫桑贾尼、哈梅内伊、巴赫纳尔,负责协调各派政治势力和监督临时政府。萨迪克·哈勒哈里主持的伊斯兰革命法庭,执行伊斯兰教法,是现代伊斯兰主义者清洗政治异己的重要机构,革命后初期曾经处死包括首相胡韦达在内的数以百计的前政权高官,数千人被革命法庭关押

德黑兰自由纪念碑,始建于1971年即波斯帝国建立2 500周年之际,1979年成为革命的集会场所 1

德黑兰自由纪念碑,始建于1971年即波斯帝国建立2 500周年之际,1979年成为革命的集会场所 2

伊斯兰革命后的街头漫画

或流放。伊斯兰革命期间，伊朗各地出现许多民众自发建立的政治组织，即伊斯兰革命委员会，亦称考米泰。考米泰（komiteh）源于法语 comite，始建于 1978 年底，最初系自治性的下层民众组织。巴扎尔甘曾说："考米泰无处不在，没有人知道考米泰的数目，即使伊玛目亦不清楚。"巴列维王朝覆灭以后，各地的考米泰被霍梅尼委派的阿亚图拉麦赫达维·卡尼接管，负责控制各地的政治局势。在德黑兰和其他诸多主要城市，追随霍梅尼的教界人士领导的考米泰，依靠巴扎商人、传统工匠、知识分子和城市贫民的支持，行使政府的职能，成为现代伊斯兰主义者角逐权力和控制局势的政治工具。伊斯兰革命卫队称作帕斯达兰，是现代伊斯兰主义的军事组织，成员招募来自下层民众，1979 年 9 月时规模超过 1 万人。"被剥夺者基金会"创建于 1979 年 3 月，隶属于法基赫和伊斯兰革命议会，负责接管巴列维基金会，控制革命期间政府没收的财产，拥有数以百计的公司和企业，为现代伊斯兰主义运动提供了雄厚的财力支持。伊斯兰革命议会、伊斯兰革命法庭、伊斯兰革命委员会、伊斯兰革命卫队和"被剥夺者基金会"，借助于宗教形式倡导激进的社会倾向，成为什叶派现代伊斯兰主义动员和争取下层民众进而控制国家权力的重要机构，亦为霍梅尼时期推行伊斯兰化举措提供了强有力的组织保障。1980 年 6 月，霍梅尼宣布成立文化革命会议，包括舍姆斯·艾哈迈德、索鲁什、沙里亚特马达里、巴赫纳尔、哈桑·哈比比、阿姆拉什、贾拉勒丁·法尔斯 7 名成员，负责实施文化领域的伊斯兰化。

1979—1989 年，霍梅尼无疑是伊朗政治舞台的核心人物，此间可称霍梅尼时期。霍梅尼时期，伊斯兰化可谓伊朗社会的突出现象。恢复伊斯兰教法与强化伊斯兰教的意识形态，成为霍梅尼时期伊斯兰化的基本举措。法基赫政府推行的伊斯

霍梅尼 2

兰化举措,旨在否定巴列维王朝时期的世俗化倾向,进而排斥巴列维王朝君主独裁的政治传统,构成伊斯兰革命的逻辑延伸。

霍梅尼时期伊斯兰化的最直接的体现,是关于妇女服饰和婚姻的严格规定。女性披戴面纱的传统法律于1936年被官方废止。然而,1941年礼萨汗退位后,女性逐渐恢复传统服饰。伊斯兰革命前夕,伊朗街头的女性服饰各异。1967年和1975年颁布的家庭保护法,首次给予女性起诉离婚的权利和享有子女监护权,男性作为丈夫的权利受到限制,女性结婚的年龄从13岁提高到15岁,继而提高到18岁,男性多妻制的权利处于法庭的约束之下。伊斯兰革命后,家庭保护法被搁置执行,女性结婚年龄恢复到伊斯兰教法规定的9岁。1981年,议会颁布法律,要求所有妇女必须身着伊斯兰服饰,同时批准实

霍梅尼和孩童

霍梅尼与家人

施传统的惩罚法,恢复鞭挞、石刑和血金赔偿,禁止女性出任法官。上述伊斯兰化的法律规定,导致女性的公共空间明显缩小。

伊斯兰化的相关举措,还包括禁止饮酒、限制西方的音乐和电影、实行男女的性别隔离。1982年,最高司法委员会宣布,废除自1907年以来实行的不符合伊斯兰教法的所有法律,伊斯兰教的沙里亚和阿亚图拉颁布的宗教法令构成法官审理案件的司法依据。伊斯兰革命前把持司法机构的世俗法官被什叶派乌莱玛取代,伊斯兰教的经学院取代德黑兰大学法律系成为培训法官和律师的主要机构,伊斯兰法庭设立民事法庭和军事法庭负责审理反对伊斯兰革命的民事案件和军人案件。伊斯兰化的教育政策,表现为各级各

类学校建立伊斯兰学生组织,支持政府的伊斯兰化政策,教科书按照伊斯兰教的思想进行修订。伊斯兰化的外交政策,表现为伊斯兰革命的输出和在境外从黎巴嫩到波斯湾诸国和巴基斯坦建立什叶派伊斯兰革命党,旨在扩大伊朗伊斯兰共和国的国际影响和地缘政治空间,进而遏制伊拉克的萨达姆政权。

巴列维王朝覆灭后,巴扎尔甘领导的临时政府实行温和的经济政策,保护私人财产所有权,反对扩大国有化的范围和政府的经济干预,强调私人经济的主导地位。上述经济政策显然与当时激进的政治环境不符。进入80年代,伊斯兰化的经济政策逐渐取代温和的经济政策,成为激进政治环境的逻辑结果。土地改革、国有化运动和政府干预的扩大构成霍梅尼时期伊斯兰化经济政策的主要内容,强化新政权的经济基础和抑制社会成员的贫富分化则是伊斯兰化经济举措的宗旨所在。

1979—1986年,法基赫政府8次颁布土地改革法令,将伊斯兰革命期间没收的土地和无人耕种的荒地以及部分大地主的土地有偿分配给缺乏土地的贫困农民耕种。至1985年底,实际转让土地68万公顷,其中包括荒地47万公顷、新政权没收土地5万公顷和大地主的土地16万公顷,近9万户农民获得土地。根据1986年第八次颁布的土地改革法令,涉及耕地共计80万公顷,约占全国耕地1 300万公顷的6%,获得土地的农民约12万户,而全国共有农民450万户。此间,地权差异呈逐渐缩小的趋势。据统计,1975—1983年,耕地面积不足1公顷的贫困农户从73万户上升为86万户,在农户总数中所占的比例从30%上升为34%,占有土地总面积从26万公顷上升为31万公顷,在全部耕地中所占的比例从1.6%上升为2.3%;耕地面积1—10公顷的中等农户从129万户上升为144万户,在农户总数中所占的比例从52%上升为54%,占有土地总面积从513万公顷上升为555万公顷,在全部耕地中所占的比例从31%上升为41%;耕地面积10—50公顷的富裕农户从43万户下降为34万户,在农户总数中所占的比例从17%下降为13%,占有土地总面积从750万公顷下降为569万公顷,在全部耕地中所占的比例从46%下降为44%;耕地面积超过50公顷的大地产从2.6万户下降为1.5万户,在农户总数中所占的比例从1.1%下降为0.6%,占有土地总面积从353万公顷下降为82万公顷,在全部耕地中所占的比例从21%下降为13%。另据资料统计,1988年,拥有土地不足2公顷的农户超过农户总数的40%,拥有土地2—5公顷的农户占农户总数的25%,拥有土地5—10公顷的农户占农户总数的17%,拥有土地10—20公顷的农户占农户总数的11%,拥有土地超过20公顷的农户占农户总数的6%。地权的分散和小农经济的广泛存在,构成伊斯兰共和国时期伊朗乡村农业的突出现象。自80年代中期开始,法基赫政府着力推广合作化的农业发展政策。至1998年,伊朗共计建立农业合作社635个,拥有耕地180万公顷,包括来自2 160个自然村和13.2万农户。

1979年颁布的《伊斯兰共和国宪法》,明确规定国家控制矿山、水利、电力、铁路、航空、金融、外贸和大型骨干企业。经济实体的国有化和政府广泛的经济干预,成为霍梅尼时期伊朗经济生活的突出现象。1979—1982年,37家私人银行和10家私人保险公司被收归国有。1982年,"被剥夺者基金会"从伊斯兰革命法庭接收203个矿山和企业、472家贸易公司、101家建筑公司、238家商业机构和2 786处地产;政府直接控制的非石油领域工业企业,占工业企业总数的14%,占工业劳动力总数的68%,占工业生产总值的71%。相比之下,1976年巴列维政府直接控制的工业企业仅占全部工业企业的3.5%。1983年,政府制订国民经济发展计划,主要内容包括实现主要工业部门和金融领域的国有化,控制物价和严格管理进出口贸易,强调经济自给和消除失业现象以及向民众提供基本的社会福利保障。物资供应的配给制、生活必需品的价格补贴和没收财产的重新分配,成为伊斯兰化经济政策的重要内容和法基赫政府争取下层民众支持的重要举措。国有化政策的实施,导致政府雇员和国有企业人数的明显上升趋势。1976—1986年,政府雇员数量增长超过100%。1986年,国有企业工人约占工人总数的三分之一。

在乡村人均收入不及城市人均收入二分之一的社会,在10%的富人拥有40%的财富而10%的贫困人口仅仅拥有1%的财富的社会,在富人炫耀财富而令穷人极度反感的社会,伊斯兰教倡导的公正经济原则在民众中产生了极大的吸引力。霍梅尼时期推行的伊斯兰化经济政策,具有民粹主义的浓厚色彩,旨在扶贫抑富、遏制贫富分化、保障下层民众的物质利益和实现社会平等。伊斯兰共和国宪法规定:伊朗革命的目的在于解放被压迫者和被剥夺者,财富的集中和利润的极度追求应当受到谴责。霍梅尼宣布:资本家之资本和财富的过度膨胀不应成为合法的现象,法庭应当没收那些损害全体穆斯林福利的个人财产。伊斯兰革命后的10年间,由于政府关注弱势群体和乡村地区,贫富分化得到遏制。据官方统计,基尼系数从1979年的0.512下降为1989年的0.437。另据统计,1979—1989年,40%的低收入人口占有总收入的比例从12%上升为14%,40%的中等收入人口占有总收入的比例从30%上升为37.4%,20%的高收入人口占有总收入的比例从58%下降为48.5%。

伊朗的革命不同于其他诸多革命的鲜明特征在于教界的核心作用。历史上的许多革命亦曾包含宗教色彩的意识形态,伊斯兰革命之后教界的统治则是伊朗的特有现象。然而,将伊斯兰革命视作伊朗现代化进程的逆向运动,进而将法基赫制度取代巴列维王朝的世俗君主制度视作历史的倒退,尚显片面。将霍梅尼时期伊朗经济的萎缩归因于法基赫政府的伊斯兰化举措,亦不足以令人信服。历史的发展体现为诸多因素相互制约的矛盾的运动,尽善尽美的结局只能出现于理想之中。综观世界历史,狂热和激进的政治倾向与下层民众的广泛参与两者之间具有明显的内在联系。下层民众的广泛参与导致狂热和激进的政治倾向,是迄今为止诸多政治革命中的普遍现象,亦是新秩序诞生之际的历史性阵痛。法国大革命堪称现代化进程中政治运动的典范,同样包含着下层民众的广泛参与、狂热和激进的政治氛围、新旧势力的激烈较量、激进派系的残酷搏杀、政局的动荡混乱、经济的濒临崩溃以及社会重新整合的复杂过程,而20世纪的许多第三世界国家在剧烈的政治动荡和政治革命之后亦曾经历或长或短的经济滑坡。经济的滑坡作为社会动荡和政治冲突的逻辑结果,是后革命时代存在于诸多国家的普遍现象。霍梅尼时期,激烈的权力角逐和动荡的政治局面对于伊朗的经济生活无疑具有负面的影响,美国的制裁、石油收入的锐减和长达八年的两伊战争则是严重破坏伊朗经济的首要因素。尽管如此,法基赫政府在诸多方面取得的成就,如农业生产的长足进步、乡村电气化程度的明显提高、灌溉系统的进一步完善、教育的广泛发展、数千公里道路的铺设和中下层民众社会地位的改善,亦是不可否认的客观事实。

三、教法学家的统治

根据1979年颁布和1989年修订的《伊斯兰共和国宪法》,法基赫的权力包括统率武装力量、宣布战争与缔结和约、任命司法总监、掌管安全机构以及国家电视与广播系统。然而,法基赫不得超越宪法的框架行使其他的权力。根据1979年《伊斯兰共和国宪法》,法基赫无任期限制。拉夫桑贾尼曾经于1989年修订宪法时建议规定法基赫任期10年,遭到宪法修改委员会的否决。不仅如此,根据1989年修订后的宪法第177款规定,修改宪法的程序是,在交由全民公决之前,必须通过法基赫的批准,而总统的就职必须得到法基赫的认可,由法基赫主持总统就职典礼。

什叶派教界内部的等级制始于19世纪初。穆智台希德是什叶派穆斯林的效法渊源,什叶派穆斯林选择不同的穆智台希德作为自己的效法渊源。什叶派特有的宗教传统是追随所谓"效法渊源",由此形成什叶派宗教学者之独立于国家的等级体系以及诸多阿亚图拉之独立于官方的宗教政治影响力。穆智台希德通常被冠以阿亚图拉的尊称,意为"安拉的迹象",具有广泛影响力和权威性,拥有众多效法者和追随者。在阿亚图拉之下,相当数量的宗教学者被尊称为霍加特伊斯兰,意为"伊斯兰的证据"。巴列维国王在位期间,先后有7位宗教学者被尊称为大阿亚图拉,系最受尊崇和最具影响力的宗教学者,霍梅尼便是其中之一。

所谓的效法渊源与其追随者之间的关系,原本局限于宗教的层面。伊斯兰共和国建立后,根据官方乌莱玛的解读,所谓效法渊源与其追随者之间的关系,由宗教层面延伸到世俗层面,伊斯兰教的信仰被赋予特定的政治的内涵,顺从最高领袖成为穆斯林的宗教义务,亦被视作穆斯林的世俗义务。换言之,现行法基赫制强调教俗合一的原则,宗教权力与世俗权力合二为一,宗教义务与世俗义务合二为一,教俗分离则被视作亵渎宗教和违背信仰。霍梅尼亦曾强调,遵从教法学家是什叶派穆斯林必须履行的当然义务。

1979年《伊斯兰共和国宪法》规定,法基赫作为最高领袖,应当产生于什叶派穆斯林的所谓"效法渊源",必须具有阿亚图拉的宗教尊称。然而,霍梅尼时代,具有所谓"效法渊源"的宗教权威为数甚少,且与霍梅尼的宗教政治主张多有分歧。因此,霍梅尼在弥留之际指定专家会议修改宪法,删除关于出任法基赫的上述限制,并不具有相应宗教权威的霍加特伊斯兰哈梅内伊因此得以顺利继任法基赫。

霍梅尼生前被什

霍梅尼陵墓

霍梅尼陵墓外悼念的民众

霍梅尼陵墓内景

叶派穆斯林尊称为伊玛目，而哈梅内伊继任法基赫后，既无阿亚图拉的宗教尊称，更无伊玛目的神圣光环。90年代初，最具影响力的三位"效法渊源"阿布·噶西姆·霍伊、穆罕默德·里萨·格尔帕伊加尼和穆罕默德·阿里·阿拉基相继去世。1994年底，官方推举哈梅内伊作为什叶派穆斯林"效法渊源"，授予阿亚图拉的宗教权威称号，并尊称哈梅内伊作为什叶派伊玛目，引发宗教界的强烈反对。许多乌莱玛认为，政府出于政治动机，干预"效法渊源"的选举，违背伊斯兰教原则，亦与什叶派传统惯例不符。1997年哈塔米当选总统后，伊玛目哈梅内伊的称谓逐渐淡去。

霍梅尼作为法基赫具有治理国家的最高权力，然而霍梅尼的兴趣并不在管理国家的具体事务上，而是在规定国家的意识形态上。霍梅尼最初与其他革命领导人维持非正式的和个人间的联系，在提出建议时并未遵循决策的程序，只是阐述相关规则后交由国家机构办理。相比之下，哈梅内伊并不具有作为克里斯玛式人物的特殊影响,亦不具备霍梅尼所享有的不可替代的绝对地位。哈梅内伊缺乏霍梅尼的个人魅力和宗教地位,而且长期在政府任职,关注国家事务的管理,深谙官场规则。1989年霍梅尼去世后,伊朗不再处于教法学家的绝对统治之下,亦不再处于教条思想的绝对控制之下。随着时间的流逝,法基赫制度似乎在一些方面做出相应的调整,亦面临着来自公众的挑战。

尽管如此,哈梅内伊继任法基赫后,充分利用修改后的宪法条款,强化自身的权力,削弱民选机构的权力,限制总统的政治权力和施政空间,逐渐确立了其在伊斯兰共和国的最高权威。法基赫为首的教法学家控制包括专家会议、宪法监护委员会、确定国家利益委员会、司法机构在内的诸多重要权力部门以及安全机构和武装力量,在国家生活的诸多领域具有根深蒂固的势力和广泛的影响。哈梅内伊向内阁和地方政府、军方和安全机构、革命组织和基金会派出自己的代表,逐渐将权力集中于法基赫手中,同时提高法基赫掌管国家事务的权力效率。

1979年5月,霍梅尼创建伊斯兰革命卫队,作为独立于国防军的武装力量,旨在捍卫伊斯兰革命的成果。霍梅尼还于1979年11月创建伊斯兰民兵组织作为准军事力量,负责保卫伊斯兰共和国,反对美国以及国内敌对势力。与此同时,原有的国防军遭到清洗,实力大减。两伊战争期间,伊斯兰革命卫队和伊斯兰民兵组织发挥了重要的作用。两伊战争末期,伊斯兰革命卫队达到12万人,辖陆海空三军,伊斯兰民兵组织规模超过20万人。伊斯兰革命卫队具有浓厚的政治色彩和雄厚的经济实力,是法基赫控制国家和反对国内敌对势力的政治工具,其将领活跃于政治舞台,出任政府要职,参与竞选议员。两伊战争结束后,拉夫桑贾尼政府大幅削减军费开支。1989年,拉夫桑贾尼在伊斯兰革命卫队中引入国防军的军阶和军服,试图淡化伊斯兰革命卫队与国防军之间的界限。1992年,拉夫桑贾尼政府动议将伊斯兰革命卫队并入国防军进而隶属国防部,遭到法基赫的否决。此后,伊斯兰革命卫队势力不断强化。哈梅内伊增加伊斯兰革命卫队经费,改善伊斯兰革命卫队武器装备,提高革命卫队薪水和住房标准,强化伊斯兰革命卫队与法基赫之间的隶属关系。法基赫要求伊斯兰革命卫队和伊斯兰民兵组织以保卫伊斯兰革命作为政治使命,1992年11月授权伊斯兰民兵组织在大学校园建立真主党,旨在强化宗教信仰和扬善惩恶。1998年,叶海亚·拉希姆·萨法维取代穆赫森·雷扎伊出任伊斯兰革命卫队司令,伊斯兰革命卫队的政治影响力进一步提升。2004年议会选举,伊斯兰革命卫队成员赢得30%的议会席位,政治影响力急剧膨胀。2005年,伊斯兰革命卫队前司令卡里巴夫一度参与总统竞选。

伊斯兰革命后,所有银行和大型工业企业以及巴列维国王及其支持者的私人资产被新政权没收,成为伊斯兰革命的战利品。霍梅尼禁止政府接收伊斯兰革命的上述战利品,而是将其划归6个独立的基金会。"被剥夺者基金会"是其中最大的基金会,负责接管革命前的巴列维基金会全部财产,1982年拥有1 049家工业企业和2 786家房地产公司,资产超过百亿美元,下属企业雇佣工人40万。"伊玛目里萨基金会"始建于1979年,在宗教圣城马什哈德拥有全部耕地的90%。1994年,诸多基金会控制伊朗40%的非石油经济,经营范围覆盖金融、房地产、建筑、制造业、零售业和基础设施领域的诸多行业。基金会不对政府负责,而是处于法基赫的控制之下,接受宗教捐赠,负责社会救济和宗教事业,属于非营利性机构,享有免税权。诸多基金会作为伊斯兰革命的既得利益者,具有广泛的政治影响,俨然是保守派控制下的国中之国。

哈梅内伊坚持霍梅尼的伊斯兰革命传统,宣称:"伊斯兰革命没有结束,正在继续……伊斯兰革命不只是今天的革命,也不是一天两天或者一年两年的革命,而是世世代代的革命。""我将尽最大的努力捍卫法基赫制度……决不容忍削弱法基赫理论进而削弱整个伊斯兰秩序的任何企图。"与此同时,哈梅内伊不断强化法基赫权力,逐渐限制和压缩民选总统的施政空间。拉夫桑贾尼在霍梅尼生前曾经与哈梅内伊长期保持良好的合作关系,当选总统后两人之间的分歧逐渐显现。伊斯兰共和国首任总统巴尼萨德尔说:"我们考虑的是如何增加生产,而霍梅尼考虑的是如何提升信仰。"无独有偶,拉夫桑贾尼当选总统后,强调经济发展的优先地位,而哈梅内伊却强调捍卫宗教的优先地位。哈梅内伊多次表示,如果只是迷恋于经济增长而忽略道德提升,伊斯兰革命所取得的所有成就都会变得毫无意义。

哈梅内伊

1991年6月,35位大学教授联名致信哈梅内伊,抨击拉夫桑贾尼政府背离伊斯兰革命的原则和试图终结伊斯兰革命的传统,开启西方文化入侵伊朗之门,西方世界正在以文化入侵取代武力入侵,旨在颠覆伊斯兰共和国。哈梅内伊则回应如下:伊斯兰共和国所面临的文化入侵是百年来特别是礼萨汗时代开始之西方入侵伊朗的历史环节,而西方文化入侵的表现在于宣扬西方文化的优越性和普世性。

1996年9月,副总统穆哈杰拉尼呼吁确定国家利益委员会修改宪法第114款,以便拉夫桑贾尼第三次参与总统竞选,遭到哈梅内伊的否决。随后,哈梅内伊支持努里竞选总统,拉夫桑贾尼转而支持哈塔米竞选总统直至后者最终胜出。哈塔米总统任期内,哈梅内伊扩大对于司法机构的控制,强化新闻管制,指派伊斯兰革命卫队将领掌管内务部和国内安全,负责议会选举。

2005年,哈梅内伊给予确定国家利益委员会监督所有国家机构的权力,旨在制约新任总统艾哈迈迪内贾德的权力。艾哈迈迪内贾德于2009年成功连任总统后,与哈梅内伊之间的分歧日渐加深。艾哈迈迪内贾德提名在曾经与哈梅内伊观点相左的前副总统玛沙伊出任第一副总统,哈梅内伊则宣布解除玛沙伊的副总统职务。2009年底,艾哈迈迪内贾德拒绝哈梅内伊邀请出席确定国家利益委员会召开的会议,此前历任总统,包括拉夫桑贾尼和哈塔米在内,均无拒绝法基赫的举动,表明其与哈梅内伊之间的进一步裂痕。

第二节 后霍梅尼时代的政治理念

一、政治体制的悖论与政治理念的分歧

伊斯兰共和国宪法包含宗教与世俗的双重属性,一方面是法基赫代表的伊斯兰体制,另一方面是建立在民选基础上的总统和议会代表的共和体制,宗教属性与世俗属性长期处于共生状态,宗教权力与世俗权力长期并存。法基赫代表的宗教权力凌驾于总统和议会代表的世俗权力之上,而世俗权力建立在民选的基础之上。威权政治与民主倾向之间的抗争,以及政治生活之精英垄断体制与民众参与倾向的此消彼长,形成伊斯兰共和国政治进程的明显悖论。

伊斯兰共和国初期10年,强调公权高于私权、官方高于民间、公共利益高于私人利益、公共思想高于个人思想、公共空间高于私人空间、服从高于自由的政治原则。霍梅尼的权威地位和两伊战争期间的狂热氛围,遏制着政治理念的分歧。自80年代末起,随着两伊战争的结束和霍梅尼的去世,政治理念的分歧逐渐扩大,宗教学者和官方层面对于霍梅尼思想和霍梅尼主义遗产

的解读开始出现不同的声音。宗教学者上层并非浑然一体，政治理念存在明显分歧，可谓见仁见智。至世纪之交，官方逐渐放宽对于新闻媒体的限制，舆论环境渐趋宽松，官方话语与民间话语在现行体制内分庭抗礼，媒体的活跃成为伊朗政治生活的突出现象，提供了表达民众诉求的载体和阐释不同政见的温床。与此同时，政治理念的分歧从官方层面延伸到民间层面，世俗知识分子阐释的政治理念随之浮出水面，多元化的意识形态渐露端倪，预示着伊朗政治文化和政治生态的深刻变化。不同政治观点在媒体的激烈争论成为推动政治改革进程的重要杠杆，成为伊朗历史上史无前例的现象，在整个中东地区亦属鲜见。

后霍梅尼时代伊斯兰共和国政治理念的分歧，首先表现为宗教与国家的关系。现行法基赫制的捍卫者强调国家的合理性和必要性，进而强调国家体制的伊斯兰属性和安拉主权。在他们看来，伊斯兰教包罗万象，提供了政治合法性的基础，国家权力的合法性并非宪政框架下的民众选举，而是来自安拉的旨意，世俗权力从属于宗教权力，立法权属于安拉而不属于世人，一切法律必须得到安拉、先知、伊玛目和法基赫的批准方可生效，所有背离安拉意志的法律皆不具有合法性，而伊斯兰政府的首要职责是捍卫伊斯兰教信仰、实施伊斯兰教法、指引民众的正确道路和确保社会关系符合伊斯兰教的准则。相比之下，持不同政见者强调国家体制的共和属性和人民主权，质疑现行法基赫制的合法性。持不同政见者普遍认为，宗教与国家本应属于信仰和政治的不同层面，现行的法基赫制混淆宗教与国家之间的界限，混淆信仰与政治之间的界限，由此导致的后果是宗教信仰被赋予了包括物质和权力在内进而代表特定群体和利益集团的诸多世俗要素。

关于法基赫制内涵的界定，亦是后霍梅尼时代伊斯兰共和国政治理念的分歧焦点。现行法基赫制作为伊斯兰革命的时代产物，其合法性源于霍梅尼具有的克里斯玛式的权威和影响力。霍梅尼曾经强调，法基赫政府的原则是伊斯兰教的基本原则之一，捍卫法基赫政府的原则甚至被视作是穆斯林之如同礼拜、斋戒和朝觐的基本宗教功修。现行法基赫制的捍卫者声称法基赫制植根于什叶派宗教理念和政治实践的历史长河之中，强调教法学家治理国家的政治模式作为伊斯兰共和国的政治基础，极力主张法基赫作为最高领袖的绝对权力和民众顺从法基赫的宗教义务。在现行法基赫制的捍卫者看来，法基赫系隐遁伊玛目的代表，具有最高权威和治理国家的最高权力，法基赫之权力的合法性并非来自民众的选举抑或建立在民众意志的基础上，所谓的民主制和选举政治在本质上与法基赫制是对立的,也是不可接受的。然而,现行法基赫制的政治理念即便在宗教学者内部亦无共识。相当数量的宗教学者坚持什叶派之宗教远离政治的传统理念,强调教法学家之作为精神领袖而非政治领袖的属性,主张教法学家的职责在于监护信仰而不是统治国家,否认教法学家具有最高政治权威,反对教法学家治理国家的政治模式。另有部分宗教学者承认现行法基赫制的合法地位,然而并不认同法基赫至高无上的绝对权力,倡导法基赫制的集体领导权即法基赫民主制,强调法基赫制作为伊斯兰共和国的基本政治制度应当建立在什叶派乌莱玛直至民众广泛参与和选举政治的基础之上,法基赫作为最高领袖应当对选民负有责任。

根据什叶派的传统理念,只有宗教学者具备解读经典的合法性。相比之下,持不同政见者否认宗教学者解读经典的特权地位,主张经典解读的时代创新,强调信众的个性思考,进而将解读经典的话语权拓展到宗教学者以外的世俗社会群体。官方思想遵循经典的传统解读,强调教法的神圣性和教法学家的权威性。持不同政见者则认为,宗教的核心是信仰,教法仅仅是伊斯兰教的组成部分,教法既非伊斯兰教的核心,更非伊斯兰教的全部。持不同政见者抨击教法学家故步自封,其思想依然停留在远去的时代,热衷于诸如男人是否应当留胡须之类的古老话题。在持不同政见者看来,教法源于历代宗教学者根据经典的解读而形成的意见之总和,其所处的时代已经远去,教法学家故步自封,其思想依然停留在远去的时代,教法需要适应时代的变化,注入新的元素,进而获得新的活力抑或生命力,历史的发展势必导致教法解读的不断进步,教法的解读将会一代胜过一代。

伊斯兰革命初,霍梅尼曾经将民主制视作代表西方政治渗透、西方文化侵略和西方毒素蔓延的政治工具。1979年4月,伊朗举行关于国家政体的全民公决。诸多教俗势力主张采用伊斯兰民主共和国的政体,旨在强调和确定民众的公共参与作为新政权合法性的唯一来源。然而,霍梅尼强调伊斯兰教内含民主制,因此反对在伊斯兰共和国的称谓中增加"民主"的字样。霍梅尼于全民公决前夕在库姆向民众表示:所谓民主制是西方的概念,未来的政体不应采用伊朗共和国、伊朗民主共和国或者伊朗伊斯兰民主共和国,只能采用伊朗伊斯兰共和国,不能多一字,亦不能缺一字。此后伊朗官方亦避免提及民主制的概念,进而强调西方与伊朗之间的对立性,极力渲染所谓文明的冲突抑或基督教世界与伊斯兰世界非此即彼的敌对关系。

进入90年代,民主制成为教俗各界和媒体热议的焦点话题。持不同政见的宗教学者和世俗知识分子认为,民主制并非西方特有的政治制度,而是具有普世的价值理念,伊斯兰教与民主制并非存在根本的对立,两者之间具有相容性,《古兰经》内涵明显的民主理念,而早期伊斯兰时代的穆斯林社会具有浓厚的民主色彩。在持不同政见的宗教学者和世俗知识分子看来,宗教无疑具有社会功能,然而宗教的社会功能应当置于民主制的政治框架下,伊斯兰教强调社会公正的原则,民主制是实现社会公正的最佳方式,就伊斯兰共和国而言,政治参与不仅是公民权利,而且是宗教责任。

政治理念根源于伊斯兰共和国的政治生态,亦反映伊斯兰共和国的政治生态。伊斯兰共和国的政治生态正在悄然变化。政治理念的分歧,预示着伊斯兰共和国政治生态的走向。不同政治理念的交锋,可谓伊斯兰共和国之安静的革命。然而,新的思想和政治诉求转化为现实的政治变革,尚且需要新旧社会和政治阵营之间的激烈博弈,新旧阵营之间的力量对比无疑决定着政治变革的历史结局。

二、官方宗教学者之政治理念的代表人物——阿亚图拉叶兹迪

阿亚图拉迈斯巴赫·叶兹迪出生于1934年,50年代起长期追随霍梅尼,自伊斯兰革命后活跃于政治舞台,曾经担任司法总监和专家会议主席。叶兹迪作为后霍梅尼时代伊斯兰共和国官方宗教政治理念的代表人物,从诸多方面阐释了现行法基赫制的合法性和必要性。

叶兹迪认为,伊斯兰教具有鲜明的政治属性,政治是伊斯兰教的精华和框架,全部政治必须建立在伊斯兰教的基础之上,脱离政治的伊斯兰教犹如空中楼阁,私人领域和公众领域的一切活动必须遵循伊斯兰教的准则。叶兹迪强调,伊斯兰教法需要伊斯兰政府,伊斯兰政府的特征在于其特定的宗教使命和权力合法性的宗教来源,而伊斯兰政府的使命在于,实施伊斯兰教法、确保社会关系符合伊斯兰教的准则、强调信仰需求高于抑或优先于物质需求、捍卫伊斯兰教信仰、鼓励伊斯兰文化、抵制违背伊斯兰教原则的行为和价值观。在叶兹迪看来,伊斯兰政府必须遵循安拉的启示和旨意,而世俗现代主义以及改革派倡导的所谓教俗分离的政治理念有悖伊斯兰教的信仰和安拉的旨意,是无法接受的。叶兹迪称:"如果存在着与政治分离的宗教,这样的宗教绝不是伊斯兰教。"

什叶派传统理念认为,安拉将权力赐予先知穆罕默德,不谬的伊玛目继承安拉赐予先知的权力,不谬性只属于伊玛目,只有不谬的伊玛目有资格继

承先知的权力,其余教法学家绝无这样的权力。相比之下,叶兹迪认为,伊玛目隐遁期间,权力属于优秀的教法学家,优秀的教法学家是隐遁伊玛目的代理人。叶兹迪声称,"除极个别的当代教法学家外,什叶派教法学家普遍接受的理念是,在伊玛目隐遁期间,最优秀的教法学家可以而且应当成为统治者"。在叶兹迪看来,伊玛目隐遁期间,理想的伊斯兰政府应由优秀的教法学家领导,霍梅尼的宗教政治遗产以及霍梅尼创建的法基赫制应当得到继承和捍卫。

叶兹迪强调民众顺从,否定民众主权,进而否认国家权力的合法性来自民众选举的政治原则,强调世俗层面的民众选举并不能产生国家权力的合法性:"伊斯兰教不接受一群人聚集起来对未来自己的利益制定法律。"在此基础上,叶兹迪坚持乌莱玛的权威地位,强调法基赫拥有宗教领域和世俗领域的最高权力,可谓国家的化身和一切权力的渊源,法基赫作为最高领袖的权力凌驾于宪法和民选之上,是高于一切的权力,法基赫的认可和批准是其他所有权力的合法性来源,世俗权力从属于宗教权力,立法权、司法权和行政权从属于最高领袖。叶兹迪认为,法基赫只能由一人出任,而所谓的"效法渊源"可以是多人;法基赫负责国家事务,具有必须顺从的强制权力,而所谓的"效法渊源"主要涉及宗教事务和个人信仰,信众的效法和顺从具有自愿性,哈梅内伊不仅是伊斯兰共和国的最高领袖,而且是全世界穆斯林的"效法渊源"。

针对90年代末日渐高涨的改革运动和民主化呼声,叶兹迪声称:"接受伊斯兰教作为治理社会的统治原则,与接受民主制的立法原则,两者存在根本的对立",进而强调捍卫伊斯兰教的国家暴力具有合法性,呼吁诉诸暴力手段惩处持不同政见者和伊斯兰共和国的敌人。叶兹迪强调:伊斯兰教是解决所有问题的唯一出路,伊斯兰共和国代表伊斯兰教,反对伊斯兰共和国如同反对伊斯兰教,穆斯林的使命是捍卫伊斯兰共和国,即便需要百万人的牺牲,为遵从安拉而杀戮和死亡,是穆斯林的最高境界。

三、阿亚图拉蒙塔泽里与宗教学者中的持不同政见者

阿亚图拉蒙塔泽里早年师从著名宗教学者布鲁杰尔迪,曾经是霍梅尼的忠实追随者,1963—1975年间因反对巴列维国王而多次被捕入狱,1979年受霍梅尼的委托主持制定《伊斯兰共和国宪法》,1980年出任德黑兰聚礼伊玛目。早在1981年秋,霍梅尼暗示蒙塔泽里作为自己的继承人。1983年春,包括拉夫桑贾尼在内的多位颇具影响的宗教学者极力推举蒙塔泽里作为法

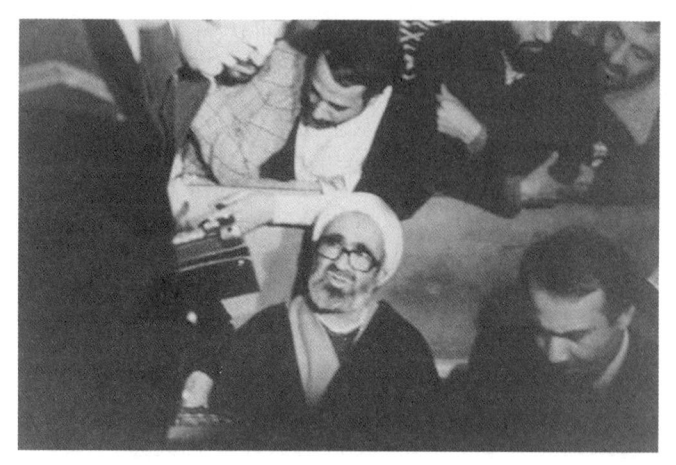

中间者为蒙塔泽里

蒙塔泽里与哈梅内伊

基赫的继承人。1985年,根据霍梅尼的授意,专家会议正式选举蒙塔泽里作为法基赫的继承人。此后,蒙塔泽里在诸多重大问题上与霍梅尼意见相左,屡屡公开抨击法基赫政府的极端化政策,80年代后期成为继沙里亚特马达里之后乌莱玛内部持不同政见者的首要人物。1989年2月,蒙塔泽里呼吁官方在伊斯兰革命10周年之际反思伊斯兰革命以来的挫折和教训。同年3月,霍梅尼宣布罢免蒙塔泽里作为法基赫的继承人。此后,蒙塔泽里的人身自由受到官方的限制,而蒙塔泽里则继续发布质疑现行法基赫制合法性的演说。

蒙塔泽里作为什叶派穆斯林中颇具影响力的宗教学者,极力倡导法基赫民主制的政治理念。蒙塔泽里认为,统治者的权力通常产生于两种方式。一是遵循神权政治的原则,统治者产生于安拉及其代理人的指定抑或任命,二是遵循主权在民的原则,统治者产生于穆斯林民众的认同,而最佳的方式是两者的结合。蒙塔泽里认为,民众选择统治者,而统治者必须来自教法学家,他必须是民主政治与神权政治结合的产物。蒙塔泽里认为,法基赫的权力应当体现为宗教和意识形态的监护者,而不是国家和政府的直接管理者,法基赫应当根据伊斯兰教的协商原则即舒拉行使权力,而不是行使世俗领域至高无上的绝对权力。

蒙塔泽里认为,伊斯兰政府并非具有绝对权力的政府,权力的合法性最终来自民众的参与和认同,这就是伊斯兰政府的民主属性。蒙塔泽里认为,法基赫必须是什叶派穆斯林的"效法渊源",应当选举产生,代表民众意志,具有明确任期和规定权限,必须处于宪法的约束之下,处于专家会议的直接监督之下。蒙塔泽里认为,安拉主权赐予民众,统治者的权力源于民众的认同,即便先知和伊玛目亦不例外。在蒙塔泽里看来,选举意味着统治者与民众之间的契约,伊玛目隐遁时代的统治者理应由民众选举,民众将统治权力给予教法学家,亦可终止教法学家的统治权力,体现民众与法基赫之间的契约关系。

蒙塔泽里认为,共和国是人民的统治,人民享有自由表达观点的权利,政府的权力来自人民,人民有责任参与政治和阻止统治者滥用权力。蒙塔泽里在强调国家之伊斯兰属性的同时,强调社会构成宗教的载体,倡导公正选举、民主和人权,抨击现行神权体制,反对法基赫凌驾于法律之上的绝对权威,指责宪法监护委员会操纵选举,呼吁以伊斯兰民主共和制取代伊斯兰共和制,呼吁强化民选政府的权力。蒙塔泽里拥护和赞同伊斯兰革命后初期的法基赫制,认为伊斯兰共和国宪法的最初制定者试图平衡伊斯兰、民众与共和三项元素,然而现行体制改变和颠覆了伊斯兰革命后的宪法原则,1989年修订的伊斯兰共和国宪法无疑助长"宗教独裁"。蒙塔泽里认为,现行的宪法充斥着矛盾的条款,民众与国家之间的裂痕日益凸显。蒙塔泽里表示:"我相信伊斯兰教与民主制的相容和共存,因为伊斯兰教主张自由。当下保守派领导人的行径与伊斯兰教的精神不符,我反对这样的行径。"

1997年11月,蒙塔泽里呼吁重新诠释法基赫制、活跃多党政治和扩大多元化,质疑哈梅内伊作为法基赫的绝对权威和教法学家的统治地位,主张法基赫的选举制和任期制。随后,哈梅内伊谴责蒙塔泽里发表反对伊斯兰革命、反对人民和反对国家的言论,官方公布了1989年3月霍梅尼写给蒙塔泽里的信,将霍梅尼剥夺蒙塔泽里作为法基赫继承人资格的理由昭告天下。同年11月起,蒙塔泽里遭到官方软禁。1999年6月,蒙塔泽里抨击宪法监护委员会假借捍卫伊斯兰教的名义干涉民众的民主权利,认为宪法监护委员会的权力是监督选举而不是监督候选人,宪法监护委员会的行为导致选举的二元体制,即宪法监护委员会首先选择候选人继而交由民众选举,这样的做法违背制定宪法的初衷,保障选举的自由公正是内务部的责任而不是宪法监护委员会的责任。2000年初,蒙塔泽里谴责法基赫及安全机构干涉库姆教界人士的宗教活动。

2000年议会选举前夕,蒙塔泽里发表公开信,反对法基赫绝对统治的原则,呼吁将最高权力归还民众,坚持民众参与的政治决策,人民可以选举最高领袖也可以罢免最高领袖,同时强调最高领袖并非具有不谬性,不能拥有绝对的权力,被时人称之为"乌莱玛的良心"。蒙塔泽里声称,没有民众的支持就无法建立稳定的政府,凌驾于议会之上的现行法基赫制将会导致独裁统治,法基赫干涉议会通过新的新闻审查法毫无道理,将会引发社会动乱。蒙塔泽里认为,伊朗人并非反对伊斯兰体制,只是对某些人假借捍卫伊斯兰教的名义垄断伊斯兰教的独裁统治深恶痛绝,"他们才是伊斯兰教最大的敌人"。同年 12 月,蒙塔泽里在网站发表长达 600 页的文章,质疑 20 世纪 80 年代霍梅尼实施的诸多政策,抨击教法学家统治的神权体制,进而呼吁修改伊斯兰共和国宪法。2004 年,蒙塔泽里在其所著《论权利》一书中列举了伊斯兰教赋予世人的诸种权利,包括思想自由和言论自由的权利、政治参与的权利、选举和监督统治者的权利、隐私权,呼吁保障人权,谴责官方试图背叛伊斯兰教的原则和侵犯人权。蒙塔泽里在书中强调,持不同政见者的合法权利应当受到保护,统治者不得滥用权力。

霍加特伊斯兰穆赫森·卡迪瓦尔早年就读于库姆宗教学校,师从蒙塔泽里。卡迪瓦尔认为,伊斯兰教是普世性的信仰,而不是特定的具体准则,伊斯兰教并未规定某种特定的政治体制,伊斯兰教与民主制并无矛盾对立,而伊斯兰民主制是现代社会的理想政治体制,符合伊斯兰教的信仰原则。卡迪瓦尔认为,在伊斯兰民主制的框架下,所有社会成员,不分种族、性别、肤色、宗教信仰和政治理念,皆享有同等的权利,而国家权力的合法性来自民众意志,民众政治参与常态化,所有社会成员皆不可凌驾于法律之上而是受到法律的约束,安拉旨意与民众意志呈同一性。与此同时,卡迪瓦尔强调公民权和宗教自由,反对信仰限制和宗教强迫,谴责以异端罪名惩处公民。卡迪瓦尔认为,伊斯兰教绝非建立在强迫信仰的基础之上,性别歧视、信仰歧视、侵犯公民权和压制思想交流有悖于伊斯兰教,真正的伊斯兰教是体现民主的、倡导性别平等和信仰平等的。

卡迪瓦尔认为,在伊斯兰教中,统治者与被统治者、主人与臣民、长官与下属之间,并非二元和对立的关系,相互承担必要的责任,所谓的教法学家在世俗领域和政治层面并无特权可言,任何特定的阶层和群体都没有垄断国家权力的神圣权力,任何统治权力都不能凌驾于法律之上。"既然法基赫制是建立在乌莱玛之宗教特权的基础之上的独裁体制,这样的制度与民主制缺乏一致性。民主制建立在平等、民众主权、政治参与、法治和人权的基础之上……穆斯林作为主体的社会与民主制的政治体制并无根本性的矛盾。作为宗教的伊斯兰教与作为现代政治模式的民主制两者之间是相容的。"

卡迪瓦尔区分两种类型的宗教政府：第一种宗教政府，声称所有权力来自安拉和经典，教法学家凌驾于民众之上，其权力的合法性与民众无关；第二种宗教政府，强调安拉主权抑或宗教主权与民众主权的双重原则，既要符合启示和经典的原则，亦要满足民众的意愿和要求。"宗教政府应当是教法框架下的理性政府"，亦应当是服务于民众的政府。"政府如果无法被民众接受，即便其法律符合教法，仍然缺乏合法性"。

卡迪瓦尔认为，所谓的法基赫制并非什叶派教法学说的元素，亦不符合什叶派的宗教原则，而只是个别教法学家所主张的理论，缺乏伊斯兰教法四大渊源即《古兰经》《圣训》、公议和理性的依据。卡迪瓦尔认为，教法学家不足以代表启示和教法，两者不可同日而语。在此基础上，卡迪瓦尔质疑绝对法基赫制的合法性，抨击霍梅尼关于法基赫政府的理论背离什叶派的宗教理论，指出在霍梅尼之前的什叶派传统理论明确规定治理国家的统治权力局限于十二位伊玛目，而教法学家无权以伊玛目代理人的身份行使治理国家的统治权力。卡迪瓦尔认为，绝对法基赫制是伊朗君主制传统和教法学家之宗教独裁的历史遗产，有悖于什叶派的教法原则，亦缺乏历史基础和经训的先例。卡迪瓦尔声称，"伊玛目隐遁期间，不存在管理国家的计划，任何人都没有管理国家的使命和权威"；在伊玛目隐遁的时代，应当实行民主制，因为每个人享有同等的权利，教法学家并无特殊权力，其影响力应当局限于教法的层面。

卡迪瓦尔强调民众参与的宗教政府，淡化教法学家的政治特权，主张宗教政府的合法性来自民众的选举，而选举产生的政府具有明确的任期和行使有限的权力。卡迪瓦尔认为，法基赫制应当符合民众主权的原则，法基赫应当行使最高监护权而不是治理国家的权力。卡迪瓦尔指出："伊斯兰共和国宪法第 56 款规定，安拉将权利给予全体伊朗公民，公民选举最高领袖、总统和议会成员……最高领袖应当是选举产生，而不是由那些自称代表安拉意志的人决定的。"

卡迪瓦尔认为，解读宗教不能停留在历史的层面，即便先知穆罕默德和历代伊玛目活在当下，亦会根据时代的变化而实施新的体制，不会照搬 1 400 年前的模式。伊朗目前面临的根本问题是法基赫制的合法性危机，倡导宗教与国家的分离。伊斯兰革命只是结束了君主制的形式，新的君主制正在以新的形式即伊斯兰君主制死灰复燃，旧君主制与伊斯兰君主制的共性都是国家元首拥有绝对的权力,两者的差异只是名称的不同。

卡迪瓦尔的政治观点在什叶派乌莱玛上层和世俗知识界引起强烈的共鸣。1999年2月,卡迪瓦尔遭到逮捕,随后被送交特别宗教法庭,罪名是试图削弱伊斯兰体制和动摇伊斯兰共和国的政治根基、诋毁最高领袖霍梅尼和哈梅内伊、误导民众、支持蒙塔泽里、鼓吹教俗分离,同年4月被判处18个月监禁。

阿亚图拉穆罕默德·穆智塔希德·沙贝斯塔利早年就读于库姆宗教学校,1970—1979年在德国汉堡主持伊斯兰研究中心,伊斯兰革命后当选首届议员。沙贝斯塔利关注经典的解读,反对解读经典的官方特权,质疑官方之经典解读的权威性。沙贝斯塔利认为,经训的本质和精华是永恒不变的,对于经训的解读则是非静止的和随着时代的发展而不断变化的,时过境迁,面对变动的现实环境,经典的解读不应墨守成规和故步自封,而是应当遵循创制的原则,伊斯兰教的精神与民主制的价值观并非存在根本的对立,两者之间具有兼容性。沙贝斯塔利屡屡挑战官方版本的伊斯兰教,强调任何宗教都不应只有一个版本抑或一种解读,强调宗教解读的多元化,强调对于宗教认知的个性化。"官方对于伊斯兰教的解读,将我们的社会推向危机",而摆脱官方对于经典的误读和走出社会危机的关键,是在创制的基础上对于经典的重新解读,进而复兴真正的伊斯兰教。

沙贝斯塔利致力于调和宗教与现代性之间的关系,主张区分宗教与宗教学说。沙贝斯塔利认为,现代性的核心是自由,而所谓自由包括自由意志和自由行为,既是目的亦是手段。在此基础上,沙贝斯塔利阐释了宗教与自由之间的关系,强调宗教本身内含自由的元素,进而强调在自由的框架下实现传统与现代性之间的对话和交流。沙贝斯塔利认为,宗教是一种信仰,而信仰来自人的自由选择,"信仰不能强迫"的启示表明安拉赋予世人以选择信仰的权利。"宗教必须是自由的,选择宗教信仰是人的社会权利,亦是人权原则的重要元素。""一个人可以坚持自己信仰的宗教真理,同时容忍其他人的信仰。"

沙贝斯塔利认为,伊斯兰教并非与特定的国家体制联系在一起,伊斯兰教强调国家的政治原则和规定政府之公正行使权力的最终目标,却没有明确规定治理国家的具体形式,因此所谓的法基赫制并非起源于伊斯兰教,亦非神圣和绝对的政治体制。沙贝斯塔利认为,伊斯兰教的精神与民主制的价值观具有兼容性,民主制并非权力的哲学,亦非道德的哲学,而是民众参与进而决定自身命运的治理方式;在当今时代,民主制是应对社会现实和实现社会进步的唯一合理方式;民主制作为治理方式,与民众信仰以及宗教价值观并无对立;在当今世界,无数的宗教信仰者融洽地生活在民主治理的社会;穆斯林选择民主制,可以在民主制的框架下按照安拉的旨意制定法律。

四、哈塔米的政治理念与"宗教民主制"思想

霍加特伊斯兰赛义德·穆罕默德·哈塔米出身于伊朗中部亚兹德省小城阿尔达坎的宗教学者家庭,其父阿亚图拉鲁霍拉·哈塔米曾经被霍梅尼指定为亚兹德省的聚礼领导人。阿尔达坎是伊朗古城,建城历史超过1 500年,位于沙漠绿洲的古丝绸之路沿线,西北距德黑兰约480公里。哈塔米早年就读于库姆的宗教学校,曾经执教于伊斯法罕大学,讲授哲学和神学。1978年,哈塔米前往德国接替阿亚图拉贝赫什提出任欧洲最古老的伊朗什叶派学术基地汉堡伊斯兰文化中心主任,此间,哈塔米加入反对巴列维国王的阵营。1979年,哈塔米当选伊斯兰共和国第一届议会议员。1981年,哈塔米受霍梅尼的指派,负责主编报纸《世界报》,不久后辞职。两伊战争期间,哈塔米负责战时宣传。1982—1986年以及1989—1992年,哈塔米出任文化与伊斯兰指导部部长。任职期间,哈塔米放松新闻审查和出版限制,尝试文化开放和思想包容,鼓励媒体自由和大量引进西方出版物,被视作伊朗文化和知识分子的黄金时代。1992年,迫于保守派主导的议会的压力,哈塔米辞去文化与伊斯兰指导部部长职务,随后被总统拉夫桑贾尼任命为国家图书馆长,一度退出政坛。1992—1994年,哈塔米潜心著书立说,讨论波斯传统宗教哲学和西方现代政治哲学,呼吁穆斯林摒弃教条和狂热,倡导理性思考,根据时代的变化灵活解读伊斯兰教法。

青年时代的哈塔米

哈塔米认为,波斯思想家阿布·纳斯尔·法拉比(870—950)首创伊斯兰政治哲学,致力于协调古典政治哲学与伊斯兰教,然而其后乏人,直至西方政治哲学渗入波斯。哈塔米认为,伊本·赫勒敦(1332—1406)是传统伊斯兰世界最后的伟大思想家,其后几个世纪,统治者出于政治目的,封杀思想,操纵信仰,使宗教成为压迫的工具,而由此产生的结果是乌莱玛无意关注民生、政

治发展、社会进步、公正平等和自由民主。哈塔米认为,乌莱玛作为信仰的引领者,不应将自己的观点强加给民众,不应以自己的意愿作为民众的意愿。哈塔米认为,传统的伊斯兰文化已经无法适应现代文明的需要,应当重新解读《古兰经》和《圣训》,乌莱玛应当走出旧的信仰框架,正视而不是回避现代文明特别是西方现代文明,接受新的思想,应对新的社会环境,寻找新的答案。"我们的认同感植根于过去的时代,然而这并非意味着我们将要回到过去的时代。""我们不能停留在过去的时代中……我们需要着眼未来。"

哈塔米认为,宗教应当建立在理性的基础之上,宗教与理性具有一致性,而理性的核心在于批判的思想。与此同时,哈塔米认为,现代与传统并非相互排斥,而世俗与宗教亦非存在根本的对立。他认为,所有现代文明必须建立在自由民主制的基础之上,伊斯兰教与自由民主制具有一致性和相容性,建立在民众主权基础上的伊斯兰政府有助于满足民众的物质需求和精神需求。国家和民众必须遵守法律的准则,公民的尊严和权利应当受到法律的保护。他还认为,宗教与自由具有兼容性,反对政府限制个人自由,强调政府从属于人民而不是人民的主宰者,主张限制威权、倡导法治和宪政框架下的政治实践,倡导社会自由、政治宽容、社会公正、保障女权和实现法治。哈塔米反对宗教义务的强迫,认为开放和宽容的伊斯兰共和国将会受到民众的广泛支持和拥护,强调政府是人民的仆人而不是人民的主宰者。

世纪之交伊朗政治进程之过渡性的特定环境以及新旧政治力量的此消彼长,决定了哈塔米政治思想和政治实践的矛盾性抑或二元性,即在延续神权体制的基本框架下推动政治改革和民主化进程,是为所谓自下而上的"宗教民主制"抑或"伊斯兰民主制"。哈塔米倡导"宗教民主制",指出伊斯兰教包含的协商、公议、平等、忠诚诸多理念与现代文明包含的政治参与、法治的原则具有一致性。

哈塔米认为,无论是宗教还是社会,都需要民主制,独裁专制是近代来伊朗历史的最落后的特征之一,选举政治的局限和民选权力的弱势是伊斯兰共和国的瑕疵,导致国家与社会的脱节和对立,国家垄断权力和资源意味着凌辱人民和阻碍社会进步,而完善选举政治和强化民选机构的权力是伊朗发展的首要任务,促使公民社会走向成熟则是沟通国家与社会直至推动民主化进程的必由之路。"国家权威不应来自强制和独裁,而是应当来自法治和民众政治参与"。

哈塔米认为,自由民主制尽管不无缺憾,但它依然是西方最伟大的成就,其基本原则适用于所有现代国家。哈塔米强调,源于西方的民主制,既不应简单模仿照搬,也不应盲目抵制排斥,而成熟的公民社会是民主制的首要催化剂。哈塔米并非思想西化的乌莱玛,只是承认西方的经济发展和多元化成就,同时立足于伊斯兰教的传统价值观,抨击西方极端物欲主义情绪而缺乏精神内涵。哈塔米区分西方文明与西方国家的政策,强调西方文明之自由理念的进步性和普世性,指出西方文明已经抛弃了威权的统治理念,民众从压迫的枷锁下获得解放。哈塔米强调文化、历史和宗教之本土化的重要性,反对简单模仿照搬和全盘西化的现代化道路,同时反对盲目抵制排斥和全盘否定西方文明的现代化模式。不同文明之间应当对话而不应当对抗,真正的伊斯兰教与西方世界倡导的包括自由、民主和人权在内的政治原则并不存在根本的对立。

五、世俗知识分子的政治理念与索鲁什的"宗教民主制"思想

赛义德·哈贾里安早年就读于德黑兰大学,作为世俗知识分子中的持不同政见者,长期活跃于伊斯兰共和国的政治舞台。哈贾里安认为,教法只是以往诸多教法学家关于具体法律问题发布的意见之总和,这样的意见主要来自对于《经训》的解读,其所处的时代已经远去,无法适应当今时代,需要在重新解读《经训》的基础上赋予教法以新的抑或现代的内涵。哈贾里安强调,伊斯兰教遵循公正的原则,实现公正的方式则是共和制框架下的民众参与,而教法学家的特权无疑违背伊斯兰教的公正原则。

哈贾里安主张体制内的、渐进的、理性的、温和的、务实的和多元性的政治改革。在哈贾里安看来,改革并非自上而下的过程,而是草根和精英共同推动的实践;来自民众的诉求和压力促使官方政策的调整和变动,而知识分子的使命是发出代表民众的呼声;知识分子不应屈从于官方,亦不应成为局外人和观望者。哈贾里安强调民主制与宗教之间的相容性,反对排斥世俗主义和将世俗主义与宗教加以对立,进而在现行法基赫制的政治框架内强调世俗化进程的必然性,强调国家是推动世俗化的最有力的手段。哈贾里安认为,伊斯兰神权政体的兴起是通向世俗化的第一步,而神权体制的世俗化将成为伊朗政治改革的发展方向。1996年,哈贾里安撰文指出,霍梅尼的法基赫制理论有助于实现宗教法律的世俗化,是针对变动的社会环境而突破教界传统理论的重要实践。

阿克巴尔·甘吉出身寒门,伊斯兰革命期间狂热追随霍梅尼,后霍梅尼

时代转向抨击现行体制,2000—2006年遭到监禁。甘吉关注世俗性与民主共和制,是伊斯兰共和国世俗知识分子中具有广泛影响的持不同政见者。早在2002年,甘吉在狱中著《共和宣言》,呼吁改革现行体制,结束现行神权体制,实现宗教与国家的彻底分离。甘吉认为,政治体制唯有世俗才会民主。《共和宣言》勾画了现代共和制的基本轮廓,其中核心元素是世俗性。"现代共和制在于意识形态的中立性……在现代共和国,宗教机构与国家机构相互分离。不应存在所谓的国家宗教,亦不应存在所谓的宗教国家。所谓的宗教民主制是自相矛盾的制度。国家无权干预宗教,宗教亦不可用于政治目的。如果宗教机构进入政治舞台,必须遵循现代共和制的基本准则……政治权力和政治责任不可建立在宗教信仰的基础之上。现代共和制承认非宗教性的权利,尊重多元的意识形态。"甘吉认为,宗教应当局限于个人生活的领域,不应具有政治功能。"一些宗教改革思想家试图调和伊斯兰教与民主制、多元主义、人权、公民社会、宽容,这样的努力是错误的……经训具有绝对性,因此与'自由民主制'或'社会民主制'具有相悖性。"甘吉认为,一个人可以既是民主派,同时也是虔诚的宗教徒,然而,宗教政府不可能是民主政府,民主制不可能通过宗教和神权的形式得以实现。"伊斯兰教不可能具有民主性,除非伊斯兰教彻底实现世俗化。"世俗主义并非意味着抛弃宗教信仰,而是意味着宗教与政治的分离。宗教不应成为国家制定公共政策和法律的基础,也不应成为国家权力的合法性来源。

甘吉激烈抨击现行神权体制,强调"在伊斯兰共和国宪法的框架下,不具备民主化政治改革的可能性。甘吉认为,普世的民主制或共和制与现行伊斯兰共和国宪法存在根本的对立,进而声称,我们不能在相信现行伊斯兰共和国宪法的同时成为民主派人士"。甘吉呼吁通过全民公决的方式,决定现行体制是否应当延续。甘吉表示:"如果我们要求自由、民主、人权和安全,就必须出现在大选的投票站……如果3 000万选民走向投票站,将自己的选票投给议会的改革派候选人,就有可能改变违背人权和违背宪法的所有法律。"

阿卜杜拉·努里和贾瓦德·塔巴塔巴伊亦是世俗知识分子中颇具影响的持不同政见者。阿卜杜拉·努里抨击官方限制和剥夺民众自由,强调只有通过政治改革才能保证民众自由和社会公正。在他看来,民众可以容忍不公正,却不能容忍羞辱和背叛,而根据宪法和安拉的旨意,主权属于民众,所有公民无论肤色、种族、宗教、职业、地位,在法律面前享有完全同等的权利。努里谴责特别宗教法庭违背人权和宪法,表示霍梅尼领导的伊斯兰革命致力于使民众摆脱压迫和奴役,目前伊朗民众需要努力实现这样的目标。贾瓦德·塔巴塔巴伊强调民众主权取代安拉主权抑或神权,声称一个世纪前的宪政运动使伊朗人从臣民变成公民,而伊斯兰共和国宪法通过引入公民社会之上的监护权,使伊朗人从公民回到了臣民的地位,呼吁重新实行宪政改革,恢复民众主权,建立向公民负责的世俗政府。

阿卜杜勒·卡里姆·索鲁什1945年出生于德黑兰,早年在德黑兰大学攻读自然科学,继而在伦敦大学攻读历史学和哲学,伊斯兰革命期间返回伊朗。伊斯兰革命后的最初10年,索鲁什是霍梅尼主义的狂热追随者,持左翼激进的政治立场,推崇官方实施的伊斯兰化的文化政策。进入90年代,索鲁什的思想逐渐转变,逐渐背离霍梅尼主义的立场,进而成为伊斯兰共和国新生代知识分子和世俗知识界持不同政见者的代表人物,在伊朗社会广为人知。

索鲁什深受沙里亚蒂思想的影响,强调宗教信仰的理性化,主张经典的解读摆脱官方思想的束缚,质疑乌莱玛对于《古兰经》的解读,呼吁重新解读伊斯兰教经典。索鲁什认为,伊斯兰教并非局限于规范人与安拉之间的关系,而是推动历史进步的动力,伊斯兰教不应局限于特定的历史时代和社会模式,应当适应时代的发展和社会的进步,《古兰经》无疑是永恒的经典,然而经典的解读不应一成不变,而是应当随着时代的变化而予以新的解读,应当随着时代的变化而变化,应当具有多元性,适应现代社会的客观需求,任何个人和群体皆无对于宗教之最终解读的特权,官方乌莱玛的解读不应成为经典的唯一权威解读。传统的什叶派区分《古兰经》的表义和隐义,进而强调宗教学者解读经典的特权,相比之下,索鲁什强调,应当将解读教法的权利交给穆斯林民众而不是由教法学家垄断,解读经典的权利应当扩大到乌莱玛以外的世俗社会群体。

在此基础上,索鲁什主张区分安拉启示的伊斯兰教与世人解读的伊斯兰教,进而强调前者的永恒性与后者的非永恒性抑或创新性。在索鲁什看来,宗教是神圣的和绝对的,而宗教学抑或宗教的解读则是非神圣的和相对的,宗教本身具有绝对性,宗教的解读具有相对性,经典来自安拉的意志,而经典的解读则来自人的思想,无异于人类所探寻和创造的其他学问和知识,并无神圣性和绝对性,亦非终极结论和绝对真理,两者不可同日而语。索鲁什认为,"宗教自身是永恒的,而宗教知识是可变的"。在索鲁什看来,人类无法知晓安拉的真实用意,因此那些以宗教名义发号施令的人无异于独裁主义者,而关于宗教的所有可能的解读都只是局限于世俗的层面。

索鲁什认为,宗教的核心是信仰,教法仅仅是伊斯兰教的组成部分,教法既不是伊斯兰教的核心,也不是伊斯兰教的全部,信仰与教法犹如人的灵魂与躯体,建立在教法基础上的国家只能约束臣民的躯体却无法约束臣民的内心,而真正的宗教社会和宗教国家应当给予民众自由信仰的权利进而发自内心地皈依宗教。索鲁什倡导宗教信仰的个人化,"如果社会成员无法真正自由地选择自己的信仰,这样的社会不能称作是真正的宗教社会,即便这样的社会由披着宗教外衣的政府所治理"。在索鲁什看来,经典包含着自由和平等的思想,对于知识的探寻作为伊斯兰文明的历史遗产可谓重建多元社会的基础,《古兰经》关于协商的训示则是民众参与的宗教依据。索鲁什认为,宗教与民主制具有兼容性,民主制并非属于宗教的范畴,而是属于政治的范畴,公民权亦属于政治范畴的概念而非宗教范畴的概念,宗教政府必须遵循民主制和理性的原则,宗教和民主均具有普世的价值。他认为,民众不仅享有作为穆斯林的权利,而且享有宗教之外作为人的基本权利,宗教政府不仅需要履行世俗层面的基本职责,而且需要满足民众的精神需求。

索鲁什认为,《古兰经》和《圣训》的宗教语言,更多的是规定信众的责任和义务而不是权利,教法学家应当致力于宗教事务,不应当沉迷于世俗事务和国家权力,乌莱玛应当回到清真寺,将管理国家的任务交给职业政治家。索鲁什反对教俗合一的政治原则,强调政治与宗教的分离,科学、艺术、哲学、社会活动同样应当脱离宗教束缚而具有相应的独立性。索鲁什认为,现行的神权体制是权力的逻辑,而不是自由的逻辑,"宗教应当属于热爱信仰的人,而不属于利用信仰的人"。在索鲁什看来,教法学家不具备管理国家和社会的能力,掌握国家权力的乌莱玛仅仅利用宗教作为权力斗争的工具,伊斯兰革命20年来,官方乌莱玛除了忙于审查一些色情电影画面和强制女性着装外,没有做出任何值得称道的业绩。

索鲁什作为世俗知识分子中的持不同政见者,其思想核心在于"宗教民主制"的政治理念。索鲁什首先从哲学的层面提出宗教民主制的思想理念,阐述民主制的哲学基础以及民主制与宗教之间的相容性,引发伊朗社会的广泛关注。所谓的宗教民主制,其理论前提是区分宗教与国家的不同功能。索鲁什认为,国家形态区分为三个方面,一是权利与义务,二是社会治理,三是价值观,国家可以在价值观方面以宗教作为指导思想,然而在社会治理和公民权方面应当遵循世俗的原则,国家代表社会各阶层的不同利益,遏制不同利益之间的冲突,因此需要民主制的管理体制,而宗教的功能在于论证和揭示人与安拉的关系,涉及信众内心深处的信仰追求,国家强调务实、妥协和强制的原则,而宗教强调顺从、无私和自愿的原则。索鲁什认为,民主制适合国家的层面,却未必适合宗教的层面,宗教可以与民主制的国家相容,如同宗教曾经与专制的国家相容,伊斯兰教并非局限于某种特定的国家体制,而民主制亦非与特定的宗教相联系。换言之,民主制属于政治模式的范畴,宗教则属于意识形态的范畴抑或信仰的范畴。因此,民主制区别于寡头和独裁的政治制度,与宗教之间却并非存在根本的对立。索鲁什强调国家权力的合法性来自民众选举,而国家的责任是保障公民的信仰自由而不是强迫信仰。根据经训的原则,穆斯林社会的统治者并非拥有至高无上的绝对权力而凌驾于民众之上,他们应当承担对于民众的责任,特别是尊重民意的责任。索鲁什强调,在理想的宗教政府,民众有权监督甚至罢免权力的拥有者,而关键因素在于有序政治参与,即伊斯兰政府的合法性来源。哈塔米于1997年竞选总统期间发表演说,强调宗教基础上的民众主权,进而提出宗教民主制的政治理念,与索鲁什从哲学的层面提出的宗教民主制的思想理念,颇有异曲同工之妙。

索鲁什强调不同文化元素之间的交流,反对全盘接受和全盘排斥单一和特定的文化元素,无论是外来的西方元素还是本土的波斯元素抑或伊斯兰元素;不同的文化元素和意识形态,无论产生于何地,皆有其合理性和弊端。索鲁什认为,所谓西方并不具有同质性和独特性,民主和人权思想并非西方特有,而是普世的意识形态,也是伊朗文化的核心,伊朗文化继承了前伊斯兰时代的古波斯文化、伊斯兰文化和西方文化的传统,而三者并非对立,应当在伊朗文化中实现和谐。索鲁什倡导文化变革:"我不相信,一个像伊朗伊斯兰共和国这样的宗教政府有意将整个世界改变成为伊斯兰政府,应当尊重世界不同的宗教思想。伊朗不应当局限于以西化和模仿西方作为目标,而是应当借鉴西方文化中的有益元素"。

进入90年代,索鲁什的思想产生广泛的影响,涉及官方和民间、议会和报刊、大学校园和街头巷尾。与此同时,现行法基赫制的捍卫者激烈抨击索鲁什阐述的政治理念是"有害的自由思想"。时任议长努里呼吁禁止对于经典予以不同的解读,强调对于经典的不同解读势必削弱穆斯林的宗教信仰。"革命的敌人正在利用复杂的理论蛊惑幼稚的民众,瓦解他们的信仰,进而达到击败革命的目的……我们需要利用新的技术如因特网,捍卫伊斯兰教和革命的原则。"叶兹迪亦曾表示:"决不允许时尚的理念威胁伊斯兰教的真理。""接受西方教育的知识分子正在试图玷污伊斯兰教的世界……应当让那些试图重新解读经典的人闭上他们的嘴……诋毁伊斯兰教的真理之人,火狱在等待着他们,我们要把这些时尚的言论扔进历史的垃圾箱。"

90年代末,大学校园成为世俗激进政治思想的滋生地。1999年初,伊斯兰大学生联盟发表声明,宣布自从哈塔米当选总统,在大选中落败的保守派丧失了统治的合法性。伊斯兰大学生联盟领导人塔巴尔扎迪认为,伊斯兰革命最初的理想已经破灭,法基赫制与共和制原则不符。在1999年2月发表的公开信中,塔巴尔扎迪强调,最高领袖只是常人,其权力合法性来自人民的意愿,法基赫不是永远正确的先知,不具有神圣性,不是神,批评法基赫制不能与叛教混为一谈,要求罢免法基赫不可与宗教异端等同视之,最高领袖必须向人民负责,乌莱玛必须承认即使先知领导今天的社会也会容忍批评、反对和抗议,保守派主张的绝对法基赫制导致独裁统治,任何社会都不会接受这样的独裁统治,除非采取刺刀、皮鞭、革命法庭和特别宗教法庭的暴力手段强加给人民。在1999年4月接受国外媒体采访时,塔巴尔扎迪重申,伊斯兰革命的最初目标,已经逐渐变成了法基赫制,进而变成了绝对法基赫制,最后变成了绝对法基赫制的独裁统治,最高领袖凌驾于法律之上,甚至如同安拉一般,伊斯兰革命的结果只是新的独裁者取代了旧的国王。1999年5月,塔巴尔扎迪撰文指出,伊斯兰革命的目的并非以一种独裁统治取代另一种独裁统治,而是建立民主体制,如果只是以法基赫取代国王,以法基赫的绝对统治取代国王的绝对统治,只是以每个人或者某个群体的名义统治国家,无视人民的意愿和利益,那么烈士的鲜血将付之东流。塔巴尔扎迪抨击拉夫桑贾尼的政策和现行的司法体制使整个伊朗充斥着暴力和恐怖,亦对哈塔米心存不满,对哈塔米的施政表现深感失望。另一学生运动领导人穆哈麦迪表示,鉴于国家利益高于独裁的伊朗政治,建议将伊斯兰大学生联盟改为全国大学生联盟。玛努切赫尔·穆哈麦迪在接受媒体采访时将最高领袖的权威视作独裁的权威,认为如果民主制和人民的意愿无法得到保障,有必要考虑改变现行政治体制。

第三节 后霍梅尼时代的政治派系

一、政治派系的消长与转换

伊斯兰革命造就了伊朗政治舞台的新兴政治精英,什叶派伊斯兰主义阵营则是新兴政治精英的核心成分。伊斯兰共和国建立初期,什叶派伊斯兰主义阵营主导伊朗政治舞台。霍梅尼的理论兼有什叶派宗教政治学说的现代元素与传统元素,旨在凝聚新旧社会阶层,建立广泛的政治联盟。然而,伊斯兰主义阵营内部并非浑然一体,左翼激进派与右翼保守派分别持不同的政治理念,在诸多方面存在明显的差异。

伊斯兰革命开始于世俗知识界的发难,却结束于下层民众的广泛政治参与,进而导致下层民众政治力量的急剧膨胀,反对巴列维王朝的政治运动随之经历了由温和向激进的转变。特定的政治环境决定了伊斯兰革命后伊朗社会的激进倾向,贫困的消除和社会财富的重新分配则是下层民众的迫切愿望。激进派来自乌莱玛的新生代,持左翼立场,具有民粹主义倾向,代表下层民众的利益和诉求,致力于推动伊斯兰化的进程,倡导社会平等和经济自给,主张强化政府的经济干预,通过社会财富的重新分配实现伊斯兰教的公正原则,控制议会、内阁和司法机构,亦是德黑兰人质事件的主要参与者。激进派具有所谓"战时激进主义"的深刻时代烙印,强调伊斯兰价值观作为规范个人、社会和国家利益的最高准则,将伊朗视作世界伊斯兰革命的卫士和抵抗西方文化帝国主义和美国霸权主义的堡垒。激进派主张实行国家的经济垄断、主要经济部门的国有化、苏联模式的计划经济和进一步的土地改革,通过社会财富的重新分配实现伊斯兰教的公正原则,支持实施激进的外交政策、输出伊斯兰革命和通过战争手段推翻萨达姆政权。两伊战争期间,激进派的口号是"战争,战争,直至胜利","通往耶路撒冷之路途经巴格达"。

相比之下,保守派持右翼立场,代表传统巴扎商人、地主和教界上层的既得利益,强调维护私有财产不受侵犯,同时倡导自由经济和开放政策,反对政府的经济干预以及国家垄断、国有化和土地改革,在社会和文化领域持传统立场,强调与西方世界的必要联系,主张政治解决与伊拉克的战争,对输出伊斯兰革命持消极态度。

霍梅尼时代,左翼激进派长期占据议会的多数席位,右翼保守派控制宪法监护委员会,进而制约激进派主导的议会和内阁,否定议会通过的多项改革法案,霍梅尼则凌驾于左翼激进派与右翼保守派之上,实行折中的政策,调和什叶派现代伊斯兰主义阵营内部的矛盾冲突。至80年代中期,激进派与保守派之间的矛盾冲突不断加剧,两伊战争、对外开放和经济政策成为双方对立的焦点,霍梅尼作为最高领袖兼有宗教政治权威和广泛民意基础,维系着不同政治派别之间的平衡。

两伊战争照片

两伊战争中的伊斯兰革命卫队士兵

然而,长达8年的两伊战争加剧了伊朗经济形势的恶化程度,美国及西方的经济制裁明显压缩了伊朗发展经济的国际空间,石油收入锐减,经济萧条,物资短缺,失业率居高不下,导致伊朗经济陷入严重的危机。1988年的国内生产总值仅仅相当于1974年的水平,工业连续6年呈现负增长的态势。国家主义和政府干预的经济政策,并未改善民众的生活水准。

1988年,霍梅尼决定终止两伊战争,接受联合国提出的停火协议。1989年6月,霍梅尼去世。霍梅尼去世后,激进色彩的"战时激进主义"随之逐渐淡出。1989年哈梅内伊出任法基赫后,保守派逐渐占据上风。与此同时,保守派与务实派在诸多方面分歧凸显。

哈梅内伊时期,伊朗政坛的保守派以捍卫现行法基赫制为核心政治理念,强调恪守伊斯兰教法和伊斯兰文化传统,强调现行政治体制的宗教性和法基赫制的合法性,控制宪法监护委员会、专家会议、司法机构和伊斯兰革命卫队。宪法监护委员会

主席阿亚图拉贾纳提、专家会议主席阿亚图拉麦什基尼、司法总监阿亚图拉叶兹迪以及具有西方世俗教育背景并长期任职于司法界的拉里贾尼,是哈梅内伊时代保守派的代表人物。专家会议和宪法监护委员会是代表保守派势力的重要国家机构,坚持捍卫现行的

伊斯兰革命卫队士兵在训练

法基赫制、反对实行西方民主制、反对以自由主义和民主改变宗教价值观的政治立场。1992年,保守派在第五届议会选举中胜出,进而取代激进派,成为控制议会多数席位的政治派系。保守派强调捍卫伊斯兰革命原则和伊斯兰革命价值观,反对以自由和发展的借口威胁现行体制,宣称政治和经济的开放政策将会毁掉革命事业,民主只是资本、享乐主义和个人主义的独裁,民主制是西方世界输出的反动制度,民主制的结果将是回到查希里叶时代(即伊斯兰教诞生前的蒙昧时代),现行的法基赫制代表纯正的伊斯兰教,呼吁以暴力手段反对国内敌人和捍卫现行体制。1997年9月,保守派在其刊物上招募民兵,宣传口号是"弟兄们,战斗远未结束,战斗刚刚开始"。

务实派可谓脱胎于右翼阵营的第三种势力,游离于左翼激进派和右翼保守派之间,持相对温和的政治立场,反对口号式的革命政治,主张淡化伊斯兰革命的意识形态,强调经济优先的政策,在经济方面倡导市场化、私有化和国际化,支持伊朗回归国际社会和世界经济体系,主张温和的外交政策和相对自由的社会政策,改善与西方世界的敌对关系,缓和与"反动的穆斯林国家"之间的紧张关系,旨在克服两伊战争和伊斯兰革命后所谓"战时激进主义"造成的经济困难,在延续现行政治体制的前提下恢复伊朗经济与国际市场的接轨。

两伊战争结束后,拉夫桑贾尼作为务实派的核心人物宣布,早期伊斯兰时代已经是遥远的往事,"今天我们生活在新的环境"。1991年3月,拉夫桑贾尼重申，有必要让意识形态适应现实的需要，狂热的政治口号无法解决伊朗面临的现实问题，捍卫伊斯兰革命需要理性和符合逻辑的政策，革命与理性之间并无矛盾。1993年，拉夫桑贾尼再次强调，既要坚持革命的原则，又不能延续丧失理性的激进和狂热："我们不是教条主义者，我们不支持绝对主义。"(Menashari, 2001, p.116) 1993年伊斯兰革命14周年纪念日，拉夫桑贾尼发表讲话，强调政府取得的经济成就。拉夫桑贾尼在不同场合多次表示："我们需要建设，需要物质的繁荣和经济的进步，以便不再有穷人，以便被剥夺者不再感到被剥夺……贫富差距每天都将缩小，直至最终消除。"(Menashari, 2001, p.116)务实派无意抛弃伊斯兰革命的目标和全盘否定现行体制，而是在伊斯兰革命的原则和框架下，重新诠释伊斯兰革命的内涵，进而在经济社会领域推行务实的新政策。

90年代中期，改革派作为新兴政治派系开始浮出水面，倡导法治、人权、公民社会、民主化改革以及温和外交政策，呼吁开放多元的政治改革，进而形成与保守派及务实派三足鼎立的派系格局。1997—2005年哈塔米出任总统期间，改革派在伊斯兰共和国的政治舞台可谓风生水起，伊斯兰共和国的政治生态由此焕然一新。

世纪之交的伊朗无疑处于历史进程的十字路口，法基赫代表的伊斯兰体制与民选总统代表的世俗体制形成伊朗政治的二元结构，保守派与改革派之间政治博弈的焦点是伊斯兰共和国的性质、乌莱玛在国家政治生活中的地位和作用、民主制、公民社会、多元化、法治和女权。改革派兴起的根源在于后革命时代现行体制存在的瑕疵和暗藏的危机所引发的社会不满，预示着政治目标的移动和偏离。另一方面，伊斯兰革命后建立的国家体制尽管具有威权色彩，却无疑包含了民主的诸多元素，而改革派尽管倡导自由和民主的政治原则，亦无意否定和取代现行国家体制。

如果说霍梅尼时期作为伊斯兰共和国的第一阶段抑或第一共和国，经历革命和战争的洗礼，拉夫桑贾尼时期作为伊斯兰共和国第二阶段抑或第二共和国，经历新经济政策的实施和经济秩序的重建，那么哈塔米当选总统标志着伊斯兰共和国进入第三阶段抑或第三共和国，政治改革和社会进步成为此间的突出现象，而哈塔米成为新兴改革派的代表人物。

1996年改革派在第五届议会选举中胜出，1997年哈塔米当选总统，标志着伊斯兰共和国的改革进程开始从经济领域延伸到政治领域，民主化提上改革的议事日程。相比于务实派致力于国民经济的重建和新经济政策的实施，改革派致力于推动现行体制框架内自上而下的民主化政治改革和自由化社会改革,推崇自由民主制、宗教多元化、公民社会、宪法至上诸多政治原则,进而营造宽松的社会环境和政治环境,政治参与的范围随之逐渐扩大。西方观察家因此评价哈塔米"并非一般意义上的毛拉,而是深受西方文明影响的总统","并非代表官方宗教体制的最佳人选,而是风格完全不同的领导人,在很大程度上偏离了主导现行神权体制的世界观"。更多的媒体将哈塔米视作"新知识分子的代表人物",亦有媒体戏称哈塔米是"阿亚图拉戈尔巴乔夫"。然而,哈塔米无疑来自伊斯兰共和国现行体制之内,无论是其从政经历,还是宪法监护委员会对其竞选总统资格的审查核准,抑或当选后得到哈梅内伊的认可。1997 年 5 月总统选举前夕,哈塔米宣布:"伊玛目霍梅尼提出的法基赫制是伊斯兰共和国的支柱,所有的伊朗公民赞成法基赫制,所有的伊朗公民遵守法基赫制的原则并在宪法的框架下规范自己的行为。"哈塔米当选总统后,在霍梅尼墓前的集会上表示:"我们向世界宣布,我们将延续伊玛目霍梅尼的道路,我们将坚持伊玛目霍梅尼的道路。"1997 年哈塔米当选总统并未导致伊斯兰共和国现行政治体制的改变,哈塔米的改革举措亦未突破现行政治体制的基本框架。哈塔米并非代表反对派的政治立场,无意否定现行政治体制。

伊斯兰共和国的政治生态兼有神权和民主的双重色彩,哈塔米所致力的改革旨在推动公民社会和法治所代表的民主制,淡化伊斯兰的神权体制,完善现行的共和属性和民主程序。哈塔米认为,与西方相比,伊朗的现代化进程起点不同,结局亦不相同。哈塔米强调,现代化模式并不具有单一性,而是表现为多样性。20 世纪的伊朗经历两种模式的现代化进程,即巴列维王朝之西化模式的现代化进程与霍梅尼时代之伊斯兰化模式的现代化进程,而世纪之交的伊斯兰共和国正处于现代化进程的十字路口。在此基础上,哈塔米主张兼容西化与伊斯兰化的合理元素,进而实现"回归常态"的现代化模式。哈塔米强调改革的必要性,主张开放政治空间、提高经济的国际化和全球对话。国际关系、贸易和商业、妇女和青年、新闻和艺术及其他文化事业,则是哈塔米关注的重点领域。哈塔米在 1997 年就职演说以及其后发表的言论中,强调宗教不应成为自由的障碍,国家和民众必须遵守法律的准则,公民的尊严和权利应当受到保护,不同文明之间应当对话而不应当对抗,伊朗政府愿意在相互尊重的基础之上改善与西方世界的关系,真正的伊斯兰教与西方世界倡导的包括自由、民主和人权在内的政治原则并不存在根本的对立。

哈塔米改革的目标,并非在伊朗推行全盘西化,而是一方面宣称坚持伊斯兰原则,另一方面试图重新解读伊斯兰原则以适应变动的形势。哈塔米主张延续现行的神权体制,同时给神权体制注入新的活力。哈塔米强调,改革运动的驱动力来自伊斯兰革命之民主精神的回归。哈塔米在2001年竞选连任前夕的记者会上表示,改革运动旨在继承1906年宪政运动、1951年石油国有化运动和1979年伊斯兰革命的传统,伊斯兰革命的目标是实现人民的统治。2004年议会选举后,哈塔米公开强调国家体制的共和属性,抨击宪法监护委员会干预议会选举和阻止改革派的政治参与。哈塔米倡导的现代化改革兼有"自上而下"与"自下而上"的双重倾向,而现代化改革的动力来自市场经济、公民社会和民众参与的强烈诉求。

持左翼立场的激进派在霍梅尼时期活跃于伊斯兰共和国的政治舞台,长期占据议会多数席位,主导内阁政府和司法机构。1989年拉夫桑贾尼当选总统后,在政府机构清理激进派。在司法机构,激进派乌莱玛遭到哈梅内伊的排斥,保守派乌莱玛逐渐控制司法机构。1990年10月举行专家会议选举,包括议长卡鲁比和司法总监阿亚图拉哈勒哈里在内的激进派人士被宪法监护委员会剥夺竞选资格,进而排除于专家会议之外。与此同时,激进派议员抨击拉夫桑贾尼推行的新经济政策损害"被剥夺者"利益,扩大贫富差距,背叛伊斯兰革命的初衷,亦质疑哈梅内伊作为法基赫的合法性。1992年举行第四届议会选举,包括议长卡鲁比在内的141名第三届议会议员被宪法监护委员会剥夺竞选连任的资格,激进派竞选落败,成为政坛的边缘势力。此后,激进派逐渐出现异化倾向,调整政治立场,淡化伊斯兰革命的意识形态,倡导法治、公民社会、保护人权、民主化改革、温和外交政策,进而挑战法基赫制和神权体制,呼吁开放多元的政治改革,政治理念与哈塔米领导的改革派日渐趋同,直至于1997年总统大选期间融入改革派阵营。

经济社会环境的剧烈变化,势必导致政治派别的分化和重组。进入21世纪,当改革派与保守派激烈角逐之际,保守派阵营出现裂变,形成元老派与新生代之间的政治博弈;后者主张复兴霍梅尼主义的原则,具有世俗背景,强调捍卫下层民众即所谓"被剥夺者"的利益,致力于缩小贫富差别和实现社会公正,反对国内精英和政治腐败,旨在争取低收入选民的支持,进而区别于改革派和保守派,其经济社会纲领与霍梅尼时代的左翼激进派颇有异曲同工之处,可谓新左派,伊朗政坛称之为原则主义派,西方媒体则称之为强硬保守派。新左派的宗旨是致力于民粹主义,挑战乌莱玛的特权地位,反对国内精英政治和国外干涉,恢复伊斯兰革命的原则,实现霍梅尼的愿望,在马赫迪降临之前建立公正的伊斯兰社会。新左派的成员主要是参加过两伊战争的退役军人,在拉夫桑贾尼任总统期间就读于大学,在哈塔米任总统期间步入政坛,反对腐败,渴望社会公正,与伊斯兰革命卫队及安全情报机构联系密切,不满于保守势力的特权地位,可谓伊斯兰共和国政治舞台的新生力量。哈梅内伊、拉夫桑贾尼和哈塔米均为霍梅尼的革命伙伴和教界人士,而艾哈迈迪内贾德作为新左派的核心人物则是来自世俗阶层的新生代政治家。

艾哈迈迪内贾德1956年出身于德黑兰东南100公里的小城加姆萨尔附近的一个贫困农户家庭。1957年,其父携家人移居德黑兰谋生。1979年革命期间,艾哈迈迪内贾德是追随霍梅尼的青年学生。两伊战争期间,艾哈迈迪内贾德加入伊斯兰民兵组织。1993—1997年,艾哈迈迪内贾德出任埃尔比勒省长,此间,内贾德加入由老兵组成的伊斯兰革命奉献者协会,该协会旨在维护两伊战争老兵及其家眷的利益。1997年哈塔米当选总统后,艾哈迈迪内贾德退出政坛,从事学术和技术工作。2003年,艾哈迈迪内贾德重返政坛,当选德黑兰市长。艾哈迈迪内贾德作为新左派的代表人物,强调回归霍梅尼时期的伊斯兰革命传统,内政方面倡导社会公正、重新分配财富、缩小贫富差别,外交方面持反对西方世界的强硬立场。相比于保守派强调乌莱玛在政治和宗教方面的特权地位,艾哈迈迪内贾德代表的新左派主张淡化乌莱玛的作用,强调什叶派穆斯林与伊玛目之间直至与安拉之间的精神沟通而无须乌莱玛的指引,表现为去乌莱玛化的宗教政治色彩。

二、政党政治与政治倾向

巴列维王朝末期实行一党制,官方主导的复兴党是唯一合法的政党。1979年颁布的伊斯兰共和国宪法允许组建政党。在伊斯兰共和国初创阶段,来自世俗界和宗教界的诸多政治势力组建政党,角逐政坛,数量多达数十个。1979年12月,沙里亚特玛达

1980年伊斯兰共和党大会

里领导的穆斯林人民共和党由于抵制伊斯兰共和国宪法的全民公决遭到取缔。1980年6月，霍梅尼公开谴责桑贾比领导的"民族阵线"，进而取缔"民族阵线"的合法地位。1981年9月，议会颁布政党法，规定政党须经官方批准，由两名议员、两名司法机构代表和一名内务部官员组成政党委员会负责批准成立政党、监督政党活动和取缔非法政党。1987年5月，霍梅尼宣布取缔所有政党。

1988年8月两伊战争结束后，议会恢复通过1981年颁布的政党法，成立专门机构负责受理组建政党的申请。1989年6月霍梅尼去世，一个月后，28个政治组织提出组建政党的申请，4个政党根据政党法获准成立，其中3个属于伊斯兰左翼派别。然而，80年代末和90年代初，尽管官方允许组建政党和其他政治组织，政党政治依旧被视作加剧社会对立和导致社会分裂的潜在隐患，获准使用政党名义的政治组织为数有限。阿亚图拉卡尼认为，乌莱玛作为信众之父，不适合加入政党。努里于1991年宣称，在伊玛目隐遁期间，法基赫拥有伊玛目和先知的权力，所有人的责任是遵从法基赫的意愿，法基赫政府是唯一可以接受的政府，安拉之党抑或真主党是唯一可以接受的政党。政党委员会主席巴达姆齐安则表示，乌莱玛作为民众信任的引领者，降低了政党政治的迫切性。拉夫桑贾尼亦曾于1997年2月向媒体表示，政党政治具有明显的世俗倾向，而政党政治的活跃势必淡化现行神权体制，其必然结果是乌莱玛重新退出政坛而回归宗教领域。

拉夫桑贾尼执政的1989—1997年，政党数量缓慢增加，1992年达到10个，1996年增至36个。1997年哈塔米当选总统后，多党制政党政治逐渐活跃，代表不同政治派别的诸多政党于此间浮出水面，其政治影响力逐渐显现。与此同时，政党数量大幅增多，2001年达到130个，2005年接近200个。2001年2月，议会通过法案，授权"政党之家"（即政党联合会）负责分配政党基金，该法案最初遭到宪法监护委员会的否决，直至确定国家利益委员会裁决生效。根据该法案，2001年，政府提供80亿里亚尔，由"政党之家"分配给约80个登记注册的合法政党。2002年，再提供60亿里亚尔分配给114个政党。政党数量的上升趋势，反映出公民社会和民主化之自下而上的进步，标志着民众政治参与的扩大、政治认同感的提高、社会结构的多元化。2005年艾哈迈迪内贾德当选总统后，伊朗政坛依然延续政党政治的多元化趋势。

伊斯兰共和党始建于1979年初，由阿亚图拉贝赫什提领导，巴赫纳尔、哈梅内伊和拉夫桑贾尼均系该党的核心成员。伊斯兰共和党系什叶派乌莱玛的政治组织,基本纲领是宣扬伊斯兰价值观、推行伊斯兰教法和实现伊朗社会的伊斯兰化,旨在联合宗教势力对抗世俗自由派和左派,借助于宗教形式倡导激进的社会倾向,扩大现代伊斯兰主义与下层民众的政治联盟,创建由什叶派乌莱玛抑或教法学家统治的伊斯兰社会。伊斯兰共和党在巴扎商人和社会下层民众中具有广泛的政治影响,很快发展为伊朗最大的和最有势力的政治组织,在许多城市设立分支机构,拥有独立的民兵武装。1979—1987年,伊斯兰共和党主导伊朗政坛长达8年之久。1981年,伊斯兰共和党遭受重创,包括贝赫什提在内的72位核心成员死于炸弹袭击,总统雷扎伊和总理巴赫纳尔随后亦死于炸弹袭击。此后,伊斯兰共和党实施高压政策,1981—1983年将其他反对派政党清除殆尽,形成一党制,自身却也随之失去政治活力。1987年5月,在哈梅内伊和拉夫桑贾尼的建议下,霍梅尼宣布取缔所有政党,进而解散伊斯兰共和党。

"战斗的乌莱玛协会"(JRM)始建于伊斯兰革命前夕的1978年,旨在联合什叶派乌莱玛,支持霍梅尼,在革命的进程中迅速发展。伊斯兰革命后,"战斗的乌莱玛协会"成员延伸到教界以外,分别来自左翼群体和右翼群体,包括不同的政治派别,核心人物包括哈梅内伊、拉夫桑贾尼、努里、拉里贾尼、卡尼、叶兹迪、巴赫纳尔。"战斗的乌莱玛协会"的宗旨是捍卫伊斯兰革命事业、宣传伊斯兰主义和强化宗教机构。然而,"战斗的乌莱玛协会"并未以政党自居,既未申请官方的承认,亦无正式的组织机构,缺乏完整的组织体系、明确的思想纲领和必要的宣传共识,政治观点分歧甚大。1981年贝赫什提死后,"战斗的乌莱玛协会"内部左翼派别与右翼派别之间的分歧日渐凸显。1987年伊斯兰共和党被取缔后,"战斗的乌莱玛协会"成为伊斯兰共和国政坛最重要的政治组织。1988年,"战斗的乌莱玛协会"内部的左翼派别另立门户,"战斗的乌莱玛协会"随之成为伊斯兰共和国政坛的右翼保守派组织。"战斗的乌莱玛协会"倡导市场经济,标榜代表被剥夺者的利益,在政治、社会和文化领域持保守派立场,与巴扎上层联系密切,支持现行法基赫制。1992—1997年,"战斗的乌莱玛协会"在议会和政府机构占据主导地位。1997年、1999年和2000年,"战斗的乌莱玛协会"在总统选举、地方选举和议会选举中落败于左翼势力,此后在政坛逐渐衰落。2002年总统选举中,"战斗的乌莱玛协会"放弃提名总统候选人。2003年地方选举和2004年议会选举中,"战斗的乌莱玛协会"再度沉默于政坛。

1988年,"战斗的乌莱玛协会"的27名左翼人士,包括卡鲁比、塔瓦索里、霍伊尼哈、萨奈伊、哈勒哈里、哈塔米以及霍梅尼之子艾哈迈迪,创建"战斗的乌莱玛联合会"(MRM)。此后10年,"战斗的乌莱玛协会"与"战斗的乌莱玛联合会"之间分歧逐渐扩大,直至在1997年总统选举期间形成对立的态势。"战斗的乌莱玛联合会"代表新生代乌莱玛的诉求,在80年代主张国家主义的经济政策、社会下层的补贴金、公正的财富分配,进入90年代,反对拉夫桑贾尼政府推行的新经济政策。哈梅内伊时代,"战斗的乌莱玛协会"与"战斗的乌莱玛联合会"均承认法基赫制的合法性,区别在于前者代表保守派的政治立场,主张法基赫不受民众选举的限制和监督,哈梅内伊具有凌驾于选民之上的绝对权力,而后者强调国家体制的共和属性和民众主权,试图将国家主权和共和制置于法基赫制之上,主张法基赫不应超越宪法和法律,哈梅内伊的绝对权力侵犯宪法的民主原则,进而强调法基赫的权力必须受到宪法的约束,法基赫必须尊重民众选举的政府权力。"战斗的乌莱玛联合会"认为,所有国家权力都源于共和制;宪法规定治理国家的基本权力属于民众,法基赫只有在得到民众的接受的情况下,其行为才具有合法性,"国家的所有栋梁,包括法基赫在内,其权力的合法性必须来自共和的原则","没有民众的选票,就没有政府的合法性"。"战斗的乌莱玛联合会"在1992年议会大选中落败,继而淡出政坛,直至1997年总统大选期间融入改革派阵营。

拉夫桑贾尼在左翼人士脱离"战斗的乌莱玛协会"和组建"战斗的乌莱玛联合会"后,留在"战斗的乌莱玛协会"。然而,"战斗的乌莱玛协会"逐渐转向保守立场,反对拉夫桑贾尼的经济社会政策和自由主义倾向。1996年第五届议会选举前夕,拉夫桑贾尼的支持者,包括拉夫桑贾尼政府的2位副总统以及多名内阁部长和德黑兰市长,宣布脱离"战斗的乌莱玛协会",另立门户,创建新的政党,名为建设公仆党(Kargozaran)。建设公仆党持现代右翼立场,强调经济重建,致力于推动包括私有化、市场化和国际化在内的经济改革进程,旨在捍卫拉夫桑贾尼的改革进程即所谓的"调整政策"。1996年,建设公仆党提出的竞选口号是"伊斯兰光荣""持续重建""发展伊朗"。保守派抨击建设公仆党提名政府官员竞选议会席位系违法行为,哈梅内伊并未直接谴责建设公仆党,却宣布禁止内阁部长竞选议会席位,拉夫桑贾尼则宣布保持中立而避免介入不同派系的竞选提名之争。建设公仆党呼吁修改宪法,以便拉夫桑贾尼继续竞选总统的第三个任期,确保经济改革的延续。该党属于代表社会上层的精英政治集团,成员多为政府官员,得到中产阶级的支持,缺乏下层社会基础。该党主要关注国家的经济发展进程,致力于推动城市化和国际化。该党倡导法治,谴责以暴力方式迫害政治反对派,倡导经济重建,强调经济的落后是革命和国家面临的最大威胁,而政治自由化是国家发展的前提条件,政治自由化包括多元化和多党制以及法制框架下的新闻自由。该党强调理性高效强势的政府以代表民众的利益和诉求,淡化宗教学者的治国特权,倡导介于独裁体制与民主政治之间的专家治国,被保守派视作背离伊斯兰革命的原则。该党认为,宗教学者和神权机构作为政府的盟友,应当从属于政府,而不是保守派主张的政府从属于宗教学者和神权机构。该党主张在民众主权的框架下接受法基赫制,认为法基赫作为领导人源于民众的选择而不是安拉的钦定,法基赫须根据宪法行使权力,法基赫的权力源于宪法的规定。德黑兰市长卡尔巴什奇和内阁新闻部长穆哈杰拉尼作为该党核心成员,积极推行上述主张,引发保守派的激烈反对。1998 年,卡尔巴什奇被判处 5 年监禁和剥夺政治权利 10 年。2000 年,穆哈杰拉尼被迫辞去内阁部长职务,2005 年被剥夺竞选总统的资格。

"伊斯兰革命圣战组织"(SMEI)始建于 1979 年 4 月,由 7 个政治组织合并而成,具有左翼政治倾向。伊斯兰共和国建立初期,该组织作为霍梅尼的支持者曾经在军队、情报机构、内阁和议会占据重要位置。1982 年以后,该组织逐渐衰落,成员退出军政机构,至 1986 年被解散。1991 年 10 月,"伊斯兰革命圣战组织"重建,继而成为激进派在第四届议会中的核心势力。1994 年,该组织创办期刊,讨论诸如政治体制、权力集团、国家与宗教的关系、国家与社会的关系之类的敏感话题,颇具政治影响,引发国内的新政治思潮和民主化思想,直至 2002 年 3 月被政府查封。该组织强调法基赫制是先知的事业的延续,致力于捍卫伊斯兰宪政制的共和性和反对保守派的专制,强调民众的参与是伊斯兰共和国的基石,国家的伊斯兰性源于共和性,失去共和性的政府意味着失去伊斯兰性,任何否定国家共和性的企图都是反对伊斯兰革命的反动行为,坚持教法学家的集体监护权,坚持民主的选举是伊斯兰政府的基础,强调通过议会选举实现政治参与。1996 年 6 月,"伊斯兰革命圣战组织"与亲拉夫桑贾尼的务实派组成议会联盟,名为议会的真主党联盟。1997 年大选以后,该组织成为哈塔米政府的重要合作者。该组织的存在,推动了改革派阵营的形成。该组织具有明显的世俗色彩,鲜有来自乌莱玛的成员,支持者大都来自政界、经济界和知识界,强调发展工业和遏制传统商业贸易。2002 年,库姆神学家协会宣布该组织违背教义和亵渎宗教。2004 年,该组织被剥夺参与竞选议会席位的权利。

伊斯兰联盟党(Mo'talefeh)成员来自传统保守派,始建于1963年霍梅尼被捕入狱之时,伊斯兰革命期间得到德黑兰和伊斯法罕的巴扎阶层的支持,后并入伊斯兰共和党。1987年伊斯兰共和党解散后,伊斯兰联盟党开始在伊朗政坛独树一帜,核心人物包括卡尼、麦什基尼、努里。1981—1997年,该党成员5人出任内阁部长职位,数人当选议员,代表富商利益。该党抵制具有左翼色彩的政府干预的经济政策,抵制伊斯兰革命后的国有化经济战略,1983年该党两名内阁部长因此辞职。在政治上,该党支持神权体制和宗教合法性的权威地位,反对宗教多元化的政治体制。90年代后期,该党势力削弱。1996年议会选举,尽管保守派获胜,该党3名核心成员落选议员。2000年议会选举,该党再次落败。2004年议会选举,保守派联盟拒绝提名该党领导人竞选议会席位。在同年召开的该党大会上,新生代取代元老派成为新的领导层。

"伊斯兰伊朗参与者阵线"(Mosharekat)始建于1998年8月,1999年2月在地方选举中胜出,2000年2月第六届议会选举中再次胜出,赢得67%的选票,占据议会多数席位。2004年第七届议会大选前夕,该党的所有候选人均被宪法监护委员会剥夺竞选资格,导致该党被迫退出议会竞选。该党具有自由民主的倾向,被视作左翼倾向的社会民主党。该党创始人包括政治家、知识分子和媒体记者,自称宗教改革派知识分子。该党内部存在三种倾向,一是具有宗教色彩的传统左翼,二是倡导世俗民主化的中右翼改革派,三是政治化的知识分子,其中后者持务实和自由的观点,具有温和的宗教色彩,是该党内部最有政治潜力的倾向。该党代表新生代的政治诉求,在游离于政治舞台边缘的诸多群体特别是在女性和青年中具有影响力。2000年议会选举前夕,该党的竞选宣言强调遵循霍梅尼的道路和致力于发扬伊斯兰革命的民主精神,呼吁废除特别宗教法庭、修改新闻法和保障言论自由、取缔新闻审查制度。该党在2000年提出的竞选口号是,主张公正和自由,倡导改革、自由、福利、公正和精神价值,强调改革源于伊斯兰革命而不是反对伊斯兰革命。该党抨击右翼保守势力恪守的神权体制背离伊斯兰革命的传统,强调改革运动的驱动力来自伊斯兰革命之民主精神的回归。该党致力于政治改革,呼吁根据社会政治形势和国际环境的变化而重新思考和评判伊斯兰共和国的政治文化、政治体制和政治标准,强调自由民主制是唯一适应形势变化的政治体制,主张保障公民权、议会代表民众意志、宪法至上和法治社会、建立透明和责任制政府作为改革运动的核心目标。该党认为,改革派的兴起标志着伊斯兰革命运动正在转化为理性、务实的政治运动。该党主导的第六届议会致力于提高公众权力和民众对于政治进程的影响力,质疑宗教领袖凌驾于宪法之上所行使的绝对权力。该党认为,现行的宪法在权力结构和权力体制的规定方面存在瑕疵,改革的进程可以在现行宪法和法律的框架下逐步推进,而目前国家的缺陷在于缺乏宪法至上和司法公正的实践。民主化进程在于调整权力结构和实现权力制衡。该党于2003年10月召开第五次大会,强调其基本原则是在宪法和法律的框架下以和平的方式争取民主,反对以否定现行政治体制为目标的激进的政治运动。该党于2004年7月召开第七次大会,重申政党政治和公民社会作为表达民众诉求和实现民众参与的基本手段,倡导宗教在公共领域和私人生活的广泛作用,同时反对国家政治领域的宗教特权,认为诸如法基赫和宪法监护委员会等宗教机构所行使的权力应当建立在法律和政治的基础上而不是建立在宗教的基础上,反对混淆宗教权力与国家权力,主张实现宗教权力与国家权力之间的分离。

"伊朗伊斯兰建设者联盟"(Abadgaran)缘起于保守派阵营的分化和裂变,代表保守派阵营内部新生代的政治诉求,核心人物是艾哈迈迪内贾德。1999年安全机构对于学生示威的镇压,引发青年一代对于现行秩序的强烈不满,政治变革的呼声日渐高涨。"伊朗伊斯兰建设者联盟"于2003年地方选举中首次浮出政坛,赢得德黑兰议会30个席位,在德黑兰议会中取代改革派的主导地位。2004年议会选举中,"伊朗伊斯兰建设者联盟"再次胜出。该党的宗旨是维护伊斯兰革命的宗旨和两伊战争老兵的权益,依托德黑兰南部贫民区,属于保守派阵营具有改革倾向的新生代,抨击政府腐败瑕疵,挑战乌莱玛的特权地位,呼吁在法基赫制的框架下改革行政体制。什叶派乌莱玛系职业群体,却非浑然一体的政治集团。保守派可谓政治化的乌莱玛的代表,更多的教界人士游离于政治舞台的边缘,两者不可一概而论。该党反对政治化的乌莱玛抑或保守派乌莱玛把持和垄断国家权力,在非政治化的教界人士中不乏支持者。该党主导的议会,自伊斯兰革命以来首次出现非教界人士出任议长的局面。该党与保守派均主张延续现行的神权体制即法基赫制。然而,保守派强调国家的合法性来自神权和宗教,强调信仰至上。相比之下,该党强调国家的合法性来自物质平等基础上的社会公正,更加关注诸如就业、收入之类的民众物质生活,具有务实派和国家主义的倾向。

三、"阿克巴尔沙"与拉夫桑贾尼政府的新经济政策

两伊战争的结束和霍梅尼的去世，无疑是务实派浮出政坛的历史契机。两伊战争期间，伊朗实行战时经济，金融机构和主要工业企业处于政府的控制之下，政府实施的经济政策旨在服务于战争和革命的需要。两伊战争结束后，经济改革势在必行。拉夫桑贾尼的施政举措，缘起于此前10年间的经济萧条。相比于70年代快速的经济增长，80年代经济发展处于停滞状态，人均收入大幅下降，1989年失业率达到15%，通货膨胀率达到29%，引发社会不满情绪蔓延，形成对于官方的巨大压力，振兴国民经济成为伊朗社会的强烈需求。拉夫桑贾尼政府面对挑战，认识到革命的理论和政策无法解决上述问题，强调在革命的框架下实现发展的施政思路。拉夫桑贾尼1989—1997年任总统期间，致力于两伊战争后国民经济的恢复和重建，改革霍梅尼时代政府主导的经济模式，实行自由化的经济政策，调整货币汇率，放宽外汇交易，建立自由贸易区，吸引流亡海外的企业家回国投资，逐渐恢复巴列维国王时代制定和实施、革命期间遭到否定和被迫中断的发展计划，其中包括工业化、城市化、能源和基础设施建设，因此被时人戏称为"阿克巴尔沙"。

拉夫桑贾尼政府实现经济变革的手段是制定所谓的国民经济五年发展计划，与巴列维时代的经济发展战略如出一辙。然而，拉夫桑贾尼制订的五年计划与巴列维时代的不同之处在于强调私人经济。由于此间的国家财力远不及巴列维时代，需要借助私人财力，拉夫桑贾尼政府积极倡导私有化，主张扩大私人投资和国外投资。1989年制订的第一个五年计划（1990—1994）规定了私有化的法律框架，计划出售约800家国有企业。同年，拉夫桑贾尼政府重开德黑兰股票市场，作为国有企业私有化的途径。1994年制订的第二个国民经济五年发展计划（1995—1999）继续明确经济市场化的政府导向。与此同时，拉夫桑贾尼政府致力于改善国际环境，反对输出伊斯兰革命，修补国际关系，争取国际援助，鼓励伊朗经济融入全球化的世界市场体系。1990

年,拉夫桑贾尼表态支持科威特反对伊拉克入侵,伊朗与海湾国家的关系得到改善。1996年,拉夫桑贾尼政府首次申请加入世界贸易组织。

拉夫桑贾尼的总统任期即1989—1997年,是伊斯兰共和国历史进程的重要转型期,在原有革命体制延续的同时,改革趋势逐渐显现,经济、社会和政治层面均呈剧烈变动的态势,革命和战争的狂热逐渐淡去,让位于经济增长、稳定和繁荣,可谓伊斯兰共和国的"热月"阶段,"第二伊斯兰共和国"由此得名。如果说"伊斯兰威权主义"构成霍梅尼时期的突出特征,那么拉夫桑贾尼出任总统期间可谓从"伊斯兰威权主义"向"伊斯兰实用主义"转变的阶段。

拉夫桑贾尼当选总统的最初3年即1989—1992年,官方逐渐放松对于社会和文化领域的控制。与此同时,拉夫桑贾尼试图调和现代国家的理念与伊斯兰革命的意识形态,强化国家机构的权力,解决伊斯兰革命后形成的教俗二元体制的结构性矛盾,厘清革命机构与国家机构之间的关系,建立高效率的技术专家型政府。拉夫桑贾尼主张,经济改革优先于政治改革,应当致力于改善经济环境,在避免与保守势力冲突的前提下稳步推动政治改革,预示着伊朗政治开始偏离伊斯兰革命的原则和伊斯兰化的意识形态。在此基础上,拉夫桑贾尼政府重视发展高等教育,投资创办新的高等学校,鼓励私人投资高等教育,同时淡化大学校园的革命色彩和意识形态狂热程度,着力培养国家发展所需的技能型人才。1987—1992年,高等学校在学人数增长两倍;1992—1997年,高等学校在学人数再度增长一倍,超过120万人。1991年,伊朗政府代表团在纽约与450余位流亡北美的伊朗学者以及巴列维时代的富商聚会,鼓励他们回到伊朗参与拉夫桑贾尼启动的经济改革,承诺返还革命期间没收的私人财产。巴列维时代的许多政府管理者在80年代初遭到清洗,此时得以重新回归政府机构,曾经遭到清洗的学者重新回归大学和研究机构并参与政府决策。80年代的政府座右铭是"我们需要的是意识形态上的奉献者",相比之下,90年代的政府座右铭是"我们需要的是作为意识形态奉献者的专家"。

拉夫桑贾尼被其支持者称作"发展的领航者"。然而,由于激进派和保守派相继占据议会多数席位,拉夫桑贾尼新经济政策的实施面临巨大的阻力,其对于发展所做的承诺即经济自由化纲领的实施处于摇摆的状态,私有化进程十分缓慢。在拉夫桑贾尼的第一个总统任期,施政阻力主要来自激进派占据多数席位的第三届议会。拉夫桑贾尼政府强调经济优先的施政理念,激进派抨击务实派假借发展经济的名义投靠西方世界,指责务实派的经济政策将会使伊朗偏离革命的方向直至丧失政治独立和文化独立。另一方面,激进派的经济目标是改善下层民众生活和提高伊朗的经济独立性,要求政府控制外贸和向富人增加税收,反对去国有化,反对吸引私人投资,反对向国外借贷,反对赤字经济,抨击世界银行和国际货币基金组织是西方霸权和侵略的工具,指责拉夫桑贾尼政府与国内外富人沆瀣一气,损害被剥夺者利益,背叛伊斯兰革命的初衷。激进派人士穆赫塔沙米在90年代初表示,拉夫桑贾尼并未兑现其当选总统时的承诺,富人享有越来越多的福利而穷人的境况甚至不及从前。激进派人士哈勒哈里表示,巴列维国王的胡韦达首相执政期间,至少物价稳定,而现在的物价每个小时都在上涨。

在拉夫桑贾尼的第二个总统任期,随着激进派淡出政坛,保守派占据第四届议会多数席位,务实派与保守派之间的矛盾逐渐加剧。务实派所谓的政策调整尽管局限于经济领域,却成为体现其与保守派政治分歧的重要形式。拉夫桑贾尼的施政理念引发保守派的反对和抵制,后者抨击拉夫桑贾尼政府在意识形态上偏离伊斯兰革命的原则和方向。伊斯兰共和国首任总统巴尼萨德尔曾说,我们考虑的是如何增加生产,而霍梅尼考虑的是如何提升信仰……同样,拉夫桑贾尼当选总统后,强调经济发展的优先地位,主张经济改革优先于政治改革,致力于推动从政治革命向经济发展的转化,而哈梅内伊却强调捍卫宗教原则和伊斯兰革命的优先地位。哈梅内伊表示:如果我们只是迷恋于经济增长而忽略道德提升,我们取得的所有成就都会变得毫无意义。与此同时,务实派主导的政府与保守派控制的议会之间形成对立状态。拉夫桑贾尼政府在1994年制订的第二个五年计划,由于保守派主导的议会的阻挠,计划搁置一年无法通过。

哈梅内伊和拉夫桑贾尼

霍梅尼去世后初期,拉夫桑贾尼与哈梅内伊尽管不无分歧和矛盾,却不得不相互支持和彼此妥协,共同应对来自左翼的挑战。1984年,哈梅内伊称赞拉夫桑贾尼是"最勇敢、最有智慧的人",祈求安拉赐福拉夫桑贾尼。1992年议会选举前夕,哈梅内伊明确表达了对拉夫桑贾尼的支持:"以往的历届总统怎能与拉夫桑贾尼相比?……以往的历届总统中何人像拉夫桑贾尼那样受到霍梅尼的信任,何人具有像拉夫桑贾尼一样的革命经历?""拉夫桑贾尼是霍梅尼最亲密的伙伴,是伊斯兰革命的中流砥柱。"1993年拉夫桑贾尼连任总统后,哈梅内伊再次称赞拉夫桑贾尼的品格和作为。另一方面,拉夫桑贾尼表示,自己与哈梅内伊是亲密无间的革命战友,具有长达40年的共同的革命经历,"我认为他(哈梅内伊)是最合适的最高领袖人选,流言蜚语只是别有用心的人的猜忌","现在和过去一样,当离开他的时候,我感到势单力孤,我对他的信任始终在增强"。然而,随着务实派与保守派之间分歧逐渐扩大,拉夫桑贾尼与哈梅内伊的关系悄然改变。拉夫桑贾尼在第一个总统任期内,尚且与哈梅内伊保持合作的关系,寻求法基赫和宪法监护委员会的支持。1993—1997年的第二个总统任期,哈梅内伊转向支持保守派议长努里一方,拉夫桑贾尼的施政权力受到削弱。1996年第五届议会选举前夕,拉夫桑贾尼结束了与保守派的政治联盟,试图遏制伊朗陷于"法基赫的独裁"。1996年9月,副总统穆哈杰拉尼呼吁确定国家利益委员会修改宪法第114款,以便拉夫桑贾尼得以第三次竞选总统,遭到法基赫的否决。

1988—1992年,伊朗进口额从80亿美元上升为230亿美元,4年间累计进口额达到720亿美元,其中40%来自外债。1989年拉夫桑贾尼当选总统时,伊朗外债仅为60亿美元,至第一个总统任期的最后一年即1993年,外债增至300亿美元。偿还外债成为伊朗政府的沉重负担,激进派指责拉夫桑贾尼政府的经济战略和实施后果导致外债负担过重、物价持续上涨和通货膨胀率居高不下,而其最大受害者是下层民众。据官方的保守数字,1992—1994年通货膨胀率达到22%。物价指数的上涨,导致社会骚动指数的上涨。1993年大选,拉夫桑贾尼的支持者提出的竞选口号是"每一张选票都是射向伊斯兰革命之敌的子弹",其对手则反唇相讥:"通货膨胀率的指数是射向愤怒的被剥夺者腹中的子弹。"1994年,拉夫桑贾尼的新政府成立专门机构,负责遏制物价上涨和通货膨胀,司法部颁布严厉措施打击奸商,然而效果不佳。此外,失业率上升,物资短缺,里亚尔贬值,贫富分化凸显。与此同时,包括官员和议员在内的富人阶层生活优渥,享受着伊斯兰革命的成果。富者愈富而贫者愈贫,下层民众不满情绪呈上升趋势,批评政府的声音渐大。在"被剥夺者"看来,伊斯兰革命如果不是背叛了自己,至少是抛弃了自己。政府官员的腐败,加剧了下层民众的不满。保守派阵营的专家会议主席阿亚图拉麦什基尼表示,腐败现象不仅损害国家经济,而且玷污现行体制的尊严。保守派阵营的议长努里表示,腐败行为如不制止,将会直接威胁伊斯兰革命。拉夫桑贾尼在1989年总统大选中的得票率为94.5%,在1993年总统大选中的得票率下降为63%,预示着民众对于拉夫桑贾尼政府经济政策的不满和务实派选民支持率的大幅下降。

四、"阿亚图拉戈尔巴乔夫"与哈塔米政府的改革举措

拉夫桑贾尼的自由化经济改革,势必涉及社会层面和政治层面。拉夫桑贾尼任总统期间,随着新经济政策的实施、市场经济的回归和私人经济的活跃,社会环境逐渐宽松,官方对于个人行为和社会活动的控制开始削弱,新兴中产阶级呈上升趋势,持不同政见的教界人士、学生、知识分子和中产阶级白领逐渐形成松散的政治联盟。如果说1979—1989年的第一次伊斯兰革命以民粹主义为标志性特征,那么1989年以后的第二次伊斯兰革命则以中产阶级的复兴为标志性特征,进而形成伊朗社会和政治领域的多元化。中产阶级的政治参与催生了公民社会的成长,政治自由和公民权成为中产阶级的诉求。

经济改革孕育了政治舞台的新生代,催生着政治改革的社会诉求,政治派系随之出现新的组合。1997年总统大选标志着改革派作为代表新生代和新兴社会阶层政治诉求的新兴政治派别浮出水面,而哈塔米当选总统成为改革派的改革思想付诸实践的转折点。革命后出生的年轻人成为改革派的主要支持者,伊朗政坛开始形成改革派阵营与保守派阵营之间的明显分歧和对立,权力斗争趋于白热化。然而,1997年哈塔米当选总统并未导致伊斯兰共和国现行政治体制的改变,哈塔米的改革举措并未突破现行政治体制的基本框架。哈塔米并非代表反对派立场,无意否定现行政治体制。

1997年竞选总统期间,哈塔米以自由派和改革者的形象登上伊斯兰共和国的政治舞台,被选民寄予改革现行体制的厚望,西方媒体则将哈塔米称作"阿亚图拉戈尔巴乔夫"。1997年5月哈塔米当选总统,致力于推动法治、鼓励政治和文化的讨论、完善公民社会、扩大社会自由、倡导不同文明之间的对话,标志着伊斯兰共和国政治发展历程的新阶段抑或伊斯兰革命传统的偏离。

在1997年总统就职演讲中,哈塔米屡屡强调坚持公正、反对独裁和促进公民自由,其间30余次提到人民,却没有一次提到法基赫制,只有一次提到

哈梅内伊是伊斯兰革命和伊斯兰共和国领导人。为此,阿亚图拉贾纳提告诫哈塔米,总统的义务是依次忠于安拉、先知、十二伊玛目、法基赫、人民。阿亚图拉叶兹迪警告,法基赫是伊斯兰社会的最高领导人,拥有绝对的权力。阿萨杜拉·巴达姆齐安声称,哈塔米赢得2 000万张选票,并非其个人的功绩,而是法基赫授意所为的结果。上述意见的共同之处在于强调,伊斯兰共和国的最高权力属于法基赫,而不是属于2 000万选民支持的总统。

哈塔米

1997年8月,哈塔米在议会发表就职演说,重申反对独裁,坚持公正,促进公民自由,强调"政府是民众的仆人,而不是民众的主人",将在伊斯兰教和宪法的框架内允许不同的言论和思想,捍卫伊朗的尊严,支持伊斯兰世界的被压迫者,支持巴勒斯坦解放事业。哈塔米强调新的内阁成员的观点不会与最高领袖相左,然而却在保守派控制的专家会议上表示,宪法是国家政体的最高制度,法基赫制是宪法规定的政治制度,不能凌驾于宪法之上,法基赫应当在宪法的框架下行使权力。

1998年2月,哈塔米援引宪法第113款关于实施宪法是总统的职责之规定,任命组建宪法实施与监督委员会。2001年10月,哈塔米作为宪法的保护者卷入宪政冲突,指责司法机构践踏宪法赋予的议员豁免权。2002年8月,哈塔米重申自己不仅是政府的首脑,也有捍卫宪法的权力和责任,伊斯兰民主制和民众主权并非政治口号。同年9月,哈塔米表示,尽管总统有履行宪法的职责,然而宪法给予总统的权力却十分有限,呼吁议会修改宪法的相关条款,给予总统更大的权力,以便总统在宪法、宗教和民众意愿的框架下履行职责。随后,负责法律和议会事务的副总统阿卜塔希向第六届议会提交两份议案,要求修改宪法,削减宪法监护委员会监督选举和审查候选人资格的权力,同时要求扩大总统权力,给予总统警告和惩处行政、司法和立法机构官员的权力,成立专门委员会否决法庭裁决,授权总统调查隶属于法基赫的相关机构的违宪行为。

人权和公民权问题是改革派关注的焦点之一。改革派呼吁保障人权和公民权,完善人权和公民权基础上的公民社会,特别是打破宗教界限,保障持不同政见者享有合法的人权和公民权,允许持不同政见者发出不同于官方的声音。改革派认为,是否保障持不同政见者的合法权利,是区分民主与独裁的标志,而持不同政见者的批评声音得到官方的容忍和接受,则是自由的标志。哈塔米表示,政府应当推动构建自下而上的非政府组织和完善公民社会,而政府自上而下所建立的组织如同花瓶中没有根基的人造花朵,包括政党在内的政治组织应当植根于社会层面和具有深厚的民众基础。

哈塔米当选总统后,致力于法治和公民社会的建设,非政府组织出现长足发展,政党政治日趋活跃。哈塔米执政末期的2003年,非政府组织达到2500个,2004年,政党数量上升为114个。哈塔米时代非政府组织和政党数量的上升趋势,反映出公民社会和民主化之自下而上的长足进步。与此同时,哈塔米政府积极推动完善选举政治和扩大民众政治参与。伊斯兰共和国宪法规定,地方事务的管理权属于选举产生的地方议会,然而由于国家统治者担心地方选举导致局势失控,此项条款长期流于形式。1999年2月,伊朗举行首次地方议会选举,体现出改革派在推动草根层面民主化的努力,被视作打破精英垄断国家权力和把持政治舞台的重要手段,亦为进一步的全国性大选奠定了基础,同时提供了民族宗教少数派实现政治参与的法律途径。

早在1992年,哈塔米由于推行自由化和放松新闻审查,引发保守派主导的第四届议会的不满,被迫辞去文化和伊斯兰指导部长的职务。哈塔米于1997年当选总统后,解除诸多的新闻限制,鼓励通过媒体发出民众的声音,所有关于政治的讨论统称"对话",允许媒体公开批评政府实行的若干政策,自由、民主、法治、妇女权利甚至法基赫制度成为诸多媒体讨论和争执的焦点话题。哈塔米政府的文化与伊斯兰指导部掌管新闻审查和文化政策,支持电视台引入国外卫星频道。哈塔米政府放宽对于报刊、艺术和电影的控制,新思想随之不断浮出。媒体开始关注以往所禁止的话题,谴责政府失误、官员腐败、政治压迫,倡导公民权和多元化的政治理念。据统计,1997—2003年,媒体机构从591家上升为2622家。2003年,私人期刊1931家,占全部期刊的80%。报刊种类的增多和媒体的活跃,反映出此间文化生态的变化。

哈塔米当选总统之际,伊朗经济形势并不乐观,通货膨胀居高不下,失业率持续攀升,贫富差距日益扩大,私有化进程搁置,经济萧条。2003年一份杂志报道:"伊朗拥有世界上9%的石油储量和15%的天然气储量,人均收入却低于革命前7%,每年有高达30亿美元的资金流失国外。"哈塔米的经济战略重点,是打破国内保守派特权集团对于市场的垄断,鼓励私人投资,改善孤立的国际环境和结束西方的经济制裁,进而吸引国外投资和扩大投资规模。1998年,哈塔米政府提出经济振兴计划,包括提高就业率、打破经济垄断、限制基金会、增加外资投入、推动国有化、扩大非石油产品出口。哈塔米政府于1999年制订的第三个五年计划(2000—2004),强调经济发展与政治环境、文化环境、国际环境之间的联系,进而强调健全法制和保障人权,延续伊斯兰革命后的传统原则即减少对石油的依赖、改革社会福利制度、控制通货膨胀、扩大就业、鼓励私人经济。哈塔米政府于2004年制订的第四个五年计划(2005—2009),强调经济私有化,鼓励国外资本和国内私人资本投资以往处于政府垄断之下的主要经济领域,包括通信、公共交通、矿产开采、重工业、石油、化工和电力项目。哈塔米政府向议会提交《吸引和保护国外投资法》和《外商投资促进和保护法》,降低进出口关税,建立免税区,允许外商投资德黑兰股票交易市场。2004年,改革派主导的第六届议会通过相关法案,强调推动经济私有化、开放化和国际化,向国外资本开放投资领域,鼓励吸引国外投资,允许私人投资金融、保险和大型工业项目。

哈塔米当选总统后,伊朗与国际社会的关系得到明显的改善,特别是与欧盟以及沙特阿拉伯之间的关系逐渐好转。哈塔米多次访问欧洲国家,同时也有欧洲国家多位领导人访问伊朗。国外企业投资伊朗,与伊朗石油、天然气、通信、家电和汽车领域的诸多企业开展合作。2002年通过的法律,进一步放宽了对于外资的限制。哈塔米在接受国外媒体采访时表达了文明之间进行对话的愿望,希望同美国展开文化交流。1998年11月27日民众走上街头庆祝伊朗足球队入围世界杯决赛,表达了对于结束伊朗在国际社会孤立状态的诉求和愿望。

改革派的兴起无疑是伊朗伊斯兰革命以来最重要的政治进程,标志着伊朗社会的多元化趋势和政治舞台的深刻裂变,不同的意识形态代表着不同的政治立场和政治倾向,由此引发尖锐的政治分歧和激烈的政治博弈。另一方面,所谓的改革派运动并非政治革命,而是表现为后伊斯兰革命时代渐进的社会变革。哈塔米的改革运动无疑开启了后伊斯兰革命时代伊朗历史的新阶段,然而哈塔米的改革思想转化为改革的现实尚不具备成熟的条件,保守派的政治势力尚且根深蒂固,改革派尚不足以在短期内撼动保守派的社会根基。

五、政治改革的阻力

1997年总统大选的日子被誉为"德黑兰之春",改革派阵营尽管在选举中节节胜利,却明显缺乏完整的组织体系,犹如一盘散沙。相比之下,保守派阵营尽管在选举中陷入全面被动的局面,却具有强大的内部凝聚力。鉴于伊朗特定的政治体制,哈塔米作为总统犹如一把"无刃的刀子"(巴扎尔甘语),其推行的政治改革面对来自保守派的巨大阻力,举步维艰。哈塔米深知保守派势力在伊斯兰共和国政坛根深蒂固,恪守避免与保守派及现行体制直接冲突的红线,试图争取与保守派主导的议会保持合作。哈塔米于1997年当选总统后,向保守派主导的议会提名22位内阁成员,分别来自改革派、务实派和保守阵营。哈塔米提名的文化与伊斯兰指导部长穆哈杰拉尼,由于其自由化的观点以及主张改善与美国的关系,一度遭到议会保守派的抨击。尽管如此,哈塔米提名的22位内阁成员全部获得议会批准。哈塔米于2001年连任总统后,新内阁成员的提名再度兼顾改革派、务实派与保守派,来自保守派阵营的国防部长沙姆哈尼、司法部长沙乌什塔里、外交部长哈拉兹、情报部长尤尼斯和内务部长拉里得以在新的内阁留任。

哈梅内伊曾表现出凌驾于派系之上和不偏不倚的政治姿态,表示保守派和改革派两大阵营犹如鸟的两只翅膀,应当保持两只翅膀的和谐,甚至称赞哈塔米是现行体制和伊斯兰革命的捍卫者。哈梅内伊亦公开表态支持哈塔米倡导的所谓"伊斯兰改革",声称伊斯兰革命本身即是最伟大的改革运动,同时反对美国和其他敌对势力支持、旨在毁损伊斯兰价值观的改革,呼吁民众遵从法律,不得从事违背法律的行为。然而,1997年大选后,改革派与保守派由于持不同的政治理念,在诸多方面矛盾凸显。随着改革派与保守派之间分歧的扩大和矛盾的加剧,哈梅内伊的立场逐渐转向支持保守派。

1997年哈塔米当选总统后,保守派主导的议会以243票中211票赞成的绝对多数,选举哈塔米的总统竞选对手努里出任议长,随后通过议会法案,强化公共场所对于性别的限制。与此同时,哈梅内伊公开指责改革派是伊斯兰教的敌人,告诫其追随者:"当下敌人正在内部攻击伊斯兰教。"伊斯兰革命卫队司令萨法维宣布:"当我看到阴谋家兴风作浪,我要竭尽所能地捍卫我的领袖,任何人无法阻止我。"亦有保守派人士声称,选举政治的泛滥正在改变着伊斯兰共和国的性质。

1998年5月哈塔米当选总统一周年纪念日,哈塔米的支持者与反对者形成泾渭分明的敌对阵营,相互谴责。保守派阵营将哈塔米与1981年6月被霍梅尼解除职务的前总统巴尼萨德尔相提并论。伊斯兰革命卫队司令萨法维称哈塔米的支持者是患瘟疫的病夫,伊斯兰革命卫队随时准备处死并割断政治反对派的舌头。哈塔米的支持者则举行示威,高呼口号:"给哈塔米自由""打倒专制""打倒独裁"。

经济问题无疑是伊斯兰共和国面临的重大调整,亦是引发民众不满和社会骚乱的重要原因。改革派阵营强调政治改革的优先性,关注自由和人权以及法基赫的权限界定和司法机构的去政治化。相比之下,保守派阵营强调经济发展和改善民生的优先性。哈塔米政府致力于推进政治改革而未能有效解决经济问题和改善民生,成为保守派阵营攻击的焦点。1999年8月,哈梅内伊召见哈塔米和内阁成员,指责哈塔米政府强调政治改革而忽视经济发展是本末倒置。哈梅内伊表示,伊朗面临的首要问题不是政治改革,而是发展经济和改善民生,警告民众不要轻信总统大选时的空头支票,"国家目前最重要的问题是经济问题"。与此同时,保守派抨击哈塔米政府以牺牲经济发展作为代价追求政治改革,误导民众,需要为经济形势的恶化负责。

2000年议会选举前夕,哈梅内伊重申,霍梅尼在伊斯兰革命期间曾经告诫众人不要提及"民主"二字,霍梅尼认为伊斯兰教的统治不能等同于穆斯林的统治,因为如果两者等同,那么就会意味着一个穆斯林被提名担任国家元首,而国家和政府却并非建立在伊斯兰教的基础之上,民主制和自由主义皆属西方文化和异教的范畴,不能镶嵌在伊斯兰国家的基础上。2000年4月,哈梅内伊发表讲话,明确区分伊斯兰式的改革与美国式的改革,警告改革派的诉求代表了伊斯兰共和国敌人的险恶目的。与此同时,叶兹迪指责改革派威胁国家和信仰,告诫民众不要被改革派的口号所迷惑,宣称希望改革派赢得大选的是伊斯兰革命的敌人,呼吁采取强硬的措施,如果必要不惜诉诸暴力手段,回应那些背离正确道路的人。叶兹迪说:"如果有人告诉你,他对伊斯兰教有新的解读,应当打他耳光。""安拉差遣的众先知不承认多元论,而是相信只有一种信仰是正确的信仰。"拉夫桑贾尼亦表示,改革派质疑两伊战争进程是不公正的,"打击民众的信心,其危害性超过艾滋病"。在同年举行的议会选举后,伊斯兰革命卫队亦谴责改革派试图在伊斯兰共和国推行美国式的改革。

2000年"9·11"恐怖袭击事件之后国际形势的变化和美国布什政府的反恐战略,对于伊朗的改革运动产生了负面的影响,保守派成为美伊对抗和美国制裁伊朗的最大赢家。改革派在阿富汗的塔利班问题上与美国政府一度合作,被保守派称作威胁国家安全的"第五纵队",而保守派自居为伊朗和伊斯兰教的捍卫者。2001年3月,叶兹迪宣布,神权体制不可更改,反对神权体制就是反对伊斯兰教的异端。2001年哈塔米第二任总统就职仪式需要宪法监护委员会全体成员出席,然而改革派主导的第六届议会以缺乏公正和法学背景为由,拒绝批准司法总监阿亚图拉沙赫鲁迪提名的2位宪法监护委员会成员,直到哈梅内伊直接介入,纠纷得到解决,总统就职仪式被迫推迟3天举行。

尽管改革派在1997—2000年的大选中连续胜出,然而保守派依旧控制着国家权力的诸多核心领域,形成对于民选国家机构的强有力的制约。2001年起,宪法监护委员会和确定国家利益委员会开始遏制改革派主导的议会。2001年2月,宪法监护委员会否决议会通过的财政预算,得到确定国家利益委员会的支持。改革派主导的议会通过哈塔米政府制订的第四个五年计划,随后被宪法监护委员会以违宪为由予以否决。2002年7月,保守派乌莱玛甚至呼吁法基赫罢免总统和解散议会。

1998年4月,德黑兰市长和哈塔米竞选总统的核心人物卡尔巴什奇遭到逮捕,同年7月,保守派控制的最高法庭指控卡尔巴什奇涉嫌贪污和挪用公款等6项罪名,判处卡尔巴什奇5年监禁,继而改判2年监禁。包括拉夫桑贾尼的女儿哈希米在内的改革派称,卡尔巴什奇事件具有明显的政治色彩,是保守派打击改革派人士和哈塔米支持者的政治报复,是对民主制的践踏。1998年6月,5名持不同政见者遭到暗杀。哈塔米总统呼吁女性在公共领域发挥更大的作用,而著名女权运动领导人扎迪却因涉嫌以自由主义立场解读《古兰经》遭到逮捕,获刑5年。1999年地方选举后,呼吁改革政治体制和宗教体制的宗教人士卡迪瓦尔涉嫌颠覆罪遭到逮捕,获刑18个月。1999年11月,负责主持地方选举的内务部长努里涉嫌亵渎宗教遭到起诉,被特别宗教法庭判处5年监禁。2000年3月,改革派人士哈贾里安遭到伊斯兰革命卫队成员袭击。2000年5月,许多著名媒体记者被捕。据说有保守派阿亚图拉发布宗教法令,批准对于改革派的暗杀活动,而改革派阿亚图拉阿尔达比里则宣布这样的法令是不合法的和无效的。2002年11月,伊斯兰革命卫队司令萨法维表示不惜以革命的暴力反对改革运动,保守派控制的司法机构的态度亦愈加强硬,逮捕多名改革派人士。

新闻媒体作为改革派阐释政治理念和争取民众支持的舆论平台,在哈塔米任总统期间遭到保守派控制的司法机构和安全机构的查封。保守派与改革派在媒体方面的博弈,表现为猫捉老鼠的游戏,许多出版物被法庭裁定查封,而哈塔米政府的文化和伊斯兰指导部却暗中放行默许。阿亚图拉贾纳提声称,所谓言论自由的最终结果是背离信仰,保卫伊斯兰价值观的疆域远比保卫伊斯兰共和国的疆域更为重要,因为伊斯兰价值观的疆域是安拉的疆域。1999年5月,19家亲改革派报纸被查封,许多改革派人士遭到拘捕。1999年夏,法基赫否决了改革派主导的议会通过的关于修改新闻法的法案。随后,保守派动议通过进一步加大新闻出版审查的法案。2000年4月,保守派控制的司法机构以反对伊斯兰革命和伤害穆斯林感情的罪名在两周内查封20家改革派出版物中的18种出版物,议会就此展开争论,哈梅内伊亲自出面平息,表示"如果伊斯兰革命的敌人渗入我们的媒体,将会威胁到安全、统一和信仰,我无法对此视而不见,置之不理"。2000年6月,151名议员致信司法总监沙赫鲁迪,批评司法机构限制新闻自由,敦促司法机构停止查封媒体和迫害媒体记者。随后,改革派主导的议会通过关于修改新闻法的法案,遭到哈梅内伊的否决。哈梅内伊致信议会,表示新的新闻法威胁现行体制的基本框架,伊斯兰革命的敌人将会利用新的新闻法危害国家安全和伊斯兰教信仰,修改现行的新闻法不符合国家利益。面对哈梅内伊的压力,议长卡鲁比被迫宣布:"服从法基赫的命令是我们的义务,现行体制的基础是服从最高领袖的绝对权力。"在哈塔米的第二个总统任期,亲改革派媒体继续遭到保守派的查封。2001年8月,多家亲改革派报纸遭到法庭的查封。2003年,保守派控制的司法机构查封包括所有反对派政党出版物的85家报刊。

1999年7月8日,伊朗爆发大规模的学生骚乱,骚乱的起因是反对政府查封改革派报纸,进而演变为抨击现行法基赫制、呼吁推进政治改革和实行民主的示威抗议。示威学生高呼"不自由毋宁死""我们要自由思想,永远永远""只有新闻自由才有健康社会"的口号,亦有口号将矛头指向哈塔米甚至指向现行独裁体制和哈梅内伊本人:"哈塔米,哈塔米,反动,反动""打倒独裁""真主党在犯罪""议会让顺从变得无效了"。骚乱从德黑兰大学开始,随后其他8所大学的学生加入示威的行列,持续6天,直至遭到安全机构的镇压。德黑兰革命法庭以试图颠覆现行体制的罪名,宣布判处4名大学生死刑,其中2人的死刑判决得到最高法庭的批准。骚乱初期,许多教授和知识分子以及改革派媒体支持大学生抗议,高等教育部长、德黑兰大学校长纷纷签名,蒙塔泽里亦发表声明支持大学生,称赞大学生是国家的希望,谴责镇压学生的人只是假借捍卫伊斯兰教和伊斯兰革命的名义,实为用暴力践踏伊斯兰教和伊斯兰革命,镇压学生的幕后黑手是背叛伊斯兰教和背叛国家。7月12日,哈梅内伊表达了官方的强硬态度,将抗议的学生说成是国外敌对势力的代言人,示威活动系伊斯兰教的敌人所策划和指使,得到了美国政府的资助。同时,哈梅内伊对发生在大学校园的暴力表示遗憾,承诺予以调查。7月14日,大批民众走上街头,表达对于最高领袖的支持。同日,伊斯兰革命卫队24名高级将领致信哈塔米,表示无法继续容忍骚乱,以强烈的言辞警告哈塔米,骚乱的事态将会失控,敦促哈塔米立即采取行动镇压骚乱,保守派乌莱玛则为暴力镇压提供宗教依据,表示伊斯兰教不仅允许暴力,而且要求穆斯林对敌人无须手下留情。阿亚图拉叶兹迪鼓吹暴力镇压反对现行体制的所谓流氓、叛徒、异端和外国雇佣军,呼吁用伊斯兰教的暴力镇压反对伊斯兰教的暴力。保守派议员拉苏里尼扎德认为,是改革派鼓吹和煽动了骚乱和暴力,认为改革派支持反政府骚乱和攻击伊斯兰原则。相比之下,阿亚图拉塔赫里表示,镇压学生示威活动的目的是攻击哈塔米总统。"战斗的乌莱玛联合会"抨击伊斯兰革命卫队已经背叛了自己的神圣使命,成为卷于派系斗争的政党,伊斯兰革命卫队致哈塔米的公开信无异于政变宣言,而某些集团只是假借所谓真正的伊斯兰教的名义,损害法基赫制的不是自由和民主制,而是权力垄断和滥用暴力。改革派人士甘吉指出,暴力介入违背伊玛目的初衷,军方不宜介入政治,霍梅尼禁止军方参政,将军方参政视作如同鸦片一般的毒品。拉夫桑贾尼作为保守派和哈梅内伊的支持者,认为学生示威超越了现行体制容忍的底线,损害伊朗国家和伊斯兰革命的利益而符合国内外敌对势力的利益。面对学生骚乱,哈塔米处境尴尬,在多数情况下哈塔米保持沉默,回避明确的公开表态。7月27日,哈塔米重申推进改革,间接表达了支持学生运动的态度。哈塔米表示,伊斯兰革命是追求自由的革命,符合伊斯兰教的崇高理想,旨在去掉束缚民众手脚的枷锁,伊斯兰革命的目的是建立民众的政府和对民众负责的政府,攻击大学校园和大学生宿舍是令人痛心的犯罪行为,承诺惩罚犯罪者。

六、新左派的崛起与政坛黑马艾哈迈迪内贾德

艾哈迈迪内贾德的左翼倾向,表现为浓厚的亲民色彩,凡事亲力亲为,体察民情。艾哈迈迪内贾德推崇民粹主义,极力争取城市贫民的支持,后者长期被改革派政府忽略。城市贫民居住的棚户区在德黑兰郊区蔓延,然而其政

治立场往往影响到遥远的村庄。2005年大选期间,艾哈迈迪内贾德表示,"我为自己是伊朗民族最卑微的仆人和清道夫而感到骄傲"。当选总统后,艾哈迈迪内贾德向民众公布了自己的电话号码和电子邮箱,探访边远地区,倾听民众诉求。艾哈迈迪内贾德还多次将内阁会议地点安排在贫困的小城镇,增加边远贫困地区的政府投资。据内务部统计,艾哈迈迪内贾德就任总统的第一年,探访了160个城市,截至第一个总统任期的最后一年,艾哈迈迪内贾德在超过2000个城镇发表演说。

在世纪之交的10年间,伊朗的绝对贫困率呈下降的趋势,伊朗经济所面临的问题不再是降低绝对贫困率,而是解决财富分配的不合理、缩小贫富之间的不平等、为不断增长的人口提供更多的就业机会和实现经济公平。2005年艾哈迈迪内贾德当选总统,标志着新左派的政治崛起,伊朗国内的政治力量开始重新组合,民众将实现经济公正的希望寄托于新左派阵营。艾哈迈迪内贾德政府的经济政策,以保护社会下层作为出发点,具有伊斯兰革命时代的民粹色彩,强调国有制、降低贷款利率、提高最低工资标准、控制物价、发放物价补贴和限制国外商人投资伊朗国内市场。艾哈迈迪内贾德政府实施全国范围内的学校修缮项目,利用石油外汇储备,创办伊玛目里萨爱心基金会,在结婚、就业和住房方面向青年男女提供帮助。艾哈迈迪内贾德的民粹政策,突出表现为在全国范围内平均分配国有企业的股票,以此体现公正原则。2005年10月,艾哈迈迪内贾德向议会提交私有化法案,在3年内出售80%的国有企业股权,价值折合1200亿美元,其中40%分配给社会民众,35%进入德黑兰股票市场,5%分配给工人,另外20%由政府控制。2006年春,首先在4个最贫困省份分配股票,每股540美元,外加11%—15%的年度分红。艾哈迈迪内贾德最重要的民粹政策,是发起反腐败战役,目标直指拉夫桑贾尼的新经济政策项目,被称为"第三次革命"。艾哈迈迪内贾德认为,经济腐败的根源是缺乏对于伊斯兰文化的认同,是西方文化侵蚀的结果。与此同时,艾哈迈迪内贾德实行窒息性的新闻审查政策,将媒体置于政府的严格控制之下,强化新闻管制,查封改革派报刊,压缩反对派的政治空间,政治自由化呈逆向的趋势。2009年3月,总检察长办公

艾哈迈迪内贾德

室发言人声称,约 500 万网址遭到封杀。与此同时,艾哈迈迪内贾德还创建主持文化革命会议,负责从电视节目中清除西方和庸俗的音乐,任命风格强硬的教界人士为德黑兰大学校长,发起新的清洗运动,恢复在大学校园埋葬无名烈士的政策。

阿亚图拉叶兹迪支持新左派,被视为艾哈迈迪内贾德的精神导师。阿亚图拉贾纳提亦是新左派的强有力支持者,其领导的宪法监护委员会在 2005 年全力支持艾哈迈迪内贾德竞选总统。努里近年来在保守派阵营内部倡导改革,呼吁提高新生代的政治地位,呼吁新生代摆脱对于元老派的依赖。叶兹迪、贾纳提和努里对于新左派的支持,反映出艾哈迈迪内贾德与保守派之间共同应对改革派政治压力的密切合作关系。然而,艾哈迈迪内贾德与保守派乌莱玛之间分歧颇大,声称自己是在隐遁的伊玛目的指引下治理国家,意在否定乌莱玛颁布的宗教法令所具有的权威性,否定乌莱玛在国家和政治层面的特权地位。艾哈迈迪内贾德当选总统后,将自己在总统选举中的胜出视作隐遁伊玛目的意愿。艾哈迈迪内贾德就任总统后发表演说,"我们的使命是为隐遁的伊玛目复临人间铺平道路。今天我们应当以伊玛目即将复临人间为基础制定经济、文化和政治的政策"。艾哈迈迪内贾德政府拨款 1 700 万美元,在据说是隐遁伊玛目消失处即位于库姆附近的什叶派穆斯林圣地贾姆卡兰建造新的清真寺。艾哈迈迪内贾德预言,隐遁伊玛目即将复临人间,计划修建连接贾姆卡兰与德黑兰的高等级公路,期待着用来迎接隐遁伊玛目。

2005 年总统大选期间,哈梅内伊和保守派阵营支持新左派,意在抗衡改革派阵营,然而新左派与保守派貌合神离,艾哈迈迪内贾德与哈梅内伊在诸多问题上意见相左。艾哈迈迪内贾德在第一个总统任期提升具有学术背景的技术官僚,取代支持哈梅内伊的保守派政府官员。艾哈迈迪内贾德在伊斯兰共和国历史上首次任命女性担任内阁部长,其关于女性权利的言论,包括放宽女性服饰限制和允许女性参加体育赛事,遭到保守派阵营的强烈批评。艾哈迈迪内贾德谴责道德警察以风化为由侵犯公民的合法权益,表示:"政府无权干涉女性的着装。当一个男人和一个女人在街上散步,被问到两人之间的关系,是伤害的行为。任何人都没有这样的权力。"

2006 年地方选举中,艾哈迈迪内贾德的支持者落败,其在 2005 年竞选总统时的主要对手卡里巴夫当选德黑兰市长,成为艾哈迈迪内贾德总统权威的挑战者。2007 年,贾法里接替萨法维出任伊斯兰革命卫队司令,萨法维是艾哈迈迪内贾德的坚定支持者,而哈梅内伊任命贾法里的目的在于制约艾哈迈迪内贾德对于伊斯兰革命卫队的控制权。

2009年的总统大选中,艾哈迈迪内贾德抨击拉夫桑贾尼之新经济政策塑造出新贵族,同时抨击教界上层的特权和腐败。2009年成功连任总统后,艾哈迈迪内贾德与哈梅内伊及保守派之间的分歧日渐加深。艾哈迈迪内贾德的施政方略与哈梅内伊在诸多方面存在分歧,哈梅内伊对于艾哈迈迪内贾德的经济政策深感失望,认为艾哈迈迪内贾德的经济政策将会产生灾难性的后果。阿亚图拉叶兹迪系保守派阵营的代表人物和哈梅内伊的潜在政治对手,却与艾哈迈迪内贾德交往甚密,俨然是新左派的精神领袖。

艾哈迈迪内贾德的第一个总统任期,共有12位副总统,其中第一副总统负责在总统缺席的情况下主持内阁会议。艾哈迈迪内贾德提名前负责旅游事务的副总统玛沙伊作为第一副总统,引发保守派的不满。玛沙伊持相对温和自由的立场,曾经公开表示:"伊朗人是包括以色列在内的世界各民族的朋友。""一个伊斯兰的政府是没有能力管理好伊朗这样的幅员辽阔和人口众多的国家的……管理一个国家如同赛马,而乌莱玛并非骑手。"尽管艾哈迈迪内贾德表示反对,哈梅内伊仍宣布解除玛沙伊的副总统职务。随后,艾哈迈迪内贾德宣布解除两名内阁成员职务,任命玛沙伊为总统办公厅主任。2009年底,艾哈迈迪内贾德拒绝哈梅内伊的邀请,缺席确定国家利益委员会召开的会议,此前历任总统,包括拉夫桑贾尼和哈塔米在内,均无拒绝法基赫邀请的先例,表明其与哈梅内伊之间裂痕的进一步扩大。艾哈迈迪内贾德第二届总统期间,玛沙伊公开抨击现行国家体制,呼吁建立世俗国家体制,表示"伊朗需要将毛拉永远逐出政坛,实现没有毛拉统治的新文明,在过去的31年中,这些毛拉败坏和毁损着国家","宗教必须与国家分离"。艾哈迈迪内贾德亦抨击神权体制,表示"管理国家的权力不应当留给法基赫、宗教学者和其他宗教人士"。

艾哈迈迪内贾德于2009年连任总统后,成为哈梅内伊最高权威的挑战者,试图以世俗的总统独裁取代宗教色彩的法基赫独裁。一方面,艾哈迈迪内贾德及其支持者强调与隐遁伊玛目之间的直接联系,宣称得到隐遁伊玛目的引导,隐遁伊玛目支持艾哈迈迪内贾德,隐遁伊玛目即将复临人间,旨在挑战进而否定乌莱玛的特权地位特别是哈梅内伊作为法基赫的最高权威。另一方面,艾哈迈迪内贾德及其支持者强调伊朗民族主义传统,而伊朗民族主义传统曾经是巴列维王朝的意识形态。艾哈迈迪内贾德的上述举动,遭到保守派乌莱玛的强烈反对。叶兹迪尽管被视作艾哈迈迪内贾德的精神导师,亦指责艾哈迈迪内贾德的举动损害信仰的根基,抨击艾哈迈迪内贾德接受隐遁伊玛目的指引无异于巴布教派一样的隐遁思想。哈梅内伊的支持者发动意识形态的战役,称艾哈迈迪内贾德的支持者是异端群体。

艾哈迈迪内贾德与改革派尽管存在意识形态的分歧,然而政治理念并非截然对立,政治立场在一定程度上颇有趋同之处,挑战现行的法基赫制成为两者趋同的政治基础,两者之间的矛盾更多地表现为派系之间的权力角逐。哈塔米2005年卸任总统后,主持"文明对话中心"。艾哈迈迪内贾德指派副总统玛沙伊负责新建"全球化研究国家中心",在该中心从事研究的科学家来自伊朗国内和世界各地,哈塔米主持的"文明对话中心"亦受邀加盟。2011年2月,改革派代表人物穆萨维和卡鲁比呼吁伊朗民众支持阿拉伯世界反对独裁统治的民主化运动。2月14日,伊朗爆发大规模的民众示威,示威的矛头指向现行法基赫制,示威的口号是反对最高领袖哈梅内伊,示威者焚烧哈梅内伊的画像,高呼处死哈梅内伊。尽管穆萨维和卡鲁比依然试图在现行框架内推动改革进程,愤怒的示威者开始提出突破现行政治体制和以革命取代改革的诉求。保守派极力将阿拉伯之春和埃及的倒穆运动渲染为伊斯兰势力与西方支持的世俗独裁政权之间的冲突,同时镇压国内反对派的示威和抗议活动。

第四节　后霍梅尼时代的选举政治与民众参与

一、常态化的选举政治

伊朗选举政治肇始于20世纪初的宪政革命。宪政革命首开伊朗政治民主化进程的先河。1906年宪法及1907年宪法补充条款作为宪政革命最重要的历史遗产,在伊朗历史上首次引入世俗主义和民众参与的现代理念,阐释诸多具有现代内涵的政治原则,进而奠定选举政治的法理基础。1906年10月伊朗举行史上首次议会选举,由此拉开选举政治的帷幕。1941—1953年可谓伊朗议会制框架下选举政治的活跃期,可视为民主化政治实践的短暂尝试。1953年起,巴列维国王强化威权政治和君主独裁,选举政治逐渐淡出。

伊斯兰革命后,选举政治重新登上伊朗的历史舞台,提供了民众表达政治诉求和实现政治参与之不可或缺的重要路径。根据1979年颁布的《伊斯兰共和国宪法》，国家的权力合法性来自民众的选举，年满16岁的公民享有选举权（2009年大选前，改为年满18岁的公民享有选举权），公民选举总统和议会以及地方权力机构和专家会议成员，而专家会议至少在法理上负责选举最高领袖。伊斯兰共和国宪法明确规定，通过选举的方式表达民众的意志是国家行使权力的基础。

常态化的选举政治，可谓伊斯兰共和制区别于巴列维时代传统君主制的核心标志。最高领袖哈梅内伊强调，选举是现行体制的重要基石，参与选举不仅是公民的世俗义务，更是穆斯林的宗教责任。伊斯兰革命后30年间，伊朗经历4次全民公决、4次专家会议选举、8次议会选举、10次总统选举以及3次地方选举，表明民众选举业已成为政治常态。"伊斯兰共和国的选举并非徒有虚表的化装舞会"；自下而上的选举而不是上层集团的政治角逐，提供了国家权力移交的合法途径。常态化的选举政治作为沟通国家与社会的基本纽带，既是伊朗伊斯兰革命后政治生活中最具影响力的民众参与实践，亦是伊斯兰共和国民主化长足进步的核心标志。

伊斯兰共和国选举政治的起点，是关于确定国家政体和颁布新宪法的全民公决。1979年3月，伊朗就革命后的政体是选择君主制抑或共和制举行全民公决，约2 000万选民投票表决，超过98%的投票者支持以共和制取代君主制。同年8月，伊朗再次举行全民公决，投票率为51.7%，从428名参选人中选举产生73人组成的制宪会议，负责制定《伊斯兰共和国宪法》。同年12月，伊朗举行《伊斯兰共和国宪法》的全民公决，约1 600万人参加投票，投票率为70.4%，《伊斯兰共和国宪法》的支持率达到99.5%。1989年4月，霍梅尼针对新的政治局势和社会环境，在弥留之际授意组建包括25人在内的宪法修改委员会，负责修订1979年颁布的《伊斯兰共和国宪法》。同年7月，伊朗举行第四次全民公决，投票率为54.5%，宪法修订案以97%的支持率获得通过。

根据《伊斯兰共和国宪法》，设立专家会议，负责选举法基赫、监督法基赫的行为和罢免法基赫，并且有权修改宪法。专家会议设83个席位，由选民按照各省人口数量比例选举产生，全国设30个选区。专家会议成员无职业限制，任期8年，可以同时担任议员或在政府任职。专家会议主席由专家会议全体成员选举产生，任期2年。1982年12月，举行首次专家会议选举，投票率77.3%，168人申请参选。1985年，专家会议召开特别会议，选举蒙塔泽里作为法基赫的继任者。1989年6月，专家委员会根据修订后的宪法第108

款,以60票赞成、14票反对和9票弃权的表决结果,选举哈梅内伊继任法基赫。1990年10月,举行第二届专家会议选举,投票率37.1%,183人申请参选。1998年10月,举行第三届专家会议选举,投票率为46.3%,396人参选。2006年10月,举行第四届专家会议选举,投票率为60%,495人申请参选。

议会选举无疑是伊斯兰共和国政治生活的重要内容。根据1980年2月颁布的选举法,议会实行一院制,设270个席位,议员任期4年,可连选连任;每15万选民设1个议会席位,每10年进行人口统计,以根据选民人数的变化调整议会席位;2000年,议会席位增至290个(实际议员人数包括死亡者、辞职者和随后增补者,故历届议会议员人数不尽相同)。议会选举按照选区分配席位,议员选票来自其所在的选区,不得跨选区竞选和投票。全国设196个选区,每个选区根据选民人数不同而分别选举议员1名或多名:德黑兰选区是最大的选区,设30个议员席位,大不里士选区设6个议员席位,伊斯法罕选区和马什哈德选区分别设5个议员席位,阿瓦士选区、拉施特选区、设拉子选区和乌尔米耶选区分别设3个议员席位。非穆斯林宗教少数族群享有选举权和被选举权,议会设5个非穆斯林宗教少数族群席位,包括琐罗亚斯德教徒和犹太人各1个席位,亚述人和迦勒底人基督徒共同占据1个席位,北方亚美尼亚派基督徒和南方亚美尼亚派基督徒各1个席位。议会选举采取直接选举和两轮投票的方式,竞选者须在第一轮投票中获得选区内超过50%的选票方可当选,1989年改为获得选区33%的选票者当选,2000年改为获得选区25%的选票者当选,第二轮投票在得票最多的两位参选人之间举行,赢得简单多数票者胜出。参选人必须具有伊朗公民权,具备大学学历,年龄在30—75岁之间,没有不良记录,拥护伊斯兰革命,身体健康,具有读写能力。参选人的竞选期限为20天,竞选方式包括广告、媒体宣传、清真寺聚礼和大学的演讲,不允许竞选者举行竞选集会,禁止法基赫和聚礼伊玛目介入竞选。参选人有权委托代理人在投票日参与投票和计票的监督,不允许外国观察家监督选举。《伊斯兰共和国宪法》规定,新一届议会选举须在前一届议会届满之前举行,以便避免出现无议会的状态,除最高领袖外,任何人无权解散议会。议会是制约总统权力和政府职能的重要机构。西方媒体因此评价道,"除以色列议会外,伊朗议会是中东诸国最具独立地位的议会。议员在议会公开地和激烈地批评政府的政策"。

伊斯兰共和国常态化的议会选举始于1980年。1980年3月,举行首届议会选举,投票率为52.1%,3 694人参选,263人当选议员。1984年4月,举行第二届议会选举,投票率为64.6%,1 592人参选,270人当选议员。1988年4月,举行第三届议会选举,投票率为59.7%,1 999人参选,269人当选议员。1992年3月,举行第四届议会选举,投票率为57.8%,2 050人参选,267人当选议员。1996年3月,举行第五届议会选举,投票率为71.1%,3 228人参选,270人当选议员。2000年3月,举行第六届议会选举,投票率达到69%,约5 000人参选,议会席位由270席增至290席,277人当选议员,另有13个议会席位选举无效,待2001年5月补选。2004年3月,举行第七届议会选举,投票率为51%。2008年3月,举行第八届议会选举,4 476人参选,投票率为60%。

伊斯兰共和国常态化的总统选举亦始于1980年。伊斯兰共和国成立之初,霍梅尼禁止宗教界人士竞选总统。1980年1月,举行首次总统选举,投票率为67.4%,124人参选,巴尼萨德尔当选伊斯兰共和国首任总统。1981年7月,巴尼萨德尔由于与霍梅尼出现严重政见分歧而被迫辞职,随后举行第二次总统选举,45人申请参选总统,4人获准成为正式参选人,投票率为64.2%,雷扎伊以88%的得票率当选为第二任总统。1981年8月,雷扎伊死于反对派的恐怖袭击。同年10月,伊朗举行第三次总统选举,投票率为74.2%,71人申请参选总统,4人获准成为正式参选人,哈梅内伊以近90%的得票率当选第三任总统,亦成为首位来自宗教界的伊斯兰共和国总统。1985年5月,举行第四次总统选举,投票率下降为54.7%,45人申请参选总统,3人获准成为正式参选人,哈梅内伊以86%的得票率再度当选总统。1989年7月,伊朗举行第五次总统选举,投票率并未出现上升的趋势,仅为54.5%,80人申请参选总统,2人获准成为正式参选人,拉夫桑贾尼以96%的得票率当选为第五任总统。1993年,举行第六次总统选举,投票率再度下跌,仅为51%,128人申请参选总统,4人获准成为正式参选人,拉夫桑贾尼以96%的得票率连任总统。1997年,举行第七次总统选举,238人申请参选总统,4人获准成为正式参选人,投票率达到91%,超过此前六次总统选举的投票率,哈塔米以69%的得票率当选总统。2001年,举行第八次总统选举,814人申请参选总统,其中10人获准成为正式总统候选人,投票率为67%,哈塔米以76%的得票率成功连任总统,其主要竞选对手塔瓦克里得票率为15.6%,另外8名参选人得票率均不足3%。

2005年举行的第九次总统选举,1 014人申请参选总统,其中7人获准成为正式总统候选人。6月17日举行第一轮投票,投票率为62%,所有参选人均未能在第一轮投票中胜出。第二轮投票在拉夫桑贾尼与艾哈迈迪内贾德之间进行,投票率为60%,艾哈迈迪内贾德击败拉夫桑贾尼,以61.69%的得票率当选总统。2009年举行第十次总统选举,475人申请参选,4人获准成为正式总统候选人,投票率达到80%,艾哈迈迪内贾德以63%的得票率再度胜出。

地方选举作为选举政治的重要元素,被视作打破精英垄断国家权力和把持政治舞台局面的重要手段,可谓草根民主化的社会根基。伊朗地方选举的法律原则始于1906年宪法的相关条款,巴列维时代被束之高阁。1979年颁布的《伊斯兰共和国宪法》第7款明确规定,地方事务的管理权属于选举产生的地方议会以及地方议会选举产生的地方长官。然而,此项条款长期流于形式,直至90年代末才付诸实施。根据1997年议会通过的地方选举法,地方议会议员任期4年,议会席位从5个到11个不等,德黑兰市议会设15个席位,地方行政长官由地方议会选举产生。1999年2月,伊朗举行伊斯兰革命后的首次地方议会选举,时人称之为"伊朗历史上最民主的选举":近33万男性候选人和7 000余女性候选人竞争乡村地区约35 000个议会席位和城市地区815个议会席位,2 360万选民参与投票,投票率达到64.5%。2003年举行第二次地方议会选举,投票率为39%,城市的选民投票率大幅下跌,主要城市伊斯法罕、设拉子、马什哈德的投票率均低于20%,德黑兰的投票率仅为13%。2006年举行第三次地方议会选举,投票率再度攀升为60%。常态化的地方选举提供了政治参与的新渠道,标志着民众政治参与从国家的层面延伸到最边远的村庄。

二、选举政治框架下的派系竞争与民众参与

就中东而言,选举政治包括威权体制下的选举和民主化进程中的选举两种模式,前者旨在强化威权体制的合法性,后者则是实现民众政治参与的基本方式。在伊朗伊斯兰共和国,选举政治并非处于静止的状态,两种选举模式经历逐渐转换的过程。1979年4月,伊朗举行关于国家政体的全民公决,是为巴列维王朝覆灭后选举政治的首次实践。在民众投票的前日,霍梅尼声称:"明天,你们将走出家门,就伊斯兰共和国的政体投票表决……你们有权根据自己的意愿提出任何形式的政体,选票上的是与否并不能限制你们的选

择,你们可以在选票上写出任何形式的政体。"然而,伊斯兰共和国最初10年的所谓霍梅尼时代,由于缺乏民主制的法理框架和公平的竞选机制,选举尚不足以真正实现民众参与和真正体现民众意志,政治生活表现为明显的宗教色彩和威权倾向,选举政治往往流于形式。在第一次总统选举中,霍梅尼否定了伊斯兰共和党主席贝赫什提的竞选申请,理由是贝赫什提来自乌莱玛阶层。然而,《伊斯兰共和国宪法》规定竞选总统的条件包括伊朗出生、伊朗国籍、从政经历、无犯罪记录、承认伊斯兰共和国政体、承认伊斯兰教是伊朗伊斯兰共和国官方信仰,关于总统人选并无职业的限制。除首任总统巴尼萨德尔得票率为76%外,1981年雷扎伊当选总统、1981年和1985年哈梅内伊当选总统以及1989年拉夫桑贾尼当选总统,得票率均超过85%,选举结果几无悬念。有学者因此指出,"霍梅尼的选择,预先决定了选举的结果"(Diamond, 2003, p.140)。

贝赫什提 　　　　　巴尼萨德尔 　　　　　雷扎伊

霍梅尼时期,法基赫制度的建立和宗教政治的膨胀无疑具有明显的威权主义倾向。霍梅尼作为克里斯玛式的宗教领袖,俨然是伊斯兰革命的象征和伊斯兰共和国的化身,凌驾于国家和社会之上,行使绝对的统治权力,而民选产生的议会和总统处在从属于宗教领袖的弱势地位。但是,法基赫制度并非"严厉的中世纪式的神权制度",其本质亦非"传统主义的神权政治"。霍梅尼时期法基赫制度的威权政治倾向,根源于当时特定的历史环境,与伊斯兰革命期间尖锐的政治对抗、下层民众的广泛参与和由此形成的狂热氛围以及霍

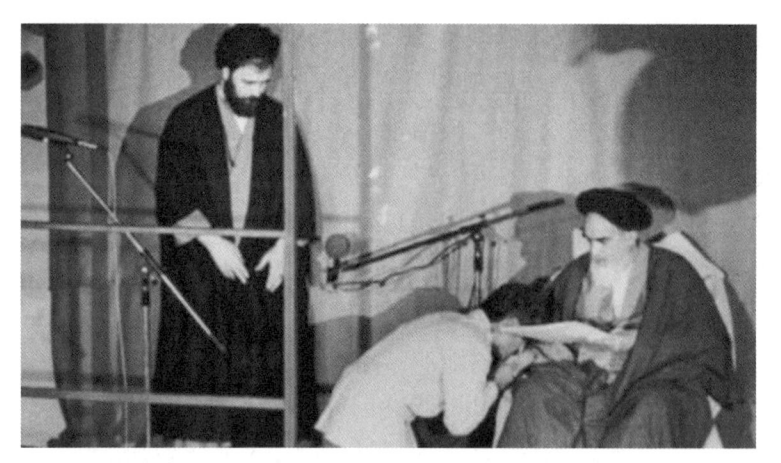

雷扎伊被霍梅尼授予总统权力，1981.8.2

雷扎伊出席联合国大会

梅尼作为民主斗士的社会形象密切相关，民粹主义和国家主义则是伊斯兰革命期间狂热和激进的政治倾向在经济领域的逻辑延伸。伊斯兰革命的特定环境即宗教性和民众性，决定了霍梅尼时期伊朗社会的神权统治和激进倾向。然而，神权统治和激进倾向并非霍梅尼时期伊朗社会的历史本质。巴列维王朝覆灭后出现的权力真空导致诸多政治势力的激烈较量，现代化进程的延伸则构成霍梅尼时期伊朗历史发展的基本方向。

1989年霍梅尼去世后，伊斯兰共和国的政治生态逐渐改变，宗教色彩和威权倾向随之逐渐淡化。常态化的选举开始影响伊斯兰共和国的政治生活和政治改革进程，成为伊朗政坛不同派别角逐国家权力的基本政治框架。自1993年起，当选总统者的得票率大幅下降，拉夫桑贾尼竞选第二任总统的得票率仅为63.2%，反映出总统竞选的激烈程度。另一方面，后霍梅尼时代，伊朗政坛出现诸多政治势力分庭抗礼的局面，进而形成宗教政治与世俗政治的对抗与消长，法基赫的绝对权力逐渐削弱，议会地位提高，选举政治的影响力不断扩大，民选总统开始成为政治舞台的核心人物，法基赫、议会与总统之间的权力分配呈多元化的趋势。

后霍梅尼时代，常态化的议会选举和总统选举成为不同政治派别角逐权力的风向标，争夺选票成了不同政治派别角逐政坛的首要方式，而民众参与决定着不同政治派别之间的力量对比和政治天平的走向，选举政治的世俗化和民主化之历史走向日渐凸显。自下而上的民众选举提供了世俗国家权力移交的合法途径,同时提供了民众实现政治参与的合法渠道和在现行体制的框架内表达诉求的基本方式。民选总统成为民众意志的代表和变革的倡导者,法基赫则成为维护现行体制的核心和象征。

政党政治与选举政治具有内在的逻辑联系,多元化的政党政治是成熟的选举政治之重要基础,选举政治通常表现为不同政党之间的权力角逐。然而,伊斯兰共和国的诸多政党通常以参与大选为首要目的,大都缺乏严密的组织体系、明确的政治纲领、广泛的社会基础,表现出明显的脆弱性和不成熟性,竞选的结果决定着政党的命运。另一方面,伊斯兰共和国的议会选举并非采取政党竞选的方式,而是采取独立参选人的竞选方式,议会席位亦不区分政党归属。此外,诸多政党尽管热衷于参与选举,提名参选人,然而政党提名的参选人未必是该党成员,不同政党或者竞选联盟往往提名相同的参选人,参选人往往具有跨党派性。这些都是伊斯兰共和国政党政治的不成熟性的体现。相比之下,诸多政治派系长期活跃于伊斯兰共和国的政治舞台,极具政治影响力,却无意取得作为政党的合法地位。派系政治尽管并非政党政治,毕竟包含政党政治的若干元素,代表不同的政治倾向和政治原则,加之言论相对自由的社会环境下媒体的推波助澜,在选举政治的框架内,成为反映选民诉求和参选人争夺选票进而实现民众参与的政治平台,体现出伊斯兰共和国政治舞台多元化的政治发展趋势。常态化的议会选举和总统选举以及地方选举,成为不同政治派系角逐国家权力的基本路径。诸多政治派系提名大选的候选人并建立竞选平台,相互之间通过达成共识而组成竞选联盟,借助媒体阐述竞选纲领和争夺选票。不同政治派系的转换和浮沉,标志着伊斯兰共和国政治进程的历史走向。

霍梅尼生前允许官方内部在承认现行体制合法性的框架内形成不同的政治派系。然而,霍梅尼致力于维持不同派别之间的平衡,避免官方内部政治天平的倾斜,他的绝对权威制约着官方内部的派系角逐,不同派系之间的分歧尚未凸显。后霍梅尼时代,官方内部的派系角逐明显加剧,政治天平在不同派系之间呈摇摆不定的状态。与此同时,选举政治表现出史无前例的多元性、广泛参与性和不确定性,常态化的议会选举和总统选举成为不同政治派系角逐权力的风向标,争夺选票则是不同政治派系角逐政坛的首要方式,而民众参与决定着不同政治派系之间的力量对比和政治天平的走向。

霍梅尼时代,激进派长期占据议会多数席位。1992年举行第四届议会选举，这是1989年霍梅尼去世后的首次议会选举，务实派与保守派赢得议会多数席位，激进派败选，在德黑兰选区，激进派参选人仅有1人胜出。1996年举行第五届议会选举，激进派宣布抵制选举，保守派候选人赢得140个席位，务实派候选人赢得80个席位。1999年举行首次地方选举，改革派大获全胜，在全国范围内赢得71%的选票，在德黑兰议会的15个席位中，改革派赢得13个席位。2000年举行第六届议会选举，改革派再次以压倒性多数的选票胜出，赢得215个席位；在德黑兰选区，改革派赢得全部30个席位中的26个席位。2003年举行第二次地方选举，改革派仅在边远省区获胜；新左派于2003年地方选举中首次浮出政坛，初露锋芒，在包括德黑兰在内的主要城市击败改革派，赢得多数席位。2003年地方选举的结果，预示着新左派作为政坛黑马的异军突起和选举政治的新走向。2004年举行第七届议会选举，新左派再度胜出，占据议会多数席位，其中德黑兰选区全部30个议会席位尽归属新左派参选人。2004年议会选举，标志着改革派在伊朗政坛的衰退，民众对于改革派施政举措的不满，导致改革派逐渐失去选民的支持。2006年举行第三次地方选举，保守派胜出，改革派亦有斩获，新左派败选，在德黑兰议会，新左派参选人仅仅赢得15个席位中的3个席位。2008年议会选举期间，新左派赢得77个席位，保守派赢得48个席位，改革派赢得38个席位，新左派尽管未能占据议会多数席位，依然构成议会最大的政治派系。

伊斯兰共和国的最初10年间，除首次总统选举外，其余历次总统选举仅为程序性仪式的例行换届，不似议会选举充斥着竞争和不确定性。后霍梅尼时代，不同政治派系之间分歧明显加剧。历届总统候选人尽管均以独立人士的身份参选，却皆具有政治派系的鲜明背景，代表不同政治派系的治国理念。相比于议会选举及地方选举，不同政治派系之间在总统选举期间展开角逐，竞争尤为激烈。

1993年，拉夫桑贾尼尽管在总统选举中胜出，成功连任，然而支持率大幅下降，仅仅赢得62%的选票，预示着即将到来的总统竞选风暴。1997年总统选举前夕，伊朗政坛暗流涌动。早在1996年6月，激进派宣布支持前总理穆萨维竞选总统。然而，同年10月，穆萨维宣布退出总统竞选。1997年1月，哈塔米宣布参与总统竞选，以穆萨维为首的激进派和拉夫桑贾尼为首的务实派以及德黑兰市长卡尔巴什奇、前工业部长纳巴维、人质危机时期的学生领袖阿布迪、资深媒体人甘吉、哈贾里安、萨泽加拉均表态支持哈塔米竞选总统，"他们所代表的是现行体制内的改革诉求而不是伊斯兰共和国的反对者"。与此同时,保守派宣布支持时任议长努里竞选总统。随后,哈塔米的支持者与努里的支持者形成泾渭分明的两大竞选阵营。

哈塔米的竞选纲领,承诺关注中产阶级的政治诉求,关注和满足青年人需求,增加就业,改善住房环境,呼吁提高女性的社会地位,消除男权社会的性别歧视,给予女性与男性同等的政治地位和社会地位,强调男人并非女性的主人,强调伊朗的国家利益至上,主张国家之间相互尊重的和平外交,倡导不同文明的对话取代不同宗教之间的对抗。哈塔米在其竞选纲领中反复提及公民社会和法治原则,倡导文化自由,反对宗教义务的强迫,强调开放和宽容的伊斯兰共和国将会受到民众的广泛支持和拥护。哈塔米由此开辟了改革诉求的新方向和新动力,试图在体制内通过公民社会的完善寻求支持改革派的社会基础。

相比之下,哈塔米的竞选对手努里来自乡村家庭,视野封闭,思想僵化,在社会和文化领域持保守立场,在外交领域持反对西方的立场。努里强调西方文化的侵略性,西方思想的渗透损害伊朗伊斯兰共和国的意识形态和伊斯兰革命的价值观,坚持伊斯兰革命和反美外交政策,坚持支持巴勒斯坦解放事业是伊朗伊斯兰共和国的神圣使命。在努里看来,卫星和媒体是西方文化侵略的主要手段。努里支持乌莱玛在国家体制中占据核心地位,表示"是乌莱玛策划了伊斯兰革命,罢免了国王,从巴尼萨德尔之辈的手中拯救了伊斯兰革命","在伊玛目隐遁期间,最高领袖享有与伊玛目和先知同样的权力,最高领袖的意愿就是所有人应当服从的命令和承担的义务"。

努里强调伊斯兰革命的原则、现行法基赫制的合法性和顺从法基赫的必要性,得到包括哈梅内伊、宪法监护委员会、专家会议、诸多基金会和"战斗的乌莱玛协会"在内的保守派阵营的支持,被视作官方提名的候选人。相比之下,哈塔米强调自由、人权、包容、开放的原则和变革的必要性,主张对于伊斯兰革命和法基赫制的个性化解读,代表体制内的改革诉求,得到民众的支持,俨然是民间诉求的代言人。哈塔米在竞选期间公开表达了社会公正和民族凝聚的理念,被保守派指责为试图以民主和自由的名义使国家走向世俗化。随后,保守派报纸《伊斯兰共和国》质疑哈塔米对于法基赫制的忠诚。努里指责哈塔米担任文化部长期间纵容自由主义和世俗主义的危险思想,攻击哈塔米支持自由主义和持不同政见者。哈塔米的支持者则举行集会,抗议保守派控制的伊斯兰革命卫队和民兵组织干预选举程序。

竞选之初,在保守派的强力支持下,努里占据上风,俨然是总统的不二人选。然而,哈塔米很快赢得了更多选民的支持,迫使保守派逐渐低调。在妇女的问题上,努里表达了相对温和的态度,承认现行对妇女的政策存在瑕疵,承诺放宽对于女性服饰的限制,谴责有人将伊朗现行政权比作塔利班。然而,保守派控制的宪法监护委员会剥夺全部9名女性总统候选人的竞选资格,无疑成为促使女性选民支持哈塔米的重要原因。

根据1997年4月的民意测验,哈塔米的支持率为62.3%,努里的支持率为17.9%,反映出哈塔米与努里之间在总统大选中的竞争态势。1997年5月23日举行投票,投票率相比1993年大幅上升,反映出民众参与积极性的空前提高。当计票完成三分之二时,哈塔米已经以1600万对500万击败努里,竞选胜出已无悬念。最终计票结果是,哈塔米赢得69%的选票,努里赢得29%的选票。随后,哈梅内伊宣布,哈塔米当选伊斯兰共和国的第7任总统。

1997年总统选举前夕,改革派与务实派结成同盟,成为导致选举天平倾斜和哈塔米胜出的重要原因。哈塔米的支持者主要来自家乡亚兹德省(得票率为85%)以及布什尔省(得票率为84%)、伊拉姆省(得票率为81%)和法尔斯省(得票率为80%),最低得票率来自努里的家乡马赞德兰省(得票率为44%)以及卢里斯坦省(得票率为45%)。在包括德黑兰在内的中央省,哈塔米和努里的得票率分别为68%和22%。努里的支持者主要来自卢里斯坦省(得票率为53%)和马赞德兰省(得票率为52%),最低得票率来自亚兹德省、布什尔省和科尔曼沙赫省,均不足13%。另外两名候选人雷沙里和扎瓦雷分别得票率为2.6%和2.7%。

哈塔米的支持者并非特定的社会群体和政治集团,而是来自社会的各个阶层,分享政治改革和社会进步的共同诉求。不同于拉夫桑贾尼长期以来作为霍梅尼的重要革命伴侣,哈塔米在80年代才步入政坛。哈塔米于90年代后期作为文化部长庇护世俗知识分子,主张文化开放,倡导人性和宗教宽容,呼吁放松政府在意识形态领域的清规戒律,赢得女性、青年和世俗选民的好感。哈塔米与务实派关系密切,表示将坚持拉夫桑贾尼的道路,强调经济发展与政治发展的同步性。哈塔米亦得到激进派的支持,后者活跃于80年代,是保守派的政治对手。伊斯兰革命后,人口迅速增长。1996年,60%的人口在24岁以下,选民的年龄结构呈年轻化趋势,进而对选举政治产生深刻的影响。青年、妇女、中产阶级无疑提供了哈塔米竞选总统的主要票源,其他诸多社会群体亦不乏哈塔米竞选总统的支持者。甚至在乌莱玛和保守派大本营库姆,哈塔米赢得70%的选票。此外,哈塔米赢得了伊朗武装力量70%的选票。《伊朗时报》评价道:哈塔米"赢得了德黑兰和各省的选票,赢得了乡村和城市的选票,赢得了穷人和富人的选票"。

哈塔米尽管具有乌莱玛的宗教背景和霍贾特伊斯兰的神职头衔,身着宗教学者的传统服饰,却被保守派视作妥协性的总统候选人。在保守派看来,允许一个戴着头巾的温和派竞选总统,可以平息改革的要求。保守派原本将1997年大选仅仅视作例行的总统换届,保守派领导人试图通过允许温和派在大选中发出声音来平息拉夫桑贾尼任职末期日益高涨的民众不满和避免政治危机,却低估了大选对于保守派的挑战。哈塔米在总统大选中胜出以及作为改革的倡导者浮出政坛,则出乎保守派的预料之外。操纵国家机器的保守派失去了对于选举结果的有效控制,标志着伊斯兰共和国选举政治民主化的长足进步,反映出选举政治得到民众的广泛认同。

1997年总统大选,官方支持的候选人落败而民众支持的候选人胜出的选举结果并非"令人不可思议",哈塔米亦非来自现行政治体制之外和试图否定现行政治体制。1997年总统选举,表达了民众对于官方保守派的不满和对于变革的强烈诉求。官方候选人落败的选举结果,反映出总统大选提供了民众政治参与和表达自身诉求的常态化合法渠道,而通过选举的方式推动政治变革无疑成为伊斯兰共和国的历史发展方向。1997年总统选举,是伊斯兰革命后首次民众通过投票的方式而不是通过法基赫颁布的宗教法令表达自身意愿诉求的政治实践,在伊朗政治生活中具有极其重要的地位,预示着国家与社会的关系出现重大转折。伊斯兰共和国的改革进程由此开始从经济领域延伸到政治领域,民主化提上改革的议事日程。1997年大选,开辟了民众广泛参与进而挑战保守派特权地位的先河,成为各派势力角逐国家权力的新模式。

1997年的总统选举,竞争之激烈程度前所未有,堪称伊斯兰共和国选举政治的重要转折点,在伊朗政治发展进程中具有极其重要的地位,可谓伊朗历史上的首次选举革命。不同政治派系之间的激烈竞争,保证了总统选举的公正性,操纵国家机器的保守派失去了对于选举结果的有效控制,民众广泛的政治参与打破了官方的权力垄断。与此同时,投票率大幅攀升,表明民众通过选举表达自身诉求和渴望变革的强烈愿望。民众的选择决定了总统选举的最终结果,哈塔米之当选总统则是伊朗民主化进程的重要里程碑,被视作继1979年伊斯兰革命后的第二次革命和"德黑兰之春",标志着国家与社会关系的重大转折。

2000年议会选举延续1997年总统选举期间形成的改革派与保守派之间的对峙局面。改革派与保守派两大阵营的分歧主要表现为国内的政治改革进程，分歧的焦点则是宗教与国家的关系、伊斯兰教与民主制的关系和法基赫的地位。哈塔米和改革派阵营强调1997年第二次革命的精神，呼吁推进政治改革以及自由、公民社会和保障人权的优先性，保守派则坚持1979年伊斯兰革命胜利的原则和霍梅尼的思想，强调经济发展的优先性进而抨击哈塔米和改革派政府忽视民生。在外交政策方面，改革派与保守派亦存在分歧，主要表现为对美国的政策，改革派主张缓和与美国的紧张关系符合伊朗的国家利益，保守派则强调打倒美国的伊斯兰革命原则。

2000年议会选举前夕，哈梅内伊重申，在伊斯兰革命期间，霍梅尼告诫众人不要提及"民主"二字……民主制和自由主义都来自西方文化，不能镶嵌在伊斯兰国家的基础上。与此同时，保守派指责改革派威胁国家和信仰，诋毁改革派候选人反对伊斯兰教和伊斯兰革命，告诫民众不要被改革派的口号所迷惑，指责改革派候选人是美国的代理人，而希望改革派赢得大选的是伊斯兰革命的敌人。阿亚图拉叶兹迪甚至宣称，美国中情局官员携带美元潜入伊朗，贿赂改革派记者和其他"美国的文化使者"。在叶兹迪看来，改革派重新解读伊斯兰教进而歪曲信仰原则，其罪过大于杀害伊玛目阿里的凶手，"他们比撒旦更加邪恶"，呼吁采取强硬的措施，如果必要不惜诉诸暴力手段，回应那些背离正确道路的人。哈梅内伊亲自认同以"合法的暴力"惩罚亵渎信仰的人，同时谴责"非法的暴力"。拉夫桑贾尼表示，挑战神权体制的人是国外势力的代理人，他们假借自由的名义反对伊斯兰教信仰，质疑伊斯兰革命的成就，进而试图掌管国家权力，而改革派质疑两伊战争进程是不公正的，"打击民众的信心，其危害性超过艾滋病"。阿亚图拉哈兹阿里则站在宪法监护委员会的立场，强调民众无权挑战和质疑宪法监护委员会，如同无权挑战和质疑先知穆罕默德一样。

2000年议会选举前夕，包括改革派政党"伊斯兰伊朗参与者阵线"、务实派政党建设公仆党和激进派政党"战斗的乌莱玛联合会"在内的18个政党和政治组织形成竞选联盟，共同抗衡包括15个政党和政治组织在内的保守派竞选联盟。改革派政党"伊斯兰伊朗参与者阵线"提出的竞选口号是"伊朗属于所有伊朗人"，务实派政党建设公仆党提出的竞选口号是"安全，自由，繁荣"，而保守派竞选联盟提出的竞选口号是"虔诚，繁荣，就业，公正"。

改革派竞选联盟内部并非浑然一体，在候选人提名上存在分歧，意见相左。多数政党和政治组织希望限制乌莱玛作为候选人的提名数量，而"战斗的乌莱玛联合会"主张增加乌莱玛作为候选人的提名数量，进而单独提出候选人名单。"伊斯兰伊朗参与者阵线"与建设公仆党在各省候选人的提名上达成共识，却在德黑兰选区的提名上形成对立；建设公仆党提名拉夫桑贾尼作为德黑兰选区的议员候选人，遭到"伊斯兰伊朗参与者阵线"的拒绝。甘吉呼吁改革派阵营抵制拉夫桑贾尼竞选议员，指控拉夫桑贾尼需要对其总统任期内持不同政见者遭到暗杀和延长两伊战争进程以及由此带来的伤亡和损失负责，需要对流血和杀戮负责，称拉夫桑贾尼是残酷无情的"红色阁下"，而建设公仆党以拒绝提名哈塔米的胞弟竞选议员作为报复。

改革派与保守派两大阵营提名的候选人表现出泾渭分明的差异。据媒体描述，改革派候选人通常面带微笑，保守派则通常表情严肃；改革派候选人通常发型精致，保守派候选人通常胡须茂密；改革派候选人习惯于波斯语的演讲，保守派候选人的演讲中经常伴有阿拉伯语；改革派候选人普遍有较高的学历背景，出生于大城市，其中许多人是商人、记者、教授和作家，保守派候选人大都来自小城市和乡村，来自巴扎、乌莱玛、农户和城市下层；改革派强调政治自由、经济发展和社会变革，保守派则强调捍卫伊斯兰革命和伊斯兰信仰，强调经济发展优于政治变革。

保守派的首要竞选方式是剥夺改革派候选人的竞选资格，呼吁宪法监护委员会不仅阻止"第三种趋势"即反对伊斯兰革命的趋势，而且阻止"第二种趋势"即形形色色的自由主义者参与竞选。在他们看来，后者甚于两伊战争期间入侵伊朗的伊拉克军队，甚至比前者更具危害性，因为这些人善于伪装真实面目。进入世纪之交，宪法监护委员会对于竞选申请人的资格审查权面临挑战，在剥夺改革派候选人竞选资格方面顾虑甚多，不似以往历届选举前夕的肆无忌惮。尽管如此，在 2000 年 2 月议会选举期间，在全部 6 851 名竞选申请人中，668 人被监护委员会剥夺竞选资格。然而，被监护委员会剥夺竞选资格的候选人不足全部竞选申请人的 10%，是伊斯兰共和国历史上的最低值，被剥夺竞选资格的候选人数量远远少于 1992 年和 1996 年两届议会选举。监护委员会的退却导致改革派在 2000 年议会选举中的前进，伊朗政坛出现自由化和政治改革的强烈呼声，波及范围之广，影响之大，前所未有。

2000 年 2 月举行第六届议会选举，选民投票率达到 69%。224 人在第一轮投票中当选议员,改革派竞选联盟以压倒性多数的选票胜出,其中改革派政党"伊斯兰伊朗参与者阵线"单独赢得 98 个议会席位。在德黑兰选区的 30 个席位中,改革派竞选联盟获得 29 个席位。同年 5 月举行第二轮投票,选举由于得票率不足 25% 的门槛而剩余的 66 个议会席位。在第二轮投票中,改革派竞选联盟再次胜出,获得 40 个议会席位。两轮投票的最终结果是,保守派竞选联盟赢得不足 60 个议会席位,改革派竞选联盟赢得 189 个议会席位。连任的议员只有 70 人,其余议员为首次当选。具有宗教背景的议员 37 人,其所占据的议会席位比例下降为 12%。

2000 年议会选举是伊朗伊斯兰共和国民主化进程中的重要里程碑,犹如伊朗政坛继 1997 年总统选举之后的又一次强烈地震,显示出伊斯兰共和国政治民主化的发展方向和选举政治的趋于成熟,国际媒体则评价 2000 年议会选举是自由和民主的选举,可谓伊斯兰民主制政治实践的典范。

2005 年举行第八届总统选举,1 014 人申请参与竞选总统,其中 6 人即来自务实派竞选阵营的拉夫桑贾尼、来自改革派竞选阵营的卡鲁比、来自保守派阵营的雷扎伊、卡里巴夫、拉里贾尼和来自新左派竞选阵营的艾哈迈迪内贾德获得宪法监护委员会的批准,成为正式的总统候选人。另外两位改革派候选人即莫因和梅赫尔阿里扎德,最初被宪法监护委员会剥夺参选资格,随后在哈梅内伊的介入下,通过宪法监护委员会的竞选资格审查,正式的总统候选人增至 8 人。至投票前夕,雷扎伊宣布退出竞选,7 人正式参与总统竞选。

莫因 1951 年出生于伊斯法罕,曾任哈塔米政府的教育部长,于 2004 年 12 月第一个作为改革派候选人宣布竞选总统。他宣布,如果当选总统,将任命哈塔米总统的胞弟穆罕默德·里萨·哈塔米作为第一副总统,任命第六届议会女议员艾拉赫·克拉伊作为总统发言人。改革派政党"伊斯兰参与者阵线"最初支持穆萨维竞选总统,穆萨维退出竞选后,转而支持莫因竞选总统。梅赫尔阿里扎德是第二位改革派总统候选人,1956 年出生于东阿塞拜疆,曾任哈塔米政府的副总统。作为阿扎里血统的候选人,梅赫尔阿里扎德得到议会中吉兰、阿塞拜疆和呼罗珊议员的支持。然而,他并未得到自己所在的政党"伊斯兰参与者阵线"的认同。第三位改革派总统候选人卡鲁比,1937 年出生于洛雷斯坦,1989—1992 年和 2000—2004 年曾任议会议长,是"战斗的乌莱玛联合会"创建者之一,亦是专家会议成员,由"战斗的乌莱玛联合会"于 2005 年 1 月提名参选。务实派总统候选人拉夫桑贾尼时任专家会议主席,持相对温和的施政理念,在经济和外交方面的立场介于保守派与改革派之间,主张改善与西方世界的关系,主张完善自由化的市场经济,反对强化政府干预的民粹主义经济政策,在伊朗政坛久负盛誉,可谓保守派眼中的改革派和改革派眼中的保守派。2004年11月,14个政党和政治组织宣布支持拉夫桑贾尼竞选总统。2005年5月,拉夫桑贾尼正式宣布竞选总统。卡里巴夫1961年出生于马什哈德,曾任警察总监,拉里贾尼1957年出生于伊拉克,时任最高国家安全会议秘书,均系保守派竞选联盟革命力量协调会议提名的总统候选人。其中,拉里贾尼得到哈梅内伊和官方乌莱玛的支持,是总统选举的有力竞争者。保守派竞选联盟革命力量协调会议最初提名曾任外交部长的维拉亚提作为总统候选人,而维拉亚提拒绝革命力量协调会议的提名,选择作为独立候选人竞选总统,继而放弃参选,转而支持拉夫桑贾尼竞选总统。艾哈迈迪内贾德1956年出身于德黑兰省的贫困农民家庭,时任德黑兰市长,得到新左派政党伊朗伊斯兰建设者联盟的支持,可谓2005年总统竞选的黑马。

改革派的竞选纲领延续哈塔米的竞选思路,主张政治改革、完善公民社会和实现法治,呼吁强化总统权力和削弱法基赫的权力,强调拯救伊朗的唯一出路是民主制。改革派阵营指责艾哈迈迪内贾德必须为22%的通货膨胀率、20%的失业率、住房和食物价格上涨负责,承诺改善经济状况,强调公民平等的社会原则,倡导建立私人电台和电视台,结束官方对于媒体的控制,给予女性和少数族群以充分的公民权,承认女性享有与男性同等的权利,保障公民言论自由,释放政治犯,取消服饰限制,抨击艾哈迈迪内贾德推行激进的外交政策,主张改善与西方的关系,扩大与国际社会的合作。

相比之下,务实派淡化意识形态的分歧,表现出浓厚的世俗色彩,既不反对改革,亦不倡导回归神权体制、伊斯兰革命价值观和强硬外交,自称"原则主义改革派"抑或"保守的改革派"。拉夫桑贾尼作为务实派总统候选人,承诺致力于推动经济增长、降低通货膨胀率和失业率、提高生活水准、缩小贫富差距和建立廉洁政府,改善国际环境、吸引国外投资和扩大国际影响。拉夫桑贾尼倡导政府改革而不是政治改革,主张民选世俗政府与法基赫保持良好的合作,避免政府与议会之间的对立进而导致国家权力机构的内讧,缓解国家与社会之间的对立,实现社会稳定,其竞选主张与改革派颇多相似之处。务实派竞选阵营极力争取伊斯兰革命后出生的青年选民的支持——该群体2005年约占总人口的30%。务实派竞选阵营引入新的世俗和时尚的竞选方式,包括流行音乐、时装展示和彩色广告,反映出伊斯兰共和国政治文化的新潮流。

新左派总统候选人艾哈迈迪内贾德亦极力淡化意识形态,其竞选纲领则以面包和黄油作为目标,以平等分配国家资源作为核心,强调民粹主义和社会公正,主张强调维护城市下层和贫困地区的利益,致力于"战斗的伊斯兰社会主义"和面向第三世界的外交政策,旨在争取低收入选民的支持。艾哈迈迪内贾德强调,伊朗国家资源从不匮乏,每个城市的繁荣都足以超过迪拜和科威特,民众贫困源于精英操纵和控制国家资源,巨大的财富落入少数人的手中。艾哈迈迪内贾德的竞选口号是:把石油收入摆上百姓的餐桌,反对经济腐败,俨然是平民和弱势群体即革命时代的所谓"被剥夺者"的代言人,得到被哈塔米政府和改革派所忽略的城市贫民的支持,后者主要来自城市下层和边远落后省份,未能分享拉夫桑贾尼政府和哈塔米政府之私有化经济政策的红利,留恋 80 年代政府干预的国家主义经济模式。保守派阵营的分裂和新左派的兴起,为选民提供了更多的和更有竞争性的政治选择。

巴列维王朝曾经效法土耳其的凯末尔主义,强调伊朗国民作为伊朗人(Irani)的同源性和非差异性,排斥和否认伊朗国民之族群构成的多元性。相比之下,《伊斯兰共和国宪法》规定,所有伊朗公民,无论种族、语言、信仰、性别,享有同等的权利。然而,法律条文与社会现实长期以来存在差异,两者之间不尽吻合。官方保守派通常将伊朗国内少数族群争取合法权益的诉求冠之以外部势力介入和分裂国家的罪名,2005 年 2 月宪法监护委员会主席阿亚图拉贾纳提,斥责某些总统候选人发表相关言论,助长少数族群的民族主义倾向进而导致不和谐的声音,美国利用伊朗少数族群问题阴谋煽动不满情绪,如同美国曾经在黎巴嫩和伊拉克的阴谋。伊斯兰共和国的少数族群问题,内涵多重社会矛盾,不仅涉及波斯人与非波斯人之间的民族矛盾和什叶派与逊尼派之间的教派矛盾,而且涉及德黑兰与边远落后地区之间的矛盾、中央与地方之间的矛盾以及现代化核心区与现代化边缘地带之间的矛盾,既是民族问题和教派问题,亦是民主化进程中的人权问题和政治问题。因此,如同女权运动一样,少数族群争取合法权益的运动成为伊朗政治改革和民主化进程的重要内容,常态化的选举政治提供了少数族群维护自身权益的合法路径,而保障少数族群的合法权益也是诸多总统候选人的政治承诺。

2005 年竞选总统的 7 位候选人中,3 位具有少数族群的背景,卡鲁比来自卢里斯坦,梅赫尔阿里扎德来自阿塞拜疆,卡里巴夫来自呼罗珊,另外 4 位

虽然没有少数族群的背景，亦强调保障少数族群的合法权益。2005年总统大选前夕，7位总统候选人竞相走进少数族群，旨在争取更多的选票。卡鲁比访问胡泽斯坦省城阿瓦士，称赞胡泽斯坦省的阿拉伯人和卢里人。在德黑兰，卡鲁比前往少

巴尼萨德尔、拉夫桑贾尼、贝赫什提、拉里贾尼与库尔德人谈判，1979年3月

数族群之家倾听少数族群的要求，承诺当选总统后改善少数族群的地位。莫因作为总统候选人访问少数族群居多的锡斯坦和俾路支斯坦两省，向逊尼派穆斯林示好，与逊尼派乌莱玛共同参加逊尼派穆斯林的宗教活动。拉里贾尼访问阿塞拜疆省，表示赞同复兴少数族群的语言、文化和艺术。拉里贾尼访问东北部古利斯坦省的土库曼人，表示反对在少数族群地区任用非土著官员。雷扎伊在阿巴丹会见当地部族首领，表示反对区分不同的省区和不同的部族，反对区分一等公民与二等公民，平等对待所有的族群是新政府的职责。

2005年3月的民意测验显示，拉夫桑贾尼的支持率为28.2%，卡鲁比的支持率为8.8%，拉里贾尼的支持率为4.4%，莫因的支持率为4.1%，卡里巴夫的支持率为1.9%，梅赫尔阿里扎德的支持率为1.8%，艾哈迈迪内贾德的支持率为1.7%。6月17日举行第一轮投票，拉夫桑贾尼获得21.01%的选票，艾哈迈迪内贾德和卡鲁比紧随其后，分别获得19.48%和17.28%的选票，卡里巴夫、莫因、拉里贾尼和梅赫尔阿里扎德的得票率分别为13.90%、13.83%、5.94%和4.40%。

许多观察家预测，2005年大选将会遭到民众的抵制，然而实际情况并非如同大选前的预测。根据官方统计，2005年大选的第一轮投票率为62.66%。根据选举法，由于第一轮无候选人获得超过半数的选票，支持率最高的前两位候选人需进入第二轮投票，即在艾哈迈迪内贾德与拉夫桑贾尼两人之间产生新一届总统，卡鲁比由于得票率位居第三而被淘汰出局。6月24日举行第二轮投票，根据官方统计，投票率为59.76%。投票日前一天的民意调查显

示,艾哈迈迪内贾德和拉夫桑贾尼的支持率分别为45%和39%。投票结果是,艾哈迈迪内贾德赢得1 725万张选票,得票率为61.69%,拉夫桑贾尼赢得1 005万张选票,得票率为35.93%。

2005年总统选举的结果并非偶然。经济问题无疑是伊斯兰共和国面临的重大调整,亦是引发民众不满和社会骚乱的重要原因。早在2000年,哈梅内伊就敦促政府改善国家面临的经济形势,确保解决民生问题,伊斯兰共和国政坛的重量级人物沙赫鲁迪、叶兹迪和拉夫桑贾尼随后亦表达了同样的关切。哈塔米任总统期间,改革派致力于推进文化领域和政治领域的改革,缺乏改善民生的经济发展战略,在经济方面乏善可陈,尤其是贫富差距不断扩大,使改革派渐渐失去下层选民的支持。改革派在经济领域的败笔,成为保守派阵营攻击的焦点。相比之下,新左派致力于寻求社会下层的支持,其竞选纲领反映出下层民众对于哈塔米政府的失望和对于改善民生的渴望。早在2003年地方选举和2004年议会选举中,新左派异军突起,赢得多数席位,可谓2005年总统选举结果的先兆。另一方面,改革派阵营在2005年总统大选期间出现政治分歧,哈塔米所倡导的自上而下的温和改革方式遭到来自改革派阵营内部的质疑,政治分歧逐渐公开化,形成所谓"国家改革派"抑或"宗教改革派"与"非国家改革派"抑或"世俗改革派",前者依然致力于推动精英主导的和体制内的政治改革,恪守避免与保守派及现行体制直接冲突进而引发社会骚乱的红线,而后者则质疑体制内政治改革的前景,挑战现行政治体制,呼吁抵制总统选举。内部分歧无疑削弱了改革派阵营的竞选实力,进而影响到总统竞选的最终结果。

2005年6月,艾哈迈迪内贾德当选伊斯兰共和国第九届总统,同时成为自1981年以来第一位具有世俗背景和身着世俗服饰的总统。2005年总统选举是1979年伊斯兰革命以来最具争议性的总统选举,也是首次经历两轮投票的总统选举。许多西方权威学者认为,1997年的"德黑兰之春"预示着伊斯兰共和国民主政治的曙光,而2005年艾哈迈迪内贾德当选总统标志着民主化进程的逆流(Skelly, 2010, p.163)。实则不然。诸多候选人之间的激烈角逐,反映出民主制基础上的选举政治已经成为不同派别角逐国家权力的必要方式和有效途径。与1997年大选中改革派胜出形成鲜明对照的是,2005年大选中改革派候选人全军覆没而新左派大获全胜。如果说哈塔米政府代表中产阶级的利益和诉求,艾哈迈迪内贾德的竞选纲领代表下层民众的利益和诉求,艾哈迈迪内贾德当选总统反映出下层民众对于哈塔米政府的失望和对于改善民生的渴望。务实派竞选阵营致力于寻求中产阶级的支持和与改革派争夺选票,而新左派则致力于寻求社会下层的支持。拉夫桑贾尼政府实施的新经济政策和哈塔米政府推行的私有化进程扩大了社会成员之间的贫富差距,引发下层民众的不满和民粹主义的蔓延,投票箱成为民众诉求的风向标。

在2005年总统选举第一轮投票中,7名候选人莫因、梅赫尔阿里扎德、卡鲁比、拉夫桑贾尼、卡里巴夫、拉里贾尼和艾哈迈迪内贾德具有不同的政治派系背景,分别代表务实派、改革派、保守派和新左派。宪法监护委员会对于大选的干预,只能在一定程度上削弱反对派,却无法从根本上决定大选的结果。第一轮投票结束后,改革派总统候选人卡鲁比抨击安全机构干预选举,指责军方将领发表煽动性演说和阿亚图拉叶兹迪颁布宗教法令要求伊斯兰革命卫队和伊斯兰民兵组织投票支持艾哈迈迪内贾德,导致选举结果不公。与此同时,改革派竞选阵营将艾哈迈迪内贾德视作代表伊斯兰革命传统的回归甚至是"塔利班化"的先兆,恐惧艾哈迈迪内贾德当选总统将会导致1989年以来向私有化和中产阶级倾斜的新经济政策和经济改革的逆转,进而与务实派组成竞选联盟,呼吁选民支持拉夫桑贾尼,试图阻止艾哈迈迪内贾德在竞选中胜出。然而,对于更多的选民而言,民生的需求无疑高于民主的需求。

在总统选举的第二轮投票中,名不见经传的艾哈迈迪内贾德以其代表社会下层和弱势群体的贫寒身世、谦卑形象、世俗身份和民粹主义竞选纲领,击败象征富有和代表富人利益的拉夫桑贾尼。拉夫桑贾尼政府实施的新经济政策和哈塔米政府推行的私有化进程扩大了社会成员之间的贫富差距,引发下层民众的不满和民粹主义的蔓延。相比之下,艾哈迈迪内贾德的竞选纲领以面包和黄油作为目标,以平等分配国家资源作为核心,其竞选口号是"把石油收入摆上百姓的餐桌",俨然是平民和弱势群体即革命时代的所谓"被剥夺者"的代言人。新左派的兴起为选民提供了更多的和更有竞争性的政治选择,投票箱成为表达民众诉求的风向标。艾哈迈迪内贾德的竞选纲领强调以改善民生作为首要目标,而民众尽管渴望政治改革,却更加关注民生的改善。

艾哈迈迪内贾德在总统大选中的胜出,并非哈梅内伊钦定的结果,而是民选的结果,表明不同派系的权力角逐处于选举政治的框架之内,选民意志与选举结果之间有内在逻辑联系,而选民的意志和大选的结果决定着政治天平的摇摆和政治舞台的走向。新左派候选人以高投票率赢得总统选举,反映出民粹主义在伊朗民众中的广泛共鸣,表明经济问题成为民众关注的焦点所在。艾哈迈迪内贾德作为民选的总统,其竞选纲领和施政理念无疑受到选民意志的制约。艾哈迈迪内贾德当选总统并未改变伊朗政治的发展方向,亦非标志着哈塔米总统任期内之改革运动的失败,新的施政方略可谓选举政治的框架下民众的选择。象征宗教政治和宗教权力的法基赫制处于世俗选举政治的制约之下,哈梅内伊无力钦定总统人选,亦无力左右选举结果。艾哈迈迪内贾德当选总统后,延续哈塔米时代的政治体制,两者之间的区别主要表现为施政纲领的差异。

2006年夏,艾哈迈迪内贾德向议会提交法案,将地方选举候选人资格审查权由宪法监护委员会移交内务部,同时给予内务部对于地方议会通过的决议和选举行政长官的批准行使否决权。2006年12月,伊朗同时举行地方选举和专家会议选举,不同政治派别再度角逐选票。地方选举的投票率达到60%,新左派政党"伊朗伊斯兰建设者联盟"败选,保守派胜出,改革派亦有所获。在德黑兰议会,新左派政党"伊朗伊斯兰建设者联盟"支持的候选人仅仅赢得15个席位中的3个席位,保守派人士卡里巴夫当选德黑兰市长。在全国的范围内,新左派政党"伊朗伊斯兰建设者联盟"支持的候选人在全部1.1万个地方席位中仅仅赢得20%。在随后举行的专家会议选举中,495人申请参选,其中332人被宪法监护委员会剥夺参选资格。超过2 800万选民参与投票,投票率亦为60%。"战斗的乌莱玛协会"提名81名候选人,赢得86个席位中的68个席位,拉夫桑贾尼当选专家会议主席。

2007年12月,改革派宣布与务实派政党组成竞选联盟,参与第八届议会选举。改革派不再强调政治改革,而是强调经济,关注和承诺改善经济形势,大选前夕。在全部7 600名竞选申请中,4 500人通过宪法监护委员会的资格审查,获准参与竞选。2008年3月举行议会选举,选民投票率为60%,高于2004年的51%的投票率。选举结果,新左派和保守派赢得290个席位中的132个席位,改革派与务实派竞选联盟赢得54个席位,其余席位属于独立人士和少数族群。

2009年举行第十届总统选举,艾哈迈迪内贾德、雷扎伊、卡鲁比和穆萨维分别代表新左派、保守派和改革派通过宪法监护委员会的资格审查,成为正式总统候选人,穆萨维则是4位正式总统候选人中的焦点人物。穆萨维于1980—1989年担任内阁总理,是伊斯兰共和国最后一位内阁总理,也是霍梅尼时代和两伊战争期间的政府首脑。穆萨维担任总理期间,哈梅内伊担任总统,穆萨维代表左翼激进派以及世俗共和倾向,哈梅内伊代表右翼保守派和神权倾向,两人意见相左,积怨颇多,霍梅尼则是两种倾向的平衡者。1989年修改宪法,取消内阁总理,穆萨维随之从政坛消失。1997年,改革派试图提名穆萨维竞选总统,遭到穆萨维的拒绝,哈塔米成为改革派提名的总统竞选者。2005年,穆萨维再次拒绝了改革派阵营的竞选总统提名。2009年2月,哈塔米宣布有意竞选新一届总统,此前哈梅内伊曾经建议哈塔米放弃竞选,遭到哈塔米的拒绝。同年3月,穆萨维宣布竞选总统,成为改革派阵营提名的继哈塔米和卡鲁比之后的第三位候选人。随后,哈塔米宣布退出竞选,支持穆萨维竞选总统。

自1997年起,电视辩论成为竞选总统的重要内容。1997年总统选举期间,电视辩论的形式是竞选者同时出现在电视屏幕,分别回答问题。2009年总统选举期间,官方给予进一步宽松的选举环境,首次允许参选人通过电视直播的方式展开面对面的辩论,旨在吸引选民的广泛参与和提高选民的投票率。另一方面,宪法监护委员会批准分别来自不同阵营的4位候选人同时参选,以示官方的公正立场。

2009年总统大选期间,改革派候选人穆萨维和卡鲁比均将完善保障人权和公民权列入竞选纲领,而保守派候选人艾哈迈迪内贾德和雷扎伊则均未明确提及人权和公民权问题。艾哈迈迪内贾德在竞选中抨击教界特权阶层及其子女的腐败,抨击拉夫桑贾尼新经济政策塑造出的新贵族,主张提高社会福利,煽动民族主义情绪。穆萨维的支持者主要来自女性选民和青年学生,同时得到哈塔米和拉夫桑贾尼的支持。穆萨维的竞选纲领强调保障女性合法权益和公民自由,呼吁放宽新闻管制,经济方面主张降低通货膨胀率、发展私人经济、改善石油经济、推动市场化进程,指责艾哈迈迪内贾德对选民隐瞒通货膨胀率和失业率居高不下的经济形势,反对依靠补助金缩小贫富差距的经济政策,抨击艾哈迈迪内贾德的民粹主义之福利化经济政策助长腐败、阻碍经济增长和导致国家贫困化,主张进一步的私有化和市场化改革,创造开放的社会环境。在发展核计划方面,4位候选人之间没有明显的分歧。

早在2008年10月,改革派评论家塔巴尔兹在接受媒体采访时估计,在全部4 600万选民中,被保守派操纵的选票不会超过500万张。然而,2009年总统选举期间,改革派阵营分别支持穆萨维和卡鲁比,导致选票分散。2009年6月12日是投票日,4 600万选民中的4 000万选民参与投票,投票率达到80%。官方于投票日的次日宣布投票结果,艾哈迈迪内贾德的得票率是63%,穆萨维的得票率是34%,雷扎伊的得票率不足2%,卡鲁比的得票率不足1%。官方宣布艾哈迈迪内贾德在总统大选中胜出后，穆萨维、哈塔米、卡鲁比甚至拉夫桑贾尼均公开致信哈梅内伊，质疑官方宣布的选举结果，引发伊斯兰革命以来前所未有的政治风波，民众采取街头示威的方式，表达对于大选结果的强烈不满。6月15日，穆萨维的支持者在德黑兰举行集会，从革命广场出发，走向自由广场，高呼口号"安拉伟大"和"再没有主，唯有安拉"，质疑艾哈迈迪内贾德在选举中胜出的合法性。穆萨维的支持者在其他城市亦举行抗议，谴责官方操纵选举，要求重新计票，和平示威演变为暴力，大批反对派领导人遭到拘捕。同日，哈梅内伊迫于压力，要求宪法监护委员会展开调查。6月22日，宪法监护委员会裁定，6月12日投票结果有效，艾哈迈迪内贾德当选总统。

在6月19日举行的周五聚礼上，哈梅内伊警告反对派停止反政府的示威活动，要求反对派领导人为"混乱、暴力和流血"负责。哈梅内伊的助手阿亚图拉艾哈迈德·哈塔米于26日聚礼中宣布，反对最高领袖等同于反对安拉，等同于反对代表安拉意志的现行法基赫制。然而，反对派的抗议并未因此终止，总统选举引发的危机席卷伊朗各地。7月，德黑兰、大不里士、设拉子、伊斯法罕继续有民众示威。与此同时，乌莱玛内部的分歧和对立再度凸显。阿亚图拉叶兹迪作为艾哈迈迪内贾德的政治盟友，支持安全机构镇压示威民众，而阿亚图拉塔布里兹质疑艾哈迈迪内贾德政府的合法性和总统选举结果的公正性，支持民众的示威和抗议。包括蒙塔泽里、塔赫里和阿尔达比里在内的诸多资深乌莱玛谴责宪法监护委员会在选举过程中营私舞弊、操纵选举程序和镇压示威民众，拉夫桑贾尼亦对选举危及伊斯兰共和国合法性表示严重关切，抨击官方镇压民众抗议，指责宪法监护委员会无视候选人的申诉，强调伊斯兰共和国的合法性来自民众，失去民众支持的政权是非法政权。拉夫桑贾尼的表态引发强烈反应，支持改革派的上层乌莱玛表示民众意志是政治合法性的主要来源，只有两位保守派上层乌莱玛即穆罕默德·叶兹迪和迈斯巴赫·叶兹迪支持哈梅内伊，谴责拉夫桑贾尼，强调伊斯兰共和国的合法性来自安拉的意志而不是民众的意志。更有库姆的资深教界人士公开质疑哈梅内伊的执政能力，呼吁罢免法基赫，指责法基赫将伊斯兰革命卫队作为自己的私人卫队和实行伊斯兰革命卫队的军人统治。蒙塔泽里发表声明，抨击政府的高压行为，指责现行政府的行为既不符合共和原则，亦不符合伊斯兰教法，是军人监护的政府。阿亚图拉萨内伊质疑现行神权体制的合法性，赞赏街头政治和支持民众示威，敦促神权政府停止对于和平示威所实施的暴力镇压的犯罪行为。阿亚图拉赞赞尼称伊斯兰共和国如同迫害什叶派穆斯林的哈里发政府,与阿里树立的公正统治的伊玛目政府相去甚远。

伊朗2009年选举时期的民众游行

　　2009年秋,民众抗议活动仍在延续,直至12月阿亚图拉蒙塔泽里的忌日和阿舒拉节期间达到高峰。国家与社会之间的对抗,由于2009年的总统选举而达到1979年革命以来空前激烈的程度,自发形成的绿色运动亦开始浮出水面。所谓的绿色运动作为民众广泛参与的社会运动和反对派政治联盟,采取政治示威的方式,表达民众对于现行体制的不满,挑战伊斯兰共和国的政治框架,现行法基赫制的合法性面临严重危机。另一方面,所谓的绿色运动超越了德黑兰精英阶层的范围,超越了支持穆萨维和反对艾哈迈迪内贾德的范围,汇集了诸多派别和群体的力量,促进了不同区域和不同族群之间的认同感,推动了公民社会的成长,同时成为民众表达诉求的方式。网络媒体成为绿色运动的重要工具,反对派利用社交媒体开展政治宣传,通过网络媒体组织民众举行集会和示威抗议。与此同时,包括萨内伊、蒙塔泽里、赞贾尼兹、塔赫里和阿尔达比里在内的多位阿亚图拉,亦通过网络媒体表明政治立场,抨击政府的高压行为,指责现行政府的行为既不符合共和原则,亦不符合伊斯兰教法,敦促神权政府停止对于和平示威所实施的暴力镇压的犯罪行为,呼吁重新举行总统选举。

2009年总统选举以及其后发生的绿色运动,标志着伊朗社会的进一步裂变,政治舞台不同阵营之间的矛盾冲突趋于公开化,反对派甚至跨越政治红线而将矛头指向哈梅内伊,而官方则将反对派领导人称作试图颠覆现行体制的第五纵队。不同政治派系之间的权力角逐趋于白热化,选举政治框架下的民众参与在伊斯兰共和国的政治发展进程中留下了深刻的印记。尽管如此,所谓的绿色运动似乎无意挑战现行体制,而是致力于挑战现行体制框架下的选举政治。伊斯兰共和国的现行体制业已包含一定程度的多元性,其诸多决策机构亦非浑然一体。例如,确定国家利益委员会和国家安全会议的成员来自不同的政治群体。其次,根据宪法的相关条款而定期举行的总统选举和议会选举,迫使官方寻求选民的支持,由此形成不同的政治派别,包括传统右翼、亲拉夫桑贾尼的重建集团、伊斯兰左翼改革派、亲艾哈迈迪内贾德的新保守派。即便在乌莱玛内部,亦存在政见的分歧和宗教思想的分歧:霍梅尼的嫡孙哈桑支持改革派和绿色运动,库姆和马什哈德的神学院支持保守派。

有研究者认为,在伊斯兰共和国政坛,改革派象征民主而保守派和新左派象征独裁,改革派在1997年总统选举、2000年议会选举和2001年总统选举中的胜出反映出伊斯兰共和国之自由民主的政治氛围,而改革派在2005年总统选举、2008年议会选举和2009年总统选举中的落败则标志着伊斯兰共和国政治生态的逆转和民主化进程的濒临夭折。亦有研究者认为,后巴列维时代的伊朗经历1979年伊斯兰革命、1997年改革派登上政坛、2009年绿色运动的三次重大转折,政治历程充满了不确定性。更有研究者认为,伊斯兰革命前的伊朗表现为国家与宗教的分离和对立,伊斯兰革命结束了国家与宗教的分离和对立状态,随之而来的是威权国家与民众社会的分离和对立。甚至有研究者认为,伊斯兰共和国的选举政治缺乏民主的基础,伊斯兰共和国直至2009年总统选举依然是威权国家,民主制只是民众的理想。实际情况并非如此,无论改革派抑或保守派和新左派,只是代表不同的政治理念和施政举措,存在于选举政治和民众参与的框架内,选举瑕疵即便是发达的西方国家亦屡见不鲜,改革派抑或保守派和新左派在大选中胜出与否,取决于民众意志和选票投向,归根结底取决于民众的选择,而选举结果并非任何机构和任何个人力量所能左右。

三、选举政治的世俗性

伊斯兰共和国的政治生态具有伊斯兰与共和的二元属性,包含宗教与世俗的双重元素。《伊斯兰共和国宪法》明确规定安拉主权与民众主权的政治原则,由此形成国家权力合法性的双重来源。宗教色彩的安拉主权表现为教法的实施和教法学家的监护权,以现行法基赫制作为外在形式,而世俗色彩的民众主权表现为伊斯兰共和国的共和原则,以常态化的选举政治作为外在形式。换言之,现行法基赫制在法理上源于伊斯兰共和国的伊斯兰属性,表现出自上而下和宗教政治的浓厚色彩。相比之下,常态化的总统选举和议会选举在法理上源于伊斯兰共和国的共和制属性,表现出自下而上和世俗政治的明显倾向。

伊斯兰革命后30年间,宗教政治与世俗政治经历此消彼长的变革和转换。霍梅尼时代,伊斯兰共和国的政治生态表现出浓厚的宗教色彩,法基赫作为最高领袖所代表的宗教权力凌驾于民选产生的世俗权力之上,世俗权力从属于宗教权力。进入世纪之交,伴随着民众选举的历史步伐,民选产生的总统和议会在伊斯兰共和国的政治舞台地位日益凸显。常态化的民众选举具有鲜明的世俗色彩,承载着共和制基础上的世俗政治实践。不同政治派系的竞选纲领大都在不同程度上内含着诸多的世俗元素,折射出常态化选举政治的世俗倾向。

伊斯兰共和国建立之初,民选产生的首任总统巴尼萨德尔试图强化总统行使的世俗权力,引发世俗阵营与宗教阵营之间的激烈冲突,巴尼萨德尔被迫辞职。继巴尼萨德尔之后,民选产生的第二任总统雷扎伊亦强调世俗政治原则,再度试图强化总统行使的世俗权力,直至成为暴力袭击的牺牲品。

后霍梅尼时代,旨在参与民众选举的诸多世俗政治组织相继崛起,反映出伊斯兰共和国政治生活的世俗化走向。"伊斯兰革命圣战组织"始建于1979年,原系左翼激进派政治组织,1986年被官方取缔,1991年重建,1996年进入第五届议会,与务实派议员组成议会联盟,即议会中的"真主党联盟"。"伊斯兰革命圣战组织"的竞选纲领具有明显的世俗色彩,坚持教法学家的集体监护权,强调民主选举和民众参与是伊斯兰共和国的政治基石。建设公仆党作为务实派政治组织,始建于1996年议会选举前夕,其竞选纲领亦具有明显的世俗属性,强调淡化伊斯兰革命的意识形态和教法学家的治国特权,主张在民众主权的框架下接受法基赫制,认为法基赫作为最高领袖源于民众的选择而不是安拉的钦定,法基赫必须根据宪法相关条款行使权力。"伊斯兰伊朗参与者阵线"系改革派政治组织,始建于1998年,1999年在首次地方选举中初露锋芒,2000年在议会选举中胜出。"伊斯兰伊朗参与者阵线"于2000年将"伊朗属于全体伊朗人"作为竞选口号,抨击右翼保守势力恪守的神权体制背离伊斯兰革命的传统,质疑最高领袖凌驾于宪法之上所行使的绝对权力,反对国家层面和政治领域的宗教特权,反对混淆宗教权力与国家权力,主张实现宗教权力与国家权力之间的分离,强调改革运动的驱动力来自伊斯兰革命之民主精神的回归。"伊朗伊斯兰建设者联盟"系新左派政治组织,于2003年地方选举中首次浮出政坛,继而于2004年议会选举和2005年总统选举中接连胜出。相比于保守派强调信仰至上的政治原则,"伊朗伊斯兰建设者联盟"在其竞选纲领中明确反对宗教特权,强调国家的合法性来自物质平等基础上的社会公正,关注诸如就业、收入之类的民众物质生活。"伊朗伊斯兰建设者联盟"主导的第七届议会,自伊斯兰革命以来首次出现非教界人士出任议长的局面。

相比于议会选举,总统选举表现出进一步的世俗倾向。综观在后霍梅尼时代历届总统选举中胜出的拉夫桑贾尼、哈塔米和艾哈迈迪内贾德,其竞选纲领无论强调经济振兴和政治改革抑或保护低收入的弱势群体,无不具有浓厚的世俗色彩和明确的世俗内涵。1997年总统选举期间,哈塔米以自由派和改革者的形象登上伊斯兰共和国的政治舞台,被选民寄予改革现行体制的厚望,西方媒体则将哈塔米称作"阿亚图拉戈尔巴乔夫"。哈塔米在其竞选纲领中反复提及公民社会和法治原则,反对宗教义务的强迫,强调开放和宽容的伊斯兰共和国将会受到民众的广泛支持和拥护。哈塔米在竞选期间呼吁提高女性的社会地位,消除男权社会的性别歧视,给予女性与男性同等的政治地位和社会地位,同时强调国家利益至上,主张国家之间相互尊重的和平外交,倡导不同文明的对话取代不同宗教之间的对抗。哈塔米认为,选举政治的局限和民选权力的弱势是伊斯兰共和国的明显缺陷,导致国家与社会的脱节和对立,而完善选举政治和强化民选机构的权力是伊朗发展的首要任务,促使公民社会走向成熟则是沟通国家与社会进而推动民主化进程的必由之路。哈塔米的竞选理念被保守派指责为试图以民主和自由的名义使国家走向世俗化,保守派报纸《伊斯兰共和国》则质疑哈塔米对于法基赫制的忠诚。相比之下,哈塔米的竞选对手努里持保守派政治理念。努里在竞选期间强调乌莱玛在国家体制中占据核心地位,声称"是乌莱玛策划了伊斯兰革命,罢免了国王,从巴尼萨德尔之辈的手中拯救了伊斯兰革命","在伊玛目隐遁期间,最高领袖享有与伊玛目和先知同样的权力,最高领袖的意愿就是所有人应当服从的命令和承担的义务"。保守派的抨击和努里竞选纲领的宗教色彩,折射出哈塔米竞选纲领的世俗性。2005年大选期间,改革派延续哈塔米的竞选理念,呼吁强化民选总统的世俗权力和削弱法基赫的宗教权力,强调拯救伊朗的唯一出路是民主制。务实派试图弥合意识形态的分歧,自称"原则主义改革派"抑或"保守的改革派",主张务实的内外政策和推动变革,承诺致力于推动经济增长、提高生活水准和建立廉洁政府,呼吁通过强力政府解决社会问题和实现社会稳定,俨然是改革派中的保守派和保守派中的改革派。务实派引入新的竞选方式,包括时尚的流行音乐、时装展示和彩色广告,旨在吸引选民和争夺选票,表现出浓厚的世俗色彩。新左派支持的总统参选人艾哈迈迪内贾德亦极力淡化意识形态,表示"通常认为回归革命仅仅是披戴头巾。实际上,国家目前面临的主要问题是就业和住房,并非是否披戴头巾",其世俗倾向显而易见。

伊斯兰共和国选举产生的最初两届议会,处于伊斯兰共和党的主导之下,其人员构成表现出浓厚的宗教色彩。据资料统计,在第一届议会全部327名议员中,具有宗教背景的议员161人,占据49%的议会席位,在第二届议会全部277名议员中,具有宗教背景的议员149人,占据54%的议会席位。自80年代后期开始,随着伊斯兰共和党退出政坛,议会构成的宗教色彩逐渐淡化。宗教学者即乌莱玛中当选议员者,第三届议会为80人,占据29%的议会席位,第四届议会为63人,占据25%的议会席位,第五届议会为53人,占据20%的议会席位,第六届议会为37人,占据12%的议会席位,第七届议会为43人,占据15%的议会席位,第八届议会为44人,占据15%的议会席位。与此同时,世俗背景的议员所占据的议会席位数量呈不断上升的趋势,议会作为选举产生的国家权力机构,其世俗化程度随之明显提高。

1980年选举产生的首任总统巴尼萨德尔,尽管具有阿亚图拉的家庭背景,其本人却非宗教学者,而是来自世俗知识界,毕业于德黑兰大学。1981年选举产生的第二任总统雷扎伊,出身商人家庭,本人亦非宗教学者。相比之下,此后历任选举产生的总统,包括哈梅内伊、拉夫桑贾尼和哈塔米,皆系宗教界人士,尽管并非阿亚图拉,却皆具有霍加特伊斯兰的宗教职衔,而世俗人士尚无竞选总统的政治空间。1997年总统选举前夕,"战斗的乌莱玛联合会"回归政坛,欲提名具有世俗背景的前总理穆萨维作为总统候选人,挑战总统竞选的惯例,遭到官方的否决,而哈塔米当选总统则被视作延续宗教学者主导政坛的重要标志。哈梅内伊表示,哈塔米在选举中胜出,证明选民忠于伊斯兰教、忠于教法学家和忠于伊斯兰共和国的现行体制,而司法总监叶兹迪进一步呼吁非宗教背景的世俗人士应当离开伊斯兰共和国的政治舞台。艾哈迈迪内贾德出身世俗知识界,毕业于德黑兰工业大学,于2005年在总统选举中胜出,继而于2009年连任,打破宗教学者出任总统的惯例,成为后霍梅尼时代首位世俗背景的总统,可谓伊斯兰共和国世俗化政治进程的里程碑。

四、选举政治的局限性

伊斯兰革命后30年间,基于《伊斯兰共和国宪法》规定的安拉主权与民众主权的双重法理原则以及宗教与世俗的双重政治原则,国家权力表现为非民选机构与民选机构并存的二元体制。换言之,常态化的选举政治的框架外长期存在着与民选机构平行甚至凌驾于民选机构之上的国家权力,由此形成选举政治在体制层面的局限性。

伊斯兰共和国宪法规定,法基赫作为隐遁伊玛目的代表行使治理国家的最高权力,而民选产生的总统并非国家元首,总统选举结果须经法基赫批准方可生效,总统就职必须得到法基赫的认可,由法基赫主持总统就职典礼。根据宪法,法基赫作为国家元首亦系选举产生。然而,法基赫并非产生于民众直接选举,而是产生于间接选举,即民众选举产生专家会议而专家会议选举产生法基赫。另一方面,不同于直接选举产生的总统和议会,间接选举产生的法基赫无任期限制,实为终身任职。1989年修改宪法期间,拉夫桑贾尼曾经建议规定法基赫任期10年,遭到否决。

根据《伊斯兰共和国宪法》,宗教学者行使宪法监护权。宪法监护委员会负责监督议会立法,批准和否决议会通过的法案,确保议会通过的法案符合宪法和伊斯兰教法,同时负责监督选举,审查议会选举、总统选举以及专家会议选举的参选人资格。霍梅尼曾经表示,宪法监护委员会是伊斯兰共和国举足轻重的权力机构,削弱和侵犯宪法监护委员会的宗教权威是威胁伊斯兰教和伊斯兰共和国的行为。哈梅内伊亦极力维护宪法监护委员会的权威性,强调宪法监护委员会是保卫伊斯兰共和国宗教属性的最重要的机构。然而,关于宪法监护委员会的选举监督权,曾任制宪会议主席的蒙塔泽里在1999年接受媒体采访时表示,宪法规定成立宪法监护委员会的目的,是保证选举公正以及避免出现操纵选举和其他选举瑕疵,并未给予宪法监护委员会以审查参选人参选资格的权力,现行选举程序即宪法监护委员会首先选择参选人,继而交由民众选举,意味着选民只能在宪法监护委员会认可的参选人中投票而别无选择,有悖宪法原则和制定宪法的初衷。哈塔米政府曾经屡屡呼吁议会修改宪法的相关条款,强化总统制,限制宪法监护委员会的宪法监护权,扩大总统的宪法监护权,尽管修宪在改革派占据多数席位的第六届议会获得通过,却被宪法监护委员会以违宪和违背伊斯兰教法为由予以否决。哈塔米在2000年议会选举前亦表示,应当取消选举程序中不必要的限制,这样的限制既不符合宗教亦不符合法律;即便不存在选举监督,多数选民依然选择宗教、独立和尊严;无论是选举权还是被选举权,都不应遭到践踏和侵犯。

根据1989年宪法修订案,设立确定国家利益委员会。确定国家利益委员会全体成员由法基赫任命,其主要职责是代表法基赫仲裁议会与宪法监护委员会之间的分歧,并就国家政策向法基赫提出建议。进入90年代,确定国家利益委员会逐渐成为凌驾于议会之上的立法机构。1993年,宪法监护委员会宣布,确定国家利益委员会制定的法律,任何其他机构无权否决。2000年议会选举后,确定国家利益委员会的立法权遭到议会的攻击,后者认为确定国家利益委员会的立法权违背宪法原则。确定国家利益委员会主席最初由总统兼任;1997年,根据专家会议的建议,改变由总统兼任主席的惯例,法基赫任命前总统拉夫桑贾尼出任确定国家利益委员会主席,旨在削弱时任总统哈塔米的权力。2005年,法基赫给予确定国家利益委员会监督所有国家机构的权力,旨在制约新任总统艾哈迈迪内贾德的权力。

伊斯兰共和国选举政治的局限性,不仅表现为常态化的选举政治的框架外长期存在与民选机构平行甚至凌驾于民选机构之上的国家权力,而且表现为宪法监护委员会作为非民选机构对于选举政治的干预和影响。宪法监护委员会在包括议会选举、总统选举和专家会议选举的国家层面的所有选举中审查参选人的参选资格和确定参选人,这既是伊斯兰共和国选举政治的必要程序,亦是影响选举结果的非选举性元素,具有司法政治化的色彩。监护委员会的选举监护权,导致选举政治的非公平性,"竞选不再是公民的当然权利,而是少数人的政治特权"。宪法监护委员会剥夺参选人的参选资格,且无需向选民解释理由,往往引发社会不满,直至导致暴力冲突。

霍梅尼生前的80年代,先后举行三次议会选举,未能通过监护委员会的审查而被剥夺参选资格的参选人在全部申请参选人中所占的比例均未超过

20%。其中,1984年举行第二届议会选举,1 854人申请参选,271人未能通过监护委员会的审查而被剥夺参选资格,约占全部申请参选人的15%;1988年举行第三届议会选举,1 615人申请参选,386人未能通过监护委员会的审查而被剥夺参选资格,约占全部申请参选人的19%。相比之下,霍梅尼去世后的90年代,未能通过监护委员会的审查而被剥夺参选资格的参选人在全部申请参选人中所占的比例大幅上升。1992年举行第四届议会选举,3 150人申请参选,1 060人未能通过监护委员会的审查而被剥夺参选资格,约占全部申请参选人的34%,其中包括40名试图竞选连任的议员。1996年举行第五届议会选举,5 121人申请参选,1 893人未能通过监护委员会的审查而被剥夺参选资格,约占全部申请参选人的44%。2000年举行第六届议会选举,宪法监护委员会迫于压力,一度放松对于参选人的资格审查,6 860人申请参选,668人未能通过监护委员会的审查而被剥夺参选资格,不足全部候选人的10%,这是伊斯兰共和国议会选举历史上的最低值。据媒体报道,宪法监护委员会成员阿亚图拉贾纳提后来对此深感悔恨,希望得到安拉的宽恕。2004年举行第七届议会选举,监护委员会再度加大审查力度,8 145人申请参选,3 533人未能通过监护委员会的审查而被剥夺参选资格,约占全部申请参选人的44%,其中包括83名试图竞选连任的议员,时人称之为"议会政变"。2008年举行第八届议会选举,7 597人申请参选,2 250人未能通过监护委员会的审查而被剥夺参选资格,约占全部申请参选人的30%,另有包括霍梅尼嫡孙阿里·艾什拉基在内的近百人宣布弃选,以示抗议。

1980年第一届总统选举,124人申请参选,8人通过监护委员会的资格审查而获准参选。1981年7月第二次总统选举,45人申请参选总统,4人通过监护委员会的资格审查而获准参选。1981年10月第三次总统选举,71人申请参选总统,4人通过监护委员会的资格审查而获准参选。1985年,45人申请参选总统,3人通过监护委员会的资格审查而获准参选。1989年,80人申请参选总统,2人通过监护委员会的资格审查而获准参选。1993年,128人申请参选总统,4人通过监护委员会的资格审查而获准参选。1997年,238人申请参选总统,4人通过监护委员会的资格审查而获准参选。2001年总统选举,814人申请参选,10人通过监护委员会的资格审查而获准参选。2005年总统选举,1 014人申请参选,其中7人通过监护委员会的资格审查而获准参选。2009年总统选举,475人申请参选,其中4人通过监护委员会的资格审查而获准参选。宪法监护委员会尽管准许女性参选议会,却禁止女性参选总统。1997年,9名女性申请参选总统,均被宪法监护委员会剥夺参选资格。2001年,再有25位女性申请参选总统,亦均被宪法监护委员会剥夺参选资格。

专家会议选举亦处于宪法监护委员会的监督之下,所有申请参选人必须通过宪法监护委员会的资格审查方可获准参选。据统计,1982年举行首次专家会议选举,168人申请参选,22人被宪法监护委员会剥夺参选资格,占全部申请参选人的13%;1990年举行第二次专家会议选举,183人申请参选,77人被宪法监护委员会剥夺参选资格,占全部申请参选人的42%;1998年举行第三次专家会议选举,396人申请参选,250人被宪法监护委员会剥夺参选资格,占全部申请参选人的63%;2006年举行第四次专家会议选举,495人申请参选,332人被宪法监护委员会剥夺参选资格,占全部申请参选人的67%。1990年,甚至时任议长卡鲁比和司法总监哈勒哈里亦被剥夺参选资格,进而被排除于专家会议之外。1998年,尽管宪法监护委员会承诺允许女性和世俗界参选专家会议,然而9名女性中8人被剥夺参选资格,另外1人弃选,而世俗人士参选专家会议亦困难重重,当选者无几。

有研究者认为,宪法监护委员会对于参选人的资格审查限制着选民的选择空间,伊斯兰共和国的选举并非自由和公正的选举。实际情况不然,选举政治的局限性不应夸大。常态性的选举政治并非徒具虚名和流于形式,议会选举、总统选举、专家会议选举和地方选举,均表现为全民参与的直接选举,参选人一旦通过宪法监护委员会的资格审查,竞选程序表现出自由性、公正性和开放性,不同政治派系合法竞争,参选人之间竞争激烈,选举结果具有非操纵性和非确定性。根据选举法,议会选举分为两轮投票。1980年举行的第一届议会选举,97人在第一轮中投票胜出,剩余173个席位通过第二轮投票选举产生。1984年举行的第二届议会选举,123人在第一轮中投票胜出,剩余147个席位通过第二轮投票选举产生。1988年举行的第三届议会选举,188人在第一轮中投票胜出,剩余82个席位通过第二轮投票选举产生。1992年举行的第四届议会选举,135人在第一轮中投票胜出,剩余135个席位通过第二轮投票选举产生。1996年举行第五届议会选举,224人在第一轮投票中胜出,剩余46个席位通过第二轮投票选举产生。2000年举行的第六届议会选举,224人在第一轮中投票胜出,剩余66个席位通过第二轮投票选举产生。2008年举行的第八届议会选举,208人在第一轮中投票胜出,剩余82个席位通过第二轮投票选举产生。另一方面,尽管选举法并未规定议员任期,可以连选连任,然而历届议员的构成变动甚大。据统计,除第一届议会外,自1984年选举产生的第二届议会开始,至2008年选举产生的第八届议会,首次当选的议员占据的议会席位比例,均在50%上下波动,其中1988年选举产生的第三届议会中首次当选的议员占据的议会席位比例达到58%,而2000年选举产生的第六届议会中首次当选的议员占据的议会席位比例达到59%。另据统计,1984年议会选举,105人连任议员,1988年议会选举,66人连任议员,1992年议会选举,83人连任议员,2000年议会选举,不足60人连任议员。议员连任数量的下降和新议员数量的上升,亦反映出议会选举的竞选激烈程度。1997年大选前夕,改革派人士甘吉表示:"如果我们要求自由、民主、人权和安全,就必须出现在大选的投票站……如果3 000万选民走向投票站,将自己的选票投给议会的改革派候选人,就有可能改变违背人权和违背宪法的所有法律"。改革派人士哈贾里安亦曾经表示,1997年以前,民众在大选中保持沉默的态度,而1997年大选中,投票率大幅上升,大多数沉默的选民不再沉默,通过投票的方式表达自身的政治诉求,他们与其说是支持哈塔米竞选总统,不如说是表达对于保守派势力的不满。"保守势力已经难以阻止伊朗政坛的多元化进程,而伊朗政坛的多元化进程正是建立在共和制政治理念的基础之上……1997年的总统选举、1999年的地方选举和2000年的议会选举,标志着伊朗的选举政治进入新的成熟阶段。选举环境相对宽松,宪法监护委员会的干预程度明显削弱。"2000年议会选举是伊朗伊斯兰共和国民主化进程中的重要里程碑,尽管大选前夕暴力事件时有发生,然而舆论公认此次选举环境自由公正,显示出伊斯兰共和国政治民主化的发展方向和选举政治的趋于成熟,时人称之为犹如伊朗政坛的强烈地震,国际媒体则评价2000年议会选举是自由和民主的选举,可谓伊斯兰民主制政治实践的典范。

议会席位的分布作为选举结果表现出明显的多元性,任何政治派系皆无法垄断议会席位。1992年议会选举中激进派的败选和务实派与保守派竞选联盟的胜出,反映出选民在经历两伊战争之后走出经济困境的强烈诉求。2000年议会选举中保守派的败选和改革派的胜出,则反映出选民对于推动政治改革进程的迫切渴望。地方选举不在宪法监护委员会的监护范围之内,1999年举行首次地方选举,改革派大获全胜,2003年举行第二次地方选举,改革派尽管并未受到来自官方的限制,却依然落败,而新左派胜出的主要原因在于选民对于改革派施政的失望。2004年议会选举,改革派败选,新左派再度胜出。2008年议会选举,诸多派系赢得的席位可谓平分秋色。总统选举同样表现出多元性和开放性的民主倾向。1997年总统选举,4位参选人分别代表改革派和保守派两大竞选阵营,2005年总统选举,7位参选人亦分别来自务实派、改革派、保守派和新左派,反映出宪法监护委员会对于大选期间之不同政治倾向的默许和对于不同政治派系参与竞选的认可。1997年总统选举中胜出的哈塔米和2005年总统选举中胜出的艾哈迈迪内贾德,皆可谓政坛黑马。相比之下,拉夫桑贾尼堪称伊斯兰共和国政坛的重量级元老,长期担任确定国家利益委员会主席和专家会议副主席,得到宪法监护委员会的支持,却在2000年竞选议员中落败,2005年竞选总统时再度落败。

由此可见,宪法监护委员会的干涉和国家权力机构的非民选因素不足以左右选举结果,不同政治派系在政坛的消长取决于民众的选票和选民的意志,而选民的意向无疑是决定选举结果的根本要素。此外,尽管宪法规定国家元首并非民选总统而是最高领袖法基赫,然而法基赫作为国家元首无权指定总统人选,亦无权任命议员。纵观伊斯兰革命后30年间的选举政治历程,除首任总统巴尼萨德尔被迫辞职和第二任总统雷扎伊死于非命之外,历任总统皆任期届满,未出现罢免民选总统的现象,而历届议会亦未出现在届满前被强行解散的现象,表明民选总统和民选议会具有相当程度的独立地位。

巴列维王朝覆灭之初,临时政府总理巴扎尔甘反对采用"伊朗伊斯兰共和国",坚持伊朗采用的正式国名应是"伊朗伊斯兰民主共和国",引发官方教界对于"民主"一词的反感。霍梅尼表示,新的国家需要的是伊斯兰共和制,而不是民主共和制,伊斯兰共和国不需要冠以西方色彩的"民主"一词,伊斯兰教亦不需要诸如"民主"之类的修饰词。此后,官方长期回避"民主"一词。尽管如此,伊斯兰共和国经历民主化的长足发展,却是不争的事实。实现民众主权无疑是1979年伊斯兰革命的重要目标;伊斯兰革命后30年间选举政治的常态性、派系竞争性和民众参与性以及世俗色彩,充分表明伊斯兰共和国的政治进程中民主化的发展方向。

第五节 经济社会的长足进步

一、伊斯兰共和国经济的发展

霍梅尼时期,伊朗经济经历明显波动的状态,总体上呈递减的趋势。伊斯兰革命引发的政治动荡和社会动荡、国家制度的不确定性以及人质危机后美国的制裁和西方世界的封锁,皆对伊朗经济产生深刻的负面影响。长达8

年的两伊战争,则是导致伊朗经济形势恶化的首要因素。据统计,两伊战争期间,伊朗超过 50% 的城市和多达 4 000 个村庄以及 30 万个家庭受到程度不同的影响,6 万人失踪,5 万人被俘,伤残者超过 50 万人,250 万人失去家园。两伊战争给伊朗造成的直接经济损失为 6 000 亿美元,包括间接损失在内的全部损失达到 1 万亿美元。伊朗西部与伊拉克接壤的胡齐斯坦、巴赫塔兰、伊拉姆、库尔德斯坦和西阿塞拜疆 5 省人口稠密,是两伊战争期间遭受损失最大的地区。两伊战争期间,52 座被战火席卷的城市大都分布在上述 5 省,上述 5 省 30% 的村庄亦遭到战火的蹂躏,基础设施遭到严重破坏。

两伊战争期间,伊朗经济持续呈现负增长的状态。据统计,1978—1988 年,国内生产总值年均下降 1.5%,1988 年的国内生产总值仅仅相当于 1974 年的水平。伊朗经济长期依赖石油生产,伊朗的石油收入 1983 年为 210 亿美元,1985 年下降为 140 亿美元,1986 年下降为 60 亿美元,1988 年只有 10 亿美元。石油收入的下降导致伊朗政府的严重财政赤字,1986 年财政赤字达到 50 亿美元。按照 1982 年的官方比价计算,伊朗的人均收入从 1977 年的 29 万里亚尔下降为 1989 年的 15 万里亚尔。城市人口的失业率,从 1977 年的 4.4% 上升为 1984 年的 13.4%,1988 年达到 18.9%。

两伊战争结束后,伊朗的经济形势逐渐好转。1989—1994 年 5 年间,伊朗经历革命后和战后的经济重建过程。1989—1994 年,国内生产总值年均增长 7.3%,其中农业产值年均增长 5.9%,石油工业产值年均增长 8.9%,制

两伊战争中的霍拉姆沙赫尔巷战

两伊战争中的伊朗士兵

造业产值年均增长8.7%,电力工业产值年均增长12.7%,建筑业产值年均增长5.5%,服务业产值年均增长7.4%。自1990年起,海湾地区的紧张局势导致国际市场的石油价格急剧上涨,伊朗的石油产量随之逐年上升。1989年,伊朗的石油日产量为256万桶,日均出口石油165万桶。1997年,伊朗的石油日产量达到360万桶,日均出口石油262万桶。伊朗政府的石油收入,1980年仅为130亿美元,1990年增至170亿美元,2000年达到300亿美元。

霍梅尼时期强调政府干预的经济政策,尤其是将自给自足的经济发展战略作为捍卫国家主权的重要保障。霍梅尼在1984年明确告诫国民:"我们只有在经济上实现自给自足,才能确保政治上的独立,而只有发展农业生产,才能确保实现自给自足的经济战略。"1989年拉夫桑贾尼出任总统后,伊朗政府逐渐放弃政府干预的经济政策,转而积极推行自由化的经济政策,取消价格控制,扩大自由贸易,削减生活必需品的物价补贴,调整产业结构,开放资本市场,鼓励私人投资,出售国有企业。与此同时,伊朗政府将波斯湾的克什姆和基什两处岛屿划为自由贸易区,吸引国外投资。1984年,伊朗政府恢复德黑兰股票市场;至1991年,近400家国有企业的1 200亿里亚尔的股份上市出售。1990年,伊朗政府开始允许外汇的自由兑换。1993年,伊朗政府正式宣布贬值里亚尔,进而实行单一汇率的外币兑换。伊朗政府的上述举措,旨在修补两伊战争造成的创伤,扩大国内生产,逐步完善市场化的经济秩序,进而实行从进口替代的内向型经济模式向国际分工的外向型经济模式的转变。1995年议会通过的第二个五年计划和1997年哈塔米当选总统,标志着伊朗国家政策从意识形态至上向经济建设优先的进一步转变、从封闭的进口替代模式向开放的出口外向模式的进一步转变。

巴列维政府长期奉行优先发展工业的经济政策,农业的发展速度相对缓慢。相比之下,伊斯兰共和国政府将农业视作发展的"轴心",在最初制订的两个五年计划中强调农业优先的经济政策,争取在10年内实现农产品的自给自足。伊斯兰共和国政府实行间接参与的农业发展政策,增加农业信贷和乡村基础设施的建设投资,提高农产品价格,进而明显加快农业生产的增长速度。与1977年相比,农业产值1980年增长17%,1984年增长43%,1988年增长61%,1990年增长81%,1992年增长104%。1977—1993年,主要农作物小麦的播种面积由546万公顷增至719万公顷,大麦的播种面积由128万公顷增至196万公顷,水稻的播种面积由46万公顷增至59万公顷。1977—1997年,小麦的年产量由550万吨增至1 000万吨,大麦的年产量由

120万吨增至270万吨,水稻的年产量由140万吨增至270万吨,马铃薯的年产量由70万吨增至310万吨。

据统计,1976年,伊朗人口总数为3 370万,劳动力总数为980万;1986年,伊朗人口总数为4 940万,劳动力总数为1 230万;1996年,伊朗人口总数增至6 010万,劳动力总数增至1 600万;2006年伊朗人口总数达到7 050万,劳动力总数达到2 350万。此间,伊朗产业结构亦发生明显的变化,农业劳动力大幅下降,其在全部劳动力中所占比例,1976年为34%,1986年为29%,1996年为23%,2006年为18%,相比之下,服务业劳动力持续增长,其在全部劳动力中所占比例,1976年为32%,1986年为45%,1996年为46%,2006年为50%。2000—2004年,不包括石油收入的GDP年均增长率为5.8%,高于发展中国家的平均水平。

二、城市化进程的延续与城乡差距的缩小

20世纪初,城市人口约占伊朗总人口的五分之一。自白色革命开始,伊

德黑兰的阿扎迪广场

空中拍摄的德黑兰城区

朗的城市化进程明显加快,城市人口在伊朗总人口中所占的比例从1956年的31.4%增至1976年的47.3%。伊斯兰共和国建立后,延续城市化的进程;城市人口在伊朗总人口中所占的比例从1976年的47.3%上升为1986年的53.3%,1996年增至60.8%,2006年达到68.5%。1976年,超过百万人口的城市只有首都德黑兰,1996年,超过百万人口的城市达到5个,另有4个城市人口在50万与百万之间,14个城市人口在50万与25万之间。另一方面,巴列维王朝时期,首都德黑兰的人口增长速度明显超过其他城市。伊斯兰革命后,德黑兰人口的增长速度逐渐下降,而其他城市特别是人口不足10万的小城市人口在城市总人口中的比例呈上升趋势。据统计,1971—1991年,德黑兰的年均人口

德黑兰街景

增长率为 2.9%，其他城市的年均人口增长率为 5.5%。另据统计，1976 年，伊朗城市总人口的 29.5% 分布于德黑兰，不足 10 万人口的小城市约占伊朗城市总人口的 55.6%。1986 年，德黑兰人口在城市总人口中所占的比例下降为 24.8%，不足 10 万人口的小城市占伊朗城市总人口的比例上升为 59.2%。1996 年，德黑兰人口在城市总人口中所占的比例下降为 21%，不足 10 万人口的小城市占伊朗城市总人口的比例上升为 64.4%。2006 年，德黑兰人口在城市总人口中所占的比例下降为 17.6%，不足 10 万人口的小城市占伊朗城市总人口的比例上升为 68.7%。

德黑兰的巴扎

城市化进程的突出现象是外来移民人数的增长。20 世纪 70 年代中期，城市外来移民的境况日趋恶化，德黑兰尤其明显。外来移民大都分布于城市的棚户区，缺乏必要的社会保障，处于无助的状态。与此同时，宗教机构和宗教组织的作用逐渐扩大，为无助的移民提供帮助和救济，进而产生广泛的社会影响。伊斯兰革命后，移民的浪潮继续。1976—1986 年，伊朗人口从 3 370 万增至 4 990 万，增长 48%；城市人口从 1 570 万增至 2 700 万，增长 72%；乡村人口从 1 800 万增至 2 260 万，增长 26%。城市化速度明显超过全国人口和乡村人口的增长速度。

伊斯兰革命可谓"被剥夺者"的革命，伊斯兰革命和伊斯兰化的理念在于强调重新分配财富和缩小贫富差距。革命后的伊斯兰政府不断推出诸多相关举措，致力于改善国家的基础设施和关注乡村发展，加大对于乡村和贫困地区的基础设施投入。由此带来的变化是乡村教育的普及和乡村教育水平的提高、现代传媒在乡村的延伸、乡村社会开放程度的提高和乡村与城市联系的明显加强，乡村社会逐渐融入国家发展的进程。

城乡差距与人口流向两者之间无疑具有内在的逻辑联系。巴列维时代，现代化进程主要局限于大城市的范围，乡村和边远地区长期处于相对落后的状态。白色革命期间,伊朗经济社会生活的突出现象是城乡差距的明显扩大。伊斯兰共和国建立后,政府不断增加乡村和贫困地区基础设施的财政投入。伊斯兰革命后的最初10年,乡村投资超过政府财政投资的四分之一。与此同时,城乡差距逐渐缩小。据统计,1976—1986年,乡村铺面公路从1万公里增至3.4万公里,占公路总里程的比例从16%上升为24%;1999年,

伊朗乡村一角1

伊朗乡村一角2

乡村铺面公路达到6.7万公里。1977—1982年,农业生产用电量在全部用电量中所占的比例从3.3%增至5.3%,是乡村电气化程度提高的重要标志。1977—2004年,乡村的用电家庭从16.2%增至98.3%,电冰箱的普及率从7.6%增至92.4%。此间,电视普及率在城市从22.6%增至97.5%,在乡村从3.2%增至89.1%。2004年,几乎半数的乡村家庭使用固定电话,而革命前的1977年不足1%。在超过6万个自然村落中,自来水使用率从1977年的11.7%增至2004年的89%。2004年,城市80.1%的家庭和乡村14.1%的家庭使用管道天然气。随着城乡差距的逐渐缩小,乡村人口流入城市的数量出现下降的趋势。1977—1986年的十年间,乡村人口流入城市的总数为360万。相比之下,1987—1996年的十年间,乡村人口流入城市的总数仅为190万。

伊朗乡村一角3

伊斯兰革命后,特别是1990年以后,贫困率逐渐下降。据世界银行2003年报告,伊朗的贫困率从1990年的26%下降为1998年的21%。按照伊朗官方划定的贫困线,乡村人口日收入低于2.4美元,城市人口日收入低于2.9美元,德黑兰人口日收入低于4美元,属于贫困人口。2002年,伊朗乡村贫困率为32.4%,城市贫困率为10.4%,德黑兰贫困率为5.9%。在世纪之交的十年，伊朗的贫困率呈下降的趋势，贫富分化处于稳定的状态。走进新世纪的伊朗经济所面临的问题，不再是减低贫困率，而是解决财富分配的不合理、缩小贫富之间的不平等和为不断增长的人口提供更多的就业机会。

三、教育的进步

1976—1986 年，7 岁以上城市人口识字率从 65% 上升为 73%，年均增长率 7.7%，乡村人口识字率从 31% 上升为 48%，年均增长率 17.7%。此间，每 10 万人拥有的小学数量，城市从 367 所上升为 432 所，净增 65 所，乡村从 452 所上升为 680 所，净增 228 所；每 10 万人拥有的初中数量，城市从 163 所上升为 189 所，净增 26 所，乡村从 44 所上升为 128 所，净增 84 所；每 10 万人拥有的高中数量，城市从 99 所上升为 114 所，净增 15 所，乡村从 6 所上升为 20 所，净增 14 所。据资料统计，1976—1996 年，伊朗人口的识字率从 47.5% 上升为 79.5%，其中女性和乡村的识字率上升幅度尤为明显，女性识字率从 35.5% 上升为 74.2%，乡村人口识字率从 30.5% 上升为 69.3%。1979—1996 年，各级学校在学人数从 725 万上升为 1 932 万。

拉夫桑贾尼政府致力于发展高等教育，淡化大学校园的意识形态狂热程度，旨在培养国家发展所需的技能型人才。拉夫桑贾尼出任总统之初，政府要求即将入学的大学生与校方签署协议，保证不挑战教授的权威地位，所谓的文化革命由此正式落下帷幕。拉夫桑贾尼任职总统期间，政府加大投资力度，创办新的高等学校，同时鼓励私人投资高等教育，在伊朗各地拥有多处校园的私立性质的伊斯兰开放大学（Daneshgah Azad Eslami）由此诞生，高等教育随之出现扩张趋势。据统计，1979 年，高等学校在学人

伊斯兰开放大学校区

数不足 24 万,大学生所占人口比例仅为 0.7%,1997 年,高等学校在学人数增至 121 万,大学生所占人口比例上升为 2%,2006 年,高等学校在学人数达到 240 万,大学生所占人口比例达到 3.5%。

教育的进步是革命后伊朗社会层面最显著的变化,在开放程度、职业结构、意识形态和政治倾向性诸多领域影响尤为突出,边远地区和乡村社会的政治化程度随之提高。高等教育的迅猛发展奠定了科学技术长足进步的坚实基础。在数学和理论物理领域,伊朗学者已经跻身世界前列。

伊斯兰共和国教育进步的突出表现,是女性受教育程度的大幅提高。伊斯兰革命前夕的 1976 年,女性的入学率为 36%,女性就学人均 1.9 年,其中城市女性就学时间人均 3.6 年,乡村女性就学时间人均仅为 0.4 年,女性识字率在城市为 64%,在乡村仅为 18%。伊斯兰革命后,教育得到迅速的发展,女性受教育率随之大幅上升。至 1996 年,女性的入学率达到 72%,大体相当于同时期土耳其的女性入学率而超过同时期巴基斯坦的女性入学率达一倍之多,而女性识字率在 1992 年的乡村达到 62%,在 1996 年的城市达到 82%。在乡村地区,女性入学率的增长幅度尤为明显。1999 年,初等学校的女性入学率超过 95%。在高等学校,几乎所有课程均向女性学生开放。1972—1991 年 20 年间,女性仅占大学生总数的 30%。90 年代的 10 年间,女性在大学生中的比例大幅上升,1995 年达到 40%,1996 年达到 43%,1998 年达到 52%,1999 年达到 56%,2000 年达到 60%。1996 年,在全部 6.3 万名伊斯兰经学院学生中,女性学生约 1 万人,占学生总数的 16%,其中 90% 来自城市。1986—1996 年,乡村男性识字率从 60% 上升为 77%,乡村女性识字率从 36% 上升为 62%,乡村女性识字率的上升幅度明显高于乡村男性识字率的上升幅度。2006 年,15—49 岁的女性识

课堂上的伊朗女学生

字率上升为87.4%，其中城市女性识字率达到92.1%，乡村女性识字率达到76.5%，女性就学时间人均达到7.4年，其中城市女性就学时间人均达到8.4年，乡村女性就学时间人均达到4.9年。

<h3 style="text-align:center">四、妇女地位的提高</h3>

巴列维王朝曾经于1936年宣布废止女性披戴面纱的传统法律，伊斯兰革命前夕，伊朗街头的女性服饰各异。伊斯兰共和国建立后，妇女身着伊斯兰传统服饰成为强制性的宗教规定。然而，法基赫制与妇女地位原本并无根本的对立。自霍梅尼时期开始，更多的妇女走出家庭，走进学校，走向社会。与革命前的君主制时代相比，下层妇女的经济社会地位得到提高，青年妇女获得更多的受教育的机会，特别是在城市的棚户区和遥远的乡村。与此同时，女性与男性在受教育程度方面的差距逐渐缩小，女性受教育率和就业率大幅上升，女性的社会角色随之逐渐改变，不再局限于家庭和家务的范围，社会化程度明显提高，是为伊斯兰革命后伊朗社会史的突出现象。

女性就业是伊斯兰革命以来备受热议的社会话题和政治话题。在伊斯兰革命前的伊朗，女性受教育程度低下，女性的就业领域局限于低收入的乡村地毯编织业。伊斯兰共和国成立之初，女性就业一度受到限制，女性的公共空间明显缩小。进入20世纪90年代，随着新经济政策的实施和经济自由化的长足发展，政府逐渐解除对于妇女参与公共活动的诸多限制，女性的就业环境明显改善，女性的就业领域转向职业化程度更高的第三产业，女性的就业率明显提高。在教育和医疗卫生领域，女性分别占从业者总数的46%和42%。据1996年统计，女性在全部从业者中所占比例约为14%，然而女性在管理领域和知识界的从业者中所占比例却高达38%。1999年，女性约占伊朗政府雇员的三分之一。"就从事的职业而言，越来越多的伊朗妇女成为律师、医生、教授、记者、工程师、经纪人、企业家、体育教练和电视主持人。"

1966年，伊朗育龄妇女人均生子7.9个。巴列维政府曾经于1967年推行计划生育政策，然而收效甚微，人口增长率居高不下。伊斯兰革命后，人口出生率出现下降的趋势，妇女生育率由1986年的人均6.4个下降为1989年的人均5.3个，1990年下降为4.8个。另据统计，1985—2000年，妇女人均生育率下降接近70%。妇女生育率的下降趋势，亦可在某种程度上折射出伊斯兰革命后女性社会角色的转换。

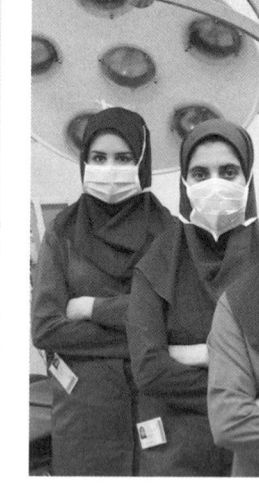

伊朗女飞行员

戴头巾的伊朗女医生

巴列维时代,参与政治的伊朗妇女主要局限于上层社会。早在1963年,女性就获得议会的选举权和被选举权。然而,在君主独裁的体制下,议会形同虚设,所谓的选举权和被选举权有名无实,议会选举与真正意义的民众政治参与相去甚远。伊斯兰革命胜利的前夕,霍梅尼明确表示,即将诞生的伊斯兰国家不仅应当保证妇女享有政治权利和社会权利,而且应当给予妇女真正的自由和尊严。伊斯兰革命期间,霍梅尼呼吁女性走上街头,加入反对巴列维国王独裁统治的民众运动。霍梅尼曾表示,没有妇女的积极参与,就不会有伊斯兰革命的胜利。

自霍梅尼时期开始,日益增多的中下层妇女逐渐成为伊朗政治生活的重要参与者,女性的政治参与范围不断扩大。1979年组建的临时政府中尚无女性成员,在72人组成的制宪会议中只有女性1人。在1992年的第四届议会中,9名女性当选议员。1996年,约200名妇女竞选第五届议会席位,13名妇女成为议员,女性候选人法耶兹·哈什米所得票数仅次于努里,高居德黑兰选区议员候选人的第二位。伊斯兰共和国宪法强调公民平等的法律原则,并未规定竞选总统的性别限制,然而宪法监护委员会却禁止女性候选人竞选总统。1997年5月,238人参与总统竞选,其中包括8名女性,是伊朗历史上前所未有的。女性总统候选人阿扎姆·塔里甘尼声称:"竞选总统是我的合法权利……宪法监护委员会如果尊重伊斯兰教的原则,不应当否认我作为女性竞选总统的资格。宪法监护委员会成员应当看到当今世界伊斯兰教的潮流。例如在孟加拉这样的穆斯林国家,女性可以成为总统和内阁总理。"总统竞选的积极参与,无疑反映出女性政治地位的明显提高。

伴随着选举政治的世俗化和民主化进程,妇女地位成为不同竞选阵营关注的焦点。女性选民投票率居高不下,女性选民则是候选人极力争取的重要选票来源。1997年总统选举期间,哈塔米明确表示,支持提高女性的社会地位和政治地位,主张修改旨在强化性别差异和歧视女性的现行法律,强调女性在科学、社会和政治领域的重要作用。哈塔米赢得的选票中约40%来自女性选民,女性选票可谓哈塔米竞选成功的重要票源。努里尽管被许多女性选民称作塔里班式的伊斯兰激进组织分子,亦不得不在女权方面做出承诺。伊朗学者沙迪塔拉布因此指出:"在伊朗,选举提供了女性决定男性命运的为数不多的机会,而女性选民约占全部选民的半数。"哈塔米当选总统后,埃伯特卡尔出

伊朗首位女性副总统埃伯特卡尔

任伊朗首位女性副总统,负责环境与妇女事务,女性政治家沙贾伊和拉赫纳瓦尔德分别出任负责妇女事务和负责文化事务的总统特别顾问。在同年举行的议会中期选举中,女性议员增至14人。1999年,7 000名女性获准参与地方议会竞选,其中约300名女性进入地方议会;在几乎所有的主要城市,女性均赢得议会席位。在德黑兰城市议会的15个席位中,女性候选人获得3个席位。

哈塔米任职总统期间,强调女性的受教育权是妇女享有的基本权利,而且修改现行教育法中歧视女性的内容,提高女性在家庭和社会中的地位,实现所有领域的男女平等,邀请女性专家参与教育政策的制定,完善女性的职业性和技能型培训以便扩大女性就业,直至修改教科书,增加女性社会形象的插图。此间,女性大学生人数首次超过男性大学生人数,女性参加竞技性体育和娱乐性体育的人数亦达到前所未有的程度。2000年,法耶兹·哈什米在报纸发表文章指出,已有大约200万女性参加了各种形式的体育运动,而1998年只有40万人,伊斯兰革命前只有1万人,哈塔米当选总统后女性自由程度的提高,由此可见一斑。与此同时,女性非政府组织的数量呈现大

幅上升的趋势,至 2005 年总数超过 480 个,涉及社会和政治的各个领域。

世纪之交,以追求男女平等、消除性别歧视和扩大女性公共参与为宗旨的女权运动,成为伊朗国内社会运动的新形式。女权运动的参与者,来源极其广泛,超越了改革派与保守派以及世俗势力与宗教势力之间的政治界限。伊朗著名女权运动领导人艾哈迈迪胡拉桑尼表示,女权运动是伊朗的民主化运动的重要组成部分。高等教育的扩展,加速了女性的社会化和政治化。教界人士大都在女权问题上持传统和保守立场,不赞同改善女性的社会地位。因此,女性选民更具世俗倾向,成为支持世俗化的重要社会基础。

2003 年,在女权运动高涨的背景下,改革派占据多数席位的议会通过法案,批准关于消除性别歧视的联合国公约,而宪法监护委员会否决了该法案。持改革派立场的阿亚图拉萨内伊则公开宣布,女性与男性享有同等的法律权利,女性有权出任所有适合男性的国家公职。同年,伊朗女权运动的倡导者伊巴迪获得诺贝尔和平奖,成为首位获得诺贝尔奖的穆斯林女性,表明国际社会对伊朗女权运动的关注。2004 年,主要保守派妇女组织宰纳布协会宣布加入争取女性竞选总统权利的女权运动,标志着女权运动的重大转折。议长卡鲁比亦表示,限制女性竞选总统的法律规定与宗教原则不符。实现男女平等,在伊朗已经为期不远。2006 年夏,女权运动组织发起"百万人签名活动",要求修改歧视女性的相关法律。2009 年总统大选前夕,42 个妇女组织建立反对新保守派政府的"妇女联盟",向总统候选人提出条件,呼吁批准《联合国消除性别歧视公约》和修改宪法关于性别歧视的第 19、20、21、115 款。改革派总统候选人卡鲁比承诺批准曾经在第六届议会(1999—2003)通过后被宪法监护委员会否决的《联合国消除性别歧视公约》,承诺解除限制妇女服饰的相关禁令,穆萨维则在竞选纲领中明确阐述了关于保护妇女权益的相关主张。

作者点评:

纵观世界历史,从专制走向民主乃是人类社会发展的必然趋势。伊斯兰革命堪称伊朗现代化进程的历史坐标,汹涌澎湃的民众运动迎来了伊斯兰共和国冉冉升起的绚丽霞光,伊朗历史由此迈入崭新的时代。尽管法基赫制颇具特色,但相对宽松的政治生态无疑催生着多元化的政治理念和政治派系,常态化的选举和民众广泛的政治参与已成为不争的事实。风流人物竞相登场,伊斯兰共和国的政治舞台群星璀璨,争奇斗艳。民众诉求得以合法彰显,国家意志与民众意志渐趋吻合,经济社会长足进步,书写着伊朗现代化的华彩篇章。

参考书目

1. 《古代伊朗史料选辑》,李铁匠选译,商务印书馆1992年版。
2. 奥姆斯特德:《波斯帝国史》,李铁匠译,上海三联书店2010年版。
3. 米夏埃尔·比尔冈:《古代波斯诸帝国》,李铁匠译,商务印书馆2015年版。
4. 希罗多德:《历史》,王以铸译,商务印书馆2016年版。
5. 埃尔顿·丹尼尔:《伊朗史》,李铁匠译,东方出版中心2010年版。
6. 阿宝斯·艾克巴尔·奥希梯扬尼:《伊朗通史》,叶奕良译,经济日报出版社1997年版。
7. 艾哈迈德·爱敏:《阿拉伯伊斯兰文化史》,纳忠译,商务印书馆1982年版。
8. 阿布杜尔礼萨·胡尚格·马赫德维:《伊朗外交四百五十年》,元文琪译,商务印书馆1982年版。
9. 热拉德·德·维利埃:《巴列维传》,张许苹、潘庆舲译,商务印书馆1986年版。
10. Abrahamian, E., *Iran: Between Two Revolutions*, Princeton 1982.
11. Abrahamian, E., *Khomeinism: Essays on the Islamic Republic*, California 1993.
12. Abrahamian, E., *A History of Modern Iran*, Cambridge 2008.
13. Adelkhan, F., *Being Modern in Iran*, Hurst & Company, London 1998.
14. Afary, J., *The Iranian Constitutional Revolution: 1906—1911*, New York 1996.
15. Afshar, H., *Iran: A Revolution in Turmoil*, London 1985.
16. Ahmad, K.J., *Heritage of Islam*, Lahore 1956.
17. Al-Baladhuri, *Kitab Futuh al-Buldan*, New York 1968.
18. Ali, A., *A Short History of the Saracens*, New Delhi 1977.

19. Alizadeh, P., *The Economy of Iran: the Dilemmas of an Islamic State*, London 2000.
20. Alsaif, T., *Islamic Democracy and Its Limite: The Iranian Experience Since 1979*, London 2007.
21. Amid, M.J., *Agriculture, Poverty and Reform in Iran*, London 1990.
22. Amirahmadi, H., *Revolution and Economic Transition: The Iranian Experience*, New York 1990.
23. Ansari, A.M., *Modern Iran Since 1921: The Pahlavis and After*, London 2003.
24. Arjomand, S.A., *The Turban for the Crown: the Islamic Revolution in Iran*, New York 1988.
25. Arjomand, S.A., *After Khomeini: Iran Under His Successors*, Oxford 2009.
26. Avery, P., Hambly, G. & Melville, C., *The Cambridge History of Iran*, Cambridge 1975.
27. Axworthy, M., *A History of Iran: Empire of the Mind*, New York 2008.
28. Azimi, F., *Iran: The Crisis of Democracy*, New York 1989.
29. Baktiari, B., *Parliamentary Politics in Revolutionary Iran: the Institutionalization of Factional Politics*, Florida 1996.
30. Banani, A., *The Modernization of Iran: 1921—1941*, Stanford 1961.
31. Barbara A.Rieffer-Flanagan, *Evolving Iran: An Introduction to Politics and Problems in the Islamic Republic*, Georgetoen University Press, Washington 2013.
32. Bashiriyeh, H., *The State and Revolution in Iran: 1962—1982*, Kent 1984.
33. Bayat, A., *Street Politics: Poor People's Movement in Iran*, New York 1997.
34. Bayat, M., *Iran's First Revolution*, Oxford 1991.
35. Beaumont, P. & McLachlan, K., *Agriculture Development in the Middle East*, London 1985.
36. Benard, C., *The Government of God: Iran's Islamic Republic*, New York 1984.
37. Bonine, M.E., *Population, Poverty and Politics in Middle East Cities*, Florida 1997.
38. Chehabi, H.E., *Iranian Politics and Religious Modernism*, London 1990.

39. Cheissari, A. & Nasr, V., *Democracy in Iran: History and the Question for Liberty*, Oxford 2006.
40. Gheissari, A., *Contemporary Iran: Economy, Society, Politics*, Oxford 2009.
41. Clawson, P. & Rubin, M., *Eternal Iran: Continuity and Chaos*, New York 2005.
42. Crane, K., Lal, R. & Martini, J., *Iran's Political, Demographic and Economic Vulnerabilities*, Pittsburgh 2008.
43. Cronin, S., *The Making of Modern Iran: State and Society Under Riza Shah 1921—1941*, London 2003.
44. Daniel, E.L., *The History of Iran*, London 2001.
45. Daryaee, T., *The Oxford Handbook of Iranian History*, Oxford 2012.
46. Diamond, L., *Islam and Democracy in the Middle East*, Baltimore 2003.
47. Downes, M., *Iran's Unresolved Revolution*, Aldershot 2002.
48. Ehteshami, A., *After Khomeini: The Iranian Second Republic*, London 1995.
49. Esposito, J.L. and Ramzani, R.K., *Iran at the Crossroads*, New York 2001.
50. Farazmand, A., *The State, Bureaucracy and Revolution in Modern Iran*, New York 1989.
51. Fardust, H., *The Rise and Fall of The Pahlavi Dynasty*, Dehli 1999.
52. Fischer, M.M.J, *Iran: From Religious Dispute to Revolution*, Harvard 1980.
53. Fischer, M.M.J, *Iran: From Religious Dispute to Revolution*, Harvard 1980.
54. Floor, W., *Traditional Crafts in Qajar Iran (1800—1925)*, California 2003.
55. Foran, J., *Fragile Resistance: Social Transformation in Iran from 1500 to the Revolution*, Boulder 1993.
56. Foran, J., *A Century of Revolution Social Movements in Iran*, Minnesota 1994.
57. Frye, R.N., *The Golden Age of Persia, the Arabs in the East*, London 1975.
58. Frye, R.N., *The History of Ancient Iran*, Munchen 1983.
59. Gelvin, J.L., *The Modern Middle East: A History*, Oxford 2005.
60. Ghamari-Tabrizi, B., *Islam and Dissent in Postrevolutionary Iran: Abdolkarim Soroush, Religious Politics and Democratic Reform*, London 2008.

61. Gheissari, A., *Contemporary Iran: Economy, Society, Politics*, Oxford 2009.
62. Glubb, J., *The Great Arab Conqust*, London 1963.
63. Goitein, S.D., *Studies in Islamic History and Institution*, Leiden 1963.
64. Gordon, M.S., *The Rise of Islam*, Westport 2005.
65. Hamilton, A., *The Middle East Problem*, London 1909.
66. Heikal, M., *The Return of the Ayatollah: The Iranian Revolution from Mossadeq to Khomeini*, London 1981.
67. Hill, D.R., *The Termination of Hostilities in the Early Arab Conquest 634—656*, London 1971.
68. Hiro, D., *Holy Wars: The Rise of Islamic Fundamentalism*, New York 1989.
69. Holt, P.M., Lambton, A.K.S. & Lewis, B., *The Cambridge History of Islam*, Cambridge 1970.
70. Hooglund, E., *Land and Revolution in Iran 1960—1980*, Texas 1982.
71. Hooglund, E., *Twenty Years of Islamic Revolution: Political and Social Transition in Iran since 1979*, New York 2002.
72. Hourani, A., *A History of the Arab Peoples*, London 1991.
73. Husain, S.A., *Arab Administration*, Lahore 1966.
74. Imamuddin, S.M., *A Political History of the Muslims*, Dacca 1970.
75. Issawi, C., *An Economic History of the Middle East and North Africa*, New York 1982.
76. Jahanbakhsh, F., *Islam, Democracy and Religious Modernism in Iran 1953—2000*, Leiden 2001.
77. Jahanbegloo, R., *Iran: Between Tradition and Modernity*, Oxford 2004.
78. Jaydan, J., *History of Islamic Civilization*, New Delhi 1978.
79. Kamrava, M., *The Political History of Modern Iran: From Tribalism to Theocracy*, Connecticut 1992.
80. Kamrava, M., *The Modern Middle East: A Political History since the First World War*, Berkeley 2005.
81. Kamrava, M., *Iran Today: An Encyclopedia of Life in the Islamic Republic*, Westport 2008.
82. Kamrawa, M., *Iran's Intellectual Revolution*, Cambridge 2008.

83. Karshenas, M., *Oil, State and Industrialization in Iran*, Cambridge 1990.
84. Katouzian, H, *The Political Economy of Modern Iran*, London 1981.
85. Katouzian, H, *State and Society in Iran: The Eclipse of the Qajars and the Emergence of the Pahlavis*, London 2000.
86. Kazemi, F., *Peasants and Politics in the Modern Middle East*, Miami 1991.
87. Keddie, N.R., *Iran: Religion, Politics and Society*, London 1980.
88. Keddie, N.R., *Roots of Revolution: An Interpretive History of Modern Iran*, New York 1981.
89. Keddie, N.R., *Modern Iran: Roots and Results of Revolution*, Yale 2003.
90. Kennedy, H., *The Early Abbasid Caliphate*, Princeton 1981.
91. Kennedy, H., *The Prophet and the Age of the Caliphate*, London 1986.
92. Khater, A.F., *Sources in the History of the Modern Middle East*, Boston 2004.
93. Kremer, A.F., *The Orient Under the Caliphs*, London 1923.
94. Kurzman, C., *The Unthinkable Revolution in Iran*, Harvard 2004.
95. Lambton, A.K.S., *State and Government in the Medieval Islam*, Oxford 1985.
96. Lapidus, M.A., *A History of Islamic Societies*, Cambridge 1988.
97. Lassner, J., *The Shape of Abbasid Rule*, Princeton 1980.
98. Lenczowski, G., *Iran Under the Pahlavis*, Stanford 1978.
99. Lombard, M., *The Golden Age of Islam*, North Holland 1975.
100. Louis R.Mortimer, L.R., *Iran, A Country Study*, Washington 1988.
101. Lust-Okar, E. & Zerhouni, S., *Political Participation in the Middle East*, Boulder 2008.
102. Majd, M.G., *Resistance to the Shah: Landowners and Ulama in Iran*, Florida 2000.
103. Martin, V., *Creating an Islamic State: Khomeini and the Making of a New Iran*, London 2000.
104. Menashri, D., *Post-revolutionary Politics in Iran: Religion, Society and Power*, London 2001.
105. Mez, A., *The Renaissance of Islam*, Patna 1937.
106. Milani, M.M., *The Making of Iran's Islamic Revolution*, Boulder 1994.

107. Miner, M., *The Coming Revolution: An Improbable Possibility*, Saarbrucken 2011.
108. Moaddel, M., *Class, Politics, and Ideology in the Iranian Revolution*, New York 1993.
109. Moghadam, F.E., *From Land Reform to Revolution*, London 1996.
110. Morgan, D., *Medieval Persia 1040—1797*, London 1988.
111. Moslem, M., *Factional Politics in Post-Khomeini Iran*, New York 2002.
112. Muir, W., *The Caliphate, Its Rise, Decline and Fall*, Edinburgh 1963.
113. Nabavi, N., *Iran: from Theocracy to the Green Movement*, New York 2012.
114. Nader, A., *The Next Supreme Leader: Succession in the Islamic Republic of Iran*, Pittsburgh 2011.
115. Najmabadi, A., *Land Reform and Social Change in Iran*, Salt Lake City 1987.
116. Nashat, G., *The Origins of Modern Reform in Iran: 1870—1880*, Illinois 1982.
117. Nattagh, N., *Agriculture and Regional Development in Iran*, Cambridge 1986.
118. Negin Nabavi, *Iran: from Theocracy to the Green Movement*, New York 2012.
119. Omar, F., *The Abbasid Caliphate 750—786*, Baghdad 1969.
120. Ochsenwald, W., *The Middle East: A History*, Boston 2003.
121. Parsa, M., *Social Origins of Iranian Revolution*, London 1989.
122. Rahnema, S., *Iran after the Revolution: Crisis of an Islamic State*, London 1995.
123. Rajaee, F., *Islamism and Modernism: The Changing Discourse in Iran*, Texas 2007.
124. Rakel, E.P., *The Iranian Political Elite, State and Society Relations, and Foreign Relations since the Islamic Revolution*, Amsterdam 2008.
125. Roberts, M.H.P., *An Urban Profile of the Middle East*, London 1979.
126. Roy, O., *The Failure of Political Islam*, London 1994.
127. Schacht, J., *The Legacy of Islam*, Oxford 1974.

128. Schirazi, A., *Islamic Development Policy: The Agrarian Question in Iran*, Boulder 1993.
129. Schirazi, A., *The Constitution of Iran: Politics and the State in the Islamic Repoblic*, London 1997.
130. Shaban, M.A., *The Abbasid Revolution*, Cambridge 1970.
131. Shaban, M.A., *Islamic History, A New Interpretation 750—1055*, Cambridge 1976.
132. Shakoori, A., *The State and Rural Development in Post-Revolution in Iran*, New York 2001.
133. Sharbatoghlie, A., *Urbanization and Regional Disparities in Post-Revolutionary Iran*, Boulder 1991.
134. Shariati, A., *Awaiting the Religion of Protest*, Tehran 1991.
135. Sharon, M., *Black Banners from the East, the Establishment of the Abbasid State*, Jerusalem 1983.
136. Sidahmed, A.S. & Ehteshahmi, A., *Islamic Fundamentalism*, Boulder 1996.
137. Siddiqi, A.H., *The Origins and Development of Muslim Institution*, Karachi 1962.
138. Skelly, J.M., *Political Islam from Muhammad to Ahmadinejad*, Oxford 2010.
139. Strange, G., *The Lands of the Eastern Caliphate*, Cambridge 1905.
140. Takeyh, R., *Hidden Iran: Paradox and Power in the Islamic Republic*, New York 2006.
141. Tazmini, G., *Khatami'Iran: the Islamic Republic and the Turbulent Path to Reform*, London 2009.
142. Vali, A., *Pre-Capitalist Iran*, London 1993.
143. Watt, W.M., *The Majesty That Was Islam, the Islamic World 661—1100*, London 1974.
144. Wellhausen, J., *The Arab Kingdom and Its Fall*, London 1973.
145. Wright, R., *The Last Great Revolution*, New York 2000.
146. Zabih, S., *Iran Since the Revolution*, London 1982.

图书在版编目(CIP)数据

伊朗通史 / 哈全安著 .— 上海 ：上海社会科学院出版社，2020
ISBN 978 - 7 - 5520 - 2938 - 3

Ⅰ. ①伊⋯ Ⅱ. ①哈⋯ Ⅲ. ①伊朗—历史 Ⅳ. ①K373.0

中国版本图书馆 CIP 数据核字(2019)第 222908 号

伊朗通史

著　　者：哈全安
责任编辑：王　勤
封面设计：陆红强
出版发行：上海社会科学院出版社
　　　　　上海顺昌路 622 号　邮编 200025
　　　　　电话总机 021 - 63315947　销售热线 021 - 53063735
　　　　　http：//www.sassp.cn　E - mail：sassp@sassp.cn
照　　排：南京理工出版信息技术有限公司
印　　刷：上海颛辉印刷厂
开　　本：710 毫米×1010 毫米　1/16
印　　张：22.75
插　　页：1
字　　数：372 千字
版　　次：2020 年 4 月第 1 版　2020 年 4 月第 1 次印刷

ISBN 978 - 7 - 5520 - 2938 - 3/K · 532　　　　　　　　定价：88.00 元

版权所有　翻印必究